Reflections on Judging

波斯纳法官
司法反思录

REFLECTIONS ON JUDGING

〔美〕理查德·波斯纳 著 苏力 译

北京大学出版社
PEKING UNIVERSITY PRESS

理查德·波斯纳文集　　篆刻：宋临正

司法如何穿过错综复杂
——代译序

一

根据自己半个世纪以来法律学习、实务、教育,特别是司法审判的经验,在这本新著中,波斯纳法官指出,由于当代美国司法面临的双重复杂性,美国法官在许多时候也正在失去分析和有效应对真实世界之问题的能力,变得日益形式主义,日益管理主义,试图以各种法律的小机巧来搪塞、对付自己的法律责任。

所谓双重复杂性,一是外在复杂性,二是司法体制自身的复杂性。前者源自社会的科技迅猛发展和全球化,人们的社会活动更复杂了,人们的社会环境也更多样了,引发的争议日益复杂。许多纠纷,法官很难甚或根本就无法理解,更说不上有效应对和处理。后者则是,美国司法系统在过去50年间因种种因素也变得更为复杂了。这包括法官有了更多的助理,这导致相关法律未变,但法官的实际角色悄悄发生了重大变化,他将原先亲自承担的责任更多委托给工作人员完成,自己开始扮演管理包括助理在内的工作人员的角色等。

这两种复杂性有关联;但还没法说,司法的内在复杂性是对外在复杂性的回应,是后者的函数。波斯纳以个人的经历(参与观察)以及其他经验材料和统计数据雄辩表明,司法的内在复杂性增加更多源自法官以及其他行动者对个人利益或机构利益(包括许多想象性的收益)的追求,并未针对,或至少是未能导致对外在复杂性的更有效或更称职的司法应对。例如,各层级法官的助理数量多寡与其工作量无关,而与法院/法官的级别正相关——"官"大助理就多。最高法院大法官的助理增加最多,但其审理的案件数量自 1960 年代以来,无论总量还是人均都一直下降,且在各层级法官中数量最少。

不仅不是为了正面有效回应司法外在复杂性,波斯纳的犀利分析甚至表明,司法的某些内在复杂性增长恰恰是为了绕开司法的外在复杂性。例如,如今美国的上诉法官在司法实践上是更谦抑了,但在波斯纳看来,除了美国社会和美国法官变得更保守外,重要一点是许多法官对纠纷发生的那些领域缺乏了解,他们没法依据相关事实作出知情的认定和明智的判断,但和普通人一样,法官也爱面子,因此只能高扬司法谦抑,冠冕堂皇地尊崇下级法院、特别是一些专长化的行政部门(例如环保部门、专利局等)的认定和判断,这就避开了若介入可能遭遇的尴尬。又如,一些法官或学者之所以更强调法律解释、法律文本或法教义学,也不像善良的学人想象的那样,标志着法官更学术了,政治性弱化了。在本书最长的一章中,波斯纳细致辨析了,保守的斯戈利亚大法官和自由派的阿玛尔教授是如何将各自的政治追求都包装成法律解释,包装成学术。根本原因就在于,解释只需关注文本,再强硬的文本也比事实更温顺,更容易为擅长文字的法律人搞定。这很令人想起,许多年前,科斯对学人的刻薄:"当[他们]发现自己没有能力分析真实世界中发生的事情时,就发明一个自己有能力处置的想象的世界"[1]。

但这种表演很难持久,尤其是考虑到现代社会不可避免的外在复杂性增长趋势。波斯纳认为,目前美国司法的回应必须从方向上作出调整。他批评了美国司法体制的一些显著问题,集中批评了法律形式主义。无论侧重于程序(司法谦抑)还是解释,这类形式主义的共同点是拒绝直面真实世界的错综复杂,拒绝直面法律后果,这其实是放弃履行司法者的政治和司法责任。

波斯纳主张司法要应更为现实主义。这个法律现实主义包括了他之前强调的司法实用主义,即法官在裁决时一定要关注司法的系统后果,要比较不同司法解决方案的不同后果,并准备接受其中合乎情理的、说得通的结果,而不是一定要得出一个可论证、无可辩驳且"逻辑上"正确的结果;但又不限于实用主义司法。[2] 但对待复杂案件,仅此还不够。因为,仅仅从道理上理解后果重要还不够,若真正关注后果,就得有一定能力比较不同的后果。而这就需要更多的经验知识,更多关注事实,就不能仅仅关注那些法官可以从审判记录中看到的、进入司法档案的事实,还可以且应当包括统计和其他系统数据,包括许多科学发现和日新月异的技术进展,甚至可以包括诸如谷歌地图或照片或其他相关的通常不为法律人重视的背景知识,而前提是,这些经验知识会有助于法官理解案件争议和作出合乎情理且有说服力的决策。

波斯纳也在利弊分析的基础上就一些司法的微观制度调整提出了一些建议。包括法官的选任,法官助理的挑选,法官培训,法学院课程调整,法官身边工作人员的调整,借助律师的专长化,专家证人,利

---

[1] Ronald Coase, "The Nature of the Firm: Meaning," *Journal of Law, Economics, and Organization* Vol. 4, No. 1 (Spring, 1988), p. 24.

[2] Richard A. Posner, *Law, Pragmatism, and Democracy*, Harvard University Press, 2003, 特别是第2章。

用慕课,司法意见撰写,设置专门法院,甚至——波斯纳自己也承认是异想天开——改美国的法官政客任命制为大陆法系的法官的官僚选任制等。所有这些建议的核心就是令法官不仅不再拒绝,而且不再那么陌生现代社会所需要的基本数理知识背景,因此能更快理解和表述其他领域的复杂问题。起码,面对"你是否需要客户端?"的提问,你回答"我们这儿一般伙计端,忙时才需要客户端"。

二

讨论的是法律复杂性问题,是美国司法,但波斯纳重提了一个古老的法理问题,一个在中西方一直争论,但在过去30年间中国法学界自以为已经有了结论且已经颠扑不破的问题。在中国古代,这个问题被表述为"徒法不足以自行",或是"有治人,无治法"[1];而在西方大约同期或稍晚,在柏拉图那里则是哲学王的统治优于法治的问题,在亚里士多德那里则成为在今天常作道德性理解/误解的"良法"(good law)问题。但除了亚里士多德的命题因误解而在中国得以幸免外,其他命题在今天常常被中国法学人误解为主张和倡导人治,并因此一直受到"信法律,得永生"这类诳语的蹂躏。其实中外的这些命题强调的都只是,真正的依法治国需要执法者的包括知识和智慧在内的实践德性和理性,需要对法律调整规制之对象的深厚和透彻理解,而不能仅仅高歌法律大词,死抠法律字眼,或是"死磕"法律条文——无论是制定法、先例,还是习惯甚或合约。亚里士多德的"良法"中的"良"从来也不是道德层面的"善良",而是功能层面的优良。

因为在任何社会,针对各种社会事件或现象,常常都可以有也会

---

[1]《孟子·离娄上》;《荀子·君道》。

有许多而不是单一的规则。但对某一具体事件、情境和案件,究竟适用哪一规则才合情合理,这并非也不可能由规则自身明确规定,规则无法告知适用法律者该适用哪些或哪条规则。这永远都需要适用者本人通过对事件、情境和案件自身的了解,对适用不同规则可能引发的不同后果的"好坏"——即可欲性——来预测和判断,有时甚至要实用主义地考虑现实可行性。

举一个最简单的例子:一个人驾车撞伤了人,他是否应当承担责任以及应当承担什么法律责任?我们面前有许多法律责任规则,有刑事的,有民事的,还有行政的;有正式法律的、硬的,也还有习惯的、软的;即便是民事法律规则,也还可以适用多种规则,过错责任,无过错责任,甚至可能是无责任;即便是过错责任,还有比较过错责任、共同过错责任等。究竟对此车辆撞人事件适用哪一规则或哪些规则,驾车人必须承担什么样的责任,在实践层面,当然必须熟知这些规则,需要研习先前的立法者、法官或学者对这些规则的解释,但最主要的是,并且令对法条的熟悉和研读还有意义,且有的放矢,是要了解驾车人本人的以及与其驾车有关且可能有关的众多事实:他是否醉驾,是否酒驾,是否吸毒(以及何种毒品),行车时注意力是否集中,是否超速,是否闯红灯,他与受害人是否有过节,他是否突然犯病无法有效控制自己的行为,他之前是否犯病或是否知道自己可能犯病等,车辆是否有故障,故障何时发生,故障是谁的责任(行车人的或是汽车制造商的),驾车人是否察觉故障,是否有可能预见,多大概率,事件发生时是否有其他意外——如为躲避突然闯入车道的儿童;此外,还有受害人的诸多行为或情况,受害人是否行为违章或违规,违规是否重大,精神状态如何,是否有"碰瓷"的可能等。

在许多情况下,在实践中其实相当普遍但并不总是公开承认的是,在具体考虑救济问题时,甚至法官还会考虑驾车人与受伤者各自的家境、各自的医疗和保险状况,以及车辆是公车或私车,驾车人是否因公务行车等。并且我这里所说的"情况"远没有也不可能穷尽一切司法(或是其他执法)中需要考虑的情况。只有当这其中的一些主要相关信息都可并已经获得,司法者才可能选择适用相应的法律规则,作出明智并因此大致合情合理的判决。甚或,即便在某些情况下,该纠纷的裁断者并不非常熟悉具体的法条和相关法律学说,但只要了解与上面问题相关且可靠的重要和主要信息,一个在道德、智力、情感和判断力等各方面都属于常人的人,甚或是一位完全不了解中国任何法律的美国或德国法官,也都可能作出不太离谱甚至相当好的判断,但如果完全不了解或是根本不理会这些经验事实或信息,仅仅专注于研究规则,甚或对所有规则都倒背如流,那也照样可能出现乱点鸳鸯谱的现象;甚至连什么是此案可适用的规则都不清楚。注意,中国法律中之所以一再强调"以事实为根据",这并不只是一个抽象的理论命题;如今太多的中国法律人看轻了这个命题的法律实践意义。

不仅如此,对于优秀的裁断者来说,许多规则尽管被称之为规则,在其司法实践中其实只是被视为事实之一,是他在决策时必须高度重视的一个约束条件,却不是他必须遵守的唯一命令。法官高度重视是因为,他有责任努力实现立法者的追求,确保自己决策的合法律性,他也必须考虑自己的决策是否会因缺乏法律根据而在上诉被推翻,或是为后来的法官以判例推翻或是立法者以立法来推翻等。但即便如此,这仍然不一定是迫使他必须遵循的全部动力,只要可能且符合情理,他还是可能不予遵守一条规则。契约必须信守这是通则,但民法实践上却一直允许效率违约。而在著名谋杀继承案中[1],今天学人所谓的制定法解释问题,其实与解释无关,而就是一个事实问题:即遗嘱中

---

[1] *Riggs v. Palmer*,115 N.Y. 506, 22 N. E. 188 (1889).

的继承人帕尔默,为获得遗产,谋杀了立遗嘱人。法官认为这是一个更重要的事实,并据此判定剥夺了谋杀者依据制定法本将获得的继承权。

当然,在现实世界中,法治所需要的许多信息无法获得,许多事实无法确认,因此法律只能采取某些规则来减少司法对相关信息的需求。这种范例同样不胜枚举,例如车速限定,例如举证责任,例如各种年龄限制,例如各种产品标准等。其中有不少外观看起来似乎是为了实现法律面前人人平等,但在我看来,这些"一刀切"在不同程度上都是为了减少执法或司法所需要的信息。

这是规则治理(法治)的好处,我们应当充分赞美规则治理的好处。但也恰恰是在充分意识到这个好处之际,我们才更应当避免走到另一极端,以为规则可以解决一切问题,不关注信息、知识和智慧的意义,只注意以法律为准绳,不强调以事实为根据。这种平衡的关注,在今天变得格外重要了。不仅在当代自然科学和社会科学技术发展可能为恰当决策提供重要且可靠的相关知识和信息时,要防止简单以规则为名拒绝接受;更重要的也许是,当相关的信息、知识对于正确决策变得至关重要之际,新的知识和信息已经开始重新塑造法律规则甚至重构某些法律领域之际,法律人必须与时俱进,有能力运用这些知识和信息,否则即便渴望开放的心灵,照样可能是封闭的。看看我们的周边,有多少数十年来如一日一直高歌且仅仅高歌解放思想的学界人士!

事实上,只要稍微留心一下,当今世界各国的法律体制针对不同领域的法律活动和法律争议的复杂性,已经有了不少制度创新。最典型的如,在知识产权、环保、反托拉斯、国际贸易、证券法、银行监管、食品药品、社保、财税等一大批新兴领域,建立了专门的或独立的政府机构,不仅有大量、频繁的日常监管,往往是事前的监管,而不是(如司法)事后的救济,而且在这些系统内也建立了与司法系统颇为相似的行政复议机制。另一方面,无论在英美法系还是在大陆法系,一些国家甚至建立了日益增多的专门法院,甚或独立的法院系统。换言之,国家试图以更为专长化的裁判系统替代了先前非专长化的裁判系统。

复杂性其实早已改变了近代西方按三权分立想象构建的行政/司法分立的格局。

三

因此波斯纳讨论的复杂性问题,特别是外在复杂性,就不只是美国司法面对的问题,而是世界各国司法都必须面对也正在面对的重大问题。即便复杂性不是中国法官和法院系统目前面对的最大问题,却也是中国法官和法院系统必须面对的严重问题。

甚至中国法官和法院系统面对的复杂性问题更严重,因为一国司法遭遇的复杂程度永远是相对于该国法官的知识、能力和智慧而言的。中国的法官作为一个整体,在过去30年间,学历已普遍提高了,法律知识、司法经验和规则意识也普遍增强,司法的技能也大大提高,这无可否认;但相对于中国快速的社会变革和科技进步,司法的实际应对解决纠纷的能力却未必增加了。由于今天的法官大多从家门到校门,从校门到法院门,缺乏足够的社会经历,也缺乏丰富的职业经历,因此,若不是从学历来看,而是从能满足整个中国经济社会发展和转型之需求的司法能力而言,说句很得罪人的话,这个差距不是缩小了,相反是增大了。

并非无凭据的断言。最基本的根据就是这个社会对法院系统的不满意度增加了,法院的公信力降低了,上诉、申诉、重审和上访增加了。当然,这个问题并不是法院或法官造成的,从根本上看,这是中国社会的快速发展和变迁引发的。当年制定知识产权法,主要也就想着鼓励中国科技文化发展,让科学家、作家的劳作也有所回报;而谁想到,如今要处理的是高度复杂电子产品专利案件。腾讯和360之间的问题,到底是360不正当竞争呢,还是腾讯滥用垄断地位? 问题确实超出法官的能力,但还不允许法官说自己没有能力。还有些则是立法和法规制定不当引发的,例如2008年实施的《劳动合同法》,又如2006年国务院颁布的《诉讼费用交纳办法》等。[1] 也还可能有少数律师甚或法学家的过度相信且鼓励为权利而斗争引发的。

但问题是,司法是否就一身清白,"出淤泥而不染"呢?2001年最高人民法院的中福实业公司担保案的判决[2];2003年,最高人民法院依据犯罪构成理论对奸淫幼女罪的司法解释[3];法官运用的法律教义和法律解释理论仅就其理论本身而言都不能算错,却都因其不在意甚或有意忽略司法决定对相关社会生活领域复杂性的实际影响而引发了巨大争议,并因此在一定程度上损害了最高人民法院自身的权威性和公正性。

这种例子实在不少。我在此再指出一个重要的例子,几乎已经为人们忘记,一段时间内严重影响甚至促成医疗纠纷的例子。这就是2002年4月1日正式实施的最高人民法院《关于民事诉讼证据的若干

---

[1] 可参看,苏力:《审判管理与社会管理——法院如何有效回应"案多人少"?》,载《中国法学》2010年第6期。

[2] "中福实业公司担保案"(〈2000〉高法经终字第186号),请看,奚晓明主编:《中国民商审判》2002年第1卷,人民法院出版社2002年版,页217。相关分析评论,请看,高圣平:《民法解释方法在"中福实业公司担保案"中的运用》,载《法学家》2004年第4期;侯猛:《最高法院规制经济的功能——再评"中福实业公司担保案"》,载《法学》2004年第12期;曹士兵:《我国新公司法关于公司担保能力的规定评述——重温最高人民法院"中福实业公司担保案"》,载《法律适用》2006年第6期。

[3] 最高人民法院《关于行为人不明知是不满十四岁的幼女,双方自愿发生性关系是否构成强奸罪问题的批复》,最高人民法院审判委员会第1262次会议通过,2003年1月23日发布,自2003年1月24日起施行。

规定》第 4 条规定:"……因医疗行为引起的侵权诉讼,由医疗机构就医疗行为与损害结果之间不存在因果关系及不存在医疗过错承担举证责任……"通过这一司法解释,最高人民法院将过错推定原则作为医疗事故民事责任的归责原则,将在医疗事故纠纷案件中本来只是作为特例的举证责任倒置变成了通例。尽管最高人民法院本来目的也许只是便于老百姓打官司和打赢官司,但其实际效果至少部分是激化了社会的医患矛盾。[1] 最高人民法院之所以在精细思考后作出了如此鲁莽的决定,最根本的原因,在我看来,就是初生牛犊不怕虎,即王朔的"无知者无畏",不仅是对医疗行业和医疗纠纷特殊性的无知,而且还有一个对基本常识/哲学命题——"说有容易说无难"——的无知,而法律人的重要——既是优点也是缺点——特点之一就是不关心哲学,也拒绝常识。

由于当代中国社会这个司法的外部世界的快速改变,中国法官今天应对的许多法律纠纷都已涉及许多复杂的科学技术和社会问题,因此法官的知识构成问题变得更尖锐了。尽管"严格依法"的问题还是存在,甚至是头号问题;但问题早已不只是严格依法了,而是如何在法律的框架中有效依法。其实,这就是注重[司法的]"社会效果"这一令某些法律人心痛滴血的概念发生的最强大的社会背景;当然,这个说法有可能被挪用或滥用,但只要不是有意误解,这个概念指向的就是一些法官过分迷信法律教义或法律通说而不关心真实世界的倾向。

我还不认为通过强化法学教育就能解决这些问题。相反,目前中国的法学教育更可能在强化这类问题。因为在中国,法学一直被视为文科;在文科中,尽管从分类上属于社会科学,但法学教育的实际传统

---

[1] 这种状况如今通过立法改变了。2010 年 7 月 1 日实施生效的《中华人民共和国侵权责任法》规定,只有在三种情况下(即院方违反法律、行政法规、规章以及其他有关诊疗规范的规定,隐匿或者拒绝提供与纠纷有关的病历资料,伪造、篡改或者销毁病历资料的情况)可以推定是院方的过错。

一直更像是人文学科,基本还没上社会科学的路数——如今有几个法学院开设了很像样的统计学课程,法律经济学、法律社会学,以及其他必须与具体的科学技术有关的法律课程?事实上,有不少法学课程几乎全都是有关政治正确的意识形态教诲,老派的,新派的,而所谓新派,我还不是说什么哈贝马斯或施特劳斯,而是有关环境生态甚至动物保护之类的。但这能责备中国的法学院吗?因为进法学院的绝大多数学生至少从高中时期就选择了文科班,他们的老师在他们20年前甚至30年前也大多是如此选择的。而之所以如此选择,也并不因为他们喜欢文科,而只因为他们(至少大多数)"不喜欢",其实是喜欢不了理科。换言之,并非故意,中国的法学教育形成的筛选机制从一开始就没打算或是很不利于法学院学生理解这个因科技发展和全球化带来的日益复杂的真实世界。

中国司法制度也有措施或是试图采取措施回应这类问题,除了专门法院外,中国法院内部的专业化就是回应措施之一。在这一方面,中国法院系统走的是波斯纳更看好的欧洲大陆法系国家应对复杂性的路子。但这些措施显然不够,由于上面说到的法学教育问题,可以想象由此形成的那个所谓的法律人共同体的最大共同处也许就是知识的单一性,而"知识上的偏食只会导致'弱智'(intellectual malnutrition)"[1]。一旦"喜欢"文科的法官遇到复杂的问题,周围又是一批同样"喜欢"文科的律师,法学院里也是一批同样"喜欢"文科的教授,可以想象,其他问题除外,中国法官应对复杂司法问题的能力值得担忧。

不但是没有帮手,有时反而是添乱。想想当年江苏南京审理"彭宁案"的法官,他倒是听了依据很多主流法学教授的观点制定的人民

---

[1] 〔美〕波斯纳:《超越法律》,苏力译,中国政法大学出版社2001年版,页240。

法院五年改革纲要的规定[1],试图在裁判文书中分析论证一个事实认定问题,但惹出多大的麻烦,不但自己的法官职位丢了,多年来还一直被骂。这个问题本来很简单,各国司法制度对事实问题从来都是以不给分析和论证的判断来解决的(在英美法中主要是陪审团,在大陆法系以及英美法的不用陪审团的案件中用法官的自由心证),并且早在60年前哲学研究就已经指出在事实问题上,论证无法获得比认定更强有力的结论。但由于制定纲要的那些法律人缺乏这类经验,[2]阅读又极为狭窄——最多也就是些"法学经典",才会提出在判决书加强对事实认定的论证这种主张。更重要的是,迄今为止,我还没见到中国法学界有人指出并要求纠正这个错误要求和指南;这就进一步表明了知识同质性带来的严重问题。

　　无论是专门法院还是法院内部的专业化,其实也表明,中国的法院系统内部的复杂性也正在增加。与美国司法复杂化过程外观不同而机理相通,中国法院系统的这种复杂化过程往往是以改革的名义,许多行动者也真诚追求改革的目标,却真的没有至少少有实现了改革追求的目标。不仅如此,因为棘轮效应,"请神容易送神难",还退不回去,因此就甚至形成了一些并不合理甚至有害的制度。比方说,判决书写作是更规范了,也更长了,甚至不多写几句都不好意思见人了,但这真的增强了判决的说服力和权威性了?而且对谁?[3]法官助理的设置与当初的设想完全相反。[4]统一司法考试导致中国中西部地区特别是基层和中级法院法官严重短缺,高度流动,向东部和城市地区

---

　　[1] "加快裁判文书的改革步伐,提高裁判文书的质量。改革的重点是加强对质证中有争议证据的分析、认证,增强判决的说理性"。《人民法院五年改革纲要(1999—2003)》。
　　[2] 起草者是政策研究室的"法官"和一些学者,最后审订并拍板的是那些极少审理甚或就是从未真正审理过一件案件的"大法官",总之,相关规定是那些没有多少甚至就是没有实际审判经验的"法官"炮制出来的。
　　[3] 更细致的分析,请看,苏力:《判决书的背后》,载《法学研究》2001年第3期。
　　[4] 参见苏力:《法官遴选制度考察》,载《法学》2004年第3期。

流动[1];律考的 B 证和 C 证制度其实早就宣告了好大喜功的统一司法考试的完败。尽管河南法院系统的判决书统一上网作为实验很有意义,但并没有可靠证据表明这一做法确实改善了河南法院司法的公信力和权威性。[2] 在根本不管有无此类研究的前提下,就决定在全国法院系统全面推进这一工程[3],在我看来,这更像是一个政绩工程。而强化法院系统的垂直领导固然有防止法院依附地方政府搞地方保护主义的收益,但这更多是想象性的,而真实的成本一定是,各层级法院和法官的独立性进一步弱化。[4]

而且还有一些司法体制的改革措施在酝酿之中。而其中有许多改革措施针对的往往是一些从未有过审判经验的学者提出的虚假的真实问题,实际会为法院系统创造更多真实的复杂的问题。而这反映了中国法学的贫困,也反映了中国法学对于其他学科知识的贫困。

就此而言,波斯纳的这本新著与当代中国的司法也是有关的,甚至是令人警醒的。

四

尽管尖锐展示了美国司法面对的复杂性问题,但坦白地说,我觉得,波斯纳在本书中提出的应对方案是很不够的。不仅他提的那些方案很难完全付诸实践,而且即便能够付诸实践,也只是杯水车薪,不大

---

[1] 参见苏力:《法官遴选制度考察》,载《法学》2004 年第 3 期。
[2] 参见苏力:《谨慎,但不是拒绝——对判决书全部上网的一个显然保守的分析》,载《法律适用》2010 年第 1 期。
[3] 《最高人民法院裁判文书上网公布暂行办法》。
[4] 2013 年 11 月 15 日公布的中共中央《关于全面深化改革若干重大问题的决定》明确要求,"改革司法管理体制,推动省以下地方法院、检察院人财物统一管理,探索建立与行政区划适当分离的司法管辖制度,保证国家法律统一正确实施"。尽管具体改革如何,真人尚未露相,但在网上已经引发了一些法官和学人短论。

可能真解决问题——想想:法官招聘一个有理科背景的法官助理,或是法官自己上慕课,或是办个几天的法官短训。这也太不现实了!

但是波斯纳不现实吗?也许这恰恰反映了波斯纳非常现实。因为在美国现有的司法体制下,在这个两百多年形成的坚固体制下,除了来自司法之外的政治力和社会力的推动,一位法官/学人,即便是一位公认的受尊敬的杰出法官/学人,又能做些什么真能改变这个制度?而且,有什么必要要进行大动作呢?谁能保证设计的新制度会运行更好,甚至能有效运行。而制度的功能本身就是保守,而不是创新;因此基本原则也许是,甚至应当是,只要还能用,就别老想着换新的。但就因为行路难,就不行路了?

也因此,在我看来,本书的意义可能主要还不是教诲的,更不是对策的,而更多是提醒的,是要让人们明白:作为规则的法律无疑重要,包括实体规则和程序规则;个人可以如此坚信甚至追求,但世界从不会因有人甚或很多人非常虔诚,就会有真的能长治久安的永恒的法律规则,就如同出现包治百病的灵丹妙药一样。法律规则的有效性永远都是有边际的,而不是,不可能是,普世的。真理最危险的对头并非谎言,而是信念。

12年前,为波斯纳的《反托拉斯法》中译本写译序,鉴于反托拉斯法的理论和司法实践的变迁,我将题目定为"知识在法律中的作用",并有感而发:

> 必须充分理解现代社会科学研究和知识在法律中的重要性。……在传统社会中,在一般的法律领域里,立法者和法官依赖常识和良知以及法律专业技能和法定程序还有可能扮演好他(那时没有她)的社会角色的话;那么在现代社会中,在现代社会的复杂法律事务中,仅仅凭着这些都已经远远不够了,已经非常不充分了。现代法律和司法对社会科学和自然科学的知识需求

都大大强化了。……不能简单地把职业化和专业化限制于传统的司法技能和职业伦理,不能仅仅限定于所谓的司法的"正当程序"了。我们必须熟悉经济和社会,熟悉大量的社会科学和自然科学的研究成果;这些知识已经成为现代立法和司法专业化和职业化的一个不可缺少的组成部分了。[1]

我当年的这种感慨还很局限,还基本是基于直觉的推理。而眼前波斯纳法官的这本新著则通过他的法律生涯,特别是法官经历,具体地展现了当代法律的复杂性问题,他把知识作为一个关键变量带进了司法和司法体制(主要是上诉审)这个具体领域,而由于司法实践涉及一切法律部门,因此也就把知识、信息甚至个人智慧的问题,重新摆在法律人面前,摆在众多希望甚或坚信法治已终结人类治理之历史的中国学人面前;即便这可能令一些相信且鼓吹只要依法就能治国的中国法律人扫兴。

除了上述比较宏大的意义外,我喜欢这本书,也还因为该书的其他一些特点。

第一,在一定程度上,书中有不少内容是波斯纳与其职业生涯有关的回忆。包括他的家庭,在耶鲁、哈佛的校园生活,他早期的职业生涯和受任法官,他作为上诉法官对助理的使用和管理,司法意见的撰写方式,以及他作为地区法官的庭审经验。这些材料,在美国读者语境中,也许反映的是美国司法大环境的变化,司法内在和外在复杂性的增加,但对于中国读者来说,至少像我这样的中国读者来说,其实提供的是有关波斯纳法官本人的一些背景材料,有助于理解这一个法官。

第二,波斯纳真实展示了在其他美国法学者的法学著作中被学术

---

[1] 参见[美]波斯纳:《反托拉斯法》,孙秋宁译,中国政法大学出版社2003年版。

筛除的美国司法的一些真实。不仅有关今天,而且有关过去(例如法官助理的前世今生),不仅有关最高法院和上诉法院的(大)法官,而且有关初审法院法官,不仅有关法官,而且有关陪审团、律师、证人和一些案件的当事人,不仅看到法官袍的神圣,而且看到美国法官面对的世俗以及他必须时刻警惕的谎言,甚至不仅有关司法,而且也有关参议院和参议院、总统之间的政治(当然了,没有《纸牌屋》那么惊心动魄)。恰恰是这些令美国的司法制度在读者心中生动起来了,令美国[联邦]法官不再只是终身任职等一些抽象的法律条款构成。

第三,书中许多章节或是很有学术用处的,如第7章关于"法律解释",或是很有学术史作用,如第6章关于司法谦抑的前世今生。但更多是有实践用途的,对中国的出庭律师/法官,我相信会有帮助,不是帮助他们理解美国或美国司法,而在于理解他们自己,理解自己的职业,理解如何同不同的职业人士交流,特别是如何有效交流。我希望至少能有一些法官和律师因此而有能力或是强化从智识上相对超然的立场去理解自己的和对方的境地和工作需求。作为本书第8章附录收入的莫里斯案判决书,以及波斯纳为之重新撰写的判决书,也会让我们懂得判决书短长其实是个假问题,只有好坏的问题。我还相信,有一天,也许会有哪位中国法官,在波斯纳的启发下,因为必要,在其判决书中附上了相关的图片或地图。

最后,一如既往,波斯纳是有文笔的。理论著作当然不可能如同小说那么令人不忍释手,我的译笔也实在无力,但波斯纳的一些几乎是信手拈来但出色且独到的理论分析和表达有时令我在翻译中不禁笑出声来。翻译的过程就像在山路上的盘旋,其中的好处又岂止是峰回路转?有时还会有惊心动魄!这倒也不是说波斯纳给出了多少真理的结论。那只对毕生追求真理的人或只向真理低头者才有意义;对于我来说,真理从来都不如思考本身诱人或绚丽。旅游的愉悦在于顺利抵达旅游目的地吗?只有跋涉,无论是上山,还是下山,即便走岔了道,同真理失之交臂,那也让人长经验,长能力。翻译波斯纳给了我这样的愉悦!我享受它!

苏 力

2014年6月23日星期一于北大法学院

献给查利琳

目 录

引　论　法官面对的挑战　1
第1章　我的法官之路　23
第2章　联邦法院系统的演化　43
第3章　复杂性的挑战　65
第4章　上诉审决策的形式主义和现实主义　121
第5章　不充分的上诉审记录　151
第6章　上诉审法官的应对I：司法谦抑　171
第7章　上诉审法官的应对II：解释　205
第8章　简单与新颖：司法意见撰写与上诉辩论　269
第9章　尝试地区法院　325
第10章　能做些什么，稳健地？　371
结　语　现实主义，前进之路　397

致　谢　417
索　引　419

引 论

法官面对的挑战

每件事都应尽可能简单,但别过度。

——阿尔伯特·爱因斯坦(据说是)

我讨论的问题是各联邦法院今天面对的众多挑战,并着重讨论复杂性的增加。我的进路是个人性的,意思是,大量汲取了我本人的法官经历。这也挺实在,意思是,拒绝那些形式主义的法律进路。这些形式主义进路都基于一个信念,即所有法律争点都可以通过逻辑、文本或程序来解决,法官本人的人格、价值、意识形态(learnings)、文化背景或真实世界的经验不起任何作用。现实主义的司法传统是由一些杰出法官塑造的,例如,约翰·马歇尔、奥列弗·温德尔·霍姆斯、路易·布兰代斯、本杰明·卡多佐、罗伯特·杰克逊、勒尼德·汉德、罗杰·特拉诺(Roger Traynor)和亨利·弗兰德利。这一现实主义传统与1920—1930年代的"现实主义法学"断然不同,尽管有重叠。后者虽也留下了印记,但只能说是雷声大雨点小。[1] 关于形式主义和现实主义,我下面很快还会多说几句,因为两者的鲜明反差对于本书至为根本。

我于1981年12月4日宣誓成为美国联邦第七巡回区上诉法院法官(这个联邦司法巡回区包括了伊利诺伊州、印第安纳州和威斯康

---

[1] 一本很有用的概述是《美国现实主义法学》(威廉·W.费歇尔三世,莫顿·J.霍维茨,以及托马斯·A.里德[编],1993年)。一个很权威的现代评判,请看,Brian Leiter, "Rethinking Legal Realism: Toward a Naturalized Jurisprudence," 76 *Texas Law Review* 267 (1997).

星州),因此我担任联邦上诉法院法官已超过 31 年了。我听取的案件口头辩论超过 6 000 件;阅读的诉讼摘要(尽管并非逐字逐句)超过 15 000 份[2](许多案件没有口头辩论,但所有案件都有诉讼摘要);我撰写并发表的司法意见也超过 2 800 份。我曾同 22 位法官共同开庭,他们和我在法院服务期交叉重叠(其中有的已经辞世),这还不包括临时访审的法官。在我的巡回区的一些地区法院,主要在伊利诺伊北区东部(这包括了芝加哥),作为一位法官自愿者,我曾主持初审,主要是有陪审团的民事案件,有时也主持审前程序与协商和解(settlement negotiation)。我还参加过地区法院的三位法官合议庭判决,并曾作为访审法官在另一上诉法院(联邦巡回区上诉法院)短时参审。在我的法院,我担任了 7 年(1993—2000)首席法官[3],并因此在这一期间是美国司法委员会(judicial conference)的法定(*ex officio*)成员。(如果视美国联邦法院系统为共和国的话,那么这个司法委员会可以说就是它的立法部门。)我或许是位好法官,或许很糟,或许不好也不差,但不可否认的是,我很有司法经历,即便我的经历仅限于联邦法院系统。[4]

在这么长的时间和这么广泛的经历中,很自然,对联邦法官以及出庭联邦法院的律师所面对的各种具体问题,我也形成了我的判断。这些问题包括了,上诉法官在决定案件中该怎么做,他们的司法意见书又该怎样(因此,法官该如何使用他们的工作人员,其中主要是法官

---

[2] 15 000,这个数字的根据是一个猜测,即 6 000 件口头辩论的案件中,大约有 5/6 的上诉人提交了一份回应摘要;因此,在口头辩论案件中,诉讼摘要总数是 5 000 乘以 3。

[3] 首席法官一职(任期 7 年,不得再任),只要有空缺,就自动由法院年龄还不到 65 岁的最资深法官出任。

[4] 当然,在担任法官之前,我有过一段法律职业生涯。法学院毕业那年,我是最高法院的法律助手,然后当了 5 年联邦政府律师,然后是 13 年法学教授。自从担任法官一职以来,我也继续以部分时间教书和从事学术研究写作。

助理),律师该如何撰写诉讼摘要和辩论案件,如何使初审过程更为准确、迅速和省事省钱又省心(cheaper),如何挑选和训练联邦法官,以及当下最急迫的,联邦法院系统如何能应对日益复杂的联邦案件,而这个问题也与上述其他问题相互纠结。我们法官跟不上令人眼晕的技术(广义理解的)以及其他知识领域(诸如对外国文化的了解)的进步,这使得联邦案件甚至更复杂了,也因此对法官和律师同样更具挑战性。然而,当法官谈论他们的担心时,几乎没人提到复杂性的挑战。[5]

两种复杂

我必须解说一下这个"复杂"指什么。(我会在第3章给一个更充分的解说。)一个问题,即便不复杂,也可能很难——例如,可以是一个伦理或其他价值的问题,或仅仅是一个因没有数据因此给不出答案的问题。而当我说一个问题复杂时,意思是,这个问题的难在于涉及难以描述的(complicated)互动过程,或者,换言之,涉及一个系统而不是一个单子(monad)。这个系统可以是经济的——一个市场,例如,涉及买卖各方之间的互动,以及竞争的各卖方间频繁的默契互动;也可以是政治的——比方说,国际间的力量平衡;也可以是生态的,各种生物种群竞争着,各自最大化(当然了,是无意识的)自己的基因适应性;也可以是技术的——一部手机或其他复杂的机器。事实上,这个系统几乎可以是任何东西——一个商业企业,一个学院,一个活体的众多细胞,构成一个原子的那些亚原子组合,以

---

[5] 请看,例如,Randall T. Shepard, "Elements of Modern Court Reform," 45 *Indiana Law Review* 897 (2012). 如果承认自己困惑于案件的复杂性,有些法官会感到难堪。

及太阳系。

所有这些都是外在于法律体系的复杂范例,都是引发案件的这个外部环境的构成部分。但与其他职业一样,法官职业自身也产生了复杂性,我称其为内在复杂性,而这又使法官应对外在复杂性的难度增大了而不是减少了。"职业人士分类的根据是所谓其了解和从事的事情的复杂程度。因此,要保持或提升某个行当的地位,就会把其干的那些事搞得更神神秘秘,通常是去掉那些实在简单的事情,增加一些令人神秘不解的层级。"[6]在律师、法学教授、法官助理和立法者的唆使下,法官们毫无必要地将法律过程"复杂化了"——而之所以如此,部分出于他们可以无需努力理解这个给现代法院惹了太多事的复杂的真实世界。形式主义者想用一种风格复杂的法律分析(这涉及,比方说,无数的"释法教义"[canons of construction],即制定法解释的原则,我们会在本书第7章讨论)来解决具体案件,但不必理解复杂的事实。与其形成反差的是,现实主义者希望以确实理解引发案件的科学或商业复杂性——无论有关事实还是法律——为基础,展开一种风格简明的法律分析。[7]现实主义者认为,法律是简明的,或可以使之简明,但许多法律案件处理的事务本身实在太复杂,没法简约。

"法律让我这么干的"或"法律有其自身逻辑",可以用这些说法来概括法律形式主义的特点。从形式主义法学的视角来看,法律就是一份文本纲要,类似《圣经》,法官或其他法律分析人士的工作就是分

---

[6] Andrew Hacker, "How He Got It Right," *New York Review of Books*, Jan. 10, 2013, pp. 16, 18.

[7] 我是在非政治意义上用"简明"一词的,指分析上的简单;这应有别于理查德·A. 艾伯斯坦(Richard A. Epstein, *Simple Rules for a Complex World* [1995])希望压缩政府的那种"简单规则"中使用的含义。艾伯斯坦书名中的"复杂"(complex)一词指的是细致化或复杂化(complicated),而不是我强调的侧重多系统互动特点的复杂含义。

辨和运用这份纲要的内在逻辑。法官只是一个解释者,对自己的解释在真实世界产生的后果无所谓或近乎无所谓。他不对这些后果负责;如果这些后果很不幸,那么修改法律,改变后果,这责任在于那些"政治性部门"(法官都喜欢这么称呼政府的立法和行政部门,这可以令他们不被政治玷污)。按照这种观点,一个法官考量各种解释的不同后果,这就已经超出了法律。只有法律分析的正统材料——法条、宪法、法规、先例和其他法律文件——才是法律;其他一切都是政策,或政治(甚或经济!)。就像一位有名的形式主义者说的,不明觉厉,"形式主义认为法律概念就是通向文本内在解读的途径"。[8]

法律现实主义比形式主义法学更难描述,因为它是法律中一切不属于形式主义的思想和实践;并且,如同我在引论一开始就提到的,它还是繁荣于1920—1930年代的一个特定的美国法律思想运动。法律现实主义在一定意义上与这个名为现实主义法学的运动截然不同。首先,法律现实主义深刻怀疑形式主义,认为形式主义更多是修辞而不是分析——这种修辞掩盖了司法决定的真正来源。现实主义者特别看重司法判决的众多后果,在这一方面,它很务实(pragmatic),但前提是其既关心系统后果也关心个案的后果,并因此避免短视的正义——即只关注某具体案件中的"公平"(equities);也因此,它是分析的和经验的,而不仅仅是直觉的和政治的。所谓的系统后果包括了某教义或某决定产生的影响,对法律的可预测性,对案件总量,对法院的管控度(administrability),对政府其他部门的工作量(诸如立法部门,如果法官对制定法的语言根本不关心,就会令立法部门一片混乱),以及对个人和公众的合理期待。

---

[8] Ernest J. Weinrib, *The Idea of Private Law* 146 (1995).

6　　　我是一位务实的法官[9],并且早在开始担心提请联邦法院决定的案件之复杂性(大多是技术的)持续增长多年前,就注意到法律实用主义与科学很有缘分,说过"我喜欢那号子更看重科学之德性(思想开放,不说废话)的实用主义"。[10] 但为说清楚我在本书想说的问题,我又无需将法律现实主义仅限于实用主义。一种能守住自己的法律现实主义,其核心是这样一个理念,即在许多案件中,并且是在那些最重要的案件中,法官将不得不接受一个合乎情理的、一个说得通的结果,而并非能得出一个可论证、无可辩驳且"逻辑上"正确的结果。法律不是逻辑,而是经验,恰如霍姆斯的著名断言。经验属于事实的领地,因此比起形式主义者,现实主义者对事实的兴趣大多了,而这里的"事实"还不限于法官可以从审判记录中瞄到的。今天,这种含义更丰富的事实,除了统计和其他系统数据外,还包括了许多科学发现。但科学和数据本身并不比正统法律文本更有能耐解决每个案件。什么才合乎情理,什么才说得通,这常常取决于道德感觉、常识、同情,以及其他不易转换成可测度后果算计的思想情感成分。

　　　但我在此特别强调的是,对事实的开放,这里的事实一定不限于对那些见之于司法记录的事实。为说明这一点,让我讨论一下格兰特·吉尔莫(我早年在芝加哥大学法学院任职时同他的任职有所重叠)——现实主义法学的一位杰出学者——的一篇文章。该文章分析的是17世纪英格兰的著名(或臭名昭著的)案件,钱德勒诉罗普斯案

---

　　[9]　请看,Robert F. Blomquist, "Judge Posner's Pragmatism in Action 1981-2011" (Valparaiso University Legal Studies Research Paper No. 12-10), http://papers.ssrn.com/sol3/papers.cfm?abstract_id=2151503 (visited Feb. 13, 2013).

　　[10]　Richard A. Posner, *The Problems of Jurisprudence* 28 (1990).

(*Chandelor v. Lopus*)[11];此案原告付给被告100英镑,购买被告"肯定"(affirm)但未予"保证"(warrant)的一颗牛黄。事实上,这不是一颗牛黄。但法院判定原告不能获得救济,理由是被告只是给予了肯定。后来对法院的此判决的理解是,未明言保证不得强制执行。尽管原告律师承认被告也许并不清楚这是否是牛黄,该法院还是说,即便被告知道这不是牛黄,原告也还会败诉;而就根据这一并无法律效力的断言,后来衍生出了买方责任原则(*caveat emptor*)。但多年之后,未明言保证不得强制执行以及买方责任原则,两者都名声扫地了。

对于这个很受批评的案件,吉尔莫评论说:"这个判例报告没有用心解说什么是牛黄,其假定是,每个人都知道何为牛黄,就如同我们每个人都了解何为钻石一样。在思考此案时,有一天,我突然想到,我本人就完全不知道牛黄能干什么。"[12]因此,吉尔莫查了书,很快发现,牛黄是诸如山羊这类动物胃中的一块东西,不会通过肠道排掉,又发现牛黄被认为具有极大药用价值(在17世纪,100英镑是很大一笔钱),特别是作为对付任何毒药的一种解毒剂。这一发现令吉尔莫重新思考了有关此案的已被普遍接受的智慧:"当时的人们普遍都知道,有真的或有奇效的牛黄。当时的人们通常也都一定知道,要区分真假牛黄,尽管并非不可能,却也极端困难。无疑,牛黄是否起作用,使用者本人的心态很重要:如果我相信牛黄,也许我真的就能躲过瘟疫,但在一个理性的怀疑主义者手中,这同一颗牛黄石就会毫无作用。在这种情况下,就对仅说过——据其所知,他认为(或肯定了)这就是牛黄——但并未予以保证的卖家强加法律责任,法院也许会迟疑起来。

---

[11] 3 Cr. Jaq. 4, 79 Eng. Rep. 3 (Exch. 1603).

[12] Grant Gilmore, "Products Liability: A Commentary," 38 *University of Chicago Law Review* 103, 107 (1970).

也许,17世纪的法律责任概念并不像我们认为的那么狭窄。"[13] 注意,这里来了一句妙语:"不管怎么说,这段小插曲的意味是,法律案件——以及法律规则——真的不是抽象命题,尽管我们喜欢这样说,这样谈论,似乎它们就真的如此了。案件和规则——以及事实上那些法典化的制定法——都只是针对具体事实(假定其真,而不论其是否确实为真)情况的具体回应。法律是,并且我还要大胆地说,也总是非常地,因时且因人而异的(ad hoc and ad hominem)。"[14] 是的,这是现实主义法学的一个精到的洞察。作为一种实证理论,它告诉我们的是,法律决定和教义全都由事实驱动,而不是由理论驱动。作为一种规范理论,它告诉我们的是,也就该这样,法律才会起作用。

8 　　现实主义与形式主义之间的古老冲突如今再次激烈起来了。在我们这个技术时代,令人奇怪地,而且很变态,形式主义对法官和律师重新有了吸引力,尽管形式主义弱化了法律职业界解决这个时代全新法律问题的能力。法律现实主义者一定比法律形式主义者更与技术意气相投——特别是因为在如今的法律中,技术因素正日益增多。下面这幅用谷歌词频统计程序(Google's Ngram Viewer program)制作的图就显示了这一点。这个程序用来统计一个词或短语在谷歌扫描的数百万本书籍创建起来的数据库中出现的相对次数。我们看到,在1920年,我们更可能遇到"法律"一词,比"科学""技术"或"复杂性"更多,或者,就此而言,比这三者的总和都多,而到了2008年(该数据库结束时),这后三个语词相对频度的总和就超出了"法律"一词的相对频度。"科学"一词的相对频度并未增加,但在1920年,科学就已经是当时社会环境的重要组成部分之一。而"复杂性"一词,

---

[13] 同上注,页108。

[14] 同上注。

特别是"技术"一词的相对频度已经增加了——特别是"技术"增加了好几番。

如果下面30年里,复杂性只是慢慢增长,那么未来的法官,即如今20多岁并一般说来要比时下这帮联邦法官(平均年龄,联邦地区法院法官是60岁,联邦上诉法院法官是62岁,而最高法院大法官是66岁)更适应现代技术的那些律师,会更有能力处理技术复杂的案件。但看起来技术很有可能继续快速发展,如果属实,那么未来的法官会受到强烈挑战,会如同当今这拨法官一样强烈,甚或更为强烈,除非他们同技术言和,或是把技术——它已大大改善了法律搜寻——也变成法律分析而不只是法律搜寻的组成部分,也许是通过把计算机软件并入人的大脑。

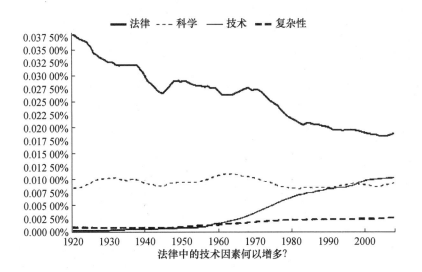

法律中的技术因素何以增多?

但我需要提醒读者,即便尽可能宽泛界定"技术",比方说,把"金融工程"也纳入进来,这也不是现代社会复杂性的唯一来源。其他来源则有全球化、社会风气的改变以及政治竞选的融资创新,还有法律本身,包括联邦法院系统这样的内部变得日益复杂的法律制度。但是最大的挑战还是引发诉讼的那些活动本身变得日益复杂了。

  本人不是技术人员。我本科专业是英文,我唯一的研究生教育就是法学院。我在某些学术研究中也用过微分和多元回归分析,但都颇为简单。然而,近年来,我日益担心法律这一边与另一边的数学、科学和技术间的隔阂。2004年,我出版了一本书,讨论大灾难风险,其中提到了法律文化对科学技术的抵制。[15] 这些年,作为自愿法官,我也一直在地区法院审理专利案件,发现自己撰写的涉及技术争议案的司法意见增加了。最近,偶然翻看近20年前我接受的一次访谈,发现其中有许多观点的雏形,我将在本书详细展开。[16] 但对复杂性的关切是全新的。

法官的超司法写作

  本书属于法官的超出司法范围的写作。美国法官写的这类东西真不少[17],部分原因是美国法官职业的侧进特点*;对于先前有过其他法律职场经历的法官来说,他们懂得表达自己的思想,而司法意见书并非其唯一渠道。

---

  [15] Richard A. Posner, *Catastrophe*: *Risk and Response* 200-213 (2004).

  [16] Jeffrey Cole, "Economics of Law: An Interview with Judge Posner," *Litigation*, Fall 1995, p. 23. The title is misleading; economics is touched on but is not a dominant theme of the interview.

  [17] 一些方便合用的文集,请看,*Judges on Judging*: *Views from the Bench* (David M. O'Brien ed., 3d ed. 2009); *Views from the Bench*: *The Judiciary and Constitutional Politics* (Mark W. Cannon and David M. O'Brien eds. 1985).

  * 侧进(lateral-entry)制是对美国法官选任制度(先多年从事法律实务或法律学术,到约40—50岁时,由政客提名出任法官)的概括,与欧陆国家更类似文官的职业制(career)法官形成鲜明反差。——译者注

然而,许多日常事务之外的法官写作都是宣传性的:即法官向一小部分关心下列问题的公众保证,自己工作很努力,勤勤恳恳,并且最重要的是,不关心政治——自己只适用法律,从不造法。还有一小部分令人颇为获益的作品是法官坦诚反思自己的司法哲学。其中出色的范例仍然是卡多佐的《司法过程的性质》[18]以及霍姆斯的随笔,著名的但仅不限于《法律的道路》[19],以及他的信函。有些当代法官,例如,迈克尔·布丹(Michael Boudin)、弗兰克·伊斯特布鲁克(Frank Easterbrook),以及哈威·维尔根森三世(J. Harvie Wilkinson III),都曾出色撰写了他们的司法哲学。[20] 当下有些最高法院大法官也有所贡献。[21] 还有一些法官对自己的判案进路做了一些基本描述,值得关注的例子是曾任联邦第一上诉巡回法院法官的弗兰克·科菲

---

[18] Benjamin N. Cardozo, *The Nature of the Judicial Process* (1921).

[19] O. W. Holmes, "The Path of the Law," 10 *Harvard Law Review* 457 (1897).

[20] 请看,例如,Michael Boudin, "Friendly, J., Dissenting," 61 *Duke Law Journal* 881 (2012); Boudin, "Judge Henry Friendly and the Craft of Judging," 159 *University of Pennsylvania Law Review* 1 (2010); Frank H. Easterbrook, "Textualism and the Dead Hand," 66 *George Washington Law Review* 1119 (1998); J. Harvie Wilkinson III, "Of Guns, Abortions, and the Unraveling Rule of Law," 95 *Virginia Law Review* 253 (2009). 我是就司法过程问题有过写作的法官之一。请看,例如,Lee Epstein, William M. Landes, and Richard A. Posner, *The Behavior of Federal Judges: A Theoretical and Empirical Analysis of Rational Choice* (2013), 以及 Richard A. Posner, *How Judges Think* (2008).

[21] 请看,例如,Antonin Scalia, *A Matter of Interpretation: Federal Courts and the Law* (1997); Scalia, "The Rule of Law as a Law of Rules," 56 *University of Chicago Law Review* 1175 (1989); Stephen Breyer, *Active Liberty: Interpreting Our Democratic Constitution* (2005); Breyer, "On the Uses of Legislative History in Interpreting Statutes," 65 *Southern California Law Review* 845 (1992).

(Frank Coffin)的《一位法官的方法》[22],以及一位联邦地区法院法官弗里德里希·布洛克(Frederic Block)非常晚近的回忆录。[23] 这些著作也很有用。

本书混合了学术研究和个人经验;这是一项关于司法过程的研究,同时混合了个人的回忆,参考了我自己一定数量的司法意见,还有给其他法官和司法管理者提的一些建议。法官的非常规写作很少能为其他法官提供指南,我希望本书在这一方面不至于令法官读者感到有点莽撞。我很清楚,在这些法院有效的司法方法,到了其他法院,也许就无效了,这取决于案件总量、传统、众多法官的个性,以及与最后一点相关,法官们(在上诉法院,是合议庭决定)对方法和司法哲学分歧的容忍度。我这里说的不是实质性分歧,而是一位法官在多大程度上愿意加入他人撰写的与其本人的理解表达(如果分派他来撰写司法意见)很不相同的一份司法意见。在有些法院,流行的是"自己活,也让别人活"的文化,因此当法官认同案件结果和基本分析,也没发现其中有什么可能给未来的案件带来麻烦,那么即便他不喜欢该意见作者的阐述分析方式,相互间也许还是会加入他人的司法意见。在另一些法院,一份法院的多数意见是真的被认为是共同的作品,不是获得同事宽泛认可的某位法官的作品,在这种法院,法官同事就得花点工夫来编辑修改原作者的初稿。

---

[22] Frank M. Coffin, *The Ways of a Judge: Reflections from the Federal Appellate Bench* (1980). 在众多论文篇幅的讨论中独树一帜的是,Robert A. Leflar, "Honest Judicial Opinions," 74 *Northwestern University Law Review* 721 (1979). 另一篇也非常出色的是,Harold R. Medina, "Some Reflections on the Judicial Function at the Appellate Level," 1961 *Washington University Law Review* 148 (1961).

[23] *Disrobed: An Inside Look at the Life and Work of a Federal Trial Judge*, pts. 2-3 (2012).

有关司法过程的学术文献,有别于法官的非常规文献,数量巨大[24],但法官对这一过程的反思,如果该法官既坦诚又自省,可以是对学术文献的有价值的补充。法官可能难以从外部研究。他们趋于隐秘,并且大多数法官还限制自己的助理了解他们的想法——而这些法官助理也趋于隐秘,任职助理结束很久之后,他们还常常注意保护他们的法官。此外,不当法官,你也难以想象当法官会怎样;在本书第8章,我会谈到上诉审中出现的这种想象的失败。鉴于所有这些理由,许多从外部视角撰写的司法过程的文献都不现实,经验研究则是主要的例外,因为它们运用了社会科学的方法。

在众多关于司法过程的信息来源中,值得强调一下司法传记。一个重要的晚近例子是,戴维·多森(David Dorsen)撰写的亨利·弗兰德利法官的传记[25],利用了与弗兰德利职业生涯有关的无可比拟的丰富资料。传记作者比传主的优势在于不是法官。但传主比传记作者的优势就在于他是法官。两人都是传主法官的司法进路的解说者,但角色互补。此外,还有一些很好的记者文字,也有关司法过程,特别是有关最高法院的司法运作过程。[26]

本 书 规 划

本书第1章描述我是如何成为法官的,第2章描述联邦上诉法官

---

[24] 一份包括穷尽的清单,请看,Epstein et al., *The Behavior of Federal Judges* 89-99.

[25] David M. Dorsen, *Henry Friendly: Greatest Judge of His Era* (2012).

[26] 一个晚近的例子是,Jeffrey Toobin, *The Oath: The Obama White House and the Supreme Court* (2012). 除图斌外,知名的法律记者还有艾米利·柏泽龙(Emily Bazelon)、琳达·格林豪斯(Linda Greenhouse)、亚当·利普塔克(Adam Liptak)、达利亚·里斯维克(Dahlia Lithwick)和斯图亚特·泰勒(Stuart Taylor)。

的工作以及,更宽泛地,自我作为1962年联邦最高法院某大法官的法官助理第一次同法院系统相遇以来,这个联邦法院系统如何改变了。尽管有许多改变都是为应对案件总量的增加(尽管法院本身对于这一增长也有很大责任),我指出,其中也有从内部引发的变化,与案件总量有关,却不全是案件总量的产物——而反映的是组织或官僚职责的变化(请看本书第2、3章)。官僚化,或"管理主义"(managerialism),是现代美国法律体制的一个普遍特征,这促成了体制臃肿或体制扩散,很鲜明的例证就是法律引证手册《蓝皮书》的疯长(请看本书第3章)。

我于1981年成为法官,那一年幸运地成为一个分水岭。这一年是联邦法院案件总量在20年热烈增长后的尾巴。但这个结束点并不明显;一段时间内,司法改革者们继续关注如何处理案件总量的激增,如何制约进一步增长。增长确实放缓了,案件总量增长在某种程度上获得了管控。但其他,即我所说的复杂性,从那时起开始迅速增长。复杂性的增长如今还在继续,事实是还在加速,但还没有为人们广泛承认这是一个重大且有威胁的趋势。技术的进展,会同向联邦司法工厂不断提供原料的其他种种社会变化,都使案件变得更难为法官理解,而这种变化也挑战我们有效应对现代性的能力。

第3章开始系统讨论这一挑战,但这一章也会讨论前面提及的我称之为内在的,那种自我引发的复杂性,这不是一种技术现象,而是一种组织激励和约束现象,它们共同促成一个组织内人们的行为。和其他职业人士一样,法官也不希望外行一眼就看穿了自己。他们希望自己的职业对他人很神秘,而创造神秘的方式之一就是将其所作所为加以复杂化。

其余各章处理的是,上诉法官(第4章到第8章)、上诉律师(第8章)、初审法官(第9章),以及法学院和其他非法院的制度(第10章)

在如何各自应对现代联邦法院系统内这些诉讼条件(并不限于外部或内部的复杂性)的变化。某些法官和律师如今回撤到司法哲学上了,诸如法律形式主义、司法谦抑(self-restraint)以及宪法和制定法解释的各种理论(这是形式主义的一个方面);因此,他们不必对引发案件的那些活动有多少理解。法官用来避免同复杂性直接过招的那些战略,实际上,我们会看到,主要不过是用此种复杂性置换另一种复杂性(但司法谦抑是个例外)。因此,他们无法摆脱复杂性。

我把重点放在法律形式主义的复苏姿势,这吸引了一些法官,不去直面引发法律争议的社会环境中的技术和其他的复杂性。贯穿了全书,但特别是在第 4 章和第 7 章,我会敦促法律现实主义的复兴。[27]

由于着重关注复杂性的挑战,因此我区分了内在和外在的复杂性,读者也许会发现,遵循下表的指引,也许有助于总体把握。这个表格列数了外部复杂性的来源,受其影响的法律领域,也列数了内在复杂性的来源,以及(与这些来源交叉重叠)法官为躲避——而不是直面和克服——复杂性挑战而选择的逃生路线。当然,这个表格并不完整。

附录 联邦审判的外在和内在复杂性

外在于法院体系的复杂性来源:

生物化学

咬痕物证(Bite-Mark Evidence)

---

[27] 更多关于形式主义与现实主义对峙的讨论,请看,Epstein et al., *The Behavior of Federal Judges*, ch. 1.

大灾难风险

大学雇工和晋升

公司治理和薪酬

15　DNA 证据

经济学

电子监控

能源

工程

环境证据

经济损害的估测

目击证人的证词;排队指认(Line Ups);照片指认(Photo Arrays)

生育和怀孕

金融工程

指纹证据

枪支鉴定证据

外国习俗和环境

遗传学,包括基因组

枪支暴力

人力资源

移民

司法心理学

陪审团心理学

测谎器

营销

医疗证据和流行病学

精神疾病

毛发显微证据(Microscopic Hair Evidence)
国家安全
神经科学(Neuroscience)
在线服务
刑罚学
养老金制度
药品
物理学
污染和毒理学;环境科学
心理学
累犯
社会学
软件工程;广义的电子工程;广义的工程
统计学,包括多元回归分析
监控技术
普查
电信(Telecommunications)

受外在复杂性影响的法律领域:

反托拉斯
避难
破产
计算机犯罪
合同
版权

企业

刑法

教育

选举法

环境保护

证据

食品药品规制

外国法和国际法

精神错乱之辩解

专利

退休金收益

财产

搜查（Search and Seizure）

美国宪法第二修正案

量刑

社会保障（Social Security Disability）

税收

电信规制

侵权

商标

城市区划

内在于联邦司法体制的复杂性来源：

委托法官助理撰写司法意见

法院系统的扩张

法官的工作人员增多
形式主义，包括释法教义
过度注重引证形式
司法意见书冗长，过于复杂，含混，文字糟糕

司法避免直面外在复杂性的逃生路线：

委托初审法官、陪审员和行政机关决策
形式主义
专业术语
司法谦抑
多因子检验标准（Multifactor Tests）
各种宪法和制定法解释的理论
把法官判决理解为［体育］裁判（而非管理）

第 1 章

我的法官之路[*]

---

[*] 原为通向迪邦南大街 219 号之路。——译者注

这一章的题目,通向迪邦南大街219号之路,和奥威尔的《通向威根码头之路》或埃德蒙·威尔逊的《芬兰车站之路》一样,很戏剧性;此地在芝加哥,是联邦法院大楼的地址,美国联邦第七巡回区上诉法院设在此。这地方出乎意料地成了我职业生涯的目的地。我用"路"这个词也为本书的主要论题,联邦法院系统的复杂化,提供了某些感悟。

所受教育和职业生涯早期

1959年,我16岁,进了耶鲁大学本科(Yale College),高中最后一年没上。[1] 我进耶鲁的最好理由是,我父亲看到《纽约时报》说,哈佛和耶鲁都招只上过三年中学的孩子(只上过两年中学的孩子,芝加哥大学长期以来一直都招[2];但当年[纽约]哈德逊河以西的地方,对于我来说,是不存在的,而考虑到如今我就待在此地,这很讽刺)。我申请了哈佛和耶鲁,哈佛拒了,耶鲁收了,我也就去了耶鲁。如果当年哈佛收我,我会偏向(我很快会说,错误地)去哈佛,而且,如果我把高中

---

[1] 如果我不是比大多数孩子早一年上一年级的话,我会是17岁;早一年上学的部分原因是我两岁八个月时就进了幼儿园(位于曼哈顿的著名的沃顿学校)。在此我必须感谢我早已离世的父母,特别是我母亲,因为从我很小的时候,她就要求我学习成绩好,与美国亚裔父母对他们孩子的要求很像。

[2] Hugh Hawkins, "The Higher Learning at Chicago," 20 *Reviews in American History* 378 (1992).

上完,再申请,哈佛也会接受;但我想早早开始自己的职业生涯。我如今感到惊奇,现代年轻人在其选定职场立业时,或事实上在选择职场时,何以一点不匆忙。

在耶鲁,我专业英文,文学一直是我的最爱,这一偏好部分来自当中学英文教师的我母亲,从我3岁开始(甚至更早),她就给我读荷马和莎士比亚。我上大学时,新批评学派——它们看低文学作品的传记和历史进路,把文学作品视为一个自给自足的美学对象,读者根本无需了解作者或作者的时代就可以理解和欣赏作品——正如日中天,而耶鲁恰恰是其中心。著名的新批评学者,柯林斯·布鲁克斯(Cleanth Brooks)是我大学高年级论文指导老师。(我的论文篇幅是一本书,研究的是叶芝后期诗歌。)我当年并且一直对新批评学派很热心。说这一点是因为它影响了我的司法进路;没它,我就不大可能像现在这样,是更精细的读者,它使我有能力解释一些复杂文本。与此相关的一点是,新批评学派也解放了我,令我不再过度依赖历史来指导对某个文本的理解。

我不认为新批评学派当年在哈佛有多大市场,而耶鲁也更关注本科教育,这两点加在一起,都令我庆幸当年哈佛拒了我。

耶鲁毕业后我直接进了哈佛法学院。我并不酷爱法律。但我父亲是律师(也是位商人),而法律当年是,并且今天在相当程度仍然是,一个默认选项。尽管我热爱文学,但我没有以写作谋生的想法,教书也不吸引我。我也申请了耶鲁法学院,也接受了,但我认为哈佛更具挑战;耶鲁法学院一直太娇惯学生,哈佛不这样。我认为我的选择是正确的。

哈佛法学院第一年充分展现了其粗野,尽管如此,我还是热爱这一年的生活。哈佛把最好的老师都排在了第一年,并且尽管冷酷、严格,有时还很恶劣,但他们全都极为出色。这一年结束时,我有一种奇怪的感觉:我比一年前显然聪明了。我对法律和法律人也有了一分尊重(至少对在哈佛法学院教师身上得以人格化的法律人);还特别尊重挤满一年级课程表的普通法。第二年和第三年的课程则大为逊色(有几门课甚至教得相当糟——这时我才发现法学院把好老师全堆在第一年课程上了)。第二年我旷了许多课(我的成绩因此下降,而为此,三年级时我就更努力了),而在后两年,我把大部分时间用于编辑《哈佛法律评论》——顺便说一句,这真的是一个只看才华的制度。能否成为《哈佛法律评论》的编辑成员,完全只看成绩(如今已不再是这种情况了),并且,尽管评论主编由所有成员选举产生,但那时没有政治活动(这一点也是如今不再)。当时略微倾向于由成绩最好的学生当选,但他必须非常认真对待自己作为评论成员的责任。

我想我会在纽约开业(我出生在纽约,在那里和纽约州的斯卡斯代尔城长大),尽管法学院一、二年级暑期我都没进律所工作——那时律所的暑期工作很罕见,并且我也没申请过。我对在法学院教书不感兴趣,也没想过当法官,尽管我模模糊糊回想起,当时也曾想过,当一名联邦地区法院法官也许很有意思。我完全不知道,如何成为一位法官,如果想当法官的话。

保罗·富朗德(Paul Freund)是哈佛法学院一位名教授,大法官布伦南([Brennan]他本人是哈佛法学院校友)委托这位教授每年为他挑选两位法官助理(当年这种委托很常见),富朗德教授要我为布伦南当法官助理,我同意了。我必须冒着大不敬的风险说,当时我没觉得最高法院是多么了不起的机构。当我发现最高法院大法官不亲自撰写本人的全部司法意见时(道格拉斯大法官亲自动手——而他的司法意见最弱,但这并非因为他不聪明——更多是因为他厌倦了),我很是震惊;哈佛法学院教授对这些自由派大法官极端苛刻,但他们也不曾泄露这一点,即法官助理在其中扮演了如此重要的角色。在准备为布伦南当助理时,我读了他的一些司法意见,印象深刻;只是后来我才知道,这些最好的司法意见都是他先前的一位助理撰写的,一位卓越的哈佛法学院毕业生,他的名字是丹尼斯·里昂斯(Dennis Lyons)。

布伦南先是非常成功的律师,然后是新泽西州最高法院的杰出法官。我肯定,他本来可以撰写很好的司法意见,事实上,有人就告诉过我,在布伦南任职美国最高法院的漫长服务中,有时对某个法官助理撰写的司法意见初稿不满意,他会亲自撰写这些司法意见,而这些意见都很不错。我认为,大多数联邦上诉法院法官都可以撰写至少是说得过去的司法意见。但同样真实的是,法官助理都是法官挑的,不像法官,是由政客挑的,因此在法律分析和撰写上,法官助理常常比他们的法官更有能耐。大多数法官都不喜欢写作,因此更偏好评论和编辑法官助理撰写的司法意见初稿。而这种编辑有时只是细枝末节。

最高法院的工作节奏在我待的那年(1962年任期)很慢;那一年是我此后工作最轻松的一年。我用晚上和周末时间阅读了大量文学作品,特别是英国和美国经典长篇,从狄更斯到福克纳,因为在耶鲁时我集中关注的是诗歌和戏剧,即新批评学派更偏爱的对象。我发现,对法律我并不(还没)真有多少兴趣,我甚至动过这样的念头(尽管我很快就放弃了),离开法律,拿个英文的研究生学位。但几乎是偶然,就在我即将结束法官助理并打算加入一家纽约大律所(保罗·威斯律所)前,我收到了一个工作邀请,担任特别能干的联邦贸易专员菲利普·埃尔曼(Philip Elman)(法兰克福特大法官的一位前助理,并且是总检察长长期随员之一)的助理。我跟他工作了两年,学到很多;他是一位了不起的律师。

作为布伦南大法官的助理,在处理一家大(major)银行兼并案时,我对反托拉斯法有了兴趣[3],在联邦贸易委员会工作期间,这种兴趣深化了,该委员会对反托拉斯法以及消费者保护法也有管辖权——而

---

〔3〕 *United States v. Philadelphia National Bank*, 374 U. S. 321 (1963).

第1章 我的法官之路

我发现消费者保护法也很有意思。在埃尔曼的指导下,也得到了不少工作人员的帮助,我撰写了联邦贸委会的声明,发布了一个规则,并说明了为什么香烟标签上和广告中必须有健康警示。[4] 尽管国会很快就以立法取代了这一规则,但后来非常成功的控烟规制,还是从这里开始的。

在联邦贸委会期间,我与贸委会的首席经济学家维拉德·缪勒(Willard Mueller)关系很好,并对经济学产生了初步的兴趣。奇怪的是,这种兴趣的种子是我在《哈佛法律评论》第一个月前后种下的,当时碰巧分派我核查德里德·博克([Derek Bok]当时哈佛的法学教授,后来的哈佛大学校长)反托拉斯法论文某部分的引证——而在这一部分,博克讨论了寡头垄断的经济理论。我之前从未听说过寡头垄断理论,但我感到很奇妙,而在为布伦南大法官撰写银行兼并案的司法意见时,我也从中获益良多。

离开埃尔曼后,我去了总检察长办公室[5],在那里,我待了两年

---

[4] Trade Regulation Rule on Cigarette Labeling and Advertising, 29 Fed. Reg. 8324 (FTC July 2, 1964).

[5] 在埃尔曼的建议下并主要是他的安排。我职业生涯的一个奇怪特点是,在今天则因为工作市场的竞争激烈太多了而非常罕见,除了当我是法学院学生时和在最高法院当法官助理时申请律所工作(尽管都是我没接受的工作),我就从来没有真正找过工作。我也没有竞选过《哈佛法律评论》的总编——我说过,那时就没有竞选这种事。我也没申请最高法院的法官助理。我没有申请为埃尔曼工作,而是他的助理之一,我认识的一位《哈佛法律评论》的前总编叫我去和埃尔曼面试。我规规矩矩向总检察长办公室提了申请,但这是埃尔曼,该办公室的一位哈佛毕业生,敦促我申请的,并且我认为他也敦促了这位总检察长(阿契包德·考克斯[Archibald Cox])雇用我。我也没申请法学院工作,但有好几所法学院向我发出邀请,而我接受了斯坦福,以及后来的芝加哥大学——而我也没向后者申请过。在我职业生涯的后半段,我是一个咨询公司奈科斯康(Lexecon Inc.)的老总,我是发起人中最资深的但并非是申请了这职位。并且,后面的文字也会解说,我也没申请法官职位。最后,我们法院的首席法官职位,我(先前)的另一工作,就如同我在引论中说过的,是一个纯粹根据资历深浅的任命。

多一点，撰写了很多诉讼摘要并出庭最高法院辩论了6个案子。我特别关注的是反托拉斯法和政府规制，对这些领域我真的很有兴趣。但当时我认为政府的诉讼摘要或口头辩论不可能左右法院的决定——不论推动最高法院决定的究竟是什么，反正都不会是律师的主张。因此，在总检察长办公室第二年即将结束时，我开始接受邀请参加任教的面试，决定试一试任教。（法律实务对我没什么诱惑。我记不清到底是因为什么，但我猜想是两方面的结合：既不想继续为别人工作，也不想为那些并非我本人的立场，而是某个头头的或某个客户的立场辩护，而且你还必须为之辩护。）我接受了斯坦福大学的工作邀请，但在去斯坦福之前，我在政府又多待了一年，岗位是（也是应邀，而不是我申请的）有关电信政策的总统特别团队工作人员。这工作令人着迷，增强了我对反托拉斯法和政府规制的兴趣——以及在这些领域内运用经济学分析来理解法律的兴趣，尽管在这方面，我几乎完全是个新手。这一特别团队的研究主管，一位很有能力的兰德（RAND）公司经济学家，勒兰德·约翰逊（Leland Johnson），大大激发了我对经济学的兴趣。

值得一提的是，就是本书第十章讨论的法院系统与学界的关系，两者间的交往让我想去尝试一下教授法学。斯坦福法学院院长贝勒斯·曼宁（Bayless Manning）是位出色且魅力型的公司法律师。1967年春天，我在总检察长办公室的第二年，曼宁（我之前从未见过面，事实上从没听说）给我打了电话或是写了信，说他会来华盛顿，希望和我共进午餐。我说行，就一块儿午餐了。当时阿以间的"六日战争"刚过，我们谈论的几乎全是阿以战争。他的广泛兴趣和广博知识令我着迷，我开始认为，也许，法律教授会比其他法律人更有意思些（我当时不知道曼宁对于外交事务兴趣特别深厚；他后来成了外交关系协会主席）。但当他试图激发我教法律的兴趣时，我说，看不出自己还能撰写学术论文。他说,这不碍事——法律教授可以以其他方式为法律做贡献。今天,如果有谁对法学院教员招聘者说了这话,他会当即给毙了。法律学术,在1960年代,更紧密认同的是法律职业,而不是大学的学术文化;今天,法律学术相当"学术化了",和大学的其他核心院系差不多了,导致了法学教授与法律从业者——包括法官——之间的分化,这使法院系统在迎接日益增加的复杂性挑战时,失去了非常需要的帮助。

在斯坦福待了一年,很幸运,我结识了阿隆·迪莱克特(Aaron Director)和乔治·斯蒂格勒(George Stigler)这两位杰出的芝加哥大学的经济学家(迪莱克特当时退休到了旧金山海湾地区,在斯坦福大学有他的办公室,而在我任教斯坦福的那段时间内,斯蒂格勒刚好是斯坦福的访问教授)。一年后,我接受了来自芝加哥法学院的工作邀请,因为它独一无二地集中了一些经济学家,不但法律教授可以接近他们,而且他们对法律也有兴趣。从那时起,我就教授并发表学术著作,就在这正日益显露的法律经济学分析领域。我也做过相当多的咨询,特别是有关反托拉斯法,也有关公共事业和公用承运商的规制,例如,在航空业和铁路业。我的其他咨询则有关环境规制以及福特当政期间命运多舛的价格控制。

1981年的联邦司法任命过程

我从没想过成为一位法官。但1981年6月的一天,当时我正待在咨询公司(Lexecon Inc.)的办公室,1977年我同威廉·兰德斯(William Landes)和安德鲁·罗森菲尔德(Andrew Rosenfield)一同创建了这家公司,我的一位朋友和之前的斯坦福同事威廉·柏克斯特(William Baxter),当时他已由里根总统任命掌管司法部的反托拉斯局,出人意料地打电话给我,问我是否有兴趣被任命为第七巡回区法官。我说没兴趣,他说,早就想到我会这么回答他。但就在他要挂电话时,我又说,得,让我想24小时,他说行。因此我想了这个问题,也同妻子谈了(她愿意接受我们收入大为减少——当时我既有丰厚的学院工资,还有更多的咨询收入),又同我父亲以及菲尔·埃尔曼谈论,他们都敦促我接受法官任命;在24小时期限之内,我告诉柏克斯特,我还想更多想想前景。大约一周后,我说,我干。我当时认定,收入减少可以容忍,因为担任法官我仍可以半职任教,因此还有一份教学收入,尽管这会比我全职任教的收入低很多,却还是可以补充我的法官收入。而且那时我也厌倦咨询了,部分因为我很多时间都不是用于分析,而是用于向客户推销我们的咨询服务,就因为我是该公司的资深成员。

我还想,联邦上诉法官也许是一个有意思也有挑战性的工作,因为有许多种类繁杂且重要的联邦案件,因此我会既有机会在真实世界环境里运用经济学分析,又有机会[在撰写司法判决中]运用在学术写作中没有地位的修辞手段,而这多有意思,可以用往昔的伟大法官做标准来检验我自己。所有这些如今都已成为现实。但我还应提一提在我决定接受任命中起到一定作用的相当漂亮的最后考量。就在我第一次访问司法部讨论我可能接受任命的前一天,我碰巧在(如今已解散的)州际贸易委员会的一位行政法法官庭前作证,我受到了科文顿和博林/威廉·利文顿的一位年轻律师非常有效的交叉盘问,而我的客户,西部铁路的法律总顾问对我很恼火,因为我听任利文顿来回折腾我。我当时的反应是,这可不是我想要的。我想坐到法官席的另一边。我想成为刑讯者而不是成为受害人。

我想继续从事学术研究,并且我猜想(后来变得正确)不做咨询了,只半职教学,并且不承担法学院常规教员的行政责任,审判之余,我还会有足够时间从事学术写作，与之前当全职学者时的写作时间相差无几。我也感到有种公共义务感推动我接受这一司法任命。1970年代，我非常保守（在1960年代后期之前我一直是自由派），部分是对1960年代的社会混乱的一种反动，另一部分则是受了芝加哥学派自由市场经济学的影响。我曾热情投票支持里根，我当时感到，如果他的政府希望我成为一个官员，我不应拒绝。如果这意味着牺牲很实在的金钱，或工作没什么意思，我也会拒绝，但不愿拒绝公共服务之召唤在我的决定中也有一定分量。

在我的整个法官职业生涯中，我继续了学术写作，主要是但不只是针对法律运用经济学分析（有时是社会科学的相关领域）的学术写作。我对各种实体法和程序法领域[6]，也对司法行为本身[7]，都运用了这类分析。在不少司法意见中，我也运用了经济学分析。经济学说到底，就有关人们如何回应激励和约束，以及这些回应如何塑造（或削弱）了众多的规则、习惯以及制度，包括法律体制的规则、习惯和制度。因此，法律现实主义远比法律形式主义更与经济学合拍。我对经济学的兴趣既反映了，也强化了，早期我就感到的对法律形式主义的保留，而这种保留令我转向了现实主义。

我还要对1981年的司法任命和确认过程说些什么，因为这过程在当时与今天差别太大了，当年尽管相当草率，几乎很是喜感，那也远胜过后来它那个样。这个过程的改变就是说明我称之为内部复杂性

---

[6] 请看，例如，我的著作 Economic Analysis of Law (8th ed. 2011)，如今篇幅已超过1000页。

[7] 最早的是，"What Do Judges and Justices Maximize? (The Same Thing Everybody Else Does)," 3 Supreme Court Economic Review 1 (1994)，以及最晚近的，集于 The Behavior of Federal Judges: A Theoretical and Empirical Study of Rational Choice (2013)，与 Lee Epstein 和 William M. Landes 合作。

增长的一个例证。

在告诉柏克斯特对这个工作感兴趣后,我经历了通常的筛选,填了一些表格,这些表格要求我,根据我的回忆,列举我自出生以来的所有地址;还有联邦调查局的一个彻查,该局查询了它自己的档案,寻找有关我的任何材料,为了解我还打听我的邻居和职业合伙人;一个由白宫工作人员进行的筛查;一个由参议院司法委员会工作人员展开的深入筛查,联邦调查局的调查结果会简报这个委员会;副总检察长的面试,和美国律师协会的某委员会的面试。美国律师协会的这个委员会,对我的学术成就不感冒,对我缺乏审判经验印象负面(那时,甚或今天,就我所知,美国律师协会,也即从业律师的行业协会,认为联邦法官的职位,除非常罕见的例外,都只应留给出庭律师),给我打的分是"够格"而不是"完全合格"。所有这些花了大约4个月时间。但除了坐在那里接受面试,我必须做的就是填许多表,而那只是一个很次要的麻烦。最后,总统提名我了,而关于我的提名,也排定了参议院司法委员会的听证日期。

在这个过程中,有两个意外的小麻烦。一是,后来变得很无关紧要,我母亲过去很多变。我父母,尤其是我母亲,曾非常左翼,而且事实上都崇拜约瑟夫·斯大林——他离世那天是我家的哀悼日。在1950年代后期和1960年代初期,我母亲成为一个主张核裁军的名为"妇女为和平罢工"组织的头面人物。[8] 这个组织的许多领导人都是前共产主义者。1962年,众议院非美活动委员会决定调查这个由中上层郊区中年妇女构成的险恶帮派,而我母亲就是被传唤作证的人之一。问到她在到1951年底的一段时期内是否是共产党员,而她以宪

---

〔8〕 请看,Amy Swerdlow, *Women Strike for Peace: Traditional Motherhood and Radical Politics in the 1960s*, 110-111 (1993).

第 1 章　我的法官之路

法第五修正案为由拒绝回答。

这转而成了众议院非美活动委员会的最后一次调查。调查过程中,对这些无害妇女的调查受到了嘲笑[9],之后这个委员会很快被废止了。但当初我获得总检察长办公室的工作机会时,必须接受联邦调查局的筛查,我提到我母亲曾是一位共产主义者(非常可能——她从未承认曾是共产党员,而我相信联邦调查局也没有真实的党员名单,只有一些内线,而这些内线并不总是可靠)。这时(1965年)人们都不关心这些了。1981年,当我同意考虑接受法官职务时,我告诉司法部我母亲的情况,他们也无所谓。

然而,联邦调查局还必须将这些信息纳入其提交参议院司法委员会的报告中,因为听证前不久该委员会首席调查官打电话给我说,参议员瑟芒德(Thurmond),该委员会主席,请他问我两个关于我母亲的问题。第一,我是否赞同她的政治观点,对这个问题,我诚实地回答了"不"。第二,我是否认为共产党是像民主党和共和党那样的一个普通政党。对于这个问题,我也诚实回答了"不",还说了一句,共产党实际上是苏联政府的臂膀之一。这位首席调查官说我的回答很好,又说参议员瑟芒德告诉他向我保证,只要我的回答令人满意,就像我回答的这样,那么在我的确认听证中就不会问到我 81 岁的母亲,不会让她难堪。参议员瑟芒德确实非常体贴人。但我嘴角一咧笑了,因为我想到,他不想让某人的情感受伤,而他一定认为这个人和叛徒也差不太多。

在我的任命之路上,唯一的潜在障碍是参议员佩西(Percy),来自伊利诺伊州的一位非常昂赫的共和党参议员,他还是参议院外交关系委员会的主席。佩西有他自己的填补第七巡回区法官空缺的人选,并

---

[9] 同上注,页 117-118。

非我。他从来没见过我,而我也从没有任何事情与政治有关;我甚至不是伊利诺伊本地人,我只是在这个州生活了12年——一个来此讨生活的人(carpet bagger)。佩西本可以利用参议院礼数来封杀我的确认。但白宫本身,我后来得知,也与佩西不合。第一,白宫不很喜欢他,因为白宫不认为他是个真正的保守派。第二,白宫认为他有点面(一个更友好的评价会是温和派,脾气好),并因此他不大可能反对白宫的强力推动。第三,白宫想(我认为这是埃德温·米斯[Edwin Meese]的想法——当时他是白宫的法律顾问)改变联邦上诉法院的政治构成,手段就是任命保守派(传统上,受任这些法院的大都是参议员们的政治分赃式任命[patronage appointments])。要实现这个目的,白宫希望任命保守派法律教授,认为他们比从业律师更重意识形态。

因此,白宫与参议员佩西达成了一个交易:如果佩西支持我的任命,那么第七巡回区法院的下一个空缺就会由他的候选人填补。他同意了(顺便说一句,双方信守了他们之间达成的这一交易),并且,在我的听证会上,他友好地主动向司法委员会介绍了我。

参议员佩西主动给我打了个电话,电话中他说,起初他反对提名我,因为他认为只有曾担任过地区法院法官的人才应任职上诉法院。他解说自己也破过一个例,那就是约翰·保罗·斯蒂文斯([Paul Stevens],在任职最高法院大法官之前,他是第七巡回区法官,但之前没担任过地区法院法官),因为斯蒂文斯是他的大学同屋;但在同爱德华·列维([Edward Levi]当时芝加哥大学的校长)谈话之后,他决定对我再破一次例。这些话让我很吃惊,在天真的我看来,是某人的大学同屋,就认为可以替代任职联邦地区法院这个硬杠杠,就有资格受任上诉法院。但公道地说,也许参议员佩西的意思只是,自己实在非常了解斯蒂文斯,可以信任其能力,尽管斯蒂文斯之前没有司法经历,也会成为一位能干的上诉法官;而且,和我不一样,斯蒂文斯也还有初审律师的经历,尽管我不知道他有多少。

我的参议院听证日在1981年11月来到了。听证开始前不久,被提名人(有好几位,主要是地区法院的被提名人)在司法部同司法部官员碰头——在那里,告知我们,司法委员会的共和党成员都会问我们一些什么样的问题!我吓了一跳;这就好像是考试前把试题答案都给了我们。

我们乘车到了国会山,被领进听证大厅的听众席。到后不久,一个人进到大厅,他似乎有点像我认为的参议员佩西的长相,只是老很多(我记得只看过他的一张照片,一定是多年前拍的)。让我印象深刻的是,他进来时,伸着右手,而人们马上站起来开始握手,从这一点,我推断他是一位政客。我慢慢想着,判断,这位政客看着像参议员佩西,又坐在参议员佩西应当坐的那个位置,而既然他已同意在听证会上向他人介绍我,这就很可能是参议员佩西而不是他的父亲,因此我走了过去,并自我介绍。

听证即将开始前,参议员瑟芒德招手让我们两个到听证厅前面,并问参议员佩西是否支持波斯纳教授的任命。佩西头一句话是,他其实本来支持其他某人的,但——瑟芒德这时不耐烦地打断了他,说:那你现在支持波斯纳教授吗?佩西说,支持;瑟芒德转向我说,如果外交关系委员会的主席支持我,这对他来说就相当好了。

听证开始了。瑟芒德是司法委员会唯一参加听证的成员,轮到我时,佩西向参议院介绍了我,并且一开始就说:"他[波斯纳]就如此多的题材撰写了如此多的论文,就因他本人的任何观点,都差不多该绞死他了。"[10] 这句俏皮话引发了一阵笑声。他继续说:"它们[这些论

---

[10] "Confirmation of Federal Judges," Hearings before the Senate Committee on the Judiciary, U. S. Senate, 97th Cong., 1st Sess., pt. 2, p. 70 (Nov. 20, 1981).

文]都很有争议,这毫无疑问。但即便是那些可能反对这些观点的人,也都认为它们有创意,有想象力,大胆,在各方面都很学术。"[11] 这样的赞扬,在今天,早早地就足以令一位法官候选人不合格了。

瑟芒德对我的第一个问题是,我是否带了任何家人来,可以向该委员会介绍。我已注意到,我前面那位被提名人也被问到这个问题,他的回应是介绍了自己的妻子,还有我想是他的另一位亲人,但我从来没想到会邀请我的家人参加听证;显然,这已是习惯,但司法部忘了告诉我了(对此,我谢天谢地)。对于瑟芒德的问题,我的回答是:"我怕是他们不能和我一起来了。"(我承认这话不诚实,因为我根本就没有请过他们,而至少,我妻子是能来的。)瑟芒德对我皱了皱眉,在我听来似乎有点疑心似地说,"我相信你有两个孩子,波斯纳先生,"对此我确认了。[12]

我的回答令他满意,然后继续提问。只占了听证会的两页打印记录[13]——持续了不可能超过 5 分钟。没有需要提防或有追问的问题,都是下面这类可预见的和容易回答的问题:"你会让你的个人观点服从制定法或法律吗?"[14] 我退席了,一会儿,该委员会就向全参议院报告赞同,无需任何会场辩论就确认了。1981 年 12 月 4 日,我宣誓就职,开始履行我的法官职责。整个过程从开始到结束用了 6 个月。

这就是 31 年前,一位发表了大量论文,有争议,没有政治后台,并且仅得到美国律师协会"够格"分的法律教授,被任命为联邦上诉法官的全过程,如果是在 1986 年共和党不再控制参议院之后,要确认我,就不可能了。

---

[11] 同上注。
[12] 同上注,页 90。
[13] 同上注,页 90-92。
[14] 同上注,页 91。

这个过程颇为随意。其预设是总统可以任命他想要的人,特别是如果他的党控制了参议院的话,除非是被提名人在伦理或能力上有严重问题,或是被提名人政治上很极端。参议院的是在此后才开始政治两极化。联邦法官候选人如今受到非常严格的审查。整个过程拖得很长,并且非常侵犯个人私隐[15],有争议的候选人几乎不可能获提名,即便提名也不可能获确认。结果是,联邦上诉法官(也包括联邦地区法官和最高法院大法官)的多样性降低了;不行的人少了,但明星也少了。

关于受任就说这么多了。司法生涯的这个转变很突然。宣誓就职后一周,我听取了第一场口头辩论。几个月后,位于华盛顿的联邦法官中心(联邦法院系统的一个机构)为新任上诉法院法官开了一个研讨班。研讨班有一天或两天,但就我可能想起的而言,没什么内容。事实上,我能想起的全部,也就是同拉杰罗·奥蒂塞特(Ruggero Aldisert)法官的一场论辩,有关如何称司法意见中的节和小节,他给这伙人做了一场讲演,坚持应当称呼它们为法定节(statutory sections),而小节通常应当如何[即,1(a)(1)(A)(i)——我也不知道下面还会有什么]。我避过了同这一深刻问题过招,就因为我的司法意见从来不分节。

转型,以及法官初始培训问题

我被任命为法官时,我不认识任何法官,无论是我们法院的还是

---

[15] 在最高法院的候选人问题上,情况就非常荒唐。请看,Elie Mystal, "So You Want to Be a Supreme Court Justice? Don't Sniff Glue," in *Above the Law*, July 23, 2012, http://abovethelaw.com/2012/07/so-you-want-to-be-a-supreme-court-justice-dont-sniff-glue/#more-176665 (visited Jan. 5, 2013).

任何其他法院的,当然了,大法官布伦南除外,还有华盛顿特区巡回区的卡尔·麦戈文(Carl McGowan),我和他有一次都在美国研究萨尔茨堡讲习班赞助的某暑期班讲过课。我作为上诉法院法官的"培训"主要靠我不时询向我们巡回区的主管(柯林斯·菲茨派特里克[Collins Fitzpatrick],他是这个巡回区最资深的司法公务员,当年他受任此职时,还没有这个职位,而今天他仍然在此任职,作为巡回区管理者的头儿,在这个很具挑战性的职位上服务得非常出色)。但在我同意考虑这一任命到我坐上法院席位的6个月间,我读了相当数量的材料,主要是霍姆斯和勒尼德·汉德和罗伯特·杰克逊这样一些杰出法官的司法意见,也还有有关联邦管辖和程序的著作和论文。我的学术生涯关注的是法律的经济学分析,尽管我也教过各种法学院课程,做过广泛的咨询业务,但是,比方说,自打1967年离开总检察长办公室之后,我的宪法性法律知识就没什么长进,因此我要补不少东西。我也惊奇地了解到在这14年间,又有了多少愚蠢的宪法性法律决定。

新任法官本可以获益于设计更好且更全面(也更强化)的培训。至少,培训应持续一周,关注点应在管理,要特别重视挑选和用好法官助理。

我会在本书最后一章讨论这些涉及司法的初任培训和继续教育问题。但既然本章一直谈的都是成为一位联邦上诉法院法官,那就让我简单概括一下新任法官需要思考的事情,并以此来结束本章:

1. 决定是亲自撰写司法意见还是加工法官助理的意见初稿。有几种替代的方式配置各位助理相互间的,以及法官和助理之间的工作,而新法官培训应当让法官了解这些替代。

2. 如何挑选法官助理。亲自撰写司法意见的法官,在挑选助理时,会更少,甚或就不强调写作技能,而更强调知识、智力以及研究技能。我认为,很重要的是法官要记住,法官助理不是个人的仆人,而是公仆,是纳税人而不是法官支付其工资。与申请人父母的友谊,或申请人是法官的法学院校友,或申请人很风趣、风度或相貌甚好,这类个人性的理由因此都不合适。政治性标准也不成立,也不是挑选助理的合适理由。挑选政治盟友当法官助理反映了并会强化某些法官的这种倾向,即让自己的政治观点不当影响其司法投票,甚至更糟(因为一位易于用政治标准选择法官助理的法官也注定会从政治角度看待自己的司法角色),这就使这位法官的工作室中失去了多种观点的激励。

我认为法官逼签([exploding offers]即确定一个期限,通常不超过一两个小时,有时甚至时间更短,就要申请者回应有关法官助理的邀请)申请人是大错特错。逼签邀请过分限制了申请人的选择,同时也伤害了那些不逼签的法官。还需要警示新法官在挑人时,不要过分看重面试。[16] 从申请人的成绩单和工作记录中,以及从那些与申请人有全面接触的教师或管理者的评价中,可能获得的信息会很多,而一次面试所传递的信息会很贫乏。

我这里假定的是,这位法官雇的是仅服务一年的法官助理。对于上诉审法官来说这是常态(许多地区法官雇用助理工作两年)。然而,许多法官都有一位职业的法官助理。新法官只能有一位职业制[career]的助理,但这是一个晚近的规则,在这一规则生效时那些已有不止一位长期助理的法官可以继续保持这些助理。除了自己能力很弱外,法官雇一位职业制助理会是个错误,这会诱使法官将许多事过度委托给职业制助理,因为他或她很有经验。有时,这位职业制助理,实际上,成了一位代理法官。

3. 司法意见撰写有不同的风格(广义的)。因此法官必须从中选

---

[16] 这是一个很常见的认知谬误。请看,R. Bryan Kennedy, "The Employment Interview," 31 *Journal of Employment Counseling* 110 (1994).

择,是自己撰写初稿,还是由助理撰写初稿。准备口头辩论,处理无辩论的案件,进行研究(例如,决定互联网检索应当扮演何种角色),以及司法意见从起草到成品的过程,也都有不同风格。

4. 要告诉新法官在上诉法院,合议庭同事关系(collegiality)意义重大;合议崩了会引出耽搁、没必要的反对意见和敌意,这都可能影响法官的投票。要警告新法官不要动不动就提异议,不要对同事大叫大嚷、夸大其词、发怒和嘲笑,无论是当场还是在司法意见中。

5. 新任命的上诉法官,如果之前没有法院经验的,应鼓励他们在他们巡回区的一个或更多地区法院作为志愿法官主持初审。主持初审,特别是有陪审团的初审,获得的经验,会使上诉审法官重读初审裁决能获得一些新见解,并且那是难以从阅读初审记录或有关初审过程的阅读中获得的。我争取每年都审一件初审案,尽管有时双方当事人的和解决定会挫败我的努力。从我被任命到这个上诉法院以来,我一直主持一些初审,尽管在成为法官之前我没有初审的经验。

第 2 章

联邦法院系统的演化

半个世纪的变化

我对联邦法院系统的第一手了解,始于1962年我给大法官布伦南当助理。已经半个多世纪了,联邦法院系统变化不少,甚至自1981年我成为法官以来,变化也不少。我在前一章就曾简单提到,筛选法官候选人的时间和严格程度都增加了,而从法院系统质量的立场上,我还质疑这种增加是否有价值。我不否认,这种增加对于实现参议员们的政治目标有所助益,这也许是随着电子监控范围和深入程度的进展个人私隐衰落而不可避免的产物。近来,一位联邦法官候选人,接受司法部的指导,命令自己的几个孩子同一位政府调查员交朋友,乃至于这位调查员可以查看这些孩子的脸谱网网页,寻查那些可能对这位候选人不利的材料。

在过去半个世纪中,还有两个变化不可避免。第一个变化没有争议,对司法过程也纯粹有益的(并且是电子革命的另一个产物)是电子法律检索(主要是,但不只是,西法[Westlaw]和雷克萨斯[Lexis]使之成为可能),这极大增加了法律检索的准确性,与此同时也极大减少了为完成某特定检索所需的时间总量,法官或他的助理可以完成更多也更准确的检索。对司法过程的另一个纯收益,我认为(但在法官中,这还是少数派的看法),是有了谷歌和其他搜索引擎,在线研究(online factual research)成为可能(请看第5章)。

第二个不可避免的变化是法官的数量及其工作人员的数量增长,工作人员既包括法官本人的(主要是法官助理、全工实习生和半工实习生——计算机革命的后果之一就是秘书和法官的比例已大为降低),也包括法官们共享的。所谓共享的,即每个上诉法院和某些地区法院都有个法官助理的合作"池",这些助理称之为随员助理(staff clerks)或专职律师(staff attorneys),不分派给某具体法官,而由多位法官共享,协助处理众多动议和许多上诉,特别是那些无口头辩论案的上诉(其中许多都是本人上诉;也就是说,上诉人没有律师)。

推动法官数量和法院工作人员总量增加的是,自1960年以来,提交上诉法院的案件陡然增加了。1960年提交的案件不到4 000件;而1990年,提交的案件超过了40 000件,自那以后,提交的案件又上升了10%。因此,半个世纪期间,这些法院的案件总量已增加了11倍。地区法院的案件数量也有类似的增长,但上诉法院的案件数量增长,按比例说更大些,因为上诉率增高了。

这么大的增长注定会引发工作人员大量扩张。这也引发了一些俭省化努力,例如,口头辩论的案件,以及可作为先例引证的案件,比例大为削减,还压缩了许可的诉讼摘要篇幅以及特别是口头辩论时间。

为回应案件总量的增长,法官数量也增长了,尽管没增长11倍。1960年法定的上诉法院法官职位只有68个;如今是179个,增长了163%。[1] 地区法院的相应数字分别是241个和667个,增长了177%。[2] 法官数量的增加因此远远跟不上案件总量的增加。(但,这没法解说最高法院大法官的法官助理增加,我会讨论这个反常现象)。但这不可避免,因为,如果法官数量增加太多,就一定会出现协

---

[1] United States Courts, "Judges and Judgeships: U. S. Courts of Appeals: Additional Authorized Judgeships—Since 1960," www. uscourts. gov/JudgesAnd-Judge ships/Viewer. aspx? doc =/uscourts/JudgesJudgeships/docs/authAppeals-Judgeships . pdf (2012年7月24日访问)。

[2] United States Courts, "Judges and Judgeships: U. S. District Courts: Additional Authorized Judgeships—Since 1960," www. uscourts. gov/JudgesAnd-Judge ships/Viewer. aspx? doc =/uscourts/JudgesJudgeships/docs/authDistrict-Judgeships . pdf (2012年7月24日访问)。

第 2 章 联邦法院系统的演化

调困难,特别是考虑到最高法院只有 9 位大法官——众议院可以增加这个数量,但众议院没有压力采取这一行动。最高法院对于整个法院系统来说,就如同雷龙大脑对于其整个身体。而工作人员相对于法官更多增加,我们会看到,还是给法官带来了管理上的挑战。

案件总量增长最快是在我受任之前。1960 年,提交第七巡回区的上诉法院的案件只有 329 件,1982 年,这个数字激增到 2 165 件(我在法院的第一个完整年)——22 年间几乎增长了 7 倍。之后 30 年间,这个数量只增加了 40%。2005 年达到了最高值,3 926 件,现在已急速下降——过去 7 年间——到每年 3 000 件略多一点。自 1960 年以来的这一时期,我们法院的案件总量增长略低于平均值。

自 1982 年来,我们法院的法官职数从 9 人增加到 11 人,而每位法官的案件数量从 241 件增加到了 273 件。但这些比较不很有意思。它们都忽视了资深法官(到了退休年龄,不退休,但也不全职,而决定任职半工法官)和来访法官这类情况。这些比较还忽略了法官空额:1982 年底空额是 3,今天是 1。由于这些因素,很难算出我们法院相当于全职法官的实在(meaningful)数字,我也就放弃尝试了。但我确信每位法官(包括所有法官,不只是在职法官)处理案件的数量在这一时段基本没变,尽管案件的平均复杂性增加了。

我刚任法官时,每位法官有权雇 3 位法官助理,但许多年我都只雇两位。几年前,我尝试了雇第三位,结果很成功,我继续每年雇 3 位法官助理,并且后悔没有从一开始就这么做。这使我的每个案件都可以获得更深入的研究,在准备口头辩论时也获得更多帮助,同时也令我可以获得工作人员更多的技能帮助,口头辩论后可以更快完成并[在相关法官间]传阅我的司法意见。许多上诉法院法官如今都有 4 位法官助理(每位法官可以雇 5 个人,在这个数额之内,他可以选择助理和秘书的任何组合——而如今不再有法官需要两位秘书了)。有些法官则有 5 位助理，秘书完全省去了，就由各位法官助理分担秘书工作。地区法官有 4 个配额，因此也有 3 位或 4 位法官助理；我会在本章最后讨论为什么地区法官的工作人员配额会比上诉法官少。专职律师与法官的比例也增加了——我猜想是，自我就任以来翻了番。此外，更多法官还有半职实习生（通常都是打半工的法学院学生）或全职实习生（通常是暑期的全职法学院学生）或两者皆备（我是两者皆无）。更重要的是，自 1960 年代初，随着律师需求以及——直到 2008 年经济崩盘之前——律师收入的增长，法学院学生的平均质量，因此带动着法官助理、专职律师、半工实习生和全工实习生的平均质量，都提高了。由于法律职业收入日渐丰厚，法学院也就吸引了更能干的学生。如果目前市场对律师需求疲软持续下去，这种状况就会改变。但仅就目前而言，自 1960 年代初以来，在对法院工作人员做质量调整后（quality-adjusted）的数量增长，比起其数量净增，要大出很多。

输入与输出，特别是最高法院

尽管有案件总量的压力，但上述工作人员的变化，加上对法官候选人筛选更细，上诉法院产出的平均质量还是增进了，并且这是对自 1960 年代初以来案件总量陡增的一个理性回应。人们常常把案件数量陡增归咎为厄尔·沃伦（Earl Warren）任首席大法官时期最高法院的一些决定，说是这些决定扩张了法律权利和加宽了进入法院的诉讼通道，但各州法院的案件总数也有类似的增长，这就表明联邦案件总数的增长不全是沃伦法院的责任。无论原因为何，案件总量的增长还是增加了对联邦司法服务的需求，而需求一大，就引发了相应的供给增加。但最高法院不一样，它经历的是，工作人员大增，产出却降低了。最高法院大法官和大多数上诉法院法官如今都有 4 位法官助理。

但上诉法院的案件量要多很多,上诉法院法官每人一年平均撰写 50 份司法意见,最高法院大法官仅撰写 20 份(这两个数字都包括并存意见、反对意见以及多数意见),这使得上诉法院的司法意见与法官助理的比值为 12.5∶1,相比之下,最高法院的同一比值则为 5∶1。

最高法院工作人员质量调整后的数量与产出之比值的长期增大,也许有望带来其产出质量的提高,但这个期望取决于下面的这个假定,即大法官的质量一直稳定(即便有人老了,还换了人),或是衰落得不是太狠,乃至完全抵消了工作人员与工作之比值的增加。我的印象是,接受不接受由你,平均而言,如今最高法院的司法意见要比 1960 年代的写得更好,这意思是,若是大学新生作文比赛,得分会更高(法学院三年级时我给哈佛本科学院[Harvard College]教过这样一门课),但就最高法院决定的平均质量而言,并无提升。因为影响决定的平均质量的,不止是司法意见撰写得有多好。事实上,1950 年代和 1960 年代的沃伦法院,尽管错误和过激,但就其对约翰·马歇尔首席大法官之后美国法律和社会的冲击之广泛性和持久性而言,还一直无人匹敌——而且,用马歇尔作比也不公道,因为当年马歇尔法院面对的是一张白纸。眼下的罗伯茨法院,在某些观察家看来,甚至比伯格(Burger)法院和伦奎斯特(Rehnquist)法院还差劲。[3] 然而,自 1950 年代以来,大法官的平均质量看来没多大改变。很可能,1940 年代最高法院大法官的平均质量,比那之后的大法官质量都高,1940 年代的

---

[3] 一位保守派共和党人,前马萨诸塞州最高法院大法官和前美国总检察长对罗伯茨法院的批评,请看,Charles Fried, "The June Surprises: Balls, Strikes and the Fog of War"(即出, Oxford University Press volume on *National Federation of Independent Business v. Sebelius*, 132 S. Ct. 2566[2012], 又请看下一期 *Journal of Health Politics, Policy, and Law*);Fried, "On Judgment," 15 *Lewis & Clark Law Review* 1026 (2011).

大法官包括了法兰克福特、杰克逊、斯通(Stone)、道格拉斯(在他还没厌倦裁判之前)、布莱克(Black)(和道格拉斯一样,也是他任大法官的前期)以及拉特里奇(Rutledge);但他们相互间关系很糟,因此他们作为整体不如部分的加总。

输入增加了,产出却降低了,总体质量还看不出有什么提升,这个怪现象值得关注,但我承认不仅评估最高法院在某一特定时间的整体质量很难,而且分配责任也很难。质量变化的责任,哪部分在于工作人员的变化,哪部分又在于大法官的变化,包括大法官个人间的"化学反应"改变,那也会影响最高法院的产出质量。

我关注的是工作人员的变化。最高法院的大法官是19世纪后期开始有"法律秘书"的,并且也真就是秘书。从秘书到法官助理慢慢演化。但到了1930年代,各位大法官都有了一位大致算是现代意义上的法官助理,但主要都还是研究助手和为征求意见(sounding boards)(但他们也还可能为各自的大法官概括复审请求);几乎所有的司法意见都还是由大法官亲自完成。大多数法官助理都刚走出法学院校门,并且一般说来,每个助理职位也没几个人申请。大法官不鼓励申请,通常会委托朋友或熟悉的法学教授帮自己挑选助理,就像大法官布伦南委托富朗德教授那样。为法官或大法官当助理,当时有许多够格的法学院毕业生也不感兴趣。[4] 这些位置并不像后来那么有声望和令人垂涎——那时,比方说,律所对法官助理就不发什么签约红包(signing bonuses)。

今天,每位最高法院法官助理都至少有过一年下层级法院的法官助理经历,其中几乎2/3的人还有过更全面的职场经历。每位大法官

---

[4] 上一章就说过,当年我并没申请当法官助理,我接到了一个助理职位。我一直后悔未申请弗兰德利法官的助理,因为我认为从他那里我能学到的比我从最高法院助理中学到的会多很多。

都会收到比以往更多的申请,对申请者的筛选也更细致了,常常由该大法官的前助理协助。雇用所有助理都要面试,面试前申请人会细细研读该大法官的司法意见,并会向其前助理请教如何给大法官留下好印象。

同40年前相比,今天最高法院法官助理的工作时间更长,但每位助理的平均案件数更少。尽管如今每个审判年度的复审请求数量比1960年高出2.5倍,但所有法官助理已组成一个助理"合作池"(阿利托[Alito]的助理没参加),起草备忘录,建议最高法院听审或不听审哪些请求听审的案件。"合作池"某成员会为所有大法官撰写一份复审备忘录,因此每位助理撰写的复审备忘录就比我当助理时撰写的数量少了,尽管复审请求的总数增加了。更有,大多数复审请求都是穷人提的(主要是收监的囚犯)且无关紧要。自1960年以来,这种"公费"(paid)案卷(穷人是免除复审请求费支付的)还不到翻番,所增的这个数量,仅靠复审请求"合作池"的创立,就足以应对,无需增加法官助理的数量;但事实上,法官助理的数量翻了番。

"合作池"助理撰写的复审备忘录篇幅一般更长,更细致,因为读者更多,但助理用于备忘录的全部时间一定降低了,因为,还算重要的(nonfrivolous)复审请求增加并不多,相对而言,每位助理撰写的备忘录数量还是减少了。[5] 确实,如今每年的复审请求已接近8 000份,但如果将这一数字除以32——这是复审请求"合作池"的大法官助理总数(排除了阿利托的助理)——每年每位助理撰写的复审备忘录数量就只有242份,或每周不到5份,许多还很短,因为许多请求无关紧要——事实上大多数穷人案卷的请求都无关紧要,"公费"请求的数量

---

[5] Artemus Ward and David L. Weiden, *Sorcerers' Apprentices*: 100 *Years of Law Clerks at the United States Supreme Court* 142 (2006).

就1600个(其中许多也无关紧要)。1600除32,只有48.5,也就是说每周还不到1个。

而当年我当法官助理时,大法官们一年决定大约150个案件,[每位大法官]只有两位法官助理,今天,大法官们每年决定的案件数大约只有之前的一半,却有双倍的法官助理协助。法官助理与案件的比值因此在这一期间翻了两番,且不说法官助理的平均质量还增加了。

除了起草复审备忘录,大多数法官助理,在口头辩论最高法院决定听审的案件之前,也会为其大法官撰写庭审备忘录(bench memoranda),篇幅可能有50页甚至更长。大多数法官助理还会为其大法官起草司法意见,大法官编辑,有的也大幅删改,有的则不。在大法官与法官助理的关系上,一个令人吃惊的完全扭曲的例子是大法官布莱克曼(Blackmun),真是个怪人,到最高法院任职几年后,他就把撰写司法意见交给了自己的助理,他本人集中关注核查助理初稿中的引证。大家都说,他是一位引证审核的极品。

如何解说这个令人感叹的事实?这明显与经济学的基本理论抵牾:最高法院工作人员的质调后数量大增,最高法院的产出却下降了。最高法院的主要产品是全庭听审决定(最高法院下令完整摘要并进行庭辩之案件的决定),这个数量已经从1930年代每个审判年度平均183个决定,下降到1960年代初大约150个,而到本文写作时,最高法院最近的一个完整审判年度(2011年度)的决定是64个,这不包括那些无署名的司法意见,无署名意见通常很敷衍,主要针对那些法院不想下令全面摘要和庭辩的案件。今天司法意见平均篇幅更长,有更多反对意见和并存意见,最高法院的全部语词产出事实上是增加了,但司法意见的数量下降了。而没有人认为最高法院的意见书的质量会与其篇幅正相关。

但是不是今天最高法院的案子更难了?我不这样认为,如果你只

第 2 章 联邦法院系统的演化

看最高法院同意听审的那些案子的话,这不同于请求最高法院听审但被拒的其他数量众多的案件。尽管比起 1930 年代,或就此而言比起 1960 年代甚至 1990 年代,如今的美国法律是更复杂了,但那主要因为诸如证券规制、反托拉斯、税收、联邦养老金以及知识产权这样一些法律领域的发展,或者涉及复杂的技术,例如计算机软件以及药品,或是涉及复杂的金融和其他商业的工具、系统和交易,而这恰恰是大法官们趋于避开的法律领域,他们更偏向宪法、刑法以及程序和管辖案件。(然而,量刑的法律也更复杂了,请看本书第 3 章)。这部分反映了大法官们的口味和能力,但这或许还反映了法官助理们的口味和能力,就因为后者的复审请求摘要会影响大法官有关复审的决定。宪法案件常常"很难",意思是——没有令人满意的解决方案,但这常常不因其复杂,而是因其不确定,这是宪法文本含混和古旧带来的后果之一,是在分析和解决宪法难题上,历史、哲学和社会科学进路的局限,以及因为许多宪法案件很情绪性且政治敏感。

仅仅从数量上测度产出也严重不足,一定要针对质量作出调整。就最高法院的司法决定问题而言,这会极其困难——也许就是不可能。要问今天的"正确"决定的比例是否比 1930 年代的比例更大,这太蠢了,因为就没有判断最高法院决定是否正确的尺度。长期的比较则格外困难,因为争点问题也变了。对这些司法意见,也可以适用各自时代的与质量有关的标准,诸如清楚、简洁、为下级法院提供了指导,以及在解说决定是坦诚表达了真正理由等。但即便这样做了,也不大可能发现什么质量差别,只会发现——我说过的——今天的司法意见平均而言确实比(我猜想)1970 年代之前的写得更好些但还是不如 1930 年代和 1940 年代。自 1940 年代后期以来,附和意见和反对意见有巨大增长,但大多是稍纵即逝。[6] 今天的司法意见是比那时更"学术",引证审核也更精细了,但这些——包括学术性本身——都是很一般的德性。法官及其助理都不是学者(这一点很明显的表现就是,在司法意见中误导性地探讨18世纪历史,徒劳地追求某些宪法含义问题的答案——请看本书第7章)。在司法意见中,那些"学术性"装置,都属于修辞,而不属于实在的司法决策。

是否可能,1930年代的大法官要比今天的更能干,因此只需更少的工作人员?那时确实有些非常杰出的大法官,显著的,如布兰代斯(Brandeis)、卡多佐、休斯(Hughes,首席大法官),以及稍微差一点的斯通。(霍姆斯和法兰克福特也在这10年间短暂服务)。而目前或近期的最高法院大法官都没能获得与这些大法官媲美的地位;但时段比较是不可靠的,特别是比较去世很久的大法官与还在继续任职的大法官,有些还是刚刚开始在最高法院服务。今天的许多大法官都有出色的学术和职业背景。但在任命最高法院大法官时,质量从来不是唯一的,也常常不是首要的考虑,不比其在总统的其他高官任命中更为重要。

尽管,平均而言,如今最高法院的司法意见并不比所有或至少大多数大法官亲自撰写司法意见时写得差,并且事实上,如同我说过的,自1960年代以来,最高法院的司法意见写得更好了,就因为大法官的助理无论数量和质量都提高了,尽管司法意见由别人撰写还是会有一些损失。(这是本书的一个反复演奏的主题)。最高法院的助理都非常聪明,但经验不足;而法官如果认为仔细编辑初稿,就可以让这份司法意见成为自己的,这常常是自我欺骗。有些可能做到,也真做到了

---

[6] Lee Epstein, William M. Landes, and Richard A. Posner, *The Behavior of Federal Judges: A Theoretical and Empirical Study of Rational Choice* 266 (2013) (fig. 6.1).

(大法官斯图尔特[Stewart]和第二位大法官哈伦[Harlan]都是例子);有些可能,但没有这么做;还有些则做不到。如果在有300个词的一页上修改了30个词,这一页看起来就像是删改了很多,因为手写的字会更大些,其实也只是改了10%的词,而这些修改中有不少还可能是无关紧要的。

更甚的是,一份司法意见,特别是在最高法院这一层级,人们会这么想,最好不只是分析的产物,也还是经验的产物,这就是不让才华横溢的25岁的人当法官的道理。一位25岁的人可以分析,但他无法清楚表达法官的经验。法官助理撰写的司法意见缺乏色彩、深度和真切(authenticity)。不亲自撰写,大法官也许自己也不真正理解,或许还会很快就忘了"他自己的"司法意见,而在这两种情况下,都很难评判这些司法意见与其后案件的联系。

过去几十年间,最高法院的一个令人吃惊的变化是,大法官的各种超司法活动的数量剧增——主持虚构人物或历史人物(如哈姆雷特、理查三世以及乔治·卡斯特)*或历史争议(如莎士比亚戏剧是否确实是莎士比亚撰写,而不是弗兰西斯·培根或爱德华·德维尔[Edward de Vere]所作)的模拟审判,撰写著作并在书籍巡展上推销,在电视脱口秀节目上相互辩论,出国讲演。[7] 我不认为案件总量减少是大法官日益沉浸于现代名人文化的唯一原因,但是原因之一。"今天的大法官们有很多时间从事司法之外的事务。从历史视角看,

---

* 哈姆雷特和理查三世是莎士比亚两部同名戏剧中的人物;乔治·卡斯特(George Armstrong Custer,1839—1876)是美国内战时期南方联军军官,后死于美国对印第安人的战争。——译者注

[7] 请看,同上,页37-40;又请看我的论文,"Mock Trials and Real Judges"(*Cardozo Law Review*,即出)。

他们的工作量极为轻松。"[8]

而这样一来,就我可确定的分析来说,输入上的重大质调增长——主要与法官助理数量、质量以及计算机带来的效率有关——看来并没引发输出上的质调增长。我说了,这个结果与经济学根本规律有矛盾,但是我想到的是商业企业,如果商业企业发现自己成本增加却没有引发收益的相称增长,它就会削减成本。而政府机构不接受市场规训。并且,尽管国会控制了最高法院的预算,但在联邦全部预算中,这份预算——目前每年只有7.5亿美元——所占份额非常微小,只要还尊重最高法院作为政府中一个(与国会和总统)同等分支,这就保证了最高法院能获得丰厚资金。如果大法官们想要更多法官助理,或最新的计算机软件,国会不会舍不得。在此,我不是主张要"用数字管理"大法官,并因此要求大法官证明每增加一分钱开销都会给大法官的工作产品增加一分价值。

但最高法院的输入为什么不对应增长,这个问题还是没解决。有人言之有理地论辩说,法官助理的数量和质量增加,这主要是一些管理措施的未意想到的后果,始于前首席大法官休斯使用"死亡名单"。[9] 在那之前,所有复审请求都在最高法院周会上讨论。休斯首席大法官会首先概括一下这一请求,然后说自己的观点,是否应允许该请求,其他大法官回应并投票允许或拒绝这一复审请求。当这位首席大法官决定传看他自己认为不必上会讨论就可拒绝的案件清单时,其他大法官——由于没有休斯的概括——就必须自己来评判这份死亡清单,他们求助于自己的助理。此后,这些助理也就不再只是研究助手了。

---

[8] Craig S. Lerner and Nelson Lund, "Judicial Duty and the Supreme Court's Cult of Celebrity," 78 *George Washington Law Review* 1255, 1267 (2010).

[9] Ward and Weiden, *Sorcerers' Apprentices*, 113-114.

第2章 联邦法院系统的演化

大法官们1935年搬进了刚刚完工的新大楼后,在那里,每位大法官和他的助理(那时每位大法官就只有一位助理)都有了工作室,法官助理"关系网"才出现。这个"网"强化了助理们的个人和集体影响。这时,大法官们不在各自家中办公了,在新大楼也为助理提供了工作空间。(此前,最高法院一直是在国会山地下室中的法庭听取口头辩论。)在搬进最高法院新大楼之前,甚至直到搬进新楼后的一段时间内,法官助理相互间几乎没什么接触,都是分散的。

对于法官助理作用增大非常重要的下一个年头是1947年,首席大法官文森(Vinson)决定,应分派每位大法官撰写相同数量的多数派司法意见;此前的做法一直是,派给出手快的大法官的活儿更多。但这么一来,出手慢的大法官就因这些派下来的司法意见撰写受累了,他便开始把司法意见起草委托给自己的助理了。这些出手慢的大法官希望能多一个助理,国会照办了——当然,给所有的大法官每人都加一个,而不只是那些出手慢的大法官。工作人员的增加,刺激了法官助理网络的发展。最后,随着1970年出现了复审请求的"合作池",法官助理用于审查复审请求的时间更少了,他们空出了时间,开始撰写司法意见稿。随着法官助理数量和经验的增加(助理职位的竞争也增强了,之前有过法官助理的经历,已成为入选的先决条件之———可以从更多人中选人了,大法官们也就可能挑剔起来了,因此也可能更坚持申请人要有更多的经验),助理撰写出色司法意见的能力增强了,大法官们也开始重新想象自己的编辑角色了。甚至写作老手也常常发现撰写第一稿最烦。而当手边就有一位称职的捉刀者时,委托他起草,这种诱惑变得难以抗拒了。

助理越多,一位法官就必须用更多时间来招聘、介绍情况、监督、阅读助理准备的备忘录以及其他材料,还要和助理谈话,因此他就更没时间亲自撰写司法意见了。大法官工作人员快速增加的另一个后果会是,保守秘密的担心增加了,几乎到了痴迷的程度,因为工作人员越多,信息就越容易泄露。还不仅因为有更多的潜在泄密者,还有,如果泄了密,也更难发现泄密者。我不记得,当年我作为法官助理,有任何人对我说过要保密的任何话,但我们这些助理都认为我们不应议论大法官们的短长,或是同外人谈论待审的案件。如今已经有了细致的法官助理行为规范,要求他们像处理国家安全机密那样保持最高的机密性。但泄密是持密者多少的一个函数,非规则可能防止。规则的效果仅仅是推迟泄露。布什诉戈尔案[10]的机关(machinations),法官助理是推迟了几年闲扯,但还是闲扯了。[11] 更晚近,他们几乎是立马就开始闲扯美国医改法案件决定修改的内部机关。[12]

更成问题的是,大法官工作室的文件量越来越多(详细的文件记录是官僚制的根本特点之一),并且,与不让助理乱说的努力冲突的是,如今的学者越来越可能得到这些文件了。大法官布莱克曼的文件中就藏满各种流言蜚语。从大法官刘易斯·鲍威尔(Lewis Powell)的文件中,我们也了解到,鲍威尔以小型律所的高级合伙人角色来塑造自己的司法角色;这看起来会是,不自己撰写司法意见,他只是撰写备忘录指示,赞扬或简而言之"培养"(mentor)他的助理。首席大法官伦奎斯特则坦诚地公开承认,在司法意见撰写过程中,他的助理扮演了重要角色。[13]

人员臃肿是现代美国政府的一个一般特点。这与武器竞赛有一

---

[10] 531 U. S. 98 (2000).

[11] David Margolick, Evgenia Peretz, and Michael Shnayerson, "The Path to Florida," *Vanity Fair*, Oct. 2004, p. 310.

[12] 请看,Jeffrey Toobin, *The Oath*: *The Obama White House and the Supreme Court* 288 (2012); Orin Kerr, "Who Leaked," *The Volokh Conspiracy*, July 1, 2012, www.volokh.com/2012/07/01/who-leaked/ (visited July 26, 2012).

[13] William H. Rehnquist, *The Supreme Court* 261-263 (new ed. 2001).

比。如果一位大法官有更多且能干的工作人员,其他大法官就处于守势,就也想赶上,尽管工作人员更多的主要效果也许只是一些篇幅更长、表面看来更旁征博引的司法意见。但这还不是唯一的效果;比方说,比起半个世纪前我当助理时,如今的法官助理相互间的联系就更广了。有时,这些助理已经形成了朋党,不仅影响大法官们的投票,而且影响他们的新任法官助理挑选。

有人提议说,最高法院应出版由法官助理撰写的复审备忘录。[14]最高法院拒绝复审请求时不给理由,律师界因此失去了许多宝贵信息。为何拒绝某案的复审申请,法官助理给出的理由,与说服6位大法官(因为同意复审申请只需4票)投票拒绝的理由,有时不同,但如果律师界更好领会了最高法院关键雇员给的关于拒绝复审请求的理由,这就会减少无用的请求(最高法院同意的复审请求只占其收到的全部复审请求的1%略多)。被拒也许同样更少一些。

最高法院专注于保守内部运作的秘密,这与英国司法的"口头"传统(如今正迅速衰落,因为案件太多)形成了强烈反差。英国法官每件事都在公开场合进行,因此可以监督他们的表现。他们不商讨。法官没有工作人员,没有工作室,没有法律图书馆,并且也没有诉讼摘要。法官就在法庭上阅读出庭律师递交他们的案例、制定法等。因此上诉也许会用几天来辩论,这就是为什么随着案件数量增多这个传统会受到侵蚀。

我们的最高法院走到了另一极端,给这个司法决策过程强加了——或是试图强加且有所成功——一个秘密体制。说法是,为促成大法官之间以及大法官与助理之间坦诚交流,必须有秘密。但与商业和政治决定并也与有关国家安全的决定不同,司法决定就应当,并确

---

[14] Ward and Weiden, *Sorcerers' Apprentices*, 247.

实如此,根据那些可以公开陈述而不尴尬的理由。《巫师的学徒》——这个书名很贴切——就引用了某些法官助理在某些热点案件中的备忘录,如涉及人工流产的案件,他们因偏袒一方而名声在外。[15] 如果公开会让法官助理不敢撰写这样的备忘录,这个国家也并不因此失去什么。当然,法官助理一定不能泄露那些尚未决定之案件的信息;但这看起来就是唯一要求他们应保守的秘密。(这是我对助理的唯一保密要求)。至于大法官之间的商讨,从各方面看都很夸张且很简洁。如果公开发表他们的商讨记录稿,唯一的尴尬是,公众会认识到美国的最高法院说到底(au fond)就是一个法律人的委员会。会又少了一点有关裁判的神秘。

工作人员以及与等级相关的专长化

我这么细致谈论最高法院是因为,在那里,相关的证据最戏剧性地表明,工作人员增加也许回答不了联邦法院系统的麻烦事。在低层级联邦法院,工作人员不得不增加,因为案件总量增长巨大,而在最高法院没这种情况。但是最高法院的经验还是揭示了三件事,下层级法院的法官都应当记住:增加工作人员不必然能解决问题;工作人员的增加有可能是为了回应内部的压力——法官都渴望帮手更多,不管他是否真需要;以及工作人员增加不导致法院的产出质量提升。

我前面提到上诉法院法官有5个工作人员的配额,地区法官只有4个。由于大多数法官都想有个秘书,因此大多数上诉法院法官有4位法官助理,而大多数地区法官只有3位法官助理,也因此大多数上诉法院法官得到的法官助理的协助要比大多数地区法官多出1/3。此

---

[15] 同上注,页130。

第 2 章 联邦法院系统的演化

外,由于上诉法院法官的助理职位更有声望(上诉法院法官的数量只有地区法官数量的 1/3,并且上诉审司法意见也比初审判决意见影响力更大),上诉法院的法官助理平均质量也更高一些。然而地区法官的工作量更大一些。那么为什么,[这两个层级法官的]工作人员的配额不是反过来的呢?如果按照案件数量比例来定工作人员,地区法官的工作人员会最多,最高法院法官最少,上诉法院法官居中。

没这么做,你可能说,是因为大法官的案件更重要,他们需要更多的法官助理。但是,他们的助理平均质量最高,并且在每个案件中他们都能获益于下层级法院的上诉审意见(通常是某州最高法院或某联邦上诉法院),更好的法庭辩护(advocacy),更多和更好的法庭之友诉讼摘要,用于每个案件的时间也更多,也有更多同事来讨论每个案件。同地区法官相比,上诉法官也是如此。

可以看出,在法院系统中,工作人员的配额不是按需要,而是按照等级分配的。高层级法官有更多工作人员,就因为他们是高层级法官。这也许很简单,这是人类作为等级动物本性的后果,在这方面,与其他社会性生物很相似。但这很不幸,不仅因为这使地区法官的工作人员不足,而且,因为一位法官的工作人员越多,管理工作人员对于他们的挑战就越大。不必要的工作人员增加不仅浪费钱,还可能导致,不仅是法官助理的质量下降,而且是该法官的产出质量下降。对于上诉法院法官来说,3 位法官助理可能数量合适,但地区法官可以有 4 位,而最高法院大法官如果只有两位也许更好,除非是——或直到——最高法院决定听审比其近年实际听审的更多的案件。

在这个联邦法院系统中,还有另一个异常。有人发现,在这个通常科层化的组织中,专长者都在底下这一档,而通才在顶上这一档——专长化(specialization)与等级成反比。[16] 专长者开发了他们自己的术语,并因此同专长不同的人交流起来很麻烦。并且他们趋于沉浸于自己的专长,缺乏时间来联盟其组织内部的其他专长。联邦法院系统以往更近似这种管理模式。地区法官过去(并且如今)都专长于初审以及其他相关的工作,诸如对罪犯量刑和监督和解协商。以往很少有缺乏实质性初审经验的律师会被任命为地区法官;如今基本上还是这种情况。上诉法院法官传统上都不那么专长化,因为他们不得不横跨很宽大的系列领域,但不必管理实际的诉讼。

最高法院的大法官以前就不够专长化。他们全是律师,但有许多曾是政府高官——参议员、州长、总检察长、司法部长、其他内阁官员,甚至总统(威廉·霍华德·塔夫脱[William Howard Taft]),以及一位总统竞争者(查尔斯·伊万斯·休斯[Charles Evans Hughes])。但如今不再是这种情况了。在我看来,就因当下和近年的大法官,在他们任职最高法院之前,职场经验太窄,今天的最高法院已因此而有所损伤。

可以看到这种损伤,在琼斯诉克林顿案(*Jones v. Clinton*)中,最高法院一致拒绝了克林顿总统想要的温和延期,即暂时不被葆拉·琼斯(Paula Jones)起诉(这个拒绝促成了毫无必要的弹劾以及参议院对克林顿的初审);在公民联合会案(*Citizens United*)中,典型反映了最高法院在竞选捐助法理问题上的政治天真;以及在布什诉戈尔案(*Bush v. Gore*)中笨手笨脚地处理2000年大选危机,还有2012年大选竞选期间在全国独立企业联合会诉色别留斯案(*National Federation of Independent Business v. Sebelius*)中同样笨拙地处置对医保法案的挑战。

---

[16] 请看,Daniel Ferreira and Raaj K. Sah, "Who Gets to the Top? Generalists versus Specialists in Managerial Organizations," 43 *Rand Journal of Economics* 577 (2012).

第 2 章 联邦法院系统的演化

联邦法院系统的管理就是有些什么怪怪的。而需要改善管理就是本书的主题之一。

这里还有最后一个悖论:工作人员质量高了反而可能降低法官的质量,而如果工作人员的质量与法官的等级正相关的话,这个后果就会特别严重。对联邦法官任命很有影响力的政客,突出的如总统本人,就不大想任命常规意义上最合格的人选,而常规意义上合格就是不考虑种族、性别、党派,不考虑与总统或其他有影响的政客的友谊或候选人的政治倾向,只看职业能力和相关经验。法官任命确实是政治任命。但任命者也并非对受任者的职业能力无所谓。任命者不想任命一位会令他们难堪的法官或大法官。法官的工作人员越能干,任命当局就更少需要强调法官的能力,因为特别是,如果是上诉法官,他就可以躲在工作人员身后,将撰写司法意见委托给工作人员,并在司法决策上严重依赖工作人员的建议。这对最高法院大法官任命的潜在影响,想起来,就令人不安。

第 3 章

复杂性的挑战

> 法律必须致力于日益为技术和技术进步推动的社会生活。对于［科学和人文］这两种文化的任何之一，法官和律师都没有当职业文盲（functional illiteracy）的福分。
>
> ——法官大卫·汉密尔顿（David Hamilton）

对复杂性的进一步解说

尽管导论中已说过，这里我还需要更细致地解说一下，我说的"复杂"和"复杂性"的含义。这个意思不是"难"或"困难"。一个问题可能很难却并不复杂。许多争议对法官来说都难以解决——甚至难得无法解决，因为需要做价值选择，却没法显示这些价值选择的对错，或是因为要满意地解决一案争议，需要了解一些事实，却根本无法获得。这些难题一直都是我们法律体制中的麻烦之一，而唯一的解决办法就是，即便不完整，一个充满职业精神的多样性的法院系统。

当一个问题因其涉及错综复杂的相互关联或互动而变得困难时，这就是复杂——换言之，这是一个有关系统的而不是某个单子的问题。[1] 研究由诸多活动部分构成的一个系统,这就是"复杂理论"和"系统分析"的领域[2],尽管诸如"复杂性""系统理论"以及"复杂系统理论"这些以及其他有关术语在科学和数学中还有额外含义。[3] 我下面讨论的那些复杂理论领域的麻烦都是专长者理解且常常可以解决,但通才难以理解的问题。大多数法官都是通才,我们日益面对大多数法官难以理解的复杂性。

理解技术性材料的显然障碍是技术术语。但那是表层的,因为要查个词太容易了。技术的过程,特别是当需要用数学描述时,就难以

---

〔1〕"一个复杂系统由多种实体构成,它们在一个网状或接触结构中互动——一个地理空间,一个计算机网络,或一个市场。这些实体的行动是相互依赖的——一个蛋白、蚂蚁、人或国家的所为对其他会有重大影响"。Scott E. Page, *Diversity and Complexity* 25 (2011). 换一种说法,"复杂系统由多样的、相互依赖的实体构成,它们的总和行为常常可能超越其组成部分的特征"。Andrea Jones-Rooy and Scott E. Page, "The Complexity of System Effects," 24 *Critical Review* 313 (2013). 没有单一、标准的定义。请看,Dominique Chu, "Criteria for Conceptual Notions of Complexity," 14 *Artificial Life* 313 (2008)。

〔2〕一个经典研究,请看,Robert Jervis, *System Effects: Complexity in Political and Social Life* (1997),特别是第1、2章;以及对此书的评论,Scott E. Page, *Journal of Artificial Societies and Social Simulation*, vol. 2, no. 1 (1998), http://jasss.soc.surrey.ac.uk/2/1/review4.html (visited Oct. 28, 2012). 杰维斯的著作是对系统分析的一个特别清晰的介绍。更难但外行仍然可以理解的,请看,John H. Miller and Scott E. Page, *Complex Adaptive Systems: An Introduction to Computational Models of Social Life* (2007),这是普林斯顿复杂性研究系列的一个组成部分。杰维斯和米勒/佩奇的著作处理的都是社会系统而不是技术系统。犯罪和犯罪控制都是诉讼中处处可见的复杂社会系统的典型代表。

〔3〕请看,例如,"Complexity Theory," *Wikipedia*, http://en.wikipedia.org/wiki/Complexity_theory;"Systems Theory," *Wikipedia*, http://en.wikipedia.org/wiki/Systems_theory (两者都是2012年10月23日访问)。

第 3 章　复杂性的挑战

理解了,通常因为它们很复杂。[4]

我在导论中说了几个复杂性的例子,我再多来几个。某公司发现自己的费用增加了,它就必须决定是否提高产品价格,以便将增加的部分成本转移给顾客。这个决定将部分取决于它对竞争者会如何反应的评估,还有部分取决于它对顾客会如何反应的评估,而竞争者的反应部分取决于竞争者如何估量提价公司提价后会如何应对竞争者对这一提价的回应,并因此不断循环下去。或想想同意在联邦土地上打更多油井的决定。油井增加会影响野生动物。假定某种因此绝迹的生物是其他某些生物的主要捕食者,也是另一种生物的主要猎物,这种生物的灭绝就会影响其他生物的数量,而最后,这也很可能对人类福利有重大影响。在某一动物体内的生物间竞争也一样。我们体内的细胞"想"生长,必然要以牺牲其他细胞为代价。当限制该细胞生长的基因受损时,细胞间的竞争就启动了,而这就会摧毁整个身体。

本书有关法官,因此我给个例子,有关他们之间互动的复杂性。1960 年代初我在最高法院当助理,随后几年我又给总检察长当助手,在法庭口头辩论时,大法官们不提多少问题。相比之下,如今的大法官就太能说了(全都如此,只有大法官托马斯例外,他好多年一个问题也没提过),乃至于律师几乎都没机会说话了。[5] 如何解说这一变化?一种可能就是复杂性研究者所谓的"阶段转换",例证是水在华氏

---

〔4〕　诸如下面这篇文章,Jean Decety and Margarita Svetlova, "Putting Together Phylogenetic and Ontogenetic Perspectives on Empathy," 2 *Developmental Cognitive Neuroscience* 1 (2011),尽管这篇文章以非常技术性的语言撰写,但对于那些只想理解此文基本信息、不太关注细节的外行读者,还是很容易理解。认知神经科学对于我可谓相当复杂,但并非神经科学的每篇论文都集中关注其复杂性。

〔5〕　请看,Epstein, William M. Landes, and Richard A. Posner, *The Behavior of Federal Judges: A Theoretical and Empirical Analysis of Rational Choice*, ch. 7 (2013).

32度或更冷时的效果,成了固体;到了华氏212度或更热,就成了气体;而在两者之间是液体。每种状况都是一个平衡,这种状态会持续不变,除非是受到某种外部力量的干扰,例如加热或制冷。但在适当环境中,这种平衡可能被一个看起来很小的变化突然打破。因此考虑一下当年最高法院除一两人外,全都很少提问;而如今成员变了,结果是两位健谈的大法官替换了两位寡言的大法官。其他话少的大法官也许感到不自在了,感到自己就像局外人,担心媒体会质疑他们是否称职——会认为这几位大法官也许反应不快或准备不足,没能力积极加入各回合的口头辩论。在1986年任命安东宁·斯卡利亚(Antonin Scalia)之前,最高法院中有些年没有前法学教授任职了。又过了几年,前法学教授露丝·金斯伯格(Ruth Ginsburg)和斯蒂芬·布雷耶(Stephen Breyer)也加入了。口头辩论中,这3位都很能侃。如今又多了一位前法律教授艾琳娜·卡根(Elena Kagan),其他5位之前不是法律教授的4位(托马斯除外的另4位),就得像那些前教授的大法官一样,也得侃起来。〔6〕

经济学家和生物学家都处理生动的系统,当然了,尽管许多机械系统也非常复杂。而法律本身就是一个复杂系统,是这种系统中的一个。想想,当某立法大幅增加对某些犯罪的最高刑,会是什么情况。犯罪也许会下降;但一个未预期的且不可欲的副产品是,另一类类似的犯罪也许会上升。因为如今干这事成本更低了(犯罪的成本之一就是预期的惩罚),这会诱使罪犯用这类犯罪来置换如今惩罚更为严厉的犯罪。同时,被指控犯了惩罚严厉之罪的人,初审后被认定有罪与主动认罪的比值也许会降低,因为更严厉惩罚之前景会扩大讨价还价

---

〔6〕 有关数据(省略了有关卡根的数据,她任职太晚了),请看,同上注,页329—330。

的范围。在认罪侃价中,被告也许会接受严苛刑期,就为躲过如果庭审定罪可能被判的刑期更为严苛。从检察官的视角看,被告主动提出接受这个量刑也会比上法庭审判更有吸引力,因为上法庭的结果并不确定。因此会有更多的认罪交易和更少的初审。

甚至本章最后讨论的关于引证形式的手册——名声不佳的《蓝皮书》[7]——也引出了我用的这种互动意义上的复杂性。就如同许多"释法教义"——这是解释规则的一个华而不实的说法——一样,这个《蓝皮书》篇幅太大,其中的规则和例子太多,这就需要一些补充来了以澄清,这就出现了比方说《哈佛法律评论》的《黑皮书》。这些补充甚至令核实引证更费时间,这种引证核实(为了引证的形式统一,而不是为保证引证准确)还分散了法学院学生和律师本可用于法律分析的注意力,培养出一种形式主义的、吹毛求疵和紧紧盯着手册的文化(例如,盯着1000多页的《芝加哥引证手册》,核实法律评论引证的另一本圣经)。

我把法律职业无法控制的这些复杂性都视为给定;显然,法官就没打算提高自己对生物有机体或计算机软件的理解。这些系统的复杂性都外在于法律体系,但作为引发案件的这个环境的主要构成部分,这些系统深刻影响着法律体系的运作。其他复杂性则内在于法律体制。法律之外并没谁要求最高法院要有很多工作人员,要求产出日益复杂的司法意见,或是要求有关法律引证形式的手册膨胀到500多页。法律之外也没谁要求大法官斯卡利亚枚举70条解释规则,57条他赞同,13条他拒绝(请看第7章)。

我无需解说外部复杂性的增长,那不是法官的责任。但我需要解说司法内部复杂性的增长,对此,我们法官,还有法律教授、从业律师、

---

[7] *The Bluebook: A Uniform System of Citation* (19th ed. 2010).

立法者以及规制者,是要负责的。从有关复杂性的或有关法律的学术文献的解说中,得不到什么帮助。后一类文件,我知道除少数例外[8],就不承认复杂性是由互动的各部分构成的一个系统才有的特点。因此,这就"界定了法律制度是复杂的,其规则、过程、制度以及支撑性文化有以下四个特点,即浓密、技术性、分化,以及不确定性或非确定性"。[9] 换一种说法则是,"法律规则的复杂指的是这些规则造成大量区分且区分困难"。[10] 法律文献因此关注的都是法律有或应当有多细致,有多错综复杂,以及为什么如今变得更为细致和错综复杂。[11] 这些文献关心的不是司法遇到的技术的和其他的外部复杂性。

---

[8] 诸如,Lon Fuller, "The Forms and Limits of Adjudication," 92 *Harvard Law Review* 353 (1978); Eric Kades, "The Laws of Complexity and the Complexity of Laws: The Implications of Computational Complexity Theory for the Law," 49 *Rutgers Law Review* 403 (1997), 以及 J. B. Ruhl and Harold J. Ruhl, Jr., "The Arrow of the Law in Modern Administrative States: Using Complexity Theory to Reveal the Diminishing Returns and Increasing Risk the Burgeoning of Law Poses to Society," 30 *UC Davis Law Review* 405 (1997)。富勒的论文,显然大都写于1950年代,却在他死后发表,其先见之明实在令人赞叹。

[9] Peter H. Schuck, "Legal Complexity: Some Causes, Consequences, and Cures," 42 *Duke Law Journal* 1 (1992). 在我找到的使用了"法律复杂性"的大多数法律文献中,斯楚克的定义最完整。

[10] Louis Kaplow, "A Model of the Optimal Complexity of Legal Rules," 11 *Journal of Law, Economics, and Organization* 150 (1995)(省略了脚注)。

[11] 除了前两个注引述的论文外,又请看,David Frisch, "Commercial Law's Complexity," 18 *George Mason Law Review* 245 (2011); R. George Wright, "The Illusion of Simplicity: An Explanation of Why the Law Can't Just Be Less Complex," 27 *Florida State University Law Review* 715 (2000); Eric W. Orts, "The Complexity and Legitimacy of Corporate Law," 50 *Washington and Lee Law Review* 1565 (1993).

范例,主要来自刑法和量刑

对已被认定有罪者的量刑,就例证了这内外两种复杂性。1984年的《量刑改革法》在联邦法院系统创设了美国量刑委员会,该委员会发布了联邦量刑指南。该委员会有7位成员,至少3位,包括委员会主席,必须是联邦法官。因此该指南是法律体制内部的产品,在很大程度上,也是法院系统的产品,但该指南还是令量刑比先前难多了——先前,联邦地区法官在确定刑期时,只要在国会规定的最低和最高刑之间,可以自由选择,法官和立法者都没什么事,只凭着经验直觉来指导他们自己,上诉审对量刑长短的复审很弱,几乎等于没有。结果是,不同法官在量刑严厉程度上很专断,常常差别非常大,这是一个乱糟糟的体制。量刑指南在法定最低和最高刑之间规定了量刑幅度,因此压缩了法官在量刑上的裁量。

也许有人预期,这个量刑委员会,在设计指南中,会用有关犯罪和惩罚的社会科学最新研究把量刑指南都再细细碾上一遍。但刑罚学(penology)这门社会科学并不先进。尽管看起来也许是一目了然,严厉的惩罚会降低犯罪率,但就这一点也并不确定。[12] 这个委员会也不认为自己有必备的政治支持,可以对量刑有大动作。说到底,它根据整个美国的联邦量刑平均值作为指南量刑范围的根据,因此缩小了地区间的和一些奇怪的量刑差别。

这一步方向正确。但随后最高法院从布克案(Booker)决定中变

---

[12] Justin McCrary and Sarath Sanga, "General Equilibrium Effects of Prison on Crime: Evidence from International Comparisons," 2 *Cato Papers on Public Policy* 165 (2012).

出了一只宪法兔子[13],把量刑指南降格为建议性的,并因此恢复了法官没有指南时的量刑裁量权。最高法院也努力使法官的裁量权受到管束,做法是敦促法官说明并运用周密的惩罚理论,以及继续要求量刑法官计算指南的范围——也即位于法定最低和最高刑之间的,量刑委员会认为对于某具体罪行和罪犯来说惩罚适当的范围。法官也可以超出范围量刑,也可以在这个范围内量刑,但无论哪种情况,他都必须用《量刑改革法》中列举的诸多量刑因素,诸如需要震慑罪犯或剥夺其能力等,来解说这一量刑的正当性[14],但这些因素很多,又是开放的,因此约束力微乎其微。

布克案决定恢复了宽大的量刑裁量,结果是部分回到了《量刑改革法》之前的并促成颁布该法的那个问题,即对同样罪行(以及对于同样的或类似的罪犯,依据犯罪记录和其他影响适度量刑的个人因素,来测度其相同性和类似性),量刑差别没什么道理。例如,刑期长短与在什么地区起诉被告相关联——平均来看,前南方各州联邦法官要比其他地方联邦法官判的刑期要长多了。[15] 事实上,当联邦量刑背离——布克案决定允许背离——量刑委员会制定的指南时,量刑看上去在很大程度上像是随机的。[16]

变复杂的还不只是量刑法;由于国会努力回应科技发展(诸如互联网),努力堵塞漏洞,把越来越多的行为(主要与性行为、金融实践、贩毒、公共腐败以及违反移民法相关)定为犯罪,犯罪本身也变复杂

---

[13] *United States v. Booker*, 543 U.S. 220 (2005).

[14] 请看,18 U.S.C. § 3553(a).

[15] Epstein et al., *The Behavior of Federal Judges*, 251 (tab. 5.19).

[16] Amy Farrell and Geoff Ward, "Examining District Variation in Sentencing in the Post-Booker Period," 23 *Federal Sentencing Reporter* 318, 322-323 (2011) (tabs. 2 and 3).

了。作为回应,罪犯也转而求助于逃避侦查的全新手段,有些涉及技术(诸如一次性手机)。因此这里有了军备竞赛。国会也加重了刑期,这就产生了我前面谈及的犯罪置换效应。更深层的复杂则是没人知道这些犯罪的社会成本(特别是那些诸如贩毒这类无受害人的犯罪),没人知道,对于那些并非为获得货币或其他可见收益,只因冲动、狂怒或精神疾病或缺陷引发的犯罪,这些惩罚又有多少震慑效果。没人清楚死刑到底有多少震慑增量,以及就此而言终身监禁有多少震慑增量,或是改造罪犯为常人(rehabilitating criminals)是否行得通。

许多年来,法院一直在努力,想确定什么才算"暴力犯罪",被告有没有以及有哪些犯罪记录,必须对他眼下认定的犯罪惩罚更为严厉。[17] 无论成功或未遂,试图逃离看守所或越狱都很清楚,是暴力犯罪。但拘留地未上锁,"溜走",或没在规定时间内来看守所或监狱服刑,又算什么?以平和方式逃脱监管的暴力风险,与那些广泛认同是暴力犯罪的暴力风险,是否大致相当?这些就应当由数据,而不是由法官猜测来解决。我们需要全面的基于证据的法律,和我们需要全面的基于证据的医疗一样,我们需要的不是科学医疗和民间医疗的混杂。

如今联邦量刑比有量刑指南之前是更少专断了,但比起量刑指南为强制性的时期,还是更专断了。放松指南的结果也不只是量刑的差别更大了,还有就是,平均说来,量刑更轻了,而这可能是件好事;就国际标准来看,联邦量刑的严厉程度非同一般,并且废除了假释。监禁的成本很高,如果将囚犯不进监狱而可能获得的劳动收入也算上,这成本就更高了;这些失去的收入也是一种社会成本。还要记住,加大

---

[17] 请看,例如,*Chambers v. United States*, 555 U.S. 122 (2009); *Begay v. United States*, 553 U.S. 137 (2008).

惩罚通常就是刑期更长,但刑期更长对犯罪率有什么影响,一直都不确定。

量刑指南的权威性先起后落,与之相伴的是,有些范围比《量刑改革法》更局限的联邦量刑法扩散开来了,诸如,《持枪职业罪犯法》对一些罪名界定不很清楚的刑事累犯,增加了量刑。这些制定法与量刑指南有复杂的互动(包括,例如,与《持枪职业罪犯法》并行的职业罪犯量刑指南)。还有数量激增的联邦刑法——如今联邦单行刑事法规已超过4 000件。这也导致复杂的互动。例子之一就是对性侵未成年人的惩罚,相关制定法有多重重叠。[18] 诱使未成年人进行"任何[依据联邦或州法律]可能指控为犯罪的性活动",已被定为——如果满足了某些管辖条件,例如涉及以邮件诱惑——联邦犯罪,最低惩罚是10年监禁,而最高惩罚是终身监禁。[19] 但问题出来了,"性活动"这个术语涵盖了哪些行为,是否包括在现场或在网络上在儿童面前手淫,或是鼓动儿童手淫?[20] 联邦刑法典没界定何为"性活动"。它界定过"性行为"——对受害者的实际触摸:"以虐待、羞辱、骚扰、令其丢脸,或激发或满足任何人的性欲为目的,不隔衣服,故意触摸未满16岁的他人的生殖器。"[21] 我的法院结论认为,"性活动"应当等于法典中界定的"性行为",否则的话,一个人就可能因"闪裸"(flashing)而被判终身监禁,因为这也是一种性犯罪,但通常只是轻罪,即便闪裸者有意让儿童看到自己裸着。国会混用术语就是一个复杂语词系统的典型后

---

[18] 请看,Virginia M. Kendall and T. Markus Funk, *Child Sexual Exploitation and Trafficking*: *Examining the Global Challenges and U. S. Responses*, ch. 7 (2012).

[19] 18 U. S. C. § 2422(b).

[20] 请看,*United States v. Taylor*, 640 F.3d 255 (7th Cir. 2011).

[21] 18 U. S. C. § 2246(2)(D).

果之一。

联邦也还制定了复杂的制定法来处理定罪后的救济问题以及囚犯的民事权利问题,这些制定法生出了一系列杂乱的判例法,来解释这些制定法以及解释与囚犯权利有关的宪法规定。

某些联邦刑法的复杂则完全多余,就因为法律人和立法者(立法者当然不都是律师,但是立法的实际起草都由律师主导)相信多加几个词总比少几个好;这种现象重复出现,是我说的内部复杂性的一个很好例证。想想有这样一个制定法,它规定在联邦财产上——比方说联邦监狱——打人是一项联邦罪。"打人致身体严重受伤"罪,最高刑期为10年。[22] 之前,对"身体严重受伤"是未加界定的。1993年,国会将之界定为"涉及……有重大死亡风险的身体伤害""极大的身体疼痛""持久且明显的毁容",或是"身体某部分、器官或心智的功能持久丧失或受损"。[23] 因此,如今被告就可以挑剔"严重身体伤害"的定义,最近就有这么一例案件[24],否认自己打人实际造成了"某种实质性的死亡风险",造成了"极端的身体疼痛",导致了"持久且明显的毁容",或是造成了"身体某部分、器官或心智的功能持久丧失或受损"。如今对某案的伤害是否重大,比方说,打人是否带来了死亡风险、造成相当程度的身体伤害、造成了可见的伤痕,或许造成了重要的心理伤害,不再允许总体或整体的评估了。其实未加界定的"身体严重受伤"这个说法是直觉的——是陪审员们可以理解和适用的一个概念。在1994年对此修改之前,我们法院说"'身体严重受伤'这些词没什么神秘",也批准了对陪审团的一个指示,告诉陪审团,如果要定罪,"[受害人被打所受的]伤害必须不只是轻伤,伤害的性质必须重大和

---

[22] 18 U.S.C. § 113(a)(6).

[23] 18 U.S.C. §§ 1365(b)(2), 1365(h)(3).

[24] *United States v. Wilson*, 698 F.3d 969 (7th Cir. 2012).

严重"。[25] 这就是一个陪审团所需的全部指示——甚至"不只是轻伤"以及"和严重",也可以省略,省略了也不会变得不明确或不确定。这个制定法的定义增加了多余的复杂性。

大多数法官都拒绝对陪审团细致阐述"合乎情理之怀疑"的含义,这是明智承认定义也有局限的一个少有的例子(这不是说对刑事案件举证责任的最清楚的可能表述就是"不存在合乎情理的怀疑";"坚定信服"被告有罪也许表述得更清楚[26])。对"身体严重受伤",国会也有类似的语词上的自我约束,也许更明智些。

本来是个简单、直觉的定义,却硬要阐述,这就是毫无必要地制造内部复杂性;而与之对立的另一种制造内部复杂性的方式,就是把多质现象硬要简化为单一术语。"最近因"(proximate cause)这个主要用于但并不仅仅用于侵权案件的著名法律术语,就是一个例子。这种例子看来我们身边一直都有。[27] "最近因"的常规定义是"在一种自然和连续的系列中,未被任何有效中介原因打断,而造成了伤害的原因,而没有它,这个伤害结果就不会出现"。[28] 但在确定因果责任的语境中,"自然""连续""未被……打断"以及"有效""中介"的意思到底是什么,这么多世纪以来,一直不清楚。但这个常规定义一直正统,尽管目前这一版《布莱克法律词典》试图给予明确。它把"最近因"界定为"1. 法律上足以导致法律责任的原因,一个在法律上被认为导致了一个后果的行为或不作为,乃至可以对行为人强加法律责任",或

---

[25] *United States v. Webster*, 620 F. 2d 640, 642 (9th Cir. 1980).

[26] 请看,Dennis J. Devine et al., "Jury Decision Making: 45 Years of Empirical Research on Deliberating Groups," 7 *Psychology, Public Policy, and Law* 622, 710 (2001).

[27] 请看,例如, *Peters v. Warren Ins. Co.*, 39 U.S. 99 (1840).

[28] 请看,例如, *Spicer v. Osunkoya*, 32 A.3d 347, 351 (Del. 2011).

"2. 直接导致某个事件的一个原因,而没有这个原因,这个事件就不会发生"。[29] 这种澄清的努力是一个彻底的失败。定义一避重就轻没回答问题("法律上足以导致法律责任"),而定义二的大错在于"直接"的含义不确定。

法官事实上使用"最近因"概念,其实相当合乎情理,只要求给出个理由,为什么你单单挑了某个具体后果——即原告受伤了——的某个在先条件——即被告的行为,并以这个在先条件作为法律责任的基础。这个"最近因"教义排除了那些不应引出法律责任的原因,因为那样做不会带来社会可欲的后果,比方说震慑。(因此,如果把这个教义称之为"最远因",就会更容易理解"最近因"背后的考量了)。这一教义的杂乱用法包括,保护过错行为的主要受害人能够获得赔偿;简化诉讼;有限震慑(无法预期某人行为的后果,这不影响其决定严格服从法律对这些行为的禁令);不得以一些很小的伤害原因,即便其实在或可能,作为法律责任的根据;以及避免过度震慑(因枪伤起诉枪支制造商的诉讼中,这就是争点)。换言之,有很多理由来确定在什么情况下,什么影响因素不应当引出法律义务。这些理由很多样,也很多,将之都归在"最近因"这个术语的麾下,对法官和律师无所助益,这个术语甚至无法界定,因此应当免用。

我用刑法作为内部外部复杂性交织的一个例子。而另一个例子是移民法。移民法经常修改,这已经令该法非常复杂了——一个有众多活动部件的系统会引发大量错综复杂的互动,同时国际人口流动的增加也把移民从全世界带到美国,寻求躲避暴虐当局的庇护,这挑战我们的移民法官,要了解外国的政治、宗教和法律文化。这些法官发

---

[29] *Black's Law Dictionary* 250 (Bryan A. Garner, editor in chief, 9th ed. 2009).

现很难应对这个挑战。[30] 一个令人不安的吊诡是定罪后程序和移民法,尽管如今都属于最复杂的联邦法律地带,但在那里,私人诉讼人——刑事被告、囚犯以及外国人——同强大的美国政府相遇时来自律师的有效协助却很有限(有时则没有协助),就因为在定罪后程序中无权获得律师协助,也因为移民律师协会很孱弱。

在这两个地带,因为缺乏规范性和经验性共识,应对复杂性的努力就受挫了。刑法中所缺乏的主要共识,有关什么行为应定为犯罪,何种犯罪最严重以及何种最不严重,该如何平衡震慑、削能(incapacity)*、报应和修复这些刑事量刑的目标,其他量刑体制的效果究竟如何。缺乏规范性共识隐含的是量刑中还有一些软变量,很好的例证是基于报应的刑事量刑——即渴望惩罚要大致与犯罪的严重性相对应。震慑、累犯、修复,这些量刑因素都可以研究。但"以眼还眼""罪刑必须对应",即那种对复仇的渴望,不能研究。而这些都是不确定性的来源,也无法消除。

但这不是无视有关犯罪的科学和社会科学研究成果的理由。人们本来希望这方面的研究应更多,但至少现在也有一些。有一批经济学研究发现,比方说,对伤害很小的罪犯,不惩以监禁,节省下来的监

---

[30] 事实上,美国移民法(全是联邦法)的管理实施就是一片混乱。近年的一个很说明问题的批评,请看,U. S. Dept. of Justice, Office of the Inspector General, Evaluation and Inspections Division, *Management of Immigration Cases and Appeals by the Executive Office for Immigration Review* (Oct. 2012). 另外,尽管也称其为"法官",移民法官却不是最高法院大法官、联邦上诉法院法官和联邦地区法院法官意义上的法官。也就是说,他们并非依据美国宪法第 3 条任命、参议院确认、终身任职且收入不得降低的法官。移民法官属于联邦的各类司法官员范畴,如决定残疾社保案的行政法官,他们也不属于宪法第 3 条的法官。

* 通常译作剥夺能力。——译者注

禁费用也许比因此带来犯罪增加的费用更大[31]——对某被定罪被告,是选择判其缓刑还是判他进监狱,这是一个相关的考量。一个类似的反直觉主张[32]是,表现积分制与假释,尽管这都会缩短监狱服刑的时间,却可能不降低震慑效果,并可能实际降低了犯罪和刑事司法系统的总体成本。要获得表现积分或假释,包括不撤销假释,罪犯就要达到一些条件,这会降低他们的效用(快感);如果不是会获得为鼓励他们好好表现的那些奖励,他们就会乱来。如果表现好也是一种成本,那么表现积分和假释也许都不会怎么降低惩罚的负效用,也因此不会大大降低惩罚的震慑效果。囚犯表现好,服刑期缩短,会大幅降低监狱的费用,如果这基本不影响到震慑效果,这就带来了社会净收益——除非是更看重监禁的另一收益即"削能"。如果情况是这样,那么鼓励囚犯表现好的更好替代方式就不是缩短服刑期,而是在狱中享有某些特权。但反过来说,那些就爱胡作非为的囚犯如果在监狱里表现好了,这也许会降低监禁对于另一些囚犯——他们可能被那些生性胡作非为的囚犯伤害——的负效用。

几乎没有联邦法官,或者就此而言,也几乎没有检察官和任何辩护律师,熟悉这类研究;或是熟悉那些质疑长期联邦监禁的研究[33]——批评联邦刑期实在太长,乃至会让监狱中全都装满老人。最近,我那个法院判了一个案子,判一个46岁的性犯罪者服刑50年

---

[31] David S. Abrams, "The Imprisoner's Dilemma: A Cost Benefit Approach to Incarceration," 98 *Iowa Law Review* 905 (2013),这是新近的一个出色研究。

[32] 这是新近提出的。请看,A. Mitchell Polinsky, "Deterrence and the Optimality of Rewarding Prisoners for Good Behavior" (Stanford Law School Nov. 2012),参引了大量的支持性研究。

[33] Notably American Civil Liberties Union, *At America's Expense: The Mass Incarceration of the Elderly* (June 2012).

(并且不许联邦假释)。[34] 到八九十岁,他还可能性犯罪(他没有其他犯罪记录)吗?如果他的刑期不是 50 年,而是 20 年,这有多大可能会削弱该刑期对潜在性犯罪者的震慑效果?去年,抓获的 65 岁以上男性性侵者(不包括强奸和嫖娼)只是 1 451 人,不到去年抓的全部男性性侵者的 3%。[35] 侵犯儿童(此案中被告侵害的是一个儿童)的全部罪犯中,只有 1.1% 是在 70 岁到 75 岁之间,还有 1.3% 在 60 岁到 69 岁之间。[36] 75 岁以上的,还能有多少?确实,性罪犯比其他罪犯更可能是累犯[37],因为他们的犯罪行为大多数难以自控,而不是机会主义的。但人老了,性的能力和欲望就会衰减。更重要的是,即便释放后,性罪犯也要服从登记和告知的规定,这会减少他们接近潜在的受害人。[38]

监禁老年囚犯的费用巨大;一个联邦囚犯每年的平均监管费用在 25 000 美元到 30 000 美元之间[39],这个费用会随着年龄增长而陡然上升,因为监禁费用中的医疗费用会随年龄上升,特别是如果他活到

---

[34] *United States v. Craig*, 703 F.3d 1001 (7th Cir. 2012) (无署名法院意见和附意见)。

[35] FBI, *Uniform Crime Reports: Crime in the United States 2011*, www.fbi.gov/about-us/cjis/ucr/crime-in-the-u.s/2011/crime-in-the-u.s.-2011/tables/table-39 (visited Dec. 3, 2012).

[36] U.S. Dep't of Health & Human Services, Children's Bureau, "Child Maltreatment 2010," 76 (2010), http://archive.acf.hhs.gov/programs/cb/pubs/cm10/cm10.pdf (2012 年 12 月 3 日访问)。

[37] Virginia M. Kendall and T. Markus Funk, *Child Exploitation and Trafficking*, 310 (2012).

[38] 同上注,页 320。

[39] Federal Bureau of Prisons, "Notice," 76 Fed. Reg. 57081 (Sept. 15, 2011), www.gpo.gov/fdsys/pkg/FR-2011-09-15/pdf/2011-23618.pdf (visited Dec. 3, 2012).

70岁以上(就不说活到80岁或90岁了)。也有过估计,监狱系统每年在一个老年囚犯身上花的钱就在60 000美元到70 000美元之间。[40] 退一步说,这还不是社会净成本,因为如果释放了这些老年囚犯,他们可能得到医疗保险(Medicare),也许还有医疗补助(Medicaid)收益来支付他们的医疗花费。但如果在其衰老前将他们释放,并得以受雇,他们就会通过工资税贡献医疗保险和医疗补助项目——这就告诉我们,监禁还有哪些额外的社会成本:社会失去了如果囚犯获得自由可能合法获得的无论何种收入,收入反映了他通过合法工作对社会的贡献。

从原则上看,监禁的社会成本应当同监禁的社会收益做比较,后者的构成主要是震慑和削能。量刑法官因此应考虑一下很长刑期与较短刑期相比的震慑和削能的增量效果。但要这样做,他需要数据,需要换脑筋,即认为,即便刑事量刑也应基于证据,而不是基于情绪或凭直觉。

司法很难应对有关犯罪的社科文献,最高法院作出的罗珀诉西蒙斯案(*Roper v. Simmons*)[41]决定就是一个例证。此案判定对犯罪时不满18岁的谋杀者施以极刑违宪。在作出这一结论时,最高法院部分依据了一些心理学文献,多数法官错误地认为这些文献显示了,不到18岁,人们就不大可能有成熟的道德反思。[42] 某些人会如此,但有些人不是如此。年龄与心智或情感成熟并不完全一致;最高法院引证的研究并未发现18岁就是拐点,十多岁的人到这时就突然获得了

---

[40] Kelly Porcella, Note, "The Past Coming Back to Haunt Them: The Prosecution and Sentencing of Once Deadly But Now Elderly Criminals," 81 *St. John's Law Review* 369, 383 (2007).

[41] 543 U. S. 551 (2005).

[42] 同上注,页568-575。

成年人的道德行为能力。为支持其决定,最高法院引证的一个研究事实上削弱了这个决定,因为该研究称:"这里说的并非青少年全是愣头青,而只是说,作为一个群体,青少年在数量比例上有更多的鲁莽行为"。更重要的是,该研究也没区分不到和超过18岁的人,事实上,该研究界定的青少年是"从青春发育期到二十出头"。[43] 并且,十六七岁的人比18岁的人更少可能有成熟的判断,这是一个统计发现,而不是对个人的认定,因此这个发现不支持这样的总体判断:十六七岁的人都缺乏足够的道德洞察力,他们无法理解,比方说,谋杀非常不道德。最高法院未注意该研究引证的主要研究自身就承认"还没有有决定意义的青少年发育研究,[而]在有更好、更具结论性的数据之前,我们保守一点,即便错了,也更为谨慎"。[44] 此外,最高法院还忽略了这样一个研究,该研究结论认为,青少年"与成年人在有关风险行为决策的许多方面都能力相同"。[45]

---

[43] Jeffrey Arnett, "Reckless Behavior in Adolescence: A Developmental Perspective," 12 *Developmental Review* 339, 344, 340 (1992). 一个类似的研究附带地讨论了"十来岁的人",但与阿内特的研究一样,也没按年龄来对他们分类。Baruch Fischhoff, "Risk Taking: A Developmental Perspective," in *Risk-Taking Behavior* 133, 142, 148 (J. Frank Yates ed. 1992).

[44] Laurence Steinberg and Elizabeth S. Scott in "Less Guilty by Reason of Adolescence: Developmental Immaturity, Diminished Responsibility, and the Juvenile Death Penalty," 58 *American Psychologist* 1009, 1017 (2003). 请看,同上注,页1012-1014。这篇支持性论文结论说:"美国应当加入世界上大多数国家来禁止对18岁以下犯罪个人执行死刑。"同上注,页1017。除了阿内特以及斯坦伯格和司科特的论文外,最高法院引证的唯一"研究"则根本就不是研究,而是一本老派的思考性著作,Erik H. Erikson, *Identity: Youth and Crisis* (1968). 其他提请注意法官利用心理学研究的札记,请看,Fischhoff, "Risk Taking," at 148, 152, 157.

[45] Lita Furby and Ruth Beyth-Marom, "Risk Taking in Adolescence: A Decision-Making Perspective," 12 *Developmental Review* 1, 36 (1992).

第3章 复杂性的挑战

技术的冲击

特别且日益令联邦法官,甚至更令陪审团成员困惑的外部复杂性都来自技术进步。法官总是处理涉及技术的案件。但1950年代的蒸汽机、铁路、汽车、收音机或电视机技术,甚至飞机的技术都是直觉性的,或至少(就电视机或飞机而言)解释起来很容易;与此相似的是简单的化学和生物学;老派的商业银行;两维图(例如供求关系图);以及以图表呈现的描述性统计学。那全是昨天的技术。如今法官不得不与之过招的是先进的且正在推进的技术,是需了解微积分和包括了多元回归统计分析的有关竞争的数学模型,以及诸如"PGD"(移植前基因诊断——在体外受精的胚胎植入子宫前扫描该胚胎的基因特征)这样最晚近的医疗诊断和治疗的进步。[46] 法官们必须与之过招的是现代银行和财政运用的数学和统计技术——很说明问题的一个术语是"金融工程"技术——以及与之相关的复杂金融工具,诸如信用违约合同(credit-default swaps)、有抵押证券(mortgage-backed securities)、拍卖证券(auction bonds)以及债务抵押证券(collateralized debt obligations),开发者有许多都是有哈佛物理学博士学位的金融"工程师"。就如同这些例子所显示的,对"技术"必须做广义理解,包括那些通常不被视为科学的、即便已非常数学化的技巧。

当然还有更一般的计算机科学和电子工程,典型代表就是手机、平板电脑以及其他无论是否称其为计算机的机器。还有营养生物化学,这是我在最近处理的一个涉及一项有关人造奶油产品的专利案件

---

[46] Kate Wevers, "Prenatal Torts and Pre-Implantation Genetic Diagnosis," 24 *Harvard Journal of Law and Technology* 257 (2010).

时了解到的,这有可能比某些计算机科学领域更复杂。反托拉斯法和高科技行业之间也有极为复杂的交叉。[47]

值得赞扬的是,在反托拉斯以及其他商业法律领域,法官们都接受了经济学分析,可以避免根据简单的直觉而犯严重的法律差错。但就如同抱得美人,美人却成了巫婆,法官们发现如今的经济学变得越来越数学和统计学了,越来越复杂了,而另一方面,又因心理学("行为经济学")的快速推进变得更错综复杂了。[48] 还不止这些,在诸如营销、管理、高管薪酬、追债、人力资源(人事管理)以及制度结构这些领域也有各种神秘做法。我就不说法医证据、监视和调查技术以及环境科学(液压破碎[fracking]、漏油、全球变暖、湿地保护等)了。这个单子是列不全的。

计算机化以及特别是互联网对美国商业、文化、私隐、政治、教育、知识和信息的冲击,对家庭和个人(包括犯罪)行为的冲击,对努力规制这个怪兽所引发的具体技术问题的冲击,怎么强调都不过分。一个不大的例子是,让我们考虑一下,在互联网上,信息从有经验的消费者流向新消费者,这会如何影响与消费者合同中信息披露或未披露相关的那些法律。[49]

也不是说案件中出现的所有复杂技术对法官都构成技术挑战。让我们看看面容识别软件。这在技术上复杂,如果警方用它来辨认罪

---

[47] 请看,例如,"Antitrust in High-Technology Industries," 8 *Journal of Competition Law & Economics* 449 (2012) (专号)。

[48] 对这些进展的清晰讨论,请看,Andrei Shleifer, "Psychologists at the Gate: A Review of Daniel Kahneman's *Thinking, Fast and Slow*," 50 *Journal of Economic Literature* 1080 (2012)。

[49] 请看,Shmuel I. Becher and Tal Z. Zarsky, "E-Contract Doctrine 2.0: Standard Form Contracting in the Age of Online User Participation," 14 *Michigan Telecommunications Technology Law Review* 303 (2008)。

犯,但在某案中有人质疑其准确度,法院在此案就会面临一个技术争点。但假定此案挑战的是,该软件的使用构成了侵犯私隐。在这样一个案件中,这种软件的存在和有效性也许是一个给定,而法院必须奋力与之过招的唯一争点就是这一软件的收益是否超过了其造成个人私隐受损的费用,而这两个费用都无法测度。私隐,就和报应一样,属于软变量之一,法官无法令其消失——也不希望其消失,因为大多数法官对于这些软变量,要比对那些可科学测度的变量,都更得心应手。

还考虑一下认知神经科学上的进展,这一学科将认知和情感同大脑生理过程联系起来了,也许某一天可能回答人类是否有自由意志这样的问题。[50] 考虑到刑法判决书中所有有关自愿、蓄意、预谋、任性、知晓等与刑罚适度严厉之因素的讨论,人们也许会认为,至少,刑法会严重依赖可能为神经科学削弱的心智理论。并非如此,影响刑事责任和惩罚的所有争点问题的考量都(最简单的民科心理学除外)与心理学无关[51],甚或与民科心理学也无关,因为责任和惩罚的问题大都化解成对被告的危险性或破坏性的关切,而不是对其心智状态的关切。惩罚罪犯是因为我们害怕并(我们大多数人)痛恨他们,而不是因为从他们的脑瓜中我们发现了什么。如果被告的想法太怪,乃至我们认为,和他的受害者一样,他本人也很不幸,我们也不仇恨他了,但我们还是会畏惧他,尽管惩罚他的形式也许会不同,也不称其为"刑罚"了,却还是会把他关在一个叫做精神病机构而不是监狱的地方,很可能关的时间还更长——就因为惩罚也许无法震慑他。在其他方面都一样,

---

[50] 请看,"Neuroscience of Free Will," *Wikipedia*, http://en.wikipedia.org/wiki/Neuroscience_of_free_will (2012 年 11 月 16 日访问)。

[51] 请看,Stephen J. Morse, "Lost in Translation?: An Essay on Law and Neuroscience," 13 *Law and Neuroscience: Current Legal Issues* 2010, no. 28, p. 529 (2010).

对一个年老罪犯的刑期也许可以比对年轻罪犯的刑期短一些,因为人过了40岁后,累犯的风险趋于急剧降低。刑法关注的是惩罚的有效性问题,而不是说不定哪天神经科学也许会照亮的那个自由意志问题。

这也不是说,心理学,包括神经科学,就与法律无关了,或是对法官的理解力不构成任何挑战了。神经科学还是令刑罚学的某些方面更精准了,例如以大脑扫描来确定哪些个人特征可能会成为累犯。[52] 更好地预测暴力行为也因它成为可能。这些预测不仅与量刑长度有关,也与采取哪些措施会降低一个人开始其犯罪生涯之概率有关。[53] 并且,即便把刑罚学放一边,也许某一天,也许很快就会到来,神经科学会提供一种比测谎仪大为可靠的"可信性测度"的方法。[54]

在专利诉讼中占据关键位置的技术对于专利管辖构成了很大压力。这部分是因为许多发明(突出的是软件创新)都很复杂,还不是直觉的;另一部分则因为,根据美国宪法第七修正案,联邦法院审理的所有要求他人(但政府除外)赔偿案件的原告都有权获得有陪审团的初审;以及,还有部分则因为法官理解不了经济学和技术的创新。结果则是法律的和规制的重大失败,特别是有关信息技术(计算机),就如同最近一篇概括并触及了丰富学术文献的论文中解说的那样:

---

[52] 请看,例如, E. G. Stalenheim, "Long-Term Validity of Biological Markers of Psychopathy and Criminal Recidivism: Follow-up 6-8 Years after Forensic Psychiatric Investigation," 121 *Psychiatry Research* 281 (2004).

[53] 请看,例如,Jana L. Bufkin and Vicie R. Luttrell, "Neuroimaging Studies of Aggressive and Violent Behavior: Current Findings and Implications for Criminology and Criminal Justice," 6 *Trauma, Violence, and Abuse* 176 (2005).

[54] 请看,John B. Meixner, "Liar, Liar, Jury's the Trier? The Future of Neuroscience-Based Credibility Assessment in the Court," 106 *Northwestern University Law Review* 1451 (2012).

第3章 复杂性的挑战

在一些特定的创新领域,包括机械设备、药品、化学品以及生物技术……"专利溢价"很大。在这些行业中,几乎没人质疑应当有专利。对计算机软件以及更广的信息技术领域则没法这么说。这些行当的创新者一直都说他们工作中的主要障碍之一就是专利。某些研究者估计,在这些领域专利溢价可能不大——甚至为负。如果属实,这就意味着专利是阻塞了而不是激发了研究和开发。如果情况确实如此,专利实际起到的作用就与为专利正当化的经济理由直接对立了。这何以可能呢……

第一,信息技术创新极为迅速,特点就是对之前的技术持续予以完善。尽管也有些进步在技术上是"跃进",但大多数创新都是累积的,只是略微完善了先前的那一版软件,或只是改编已知的编程技术有了新的操作功能。在这一领域内,创新的纯速度和纯规模很快就会使起初即便宝贵的贡献完全没用了。也就由于这个理由,法院要求强制执行的那些计算机软件专利几乎都不包含最前沿的技术……

技术跟踪在信息技术领域是全面的,因此,要为最初发明者的软件或其他技术使用和未来改进规定宽大的排他权,会造成不可欲的交易费用,会威胁阻碍累积性发明。强有力的产权起到的作用就是弱化了对未来完善者的激励,并因此强化了对最初发明者的发明激励。这种交换总是存在,但就计算机软件和信息技术而言,这种交换对改进和完善者不利,而在这一领域,改进完善要比原初发明者更为重要。

第二,信息技术领域的研究开发,比起药品、生物技术和化学领域的研究开发,更少为资本激励。例如,开发新软件的必要私人投资数额并不高。信息技术开发者无需支付昂贵的实验设备和诊所检测费用。当然说起来也重要,但同研究开发新药涉及的沉淀成本相比,这笔钱真可谓微不足道……

第三,信息技术领域的发明者有更多渠道利用其技术进步的价值。计算机软件,特别当它以非人类可读的目标代码撰写时,相对说来难以用逆向工程破解。鉴于其特点是不会自我泄密,因此很难说软件具有通常同公共品联系的那种典型的非排他性。更进一步,还有版权保护软件开发商不会被直接复制。此外,在信息技术领域中,网上效果驱动的领先优势奖励的是新软件和其他信息技术传播者,让他们直接收获金钱回报。鉴于原初发明者的研究开发投资与第三方进行逆向工程的费用之比,更能激励信息技术创新者的是重大发明,而这与专利体制无关。

第四,……与药品不同——每种药品都趋于用一项单一专利来保护,信息技术和计算机硬件行业的产品,毫无例外,都受制于几十个、几百个甚或几千个专利。由于专利商标局(PTO)自1998年以来发布的信息技术专利数量呈爆炸性增长,法律指责这一领域的许多公司为无数专利只鉴定、围绕着或只谈判一个许可证。还有更糟的,信息技术专利的文字声明是出了名的不确定,乃至于那些专长于此的人也常常无法获得一个知情的判断,某具体专利到底包含不包含某计划产品或过程。

结果是,信息技术领域的各大公司都积攒了巨量的组合专利(patent portfolios),而他们持有这些组合专利主要就是为了防卫……

第五,许多观察者都批评美国专利商标局(USPTO)发布的信息技术专利质量太次。鉴于这一领域专利数量巨大,范围不确定,许多公司就指示本公司研究者不要检索先前的技术。故意无视这类专利可以让这些公司躲过任意性侵权(willful-infringement)的法律责任。这种现象很是变态,不仅因为这意味着信

第 3 章 复杂性的挑战

技术专利很少会有技术知识的贡献,有助于继续创新,而且因为这还导致美国专利商标局授予的某些专利——考虑到先前工艺——是无效的。申请人有义务说明他们知道的先前工艺——但法律并不要求他们必须检索早先的文献参考。结果则是,在信息技术领域,专利审查者批准的许多"发明"是非新颖的或是显而易见的。[55]

---

[55] Alan Devlin, "Systemic Bias in Patent Law," 61 *DePaul Law Review* 57, 77-80 (2011)(省略了引证和脚注)。对我们的专利制度的类似批评,有许多都聚焦于联邦巡回区的上诉法院。请看, Michele Boldrin and David K. Levine, "The Case against Patents" (Fed. Reserve Bank of St. Louis, Working Paper 2012-035A, Sept. 2012), http://research.stlouisfed.org/wp/2012/2012-035.pdf (visited Nov. 26, 2012); Stuart J. H. Graham et al., "High Technology Entrepreneurs and the Patent System: Results of the 2008 Berkeley Patent Survey," 24 *Berkeley Technology Law Journal* 1255 (2009); Dan L. Burk and Mark A. Lemley, "Fence Posts or Sign Posts? Rethinking Patent Claim Construction," 157 *University of Pennsylvania Law Review* 1743 (2009); Kimberly A. Moore, "Markman Eight Years Later: Is Claim Construction More Predictable?" 9 *Lewis and Clark Law Review* 231 (2005); R. Polk Wagner and Lee Petherbridge, "Is the Federal Circuit Succeeding? An Empirical Assessment of Judicial Performance," 152 *University of Pennsylvania Law Review* 1105 (2004); Arti K. Rai, "Engaging Facts and Policy: A Multi-Institutional Approach to Patent System Reform," 103 *Columbia Law Review* 1035 (2003); Rai, "Specialized Trial Courts: Concentrating Expertise on Fact," 17 *Berkeley Technology Law Journal* 877 (2002);还有下面注 80 引证的一些论文。一个断然反对专利的强有力的论证,请看, Michele Boldrin and David K. Levin, "The Case against Patents," *Journal of Economic Perspectives*, Winter 2013, p. 3.对于软件专利中的混乱情况,还有一篇出色的记者报告,请看, Charles Duhigg and Steve Lohr, "The Patent, Mighty as a Sword: Tech Giants' Legal Warfare Takes Toll on Competition," *New York Times*, Oct. 8, 2012, p. A1.

法官对真实世界不上心

我们生活"在一个日益复杂、碎片化且信息无处不在的世界中"。[56] 而因训练和经验不足,联邦法官总体上并没很好适应我们生活的这个技术时代。就拿最高法院来说吧。其当下的成员中没有一位本科或研究生学位是技术领域的;他们的专业是历史、哲学、政治科学、文学和公共政策。这些大法官几乎都没有政治或政府的经验,两个主要例外是大法官布雷耶和卡根;并且我认为只有大法官阿利托和卡根有过重要的管理经验。除大法官索托马约尔(Sotomayor)担任过6年联邦地区法官外,我想,其他大法官几乎都没有陪审团审理民事案件的一手经验(阿利托是一位联邦检察官)。只有布雷耶对技术争点看上去还凑合。[57] 因此,最高法院目前这些大法官在口头辩论中,所提的问题或所作的评论表现出对技术性争点很憋屈,也就不令人奇怪了。"最近最高法院的一些涉及相关技术争点的案件表明,有几位大法官对许多美国人认为理所当然的计算和通讯方法的无知很令人难堪。事实上,一些大法官承认他们落伍于时代了。"[58] 最高法院的口

---

[56] Daniel Arbess, quoted in Nick Paumgarten, "Magic Mountain: The World of Power: What Happens at Davos?" *New Yorker*, March 5, 2012, pp. 44, 52.

[57] 请看,例如,*Mayo Collaborative Services v. Prometheus Laboratories, Inc.*, 132 S. Ct. 1289 (2012);斯登对此案判决予以极高的赞扬(在我看来,很恰当),请看,Richard H. Stern, "Mayo v. Prometheus: No Patents on Conventional Implementations of Natural Principles and Fundamental Truths," 34 *European Intellectual Property Review* 502 (2012).

[58] Mark Grabowski, "Are Technical Difficulties at the Supreme Court Causing a 'Disregard of Duty'?" 3 *Case Western Reserve Journal of Law, Technology & the Internet* 1 (2012). 令人不安的是,这篇论文引用了一些大法官的断言,其中透露出大法官们对自己不懂现代技术还相当得意。

头辩论记录稿显示,为几位大法官误解的包括寻呼机、短信、在线搜索、互联网服务商、V型芯片、语音邮件和金读(Kindle Reader)的初等技术。人们从最高法院的一些司法意见中还看到,除前面提及的罗珀诉西蒙斯案外,其统计使用的偏向性和不准确。[59] 当然在上诉法院和地区法院层级也一再出现这种局限,尽管大多数受任地区法官的法律人都有大量初审律师的经验(但常常不是民事案件初审),并且40%的上诉法院法官之前是地区法官。

法官可以从容应对法律教义的复杂性,例如联邦量刑规则。先告诉他们算出指导性的可适用刑期,然后根据他们自己的刑罚理念,(在制定法或先例规定的限度之内)可以有所偏离,法官可以做到。他们知道"本案的法律"(the law),只要有授权,他们对行使裁量也很在行(至少,大多如此)。法官的巨大知识缺口主要不在法律教义,而在引发联邦诉讼的那些真实世界的活动。这些活动是一些很专的知识体系的题目,属于或关于心理学、政治科学、教育、监狱管理、宗教习俗以及制度、统计学、经济学、计算机科学、生物化学、金融、人事管理、营销、药学、流行病学、商业竞争者间的勾结(collusion)、知识产权、恐怖主义以及外国少数群体成员在其本国的地位等。法官可以算出监狱量刑,经得住上诉复审或量刑后的质疑,但不能自信的是量刑与有关犯罪行为的事实是否一致。他们可以解开某法律教义的谜团,但不理解将适用这一教义的那个活动,他们就不能作出有真实根据的可靠

---

[59] 请看,例如,Charles Seife, *Proofiness: How You're Being Fooled by the Numbers*, 217-222 (2010). 关于最高法院大法官笨手笨脚处理统计资料的一个晚近例子,请看,Nate Silver, "In Supreme Court Debate on Voting Rights Act, a Dubious Use of Statistics," March 7, 2013, http://fivethirtyeight.blogs.nytimes.com/2013/03/07/in-supreme-court-debate-on-voting-rights-act-a-dubioususe-of-statistics/ (2013年3月11日访问)。

决定。

至少我是这种观点;我的猜测是,大多数法官不认为自己必须对案件的深厚事实背景有多少了解。他们或是认为司法过程是直觉的,并且如果是有经验的法官他至少也相信自己的直觉;或是认为法律分析本质上就是语义分析——比方说,在一个专利案件中,你就必须理解专利制定法,而理解专利制定法后,为决定此案,你要做的全部就只是,把事实放进该制定法创造的那些语词范畴中。而要对罪犯判刑,你只需内化美国社区的道德感,或许只是内化你所属的那部分社区的道德感。

司法对真实世界不上心,一个很有例证意义的是最高法院的一个决定,允许某高尔夫球手在一场职业高尔夫球手协会(PGA)锦标赛中(因其残疾)在两洞之间乘坐高尔夫车,不必步行,这并不"根本改变[这一 PGA 锦标赛的]性质",并因此,禁止他乘车就违反了《美国残疾人法案》(Americans with Disabilities Act)。[60] 最高法院的这个意见毫无顾忌地专断区分了高尔夫锦标赛中有"本质"和"非本质"的规则。[61] 然而,司法何以有能力作出这样一个决定? 在一个类似案件中,就汇集了相当数量的证据,表明耐力是高尔夫锦标赛中的一个重要因素,而对耐力的考验有一部分就是两洞之间球手必须步行。[62]

法官公然藐视经验实在的另一个例子是最高法院有个决定判定,某州禁止不足 21 岁的男性购买酒精为 3.2% 的啤酒,却允许满 18 岁的女

---

[60] *PGA Tour, Inc. v. Martin*, 532 U. S. 661 (2001).

[61] Frederick Schauer, "The Dilemma of Ignorance: PGA Tour, Inc. v. Casey Martin," 2001 *Supreme Court Review* 267 (2001).

[62] *Olinger v. United States Golf Association*, 205 F.3d 1001, 1006-1007 (7th Cir. 2000), judgment vacated (on the basis of the Supreme Court's decision in *Martin*), 532 U. S. 1064 (2001).

性购买此种啤酒,这否认了对男子的同等法律保护。[63] 该州提供了证据,年轻男子醉驾以及因醉驾导致交通事故被捕的比例非常高,这表明年轻男性比年轻女性更难控制自己的饮酒。基于一个令人震惊的反智理由,最高法院把正当化区别对待年轻男女的这一理由甩在一边,称"期待法官或州官员深谙这种实验或统计的精密技巧是不现实的。这只说明用统计学来证明宽泛社会学命题这种事很令人可疑,不可避免地会与支撑同等保护条款的那种规范哲学发生冲突。可以这么说,被上诉人出示的证据没能令我们信服,性别可用作规制饮酒和驾车的一种合法和精确的替代标记(proxy)"。[64] 请注意这里推论的不合逻辑:因为法官不懂统计学,统计学就证明不了男女之间有系统性的行为差别。有谁真的相信这部州法恶毒歧视男子了?——在1970年代,当时歧视妇女很猖獗而反对歧视女性的只有零星的法律诉讼?这一决定真正目的也许只是想表示,最高法院在性别歧视案件中"一碗水端平",没"偏向妇女"。

大法官和法官们的教育背景反映了一种一般信仰:法律是一门人文,而不是一门科学,甚或不是一门社会科学。有些法官认为,至少是假称(pretend),法律就是词典学(lexicography)的一个分支,回答的问题就有关制定法和宪法规定的含义,可以从词典和语法书以及其他语义理解渊源中找到答案。其他法官认为法律是修辞或文学或(当然了,不会公开承认)政治学的一个分支。还有法官把法律当成了业余史学。法律中占主导的方法,有别于法律教义的内容,自公元534年《查士丁尼法典》完成之后,就基本没变。在过去1478年间,除了神职人员外,还有哪个行当变化比法律更小的?

法律确实就是一门人文,并且这也挺合适,就如同我会在本书第8

---

[63] *Craig v. Boren*, 429 U. S. 190 (1976).
[64] 同上注,页204(省略了脚注)。

章论辩的。但从律师和大多数法官从业的结果来看,它是一门很窄的人文。仅掌握制定法、判例、专著以及其他正统法律渊源,这种意义上的掌握"法律"不能令一位法官足以应对那些即便是远离技术的领域内出现的各种复杂性。例如,这个国家日益增长的宗教断然性(assertiveness)已导致涉教诉讼的涌起,包括一些非常不起眼的教派。比方说,有多少美国人听说过耶路撒冷的非裔希伯来语以色列人(African Hebrew Israelites of Jerusalem)？听说过的,其中又有谁能把他们与拉斯特法里崇拜者(Rastafarians)区分？——这个区分,取决于拿细耳人的誓约(Nazirite Vow)(这又有几位法官听说过？),就是我们法院一个晚近决定的核心。[65]

　　许多移民要求允许留在美国,根据就是他们是难民,要求避难,不受宗教迫害。他们来自的国家,大多数美国人,包括大多数美国法官和行政官员,几乎完全不了解。有多少美国人知道,比方说,厄立特里亚迫害耶和华见证者？甚至有谁知道在厄立特里亚还有耶和华见证者？一位法官又何以验证一位申请避难自称是耶和华见证者的厄立特里亚人是真的？

　　最高法院有些决定,强制执行宪法第一修正案的建立和自由实践[宗教]条款(特别是建立条款),没能令任何人满意——包括这些大法官本人。[66] 之所以如此,我认为,就因为这些决定只是建立在与事

---

[65]　*Grayson v. Schuler*, 666 F. 3d 450 (7th Cir. 2012).

[66]　请看,例如,*Utah Highway Patrol Ass'n v. American Atheists, Inc.*, 132 S. Ct. 12 (2011)（反对拒绝给予调卷复审）("建立宗教条款的法理已成废墟""含糊不清""飘忽不定""没有原则性根据""建立宗教条款的炼狱""不可理喻""临时拼凑""没谱""不能始终如一的适用""我们的烂事""不过是一点直觉和一把卷尺"）；*Lamb's Chapel v. Center Moriches Union Free School District*, 508 U. S. 384, 398-99 (1993)（附和意见）（一个"线条扭曲加形状摇摆的几何学",一位不可能杀死的"深夜恐怖片的盗墓者",即便"有不下5位在位的大法官,在他们自己的司法意见中,亲自把铅笔穿透了我的心"）。

实无关(fact-free)的、大法官对宗教的直觉之上,这个直觉会随着他们对宗教的态度而变化,而他们的态度转而又源自他们的宗教信仰以及宗教联系——包括有,也包括没有;而大法官还拿不出一个替代。人们感觉,在大多数宪法性案件和许多非宪法性案件中,最高法院就是一个政治性法院,这个感觉来自这样一个事实,即无需任何经验根据,大法官们就产生了其确信的观点。在缺乏经验或其他客观知识的情况下,人们依靠的就是他们的直觉,而塑造直觉的是意识形态(包括宗教)、气质、种族和性别、家庭教育以及各个法官和大法官不同的个人特点。这些特点为人们的决定提供了众多前提;而当人们根据不同前提展开辩论时,就是说连达成一致的基础也没有。与事实无关的宪法审都是宪法律师(很突出地,包括了宪法性法律的教授)鼓捣出来的,而这些律师"对自己要处理的恰当研究对象——一个政治、社会和经济现象复合体——几乎不懂。他们就知道判例。只吃最高法院的判决,这种偏食注定了智识上的营养不足"。[67]

联邦诉讼日益涉及外国法和国际法,不仅商法,还有侵权法、刑法和家庭关系法,就如同依据《外国人侵权法》(Alien Tort Statute)[68]以及《国际儿童拐卖民事问题的海牙公约》(Hague Convention on the Civil Aspects of International Child Abduction)那样。[69] 由于美国疆域大、自足并且有全球影响力,也因英语在世界流行,美国人,包括法官,都趋于单语,甚或很狭隘。大多数人都几乎不了解外国,不了解外国法或外国法律的制度、程序和文化。有些法官(特别是最高法院的

---

[67] Richard A. Posner, *Overcoming Law* 208 (1995).

[68] Harold Hongju Koh, "Transnational Public Law Litigation," 100 *Yale Law Journal* 2347 (1991).

[69] Linda Silberman, "Hague International Child Abduction Convention: A Progress Report," *Law and Contemporary Problems*, Summer 1994, p. 209.

某些大法官)已开始引证外国法院决定作为美国法律的可能指南,除非该法官懂得一个司法决定的文化和制度语境,这种战术很是可疑。[70]

很少有美国人能掌握一门外语,这一点过去不重要,但如今重要了,因为全球化对司法案卷产生了影响。在不同的联邦上诉法院,撤销对避难请求之拒绝,差别大得惊人[71],这一定反映了多种因素:法官对外国普遍无知,对移民问题和移民者的直观态度非常不同,不同的案件总量压力,以及对法院在复审非法院决策者——例如移民法官和移民上诉委员会——决定时的恰当角色理解不同。

对政治竞选捐助所做的立法限制,依据宪法第一修正案,是否合宪?在涉及这类争点的决定中,最高法院以及更低层级的联邦法院都让自己深深纠缠于选举过程,但对这个过程却又没有足够好的理解,乃至无法测度自己的决定会有什么后果。公民联合案(*Citizens United*)决定[72]排除了对候选人之支持者和反对者竞选融资的诸多限制(只要没被抓到他们与其喜欢的候选人暗中协调),但这个决定如今是越看越觉得天真,其天真在于其不承认大量竞选捐助会腐败政治过程,也在于其将金钱简单等于言论。[73] 我认错,是我撰写的多数派司法意见(获得了最高法院的确认),支持印第安纳州的要求,预期的投

---

[70] 请看,Richard A. Posner, *How Judges Think*, ch. 12 (2008).

[71] 记录见于,Jaya Ramji-Nogales, Andrew I. Schoenholtz, and Phillip G. Schrag, *Refugee Roulette: Disparities in Asylum Adjudication and Proposals for Reform* (2009).

[72] *Citizens United v. Federal Election Commission*, 558 U.S. 310 (2010).

[73] Richard A. Posner, "Unlimited Campaign Spending—A Good Thing?", The Becker-Posner Blog, Apr. 8, 2012. www.becker-posner-blog.com/2012/04/unlimited-campaign-spendinga-good-thing-posner.html (visited May 17, 2012).

第 3 章 复杂性的挑战

票者要用带照片的身份证件来证明自己的身份[74]——如今人们广泛认为这个法是用来压制投票人的而不是为防止欺诈。此外,最高法院持续容忍基于政治动机的重新划分立法选区,但它又一丝不苟地坚持一州的所有选区划分必须人口数量几乎完全相同,这两者也不和谐。我不理解,为什么最高法院能容忍政治性的选区重划,这种做法,再加上最高法院又认可乱七八糟的竞选捐助,看起来已经毒化了我们的全国性政治,即能进入众议院的都是一些极端分子。当选区重划令一个选区对某党很安全时,这个选举竞争的关注点就从大选转向了该党的初选,初选时选民很少——都是那些最有激情的少数,而有钱的捐款者(公司或个人)有动力慷慨捐助那些鲜明且常常是极端的政治观点,而他们捐款的杠杆作用就可能会左右这一选区倒向一位更极端的候选人。这就是共和党近年来在不少国会选区中的经验。

如果科学(包括数学和统计学)以及技术的复杂只是引出联邦诉讼的那些社会活动的唯一新颖和富有挑战性的特点,我们也许还有望,新一代的法官,通过法官培训的改进、重新信奉法律现实主义以及与初审中提交证据相关的改革,合起来,会为法官不理解复杂性这个问题提供一个解决办法。但我们还必须正视这样一个事实,科技知识中也有许多空白。必须承认社会科学有局限并要予以完善;也必须承认我提到过的那些软变量。但这还是留下了一个很大地带,法官可以从中汲取技术知识来改进司法绩效。

让我们想想,如果不理解引发眼前这个案件的那种活动,法官怎么办。他们回避、唬人、迂回,改变话题。主要的回避技巧有:第一,尊

---

[74] *Crawford v. Marion County Election Board*, 472 F. 3d 949 (7th Cir. 2007), affirmed, 553 U.S. 181 (2008).

崇下层级决策者。上诉法官在许多争点问题上都尊崇初审法官,诉诸的是这样一些标准,如有明确的差错或是滥用了裁量权,而初审法官转而就把这个球踢给了陪审团成员,平均说来,他们对技术争点的理解能力甚至还不如法官。因此,"容易的"问题法官就回答了,法官根据动议裁定驳回,也根据动议作出简易判决,但那些困难的问题,那些不经事实审(trial)就没法解决的问题,就留给了陪审团这些外行人士来回答。或者是,把这些问题留给行政机构来回答,法官们常常编造出一些尊崇这些行政机关的理由,说这些机构有"专业知识",即便这些机构的裁断者训练很糟、工作忙得不可开交、非常政治化,或同时具有这些特点。

第二,上诉法院采用了一些多因子检验标准,供初审法院适用。通常这些因子都是未加权的,这就使多因子检验标准的计分很主观,也因此促使上诉审尊崇初审法官或行政机构的决定。可以以"刺破公司面纱"的检验标准为例;这个检验标准的意思是,若公司侵权或违反合同,不管该公司是有限责任,也要对公司股份的持有人强加法律责任——也就是说,完全不管这些股份持有人通常是不受公司债务追究的,而这种豁免本来就是设计用来减少投资者的下行风险,并以此激励股权投资。这一检验标准的典型陈述之一是,"法院在确定是否刺破公司面纱时会查看大量因子。这些因子包括:资本金不充足;未发行股票;未遵守公司的正式手续;未支付股息;债务公司无偿债能力;公司其他要员或董事没起作用;没有公司记录;资金混淆;股份持有人从公司转走了资产或是向某股份持有人转移了公司资产;各相关实体之间未适度保持距离;以及该公司只是占支配地位的股份持有人操纵的假象"。[75] 请注意,这个枚举还不完全("这些因子包括了……")[76],并且不同因子也未有权重,尽管这些因子的重要性不一样,而最后那个因子("仅是假象")实际上包含并取代了其他因子。

如果有人问道,为什么可以不管有限责任呢?主要的回答是,有限责任有时会被用来欺骗他人让他以为是在同一个有偿债能力的公司交易。合理的做法应当是直接适用这一标准,而不是适用一个多因子检验标准。但那留给初审法院的裁量权就少了,留给上诉法官的事务则太多,并要求上诉法官更深地理解商业习惯。

法官避开同复杂事项打交道的第三种技巧是用一些术语来重新表述一些争点问题。并因此而诉诸词典;过分强调什么"字面含义",这意思就是别考虑真实语境的文字,因为法官也许也不懂这个语境;以及引证先前司法意见中的一般性语言,仍然不管不顾语境,使司法决定明显是基于权威而不是基于直觉、政策或司法心理学。用特别单薄的语义遮羞布来遮掩司法决定的真实理由,在这方面,一个例子是,大多数法院宣布的标准,关于合同的非签约方可否诉诸合同约定的法院条款(即一旦合同双方发生纠纷,必须在该合同规定的法院诉讼),或可否用来针对合同的非签约方。这个争点问题很难,因为这涉及两

---

〔75〕 *Jacobson v. Buffalo Rock Shooters Supply Inc.*,664 N. E. 2d 328,331(Ill. App. 1996)(citations omitted)。

〔76〕 这是多因子检验标准的一个共同特征。请看,例如,第十巡回区上诉法院在一个蓝海法案{[Lanham Act],该法案同意只有在"非常例外案件"中才判胜诉方律师费,15 U.S.C. § 1117(a)}中制定的用来确定胜诉方,如果是被告,是否应当判给其律师费的检验标准:"没有哪个因素是决定性的,而一个侵权诉讼对于获胜被告可能是'非常例外的',因为(1)此案根本就一点根据都没有,(2)原告不诚实地提起了这一诉讼,(3)其指控方式非同寻常的找事和压迫人,或(4)也许还有其他理由。"*National Association of Professional Baseball Leagues, Inc. v. Very Minor Leagues, Inc.*,223 F.3d 1143,1147(10th Cir. 2000)(引者添加了着重号)。

种不确定性的交换：一是，如果非合同签约方也可以诉诸并受其约束，那么该条款的范围就不确定了；二是，如果一方就因提到了一个公司下属就可以诉诸或避开这一条款，那么这一条款的用处就不确定了。（假定，该条款的签字方是一个子公司；这能否约束母公司？）要平衡得恰到好处很重要，因为法院约定条款很重要，特别是在国际交易中，因为要预测某个国际争议会在哪个法院审理很难，除非双方在他们的合同中已明确了某个法院。

对非签约方是否适用法院约定条款，标准是该非签约方与一方签约人或与这个争议是否"紧密相关"。[77] 假定甲是乙的母公司，乙同丙在某合同中（甲并非此合同的一方）同意，如果乙和丙因此合同有任何诉讼，都必须在法国某法院起诉。一个纠纷出现了：丙指控乙违反了合同，并且乙有理由认为乙的母公司甲，应当为乙的违约承担某些法律责任——也许甲曾毫无正当理由地命令乙违约；这就是侵权，故意干预合同的履行。丙就有义务在法国法院起诉乙，但丙决定在美国起诉甲。如果甲更愿在法国诉讼，就应允许甲诉诸这一法院约定条款，并因此，即便甲并非该约定的一方，丙也是在法国而不是在美国提起诉讼；因此这两个紧密相关的案件就不会在不同国家的不同法院分别诉讼。

这个结果很有道理，但现在假定，甲和乙与丙都有争议，几个争议相互间全无关联。甲和乙显然还是"紧密关联的"——他们是母公司和子公司——但现在没有理由允许甲通过一个甲并非其中一方的合同来挫败丙选择的诉讼地。"紧密关联"没提供指南。

---

〔77〕请看，例如，*Hugel v. Corporation of Lloyd's*, 999 F. 2d 206, 209-210 (7th Cir. 1993); *Holland America Line Inc. v. Wartsila North America, Inc.*, 485 F.3d 450, 455- 56 (9th Cir. 2007); *Marano Enterprises of Kansas v. Z-Teca Restaurants, L. P.*, 254 F.3d 753, 757-58 (8th Cir. 2001).

为避免同复杂案件过招,法官使用的第四种战术是让案件就飘在那里(to wing it),用猜测置换数据。让我们看看最高法院的一个司法意见,该意见支持某州禁止晚期人工流产(partial-birth abortions,在胎儿下肢,有时甚至躯干都离开母体后,只有头还没出来时,毁灭胎儿)。在对自己的判决部分予以正当化之际,最高法院称:"尽管我们没找到可靠数据来测度这一现象,却可以无懈可击地结论说,有些女性后来曾懊悔自己中断了自己创造和孕育的婴儿的生命。请看,作为法庭之友提交的有关桑德拉·卡诺(Sandra Cano)等人的诉讼摘要,编号05-380,页22—24。随之而来的还可能有严重抑郁和丧失自尊。请看,出处同上。"[78]最高法院用作根据的这份诉讼摘要就是很多女性的证词,她们都曾做过人工流产,后来又懊悔。无疑,这种女性很多。但这份由极端保守的正义基金会赞助的诉讼摘要,并未区分晚期人工流产和常规人工流产,没试图估测有多少女性懊悔自己的人工流产,也没试图把这个估测数同另一估测数,即那些懊悔自己当年没有人工流产的女性,比较一下。因此,这个诉讼摘要并没为最高法院的裁决提供任何支持。更成问题的是,最高法院没看出懊悔并不等于错误。一个人可能懊悔做了某事,却不认为那就是错误——因为替代选项也许更糟。一种通常的说法是:"我很懊悔但还不得不告诉你……"最高法院也完全无视反对意见中引证的广泛证据表明,人工流产对于女性精神健康的危险不大于生下一个本来不想要的孩子。[79]

皮特·李(Peter Lee)为我的观察,即遇到技术性争点时法官不尊

---

[78] *Gonzales v. Carhart*, 550 U. S. 124, 159 (2007).

[79] 请看,同上注,页183 n. 7。

重精确性,提供了一个分析框架。[80] 很多人注意到,也有很多人遗憾,专管专利案件上诉的联邦巡回区上诉法院的专利法法理太形式主义,他很是震惊。他认为,这些法官的形式主义是一种替代品,替代理解那些发明和发明过程。对于思考者来说,思考的成本很高,因为很难、很耗时并会令人不爽。人们会节省思考的成本,靠走捷径、尊崇专家意见(即便这要求在意见不同的专家之间作出专断选择)和改变话题;就法官而言,则是用他们理解的法条主义进路来置换他们感到困难、耗时且理解适用起来都很不爽的那种必须了解技术的进路。李使用的心理学文献[81]描述人们为"认知吝啬者"(cognitive misers)*,他将这一术语用于联邦巡回区的法官们。对于其他法官,当遇到令他们困惑的涉及技术、社会科学、文化或历史的争点问题时,这个说法也

---

[80] Peter Lee, "Patent Law and the Two Cultures," 120 *Yale Law Journal* 2 (2010). 此文标题中的"两种文化"一词参照了 C. P. 斯诺(Snow)1959 年以此为题的著名讲演,谴责人文(literary)与科学两种文化间的距离。(斯诺是一位由科学家转身的小说家)。除了李之外,其他许多学者也都注意到联邦巡回区的形式主义并为之痛惜,例如, Rochelle Cooper Dreyfuss, "The Federal Circuit: A Continuing Experiment in Specialization," 54 *Case Western Law Review* 769 (2004); Craig Allen Nard, "Toward a Cautious Approach to Obeisance: The Role of Scholarship in Federal Circuit Patent Law Jurisprudence," 39 *Houston Law Review* 667 (2002); Nard and John F. Duffy, "Rethinking Patent Law's Uniformity Principle," 101 *Northwestern University Law Review* 1619 (2007). 关于联邦巡回区的强烈(并值得质疑)亲专利倾向,请看,William M. Landes and Richard A. Posner, *The Economic Structure of Intellectual Property Law*, chs. 11-12 (2003); David R. Pekarek Krohn and Emerson H. Tiller, "Federal Circuit Patent Precedent: An Empirical Study of Institutional Authority and Intellectual Property Ideology," 2012 *Wisconsin Law Review* 1177.

[81] 相关的概括,请看,Lee, "Patent Law and the Two Cultures," at 20-29.

* 行为经济学发现人在认知上的一个特点,即在理解时,人们并不知觉或记下所有信息,而会去掉琐碎的信息,从发生的事件中挑出对其形成印象和理解的必要信息。——译者注

成立。

对形式主义的追捧是它令法律更简单也更确定了;然而该联邦巡回区对专利法教义的表述实在太纠结,乃至专利发明人也没法理解这一教义。[82]

为专长于专利案的法院(它也还有其他管辖,但专利是其最重要的管辖)设立联邦巡回区还有另一糟糕效果,还没人评论:它降低了其他上诉法院处理技术争点的能力。如果其他上诉法院也必须同专利案件过招,就会迫使这些法院必须获得某些能力来应对一般的技术争点问题,这会提高它们在非专利案件中同这类争点过招的能力。涉及软件的争点问题在现代专利法中很基本,但在其他各种案件中也会出现。一个例子是,有些案件涉及用计算机搜索儿童淫秽材料。在近期的一个案件中[83],政府得知,上传互联网的某视频影像中包含了这样的淫秽材料。根据上传这一视频资料的计算机互联网地址,政府追踪计算机追到了被告的家。但这是在上传后 7 个月,政府才获得搜查证并依据搜查证搜查了该计算机,查出了这个视频资料以及其他儿童淫秽材料。被告辩称,警方没有合理理由(probable cause)认为,这个视频资料上传 7 个月后,自己的计算机中还会保留儿童色情材料。他辩称,这证据都"过时了"(stale),又说,就凭一份视频资料,也不能确认他是色情材料收集人,即不能因此推断他会无限期保留下载到计算机中的色情图像。

政府承认了被告辩称的前提——"过时"计算机文档不是可接受的根据,不能用作确定搜查某计算机的合理理由。但政府辩称,根据这一次上传,就可以推断,被告确实是一个"收集人"。因此双方都同

---

[82] Mark D. Janis and Timothy R. Holbrook, "Patent Law's Audience," 97 *Minnesota Law Review* 72 (2012).

[83] *United States v. Seiver*, 692 F.3d 774 (7th Cir. 2012).

意,"过时"以及就确定是否"过时"而言,该嫌疑人是否"收集人"很重要——这么一来,他们查阅了大量有关搜查计算机儿童淫秽材料的案件,关注这些案件对合理理由的分析。但关注"过时"和"收集人",这其实是误解了计算机技术。你删除一个计算机文档,它就进了"垃圾"文件夹;你"清空"这个文件夹时(点击这一文档中诸如"清空垃圾"之类的图标),其中的内容,包括这个被删文档,就消失了。但垃圾文件夹中的这些文件并没离开这台计算机。它们只是被放在这台计算机硬盘的某部分了,你没法接触它了,因为计算机屏幕上没有与这部分计算机对应的图标了。但联邦调查局和其他执法机构雇的计算机专家可以很容易恢复一个被删文档,除非该文档已被覆盖。而一般而言,只有当硬盘满了,被删文档才会被覆盖,而硬盘满了的情况很罕见;并且,即便硬盘满了,有覆盖,也不意味某个具体文档被覆盖了。市场上可以买到一些软件,快速覆盖、加密以及其他,会令即便专家也看不到被删文档了,但儿童淫秽者显然很少会买这种软件。

只有当被查物品容易变质或可能被消费时,如可卡因,"过时"才与合理理由相关,但如果是一个计算机文档则无关。无疑,如果时间过了很久,被告就不大可能还留着这台计算机,就算留着,该文档也可能已被覆盖,他还可能把机器卖了,找不到计算机现在的主人,这就不再可能找到合理理由(也就是还有不可忽略的发现犯罪赃物或证据的概率)为查获该计算机而搜查嫌疑人住所,也没有合理理由在发现该机器后再搜查该计算机。到这个时候,他是否"收集者"的问题才变得相关,因为他要完整保存其收集,也许就会将淫秽资料文档从废弃计算机中转到新机器中。但7个月时间还太短,还不足以大大降低搜查计算机且大有斩获的概率,因此搜查该计算机的合理理由也就不可能消失。

如果你认为法官与律师的关系就同规制者或监管者与医生、药品公司和犯罪实验室的关系差不多,那么就请想想这一点,这些规制者或监管者通常很了解自己规制或监管的技术人员究竟在干些什么——尽管他们知道的不如这些技术人员多,也还足够多。法官则常常不是这种情况。

许多法官之所以拒绝直面甚或承认复杂性的挑战,其根子是一种职业思维定式,这常常包括了——会同不偏不倚、较真(conscientiousness)以及优秀法官的其他传统特点——不好奇、对科技有畏惧感,也没兴趣为自己的确信找到经验的而不只是直觉的根据。这些态度使他们成了法律人,使法官在应对律师的科技麻烦时也遇上了麻烦,这是一种很不幸的反馈效应,就因为在我们的抗辩式法律体制中,法官只依赖律师。许多律师遇到技术挑战时,和法官一样,也用上了法官用来藏身的同样的回避技巧,而那些懂科技的律师则担心自己偏离了法律辩论的正统方法,或是害怕,自己适度简单描述案件的技术背景,一勺勺喂法官,会不会让法官感到受辱。我可以向读者保证,我们不会。可能会令大多数法官愤怒的是,某个律师告诉他们,咱就别装了,别说什么司法决定以忠实信守制定法和宪法的语言并遵循先例为基础啦。几乎所有法官都还想继续留着这块遮羞布。

在所有技术中,法官应当知之更多却仍然不足的是审判本身的"技术",特别是陪审团的角色;对此有广泛的社会科学文献(请看本书第9章),却几乎没几个法官熟悉这类文献。对这些文献的一个批评是,这些文献在很大程度上都以模拟陪审团的实验为基础。我不认为这是一个很有力的批评。我的这个判断部分基于,在准备陪审团审判时,出庭律师会重度使用模拟陪审团,还有部分基于我有几年教授诊所课程的经验,根据审判辩护研究所公布的精巧案件文档展开模拟初审,教授证据和初审辩护(两者合一,也应当如此;两者不可分)。参与的学生(在芝加哥法学院的逼真法庭进行)扮演法官、法官助理、律师、目击证人以及陪审团成员。就如同好演员一样,他们融入了各自角色,令人赞叹。有个案件涉及被控的医疗事故导致一名男子的死亡。死者的寡妻是首要的目击证人。此案每次初审,扮演这位寡妻的学生,在复述(模拟的)丈夫去世自己经历的损失时,都当场落泪。而陪审团成员们(与现实相悖,我让他们公开审议而不是秘密审议)的举止,就我可能判断的来说,不像律师也不像法学院学生,而就像陪审团成员。根据我曾主持真实初审的经验,我可以断定这些学生确实融入了分派给他们的角色。

专长化是办法吗?

很长时间以来,对外部复杂性——审判处理的许多事项之复杂——的答案看来都是专长化。如果专长人士独自就可以理解某些引发法律争议的活动,就应当从专长人士中挑选处理这类争点问题的法官,并修改司法程序来顺应这些受规制活动的特性。换言之,用专家来置换多面手(generalist)。这是当年进步运动的美梦,导致了行政管理机构的扩散,其中许多实际上就是专门法院(诸如联邦贸易委员会,以及全国劳动关系委员会),还导致了(尽管少见一些)管辖有限的"真"法院,例如,1920年代的商事法院,1982年建立的美国联邦巡回区上诉法院(U. S. Court of Appeals for the Federal Circuit),以及破产法院(联邦地区法院的一个组成部分)。在各州法院系统,我们则看到青少年法院、家庭关系法院、毒品法院、遗嘱认证法院、特拉华州衡平法院(Delaware Court of Chancery),以及日益增加的其他商事法院。[84]

---

[84] 请看,John F. Coyle, "Business Courts and Interstate Competition," 53 *William & Mary Law Review* 1915 (2012).

第 3 章 复杂性的挑战

在联邦这一级,专门法院或法院式的行政管理机构彻底失败了,一个重要例外是破产法院[85](税务法院是部分例外)。解除管制运动压缩或清理了一定数量的联邦行政管理机构,结果是今天大多数非司法性的联邦审判只是移民法官(难民案件)以及社保法官(残疾社保案件);并且,这些行政法法官都劳累过度,许多人——特别是移民法官——还表现不够格。专利纠纷看起来最好由专门法院来处理,因为它们常涉及很难的科学争点。然而,我已经提到,人们对联邦巡回区的表现深有不满,也看不出它对其他联邦上诉法院的法官应对技术复杂性有多少帮助。

看起来,由于这种美国法律文化,联邦法官的任命体制,以及其他因素,在联邦系统中,专门法院就没"起作用"。[86] 在我看来[87],专门法院就不是对复杂性问题的答案;却会使问题更糟,因为专长者根深蒂固的倾向之一就是用能为初学者理解的术语来谈论和写作。术语是一种内在的复杂性。有专长的法官对其专长领域出现的案件的技术争点也不大可能知识渊博,即便他们可能自认为如此。他们的专长是一套法律,而不是技术知识。我会在本书一直敦促法律应当简单,

---

[85] 请看,Jeffrey J. Rachlinski, Chris Guthrie, and Andrew J. Wistrich, "Inside the Bankruptcy Judge's Mind," 88 *Boston University Law Review* 1227, 1257 (2006)。

[86] 请看,Jed S. Rakoff, "Are Federal Judges Competent? Dilettantes in an Age of Economic Expertise," 17 *Fordham Journal of Corporate and Financial Law* 4 (2012); Chris Guthrie, Jeffrey J. Rachlinski, and Andrew J. Wistrich, "The 'Hidden Judiciary': An Empirical Examination of Executive Branch Justice," 58 *Duke Law Journal* 1477 (2009); Richard A. Posner, *The Federal Courts: Challenge and Reform*, ch. 8 (1996)。

[87] 法官拉科夫(Rakoff)也持这种观点,他在《联邦法官称职吗?》一文中针对专门法院提出了一系列强有力论证;我这里只谈及与复杂性问题联系最直接的一个论点。

无论法律与之过招的争点有多复杂,我也敦促司法意见要简单,别聚焦于解决技术问题——那是行家的活儿,而要聚焦于复杂性的管理——别增加其复杂性。术语、复杂化以及隧道式狭窄视界,对于专门法院的运行,都是严重的危险。[88]

内在复杂性:以《蓝皮书》为例

如果司法案件总数增加,但一般案件的复杂性不增,这就会产生内部复杂性,表现为更为铺陈、分化的制度结构:更多的法官和工作人员,因此是互动更多,更需要协调;更多授权;更多专长化;人员任用的筛选更为缜密。而这一类复杂性已经增长,就因为大约自1960年以来联邦法院系统案件总数的激增。[89]

但内部复杂性还可能因官僚化的压力而增加,最高法院的人员臃肿和《蓝皮书》以及其他引证手册篇幅增长,都例证了这一点。我们可以称这种内在复杂性为肥大症(hypertrophy),或就最高法院来说,称其为"帝国过度扩张",与之类比的是有些帝国因过度扩张而自我弱化了。如今,"肥大症"这个词主要用来指一类疾病,即某器官异常肥大就因构成该器官的细胞无控制增长。但这个词有时也用来指一个结构或活动的增长大大超出其任何明显的功能需求,埃及金字塔就是一个例子。法老是需要一个安葬地,因为他们有珍贵的陪葬物品,他们

---

[88] 至少在美国法律文化中——这是一个重要的限定。专门管辖见于世界大多数地方(包括在欧洲大陆和日本)的讯问式法律体制下也许运作的要比在我们的联邦法院系统中好得多。但我对外国法律制度不很了解,因此无法解说为什么会是这样。

[89] 一个很有用且题目很棒的个案研究,Rory E. Riley, "Simplify, Simplify, Simplify—An Analysis of Two Decades of Judicial Review in the Veterans' Benefits Adjudication System," 113 *West Virginia Law Review* 67 (2010).

第3章 复杂性的挑战

认为自己死后还需要。但这个安全不需要在其葬地上再建一个巨大的石头金字塔。这不是说,法老葬地之所以铺陈,就没有什么其他想法;它也满足了宗教和政治的需要,但这与确保葬地安全不被窃这种功能需求相距遥远。尽管面对的案件数量稳定甚或下降,最高法院大法官们却还是想有更多工作人员;《蓝皮书》的出版商想书卖得更多。最高法院造就了制度复杂性的增长;出版商则造就了一本更复杂的书。

复杂性越是增长,相对于其收益,费用就更高。换言之,复杂的边际回报是衰减的。[90] 贯穿本书始终(尽管本书第十章会最集中),我都会提一些建议,如何应对困扰联邦法院系统的诸多复杂性来源。我前面已未明言地提出了一个办法,应对一种最为多余的复杂性:削减最高法院工作人员数量。而这里我提出另一项:放弃《蓝皮书》以及其他各种引证手册。

> 《蓝皮书》的一些具体毛病……进了美国法律思想的主流。就如同许多司法意见和法律评论论文那样(其引证形式都是《蓝皮书》定的),《蓝皮书》很缜密但毫无目的。规定形式就仅仅为了其形式,而不是其功能;一个大型结构就这样全是无意识地累积建成了;表面功夫支配了实质。掩盖法律论证的太多空洞和倾向性的是令人敬畏的严谨,即严格遵循一套关于引证形式的错综复杂的规则。[91]

---

[90] 这是约瑟夫·坦特的一本书的主题,请看,Joseph A. Tainter, *The Collapse of Complex Societies* (1988). 又请看,J. B. Ruhl and Harold J. Ruhl, "The Arrow of the Law in Modern Administrative States: Using Complexity Theory to Reveal the Diminishing Returns and Increasing Risks the Burgeoning of Law Poses to Society," 30 *UC Davis Law Review* 405 (1997).

[91] Richard A. Posner, "Goodbye to the Bluebook," 53 *University of Chicago Law Review* 1343, 1343-1344 (1986).

一个引证形式体系有两个实在的功能:提供有关某参引资料的足够信息,令读者初步了解其重要性并了解是否值得再查看一下;以及,如果读者想查看,它能查到该参引文献。因此,在设计这样的引证系统时,有四个指导性目标:作者或编辑不必想引证形式,节省空间和读者的时间,为读者提供信息,以及尽量防止注意力分散。这些目标之间有冲突,但不大,而且容易贯彻。但眼下(2010年)这一版(第9版)《蓝皮书》,一本511页的巨著,完全是在帮倒忙。

在法律评论论文、专著、诉讼摘要或司法意见书中,引证最多的是案例、制定法、专著以及法律评论论文,而有关这些引证的形式,来法学院个把月后,每个法学院学生就都熟悉了。还有些深奥的参引资料,主要是行政决定和规定,但这些机构都已标注了它们发布的各种规范文件,令其引注形式显而易见与司法决定和制定法引证形式很类似。然而,如今引证外国和国际资料增加了,要求有指南。

注意,我说的指导原则中不包括"标准化"[92],也不包括与之大致相当的"统一性"。始终如一运用一个引证手册,哪怕很简短,也会获得足够的内在一致性。倡导统一性或标准化的人有一个更大雄心——应统一所有的法律引证:简而言之,只应有一个单一的法律引证系统。《蓝皮书》的副标题——"一个统一的引证系统"——就是在呼唤垄断。但单一法律引证体系并不令人渴望,人们并不渴望所有性质基本同一的文字材料——比方说长篇小说——字体、边距和纸张厚度都统一起来。就同一文件而言,最好统一,如果不统一,读者就会疑惑其中的差别是偶然的呢,还是追求了额外的意义。但在不同文件之间,引证有些许差别则不会惹出麻烦。卷号在先,制定法、判例或论文

---

[92] 请看,Paul Axel-Lute, "Legal Citation Form: Theory and Practice," 75 *Law Library Journal* 148, 149 (1982).

名称随后，页码紧随，这个法律引证常规基本统一完全合理，同样合理的统一是各州的判例汇编和西部公司的地区案例汇编的缩写。但要给这些基本常规之外再强加统一，回报就会急速递减，很好的例证就是《蓝皮书》太沉溺于缩写。最新版的《蓝皮书》中，实在是随机的一个例子就是"C. Ag"。这表示什么？当然，这代表的是巴西的 Código Águas，但为什么？假定如今有人有时会引证 Código Águas。但为什么他想要将之缩写？这个缩写，对某些人来说，只要不是巴西律师，就毫无意义，甚至对巴西律师也会毫无意义——因为，他们也把 Código Águas 缩写为"C. Ag"吗？《蓝皮书》的作者无视了一个有关缩写的基本规则：要避免那些并非显而易见的缩写——别让读者为缩写困惑，而《蓝皮书》常规性地令读者困惑。[93]

　　人们理解法官助理为什么会遵循《蓝皮书》。但法官为什么会要自己的助理遵循《蓝皮书》，甚或仅仅是容忍助理遵循《蓝皮书》，这对我很是个谜。法官都是绵羊？他们为什么要关心《哈佛法律评论》的毛孩子认为合适的缩写呢？我猜原因有两方面（三方面，如果是考虑到绵羊习性）。首先是尊重"权威"。因为尽管《蓝皮书》并不具有制定法或先例意义上的权威，但它是最为人们知晓且最受人尊重的法律引证指南，这就给它披上了权威的外衣。其次是抗辩体制中法官的消极特点，趋于（尽管有时只是装）认为自己是裁判，只适用规则而不应制定规则，这令他们倾向于不加批判地接受已确定的路。抗辩体制下，律师提交案件，强调权威文本，诸如制定法的规定以及司法的先

---

〔93〕例如：Temp. Envtl. L. & Tech. J., ILSA J. Int'l & Comp. L., Emp. Rts. & Emp. Pol'y J., and AIPLA Q.J,. 这些都是杂志的名称。现在试试猜一下下面这些：B.T.A.M. (P-H), A. Ct. Crim. App., A. F. Ct. Crim. App., C. G. Ct. Crim. App., N-M Ct. Crim. App., Ne. Reg'l Parole Comm'n, and Cent. Ill. Pub. Serv. Co.

例,而法官坐堂,听律师解说这些权威的常常古旧的文本。法官助理起草司法意见,严格按照《蓝皮书》;法官几乎注意不到引证形式(那是看不见的)。请问,有多少法官注意到《蓝皮书》中有这样的命令:"在法律评论的脚注中,也许可以使用案件缩写,如果该缩写清楚地确定了某个案件(1)在这同一脚注中已经引证,或(2)在前五个脚注之一中已经引证(无论是完整还是缩写形式,包括'同上注')。否则,就必须完整引证".[94] 这读起来很像恶搞(parody),但这不是作者的意图。《蓝皮书》中这种"规则"有 150 多页。

我并不空口说白话——在比喻的意义上。我就不用《蓝皮书》或任何其他引证形式手册,无论在我的司法意见中,还是在我的学术写作中。一些学术杂志有时会强加我一些引证形式。但是《联邦司法汇编》(*Federal Reporter*)不强加我;我的大多数出版书商也不。我的司法和学术写作都受到了它们应得的那份批评,但据我所知,没有因其引证形式而受过批评。读者对引证形式不感兴趣。除非这形式太怪了,就不会有人看见这形式。

一般认为,《蓝皮书》是亨利·弗兰德利(他至今保持着哈佛法学院最杰出毕业生的纪录)1926 年创造的,当时他是《哈佛法律评论》的成员之一。[95] 当时的篇幅是 26 页。多年之后,有人问到他如何看他当年创新之后裔——即篇幅依次增大的各个版本,据说,他的回答是,法律评论应像古希腊人处理不想要的婴儿那样来处理这些版本。

我当法学院学生时,《蓝皮书》是第 10 版(1958 年出版),篇幅已

---

[94] *The Bluebook: A Uniform System of Citation* (19th ed. 2010), at 107(原有的着重号)。

[95] 其实,《蓝皮书》到底是弗兰德利还是当时另一位学生厄文·格里斯沃德(Erwin Griswold)的心血,并不确定;后者曾长期担任哈佛法学院院长,之后又担任了美国总检察长。

增加到127页。[96] 在第10版和第19版这52年间,它增长了将近4倍。从第1版开始,它增长了近2 000%,转换成年均增长率几乎是9.5%。

篇幅随着时间而有所增长也是预期中的,因为法律体制扩展了,对外国法的兴趣大了,以及新型出版物如万维网的出现。但不会是我们目睹的这种增长。这让我想到用癌来类比《蓝皮书》的增长,但可类比的还有两种器官中癌细胞倍增的区别,起初只在某器官中出现,最后则转移到其他器官。《蓝皮书》的增长已激发一些法律评论创造了增补和风格指南,某些法律评论则要求,与《蓝皮书》或法律评论的增补有冲突的除外,要符合《芝加哥编辑手册》(*Chicago Manual of Style*)。《芝加哥编辑手册》眼下这一版(第16版)已经1 000多页了。《蓝皮书》还激励了其他一些我们不需要的东西,以法律引证形式排列的广泛学术文献。[97] 甚至有了这样一本书,篇幅180页,名为《理解和掌握〈蓝皮书〉》。[98] 这已不止是恶搞了。

本章前面我就提到过这些增补,诸如《哈佛法律评论》的《黑皮书》,它把《蓝皮书》的"普通法"释义(elaborations)都法典化了。结果是,尽管篇幅很大,或也正因为其篇幅大,《蓝皮书》并没回答纠缠法律评论编辑的所有问题。因此出现了特别回复,就如同对含混或不完整

---

[96] 关于《蓝皮书》直到1990年代早期的演化,请看,James W. Paulsen, "An Uninformed System of Citation," 105 *Harvard Law Review* 1780, 1782-1785 (1992).

[97] 请看,聂纳切尔的一篇文章脚注中的参考文献,Ian Gallacher, "Cite Unseen: How Neutral Citation and America's Law Schools Can Cure Our Strange Devotion to Bibliographical Orthodoxy and the Constriction of Open and Equal Access to the Law," 70 *Albany Law Review* 491 (2007).

[98] Linda J. Barris, *Understanding and Mastering The Bluebook: A Guide for Students and Practitioners* (2d ed. 2010).

制定法的司法增补,由于担心前后不一致,就编辑成引证形式的增补书籍。所有这些都荒唐得令人无法理解,分散了法官助理的注意力;但对于大多数法官来说,这是看不见的。

并不是只有我批评《蓝皮书》;许多蓝皮书的评论都是批评[99]但从头到尾彻底批评的不多。大多数批评者都接受其基本前提,只在枝节问题上小题大做,也不担心"查阅蓝皮"花费的时间,而这些时间花在其他方面会更好。[100] 浪费了许多时间,而一些并非法律评论成员的学生把他们(课外作业之外)的自由时间富有成效地用于解决穷人的法律问题。也有一些替代的法律引证体系,有些篇幅要小多了[101],但获得最多关注的《蓝皮书》的对手,甚至比《蓝皮书》的篇幅更长,其眼下这一版有661页。[102] 我希望我的助理花时间做法律研究和分析,批评我的司法意见书,而不是同引证形式纠缠不休。

但为什么《蓝皮书》如此成功?其赞助者(最初是《哈佛法律评论》,但如今还有耶鲁、哥伦比亚以及宾大的法律评论)的声望,及其篇幅(法律人对简略都心存疑惑),是部分答案;它是出版的第一部法律引证手册(或至少是获得广泛关注的第一部),这是另一部分答案。渴望引证风格的统一,尽管这一渴望总体上错位了,也稍稍给了《蓝皮书》一点"先发"优势,可以同第一家电话公司或第一条铁路的先发优势相比,尽管更弱一些。一家电话公司客户越多,其服务就越有价值,

---

[99] 除了戛纳切尔的论文"Cite Unseen"外,请看,例如,James D. Gordon III, "Oh No! A New Bluebook!" 90 *Michigan Law Review* 1698 (1992).

[100] 戛纳切尔是个例外,也还有其他一些例外。

[101] 一个很好的例子是,Ronald B. Standler, "Legal Research and Citation Style in USA," 2004, www.rbs0.com/lawcite.htm (visited Sept. 10, 2010),它结合了对《蓝皮书》的批评和替代性建议。

[102] Association of Legal Writing Directors and Darby Dickerson, *ALWD Citation Manual: A Professional System of Citation* (4th ed. 2010).

因此第一家公司在争取新客户上就有优势。而一旦修建了一条轨距特定的铁路,随后的铁路,想要同第一条铁路相互连接,可能就得采用相同的轨距。使用《蓝皮书》引证形式的法律评论越多,激励新法律评论使用这些形式的动力也更大,其读者也更少需要适应一种不同的引证形式(我说了,读者对引证形式无所谓,并且不管怎样,也早已习惯了不同出版物的引证差别),更不必思考自己的引证形式与遵循《蓝皮书》的精英法学评论不一致会不会招致不满。统一性的优势很小,我前面就说过,否则的话,所有法律出版商就会都遵循《蓝皮书》了,事实是许多都没采用。我们法院就没有某种引证形式手册,司法意见的出版商也不强求我们的司法意见有某种引证风格。这意味着,西方公司出版我们法院案例汇编没有统一的引证风格——都没人注意到这点,就更别说有人反对了。

一个疑问是为什么《蓝皮书》的篇幅会一直增长?不时更新是有些理由的,例如,出现了新型的法律参考材料,诸如在线出版物,或早先时候,出版了《联邦纪事》(Federal Register)。但1926年以来新型材料出现的数量解说不了《蓝皮书》近2 000%的篇幅增长。这一增长部分可归结为该书作者决定要为这个世界的每个法律评论、法院案例汇编、制定法汇编等都规定一个缩写,因此,随着这些材料的扩展,这个缩写清单就增长了。第19版仅在第18版5年后出版,篇幅就长出23%;而其中为美国以及更多外国法域的法律渊源编目的"表格"部分,篇幅就多出了38%,主要就因额外的外国材料(例如,伊拉克的法律渊源),全都精细列出了清单,并(毫无用处地)有了缩写。这些法律渊源清单作为指南有价值,但那是一本参考书的功能,而不是一本手册的。

《蓝皮书》的篇幅增长还可能部分出于另一种渴望,最初主要是财政上的[103]，即在更短期间发行新版。一旦因《蓝皮书》享有先发优势而决定继续用《蓝皮书》，法律评论的编辑很大程度上就被迫购买此后的各版本。如果每一版都对现有引证形式有重大修改，他们就不大愿意这么做，就会削弱《蓝皮书》相对于其他竞争的引证书籍的统一优势。因此，增补——清理新法律渊源并为之创造缩写——就成为人们更为偏爱的一版又一版的修订方式，并使其篇幅一版又一版加长。

要说起来，这并不必然很经济。两版之间的间隔越长，《蓝皮书》的定价就可以更高，因为买家会知道，自己买的这一版不会很快过时。灯泡更换的间隔长会增加其耐用期，并因此增加了其价值。但对于法律搜索来说，更新升级太关键了，乃至对于《蓝皮书》来说，这种预先安排何日过时的商业模式很有效。

《蓝皮书》篇幅和复杂性的增长也许还反映了每个职业都有的那种反射性欲望，都想让外行都信服自己的方法无比严谨。"职业"作为一种服务提供商，其实质就是运用一些深奥的但其客户必须相信的方法。但与现代医学职业用来诊治疾病的真正职业方法不同，律师与法官的核心方法就是"法律推理"，但这在科学上不严谨；事实上，说破天，令人不安地，它也只接近精读，接近修辞，以及接近常识。对法律"科学"之局限的不清醒感知驱动着法律人，在一些不可能严谨的地带追求着严谨，诸如引证形式，并给了这个行当一份它并不需要的分散

---

[103] 如果没有销售《蓝皮书》的收入，我不知道《哈佛法律评论》编辑们的那些好处（perks）是否还有可能：诸如每月一次在当地餐厅的开放式酒吧派对，每周两次由豆荚公司（Peapod）快递盖内堂（[Gannett House]，编辑部所在地）的食品和小吃，每天快递的新鲜百吉饼（bagel），配有任天堂 Wii 的电视间，每年在新英格兰水族馆的"秋球"（fall ball），以及每年在哈佛俱乐部举办的春季宴会。我在的时候——如果还允许我落伍一刻的话——唯一的优待就是，法律评论总编选举之夜举行的宴会，以及编辑部人员周五下午的鸡尾酒会。而《哈佛法律评论》的全部人员，如今是 88 人，当年是 56 人。

人们注意力的配方。

　　《蓝皮书》就一混混,但它有耐力,事实上还蓬勃发展了,对所有的批评和嘲笑它都置若罔闻。法院系统在现代性的大海上航行,慢慢地,航向就偏了,因为船体上有法律形式主义(从语义上逃避现实、贫乏的语境感、畏惧数学和科学、对语言和文化不敏锐、混淆历史、脚注多余、冗长、引文太多、文字不亲切、夸张、唬人、沉溺于引证形式)这类难以摆脱的附着物,多少世纪累积下来,不断扩增。几乎没人想把船体好好清理一下。人们担心船体清理后会不太好看,甚至不适航。这个担心太夸张了。烧了所有的《蓝皮书》,一个星期后,也不会有人发现它怎么没了。

第 4 章

上诉审决策的形式主义和现实主义

现在我开始对联邦法院系统上诉审和初审的决策过程展开系列分析，首先是上诉审层级。目的是解说这一过程，并提出改善建议，回应先前各章表达的那些关切，以及其他关切。在这一章以及之后一些章节中，许多讨论都围绕着形式主义与现实主义（我已在引论中解说了这些语词）之间的紧张关系。其中有关复杂性挑战的寓意很明显，就是如果法官还打算面对这一挑战，他们就需要回归现实主义。

就某些方面来看，我不是个典型的法官，特别是我撰写司法意见书的方式，不仅在于我亲自撰写司法意见，而不是编辑修改助理起草的司法意见，而且在于，在一定程度上，我的法律推理的风格和格式。某些杰出法官也许会认为我有关司法意见撰写的建议（请看本书第8章）没多少帮助。我更自信的是，我的上诉审决策——就案件的结果投票，有别于司法意见的宣读和为结果辩护——方式很正统，以及我对上诉审律师的建议（也见于第8章）很实在。我自信的基础是我曾长期同其他法官组成合议庭。我们通常对这些案件的反应，并毫无例外地与对代理案件的律师们的反应方式相同，即便我们的背景、经验、脾气和观点不同。

法官通常对他们如何决定案件不坦诚。他们喜欢说，自己仅仅是对事实适用法律，而这些法律是交给他们的而不是他们创造的。他们这么说是要避开来自败诉方以及其他对结果不快的人的批评和敌视，并以此向政府其他部门再次保证，自己没同这些部门竞争——自己没立法并因此没有侵蚀立法者的专有权，没有篡夺行政部门的权力。法官们希望不被视为穿着法袍的政客,希望被视为技术人员、专家,尽管有些法官会承认,有时为情境所迫,曾通过司法而造了法。

与最高法院不同,有法定管辖的法官(他们不能挑选自己愿意听审的案件),比方说联邦上诉法院法官,大多数时间的决策实在是客观的,与意识形态无关。这也许看起来反直觉。有人会认为,只有当上诉结果不确定时,初审中败诉的一方才会上诉。而提出上诉的案件趋于是常规司法决策工具无法解决的,属于我所说的"开放地带"的案件。但事实上许多可以并且也就是以常规法律分析解决的案件也还是上诉了。上诉的理由各种各样:许多原告没有律师;许多原告在自己案件中感情投入太多,就不管上诉前景了;许多案件的代理律师不够称职(有时干脆就是不称职),或是事太多,因此对他的各个案子投入的时间不够,或是太认同自己的客户而丧失了律师的视角,或是对此案涉及的法律领域经验不足。许多诉讼人上诉即便获益很少却也没啥损失。许多人上诉的赢机很小,但除了上诉费用外失去的也很少,而一旦赢了则获益巨大,乃至于总体看来,上诉的预期收益还是为正。许多诉讼人即便知道上诉成功无望,却有战略上的理由提出上诉。并且也常有这种情况,即某方初审败诉是因繁忙的法官犯了一个明显的错误;但由于上诉审辩护通常费用不太高,初审赢家在上诉中更可能坚持自己主张而不是放弃;还有些理由则是,希望永在(大多数一审判决都会得到维持),以及如果初审的胜方律师拒绝在上诉法院为初审判决辩护,初审法官会很愤怒。最后,因为司法判决书常常含混或让人看不透,法官也许很清楚决定此案上诉结果的法律是什么,但诉讼人甚或其律师都不清楚。事实上,律师很难知道上诉法官心里都想些什么,第8章讨论上诉辩护时我会分析这个问题。

由于进入联邦上诉法院的大多数上诉都可以对该案事实直接适

第4章 上诉审决策的形式主义和现实主义

用已知且确定的法律,并令人满意地决定,也由于大多数初审法官和居间的上诉法官都当真认为自己的角色就是温和的法律适用者(但也还因为对事实适用已知法律比制造新法律,前一种处置案件的方式,花费的时间和努力都更少),联邦上诉法院法官决定上诉案的方式,大多很形式主义。但这也并非总是可行。相关理由包括了,美国政府体系没有纪律严格的立法过程,结果是,立法常常模棱两可,还没法化解;修改美国宪法很难,这就迫使联邦法院宽松地解释宪法(实在地说,也就是制造宪法性法律);以及明确由法官造法的范围也很广(普通法——既有各州的普通法,由于不同州公民间的诉讼,联邦法官不得不频繁地对此发表司法意见;也有联邦普通法,即由联邦法官造出来的法)。法官不可能只是法律适用者的其他理由还有,层级化的法律体制(各州制定法、各州普通法、各州宪法性法律、联邦制定法、联邦普通法以及联邦宪法)以及人类的预见和语言的有限性引出的法律上的复杂和混乱。更有甚者,我们美国的侧进制(lateral entry)法官,也比职业制(career)法官,更适合扮演立法者角色——除了扮演英美法国家外大多数法律体制理解的那种常规法官角色外。侧进制法官是,先有了长期的法律职场经验,然后才能成为法官,而职业制法官是,刚出法学院,就进了法院一步步上升的等级阶梯,并学会了(与任何官僚体制一样)通过遵循规则而不是稍稍扭曲规则或创造替代性规则来获得上峰欢心;前一种法官要比后一种更少可能顶礼膜拜那些合理性存疑的规则。

在一些案件中,法官扮演了一个立法者角色,由此产生的司法决定重塑了法律。这些判例不仅是最重要和最有意思的案件,而且也是最具挑战性的。这些法官他们(我们)是如何决定这些案件的呢?什么是最主导的司法决策进路?什么是最好的进路?

没有统一的进路。但这里有一个系列(spectrum),系列的一端是极端形式主义,另一端则是极端现实主义,而美国法官都可以定位于这一系列的某个位置。大多数联邦上诉法院法官都挤在这个系列的中间部分,有的偏点形式主义,而另外一些偏点现实主义,但没有人,或几乎没有,全都形式主义或全都现实主义。事实上,现实主义也包括了形式主义,那是一种很特别的现实主义——因为对于许多案件来说,最现实主义的进路就是形式主义的。

形式主义的法官

我首先讨论上诉法院的坚定的形式主义法官。他(当然了——或她,我这里用"他"不应理解为强调性别),和大多数美国法官一样,是从相关法律职场进入法官职业的。先有一段职场经历,无论是在律所还是在检察官办公室,或更少见些,当了一阵法律教授,到了中年早期,他成为上诉法院法官。他也可能担任过几年联邦地区法官,但在此之前他也会有一段非法官的工作经历。无论是作为律所还是政府法律办的从业者,他一直待在一个科层环境中,在那里,诉讼摘要以及其他法律文件起草都交给办公室内的年轻人干,通常都是第一年的合伙人(associate)。律所更为资深的律师会细心编辑第一稿,但等到某律所成员准备接受司法任命时,这已距离他初次撰写初稿甚或初次细致编辑初稿——由比他资历低的律师完成主要编辑——已有多年。他现在是执行官,一位监督者,一位招徕客户者,而不是一位撰稿者或编辑者。

多年从业已经令他习惯了法律实务的常规规范,这些规范许多世纪(事实上,上千年)来几乎没什么改变。他习惯了视法律为给定的,律师的工作就是对某案具体事实适用法律。对于神秘、没法走近以及——特别是,如果是联邦法官并因此任职终身——几乎无法讨好也

第4章 上诉审决策的形式主义和现实主义

无法威胁的法官们,要尊崇他们,要假定他们从事的法律适用工作很技术性,几乎就像算术一样。当然,人们也知道有些法官很懒、成见很重,或是"结果导向",但诉讼摘要撰写和法庭辩论都假定法官很称职且中立,至少不能让法官感到自己不受尊重。(请注意这里的紧张:一方面假定法官都是真正无私的法律适用者,另一方面又担心法官会报复不尊重法官的律师。)还假定法官对法律术语是如鱼得水——其实是离不开法律术语,对上诉到他这里的案件所涉及的法律教义了如指掌,对案件事实以及引发此案的商业或其他交易或活动胸有成竹,对诉讼摘要和辩论的风格和语调也预期确定,是个对格式、语法、拼写、篇幅和引证形式一丝不苟的人,他们也都还希望获得律师的最大尊崇(法庭辩论全过程,律师一直站着;而独任法官或合议庭法官都坐着)。如果某法官辩论中刚提出某个问题,律师还没回答,台上红灯就闪了,表示该律师的论辩时间配额已经用完,那么该律师就得先问问法官,自己的时间已经用完,是否还可以回答问题。[1] 伟大的勒尼德·汉德(然而,他不是一位形式主义者)一个著名举动是,口头辩论期间,他把约翰·马歇尔·哈伦*([John Marshall Harlan]当时他还是从业律师)提交的诉讼摘要砸向哈伦,就因为该摘要超出了第二巡回区法院规定的篇幅。当对庭前论辩的某位律师不爽时,汉德还喜欢将座椅旋转180度,给律师留一个后背——就像猴子那么无礼。

110

对法官工作的理解是,就如同我说过的,对事实适用法律,而这法律当是见于权威文本的——制定法与法令,以及司法意见书。还

---

[1] 当辩论中律师问我这个问题时,我过去是没好气地告诉他们,如果不想得到回答,我就不会提这个问题。但没法改变他们的习性(太难改变律师的习性了),我放弃了,如今对他们这样的提问我只是说,"是的"或"请讲"。

* 这里说的是后来成为美国最高法院大法官(1955—1971)的哈伦二世(1899—1971)。——译者注

假定法官会探求"正确的答案",而这也顺带假定了,正确答案是可能探求到的。律师的工作就是说服法官:如果解释适当,在此案出现的任何法律问题上,从权威材料得出的结论都会支持自己的当事人。

老谋深算的律师看得更深——他们知道,在许多案件中,并且通常是在那些最重要的案件中,问题不是那么简单。但在诉讼摘要或口头辩论中,他们不愿暴露自己是知道这点的。人们认为有效的辩护要求律师保持说话的礼仪,一种辩论的礼节感,以接受所谓的司法中立和客观为基础。但辩论的规矩是由法官定的,因此辩论的系统性缺陷也大多可归咎于法官。

从一种法律实务的环境到受任联邦上诉法院,这样一位法官有可能认为,职场改变带来的主要变化就是,如今自己的工作是,依据法律分析的常规来确定,在法律适用上,哪方律师的工作更有说服力。昨天是从业律师,今天就成了法官了。由于之间没有转换,很自然,这会令这位新任法官延续他法律人的分析习惯。各方律师就相关权威文本(制定法、先例等)各自提出竞争的解释,法官则于其中作出选择。法官的角色就是一个比赛裁判(umpire)。他已经升了,从竞赛者升为裁判了。就如同约翰·罗伯茨(John Roberts)在其最高法院任职听证中的著名(或臭名昭著的)说法,法官的角色,即便是最高法院大法官的角色,就是判断是好球或坏球,而不是亲自去掷球和击球。[2] 法官就是,把各方提出的事实和论辩合在一起,同法官决策的权威材料,例

---

[2] Confirmation Hearing on the Nomination of John G. Roberts, Jr. to Be Chief Justice of the United States: Hearing before the Senate Committee on the Judiciary, 109th Cong., Senate Hearing 158, p. 56 (2005). 如果任职的确认听证严格审查候选人是否合适,而不是一个低级的政治舞台,那么罗伯茨的这一陈述就是不够格的。

第4章 上诉审决策的形式主义和现实主义

如,宪法或立法文本以及作为先例的先前判决,一一比对。

该法官也许发现,在某具体案件上,可适用的制定法语言含混得要命,立法者的意图也高深莫测,诸多先例各自不同甚或相互冲突,事实也不确定。他会努力解决这些看起来不确定的案件,不是作出某个立法性判断,而是诉诸更高层级的一些规则(都是些用来解决有关规则的范围或其含义的规则,我会在本书最后一章简单讨论其中的一些规则),诸如尊崇负责执行该制定法的行政机关对该制定法的解释,或对放弃主权豁免应作狭义解释,或服从初审法官的证据判定和陪审团的事实认定,诸如此类。该法官因此最大可能地压缩了不得不根据他理解的此案合理解决办法来决定此案的机会,但无论是参考权威文本,还是把主要的决策权威分派给另一裁判机构,他的理解都得不出一个"正确答案"。形式主义法官厌恶以社会科学的理论或经验发现为根据来作决定;那会"过界了",让他吃惊。而且,他也不擅长使用这类材料,因为在他的法律实务经历中本来也就很少用到这类材料。

把法官看成竞赛的裁判,这种理解催生了我在前几章提到的法官的消极被动。法官的职责就是看和听,就是在选手间做选择。律师制作有关事实的记录,展开法律辩论。立法者、宪法起草者、行政机关以及上级法官和先前法官则制定规则。而这位法官只是,针对他人之间的一场比赛中出现的事实,适用他人制定的规则。

对于一位形式主义法官来说,一份"很博学""很学术"的司法意见就是概括下层级法院的决定和上诉各方的论点,细细复述法律将针对适用的那些事实,指明并阐明可适用的更高层级的规则(诸如上诉复审的标准),大量参引和引述一些权威文本来阐述这些以及其他教义材料,把从这些材料中抽象出来的诸多规则适用于各方提出的每个并非琐细无聊的论点,以大量脚注来作出限定并讨论一些枝节问题

（因此全力追求意见的完整性），其司法意见中宣布的决定一定要正确到无人质疑，要展示专门的法律术语（"眼前之案""类同"[eiusdem generis]、"初见的案件""总体的情况""下层级法院""承启"[nexus]）即便日常英语中很容易找到同义词（"此案""同类""新案""有关考量""地区法院"或"下级法院""联系"），严格遵循形式实用手册规定的引证格式，以及全文始终保持一种枯燥、正式、庄重、严肃、端着和"官方"的风格，避开缩写和口语（并且，一定别流露出机智——也别有地图或图片！）。

而如果他遇到了某个论点，没法通过参引权威文本或既定的第二等规则来满意地解决，不可避免地要求他作出政策判断时，他就会诉诸摇椅上的经验主义而不是社会科学的分析，就像哈林顿诉里希特案（*Harrington v. Richter*）那样[3]，此案堵死了各州囚犯寻求联邦人身保护令救济的路。此案上诉提出的问题之一是，州法院拒绝发出人身保护令救济，是否应当说说拒绝的理由，换言之，是否要写个司法意见。连个意见（这不必很长、很正式或发表）都不给，该囚犯在州法院败诉后转而向联邦法院求助，而联邦法院完全不知道该州法院对最高法院的先例适用是否合乎情理，而如果不合情理，联邦人身保护令就会令该囚犯有权获得一个全新的初审，或是直接释放。[4] 有观点认为，这种做法会促使州法院维持刑事有罪认定时不撰写司法意见，令囚犯更难获得联邦的人身保护令；针对这个观点，最高法院回应说：

> 影响州法院司法意见撰写的因素不只是想在联邦法院中避开对附诉（collateral attack）的严格审查。请看，有关若斌斯案（In re

---

[3] 131 S. Ct. 770 (2011).

[4] 28 U.S.C. § 2254(d)(1).

第4章 上诉审决策的形式主义和现实主义

Robbins,...)959 P. 2d 311, 316, n. 1（[Cal.] 1998）（限制人身保护令的州法律程序是"保护我们的上诉和人身保护令程序完整的一种手段",而不是"阻隔联邦法院复审我们的判决"的装置之一[省略了着重号]）。与此同时,要求说明理由可能会削弱州的一些旨在维护判例法之完整传统的做法。在许多附诉案件中的简易判决（summary disposition）可以令州法院系统集中资源处理那些最需要撰写司法意见的案件。[5]

这里引用的加州最高法院的陈述就完全是给自己脸上贴金,对人性很不现实（特别是对选举产生的各州法官的人性[6],这些法官就怕别人认为他们"手软"）,并且没有材料支撑。如果像最高法院那样,相信这个陈述,这表明其感知事实的能力太差劲了。决定琐细的案件,或其提交的理由早被拒绝的案件,通常可以不说理由。但里希特案不是这样的案件;"判例法之完整传统"要求对非琐细案件发布司法意见,因为判例法就是由司法意见中陈述或推导出来的规则和标准构成的;并且也没有什么材料显示,如果要求对非琐细案件撰写司法意见,加州的各法院就忙不过来了。

---

〔5〕 131 S. Ct. at 784.

〔6〕 有大量证据表明,选举产生的法官非常不利于刑事被告,特别是在临近选举时。请看,例如,Carlos Berdejó and Noam Yuchtman, "Crime, Punishment, and Politics: An Analysis of Political Cycles in Criminal Sentencing"（forthcoming in *Review of Economics and Statistics*）; Herbert M. Kritzer, "Law Is the Mere Continuation of Politics by Different Means: American Judicial Selection in the Twenty-first Century," 56 *DePaul Law Review* 423, 461-465（2007）; Paul R. Brace and Melinda Gann Hall, "The Interplay of Preferences, Case Facts, Context, and Rules in the Politics of Judicial Choice," 59 *Journal of Politics* 1206, 1221, 1223（1997）; Stephen B. Bright and Patrick J. Keenan, "Judges and the Pol-itics of Death: Deciding between the Bill of Rights and the Next Election in Capital Cases," 75 *Boston University Law Review* 759, 792-796（1995）.

里希特案引述了一个早先的命题,即"联邦通过人身保护令来复审州的定罪认定,这种做法会侵犯各州惩罚违法者的主权,并挫伤各州行使宪法权利的真诚努力"。[7] 但该州并不拥有以违反美国宪法的程序来惩罚违法者的"主权"。更令人不解的是这样一种说法:联邦人身保护令会"挫伤"各州"行使宪法权利的真诚努力"。如果某初审法院拒绝了某个违宪指控,上诉法院驳回了,这怎么就挫伤了该初审法院行使宪法权利的努力?至少在上诉法院看来,这个努力就不是很够。而在这个问题上,真诚重要吗?一些法官,即便没人质疑他们的真诚,也常被驳回,仅仅因为他们出了错,或仅仅因为一个更高层级的法院对此案所持观点与他的观点不同。将联邦人身保护令扩展到被定罪者(就对人生保护令的历史理解而言,这一扩展没有根据)的实践理由是,各州刑事被告享有的联邦宪法权利,大部分,都不是美国宪法创制者创造的,而是最高法院创制的。《权利法案》的大部分,只有通过最高法院牵强解释宪法第十四修正案的正当程序条款,才能对各州"适用"。(牵强是因为在《权利法案》中,"正当程序"只是十条宪法修正案的一个款项)。在创造相当于联邦刑事程序法典的细则——对各州刑事起诉也适用——的过程中,各州法官毫无位置,因此很自然,他们——特别是选举产生的州法官——对罪犯权利所持的观点要比最高法院更为狭窄。[8]

这位形式主义法官追求的是,在别人看来,自己没坐在法官席立法,通过里希特案运用的那种闪烁其词,他的这一目标实现了,或至少

---

[7] 131 S. Ct. at 787, 787, 引证了 *Calderon v. Thompson*, 523 U. S. 538, 555-556 (1998).

[8] 请看, Berdejó and Yuchtman, "Crime, Punishment, and Politics"; Kritzer, "Politics by Different Means"; Brace and Hall, "The Interplay of Preferences"; Bright and Keenan, "Judges and the Politics of Death".

第 4 章 上诉审决策的形式主义和现实主义

是推进了,就像法院系统所有层级的决定那样。这位形式主义法官也许心底知道,形式主义的方法在有些案件中行不通,司法决定用到的无论是正统材料还是更高层级的规则,都无法填补从这些材料到那个"正确"结果之间的空白。但他还是会以某种方式决定此案,因为作决定是一个法官无法逃避的义务。当法官决策的正统材料都用光了,法官的生活经历,诸如种族、性别、气质、意识形态(常常受到个人身份特点、宗教以及政党忠诚的影响)这类个人身份特点,无论是否有意识形态色彩的合理公共政策理念,可管理性和工作量这类考量,道德信念,法官同事的压力,公共舆论,家庭背景,阅读,情感和厌恶感,甚至冷漠,就会来填补这个空白。对里希特案结果,更能成立的解说不是该司法意见中给出的那些理由,而是保守派法官敌视对刑事定罪的附诉(即,在上诉审维持定罪或定罪已结束后,再攻击该定罪),以及在联邦法院对州的刑事定罪提起附诉冒犯了州的主权(权力)。

然而,参考社会政策、经济效率或福利,考虑司法的俭省和可管理,如今的大多数法官和大法官都认为合法。即便形式主义法官也承认将政策考量同一些案件勾连是合法的,因为在这些案件中,结果并不是某种近乎逻辑的力量的必定要求,而不可避免地是法官的选择。在本书第 7 章,我们就会看到,即便是斯卡利亚大法官,这位最主要的制定法和宪法解释形式主义者,在着重强调以词典定义、"客观"纯语义分析方法作为解释之基础的努力中,也摔了大跤。这位现代形式主义者承认了一些低层级的实践关切,例如,为纠正一个细微差错是否值得再延长一个已经拖延的程序,或规制警察行为的规则是否,比方说,太复杂了乃至于警方没法贯彻。当形式主义的算法不管用时,即便形式主义的法官也需要并承认要有个什么来一局定胜负(tiebreaker)。

116　　　因此,最好把现代形式主义视为一种倾向而不是一个教条。这是一种不断绕开荒谬的倾向。想想法官对下面这个合理规则的阐述,该规则是"因债务人故意和恶意伤害另一实体或其财产"而发生的债不因破产而解除。[9] 因此,一个为法院判定要向受害人支付赔偿的骗子不能用宣告破产来逃脱自己的法律责任。但这是一种极端情况;在决定不那么极端的案件时,法院就必须规定"故意和恶意"这一术语的含义。无疑,这应当包括犯罪活动和故意侵权,但不包括简单过失侵权;至于是否应包括行为鲁莽(reckless)的侵权,则不确定。我想不出还能说些什么进一步充实"故意和恶意"这个术语。

　　但有些法官不懂有些事只能适可而止。他们一定要阐述这个制定法术语,同上一章讨论的"严重身体伤害"和"最近因"这些例子一样。第二巡回区,例如,就把"故意和恶意"中的"恶意"界定为"不公且没有正当理由或辩解,甚至没有个人仇恨、怨恨或恶感"。[10] 第五巡回区则把"故意和恶意伤害"等同于"或者是该伤害发生有某种客观的重大确定性,或是有造成伤害的主观动机"。[11] 第六巡回区把"故意"定义为"有意的(deliberate)或有目的的(intentional),"而"恶意"指"清醒地,或没有正当理由或辩解地,不顾自己的义务;这不需要恶感或具体的伤害意图"。[12] 但最高法院在卡瓦奥哈诉盖格尔案(*Kawaauhau v. Geiger*)[13],解决了我提到的这个疑虑,它认定"鲁莽"

---

〔9〕 11 U.S.C. § 523(a)(6).

〔10〕 *Ball v. A. O. Smith Corp.*, 451 F.3d 66, 69 (2d Cir. 2006),引证了 *Navistar Financial Corp. v. Stelluti*, 94 F.3d 84, 87 (2d Cir. 1996).

〔11〕 *Williams v. International Brotherhood of Electrical Workers, Local 520*, 337 F.3d 504, 509 (5th Cir. 2003),引证了 *Miller v. J. D. Abrams*, Inc., 156 F.3d 598, 603 (5th Cir. 1998).

〔12〕 *Wheeler v. Laudani*, 783 F.2d 610, 615 (6th Cir. 1986).

〔13〕 523 U.S. 57 (1998).

第4章 上诉审决策的形式主义和现实主义

在《破产法典》中的含义不是"故意和恶意";这之后,第六巡回区,也没撤销其早先的界定,就说,这债务人"必须想或渴望伤害,或是相信,由于债务人的行为,这个伤害会相当确定地发生"。[14] 第十一巡回区继续用一种几乎与第六巡回区先前司法意见中的表达完全一致的表述:"恶意意味着故意且没有正当理由或是过分,即便不存在个人仇恨、怨恨或恶感。要证明恶意,并不必须显示有伤害他人的具体意图。"[15] 第七巡回区以前赞同性地引述了第六巡回区起初的表述[16],但在最高法院决定卡瓦奥哈案后,一直到2012年,才在我下面讨论的这个决定[17]中重新捡起了这个争点稳妥。

第八巡回区认为,只有当一个行为"肯定或几乎肯定……造成伤害"时,该行为才是"恶意的"。[18] 第九巡回区则认为,要证明恶意,必须显示"或者是该债务人主观上有伤害的动机或该债务人相信其行为会相当确定地导致伤害发生",而"'恶意'伤害涉及'(1)一种不公的行为,(2)是有意的行为,(3)该行为必然造成伤害,以及(4)如此行为没有正当理由或辩解'"[19],第十巡回区混合了"故意"和"恶意",说"故意"的意思是"债务人必须'渴望……自己的行为[造成]一

---

[14]　*Markowitz v. Campbell*, 190 F.3d 455, 465 n. 10 (6th Cir. 1999).

[15]　Maxfield v. Jennings, 670 F.3d 1329, 1334 (11th Cir. 2012)(无署名法庭意见)(省略其内在的引述和引证)。

[16]　请看,*In re Thirtyacre*, 36 F.3d 697, 700 (7th Cir. 1994).

[17]　请看,*Jendusa-Nicolai v. Larsen*, 677 F.3d 320 (7th Cir. 2012).

[18]　*Fischer v. Scarborough*, 171 F.3d 638, 643 (8th Cir. 1999), 引证了 *Johnson v. Miera*, 926 F.2d 741, 743-44 (8th Cir. 1991).

[19]　*Petralia v. Jercich*, 238 F.3d 1202, 1208-09 (9th Cir. 2001)(emphasis in original).

些后果或……相信由于自己的行为,这后果是相当肯定的'"[20],而"恶意"要求"证明'债务人或是意图引发伤害,或是有意采取的行动相当确定地会造成该伤害'"。[21]

请注意这些啰嗦和繁琐的用语:"有意的和有意图的""客观的……确定性"[22]"主观的动机""想或是渴望""不公行为……行为没有正当理由或辩解"。又请注意诸如"造成伤害的特定意图"这种含混的短语——何以有别于"有意造成伤害"？而卡瓦奥哈案决定要求的是后者。而"必然造成伤害"又是什么意思(肯定造成伤害？但为什么提这样的要求？)？真的打算用"伤害的客观重大确定性"来置换有意伤害,或是前者的要点在于如果伤害肯定发生,我们就不相信该伤害是意外造成的？

注意,第八巡回区界定"恶意"为"肯定或几乎肯定……造成伤害",这把一种心智状态(恶意)同某一行为(伤害)的后果混为一谈了。最后还要注意,每个联邦上诉法院都满足于各行其是,而不是试图调和自己巡回区的与其他巡回区的语词表述。[23] 可以把我引述的这些巴洛克式的复杂表述与下面一个新近司法意见中的简洁定义比较一下:"故意和恶意的伤害,因此不得在破产中免除的因此伤害发生

---

[20] *Panalis v. Moore*, 357 F.3d 1125, 1129 (10th Cir. 2004),引证了 *Mitsubishi Motor Credit of America, Inc. v. Longley*, 235 B. R. 651, 657 (10th Cir. BAP 1999),转而引证了 *Restatement (Second) of Torts*, § 8A (1965).

[21] Id., 引证了 *Hope v. Walker*, 48 F.3d 1161, 1164 (11th Cir. 1995).

[22] 所谓确定性(certainty)就是客观的;"主观的确定性"是一种矛盾修辞——恰当的词是"肯定"(certitude),其含义是确信——常常用错——某人信念是正确的。

[23] 多余冗长的司法用语导致了法律标准的前后不一致,另一个范例的讨论,请看,*Nightingale Home Healthcare, Inc. v. Anodyne Therapy, LLC*, 626 F.3d 958 (7th Cir. 2010).

第4章 上诉审决策的形式主义和现实主义

的债务,是知道自己没有法律上的正当理由,伤害者还是渴望造成此伤害,或是知道自己的行为很有可能引发此伤害而造成的伤害。若允许在这些情况下通过免除法定债务来推卸其法律责任,就会削弱侵权法的有效震慑,而且也没有服务于任何可能被认为已被破产法采纳的政策。"[24]

用啰嗦伪装精细的一个很好例证是某上诉法院宣布的一个检测标准,即什么时候,可以因政府将某人置于危险境地而认定政府必须承担未经正当程序剥夺某人的生命、自由和财产的责任:"要就造成了这种危险提出一个恰当的权利主张,原告必须表明:(1)被指控的政府机构和被指控的个体行动者造成了这一危险,或是以某种方式令原告面对这一危险的脆弱性增加了;(2)原告是某个有限的且可特别界定的群体的一员;(3)被告的行为把原告置于严重、直接和最接近受伤的重大风险之中;(4)这一风险是显而易见的或为人知晓的;(5)被告行为鲁莽,有意不顾这一风险;以及(6)这一行为,总体看来,震撼良知。"[25]

请注意这一表述中的自相矛盾,而这是法律表达啰嗦的一个常见后果,一方面说这个风险可以是"显而易见的"而非"为人知晓的",但又说被告的行为必须是"有意不顾"这风险——这意味着他知道这里有风险。还请注意,下面两个要求带来的混乱,一是要求被告不仅行为鲁莽,同时还要求该行为震撼良知——暂且不管其含义到底是什么。至少自1804年以来,法律词典中就一直留着这种表达[26],半个世纪之后最高法院又捡起了这个说法[27],尽管其在现代第一次出

---

[24] *Jendusa-Nicolai v. Larsen*, 677 F.3d at 324.

[25] *Currier v. Doran*, 242 F.3d 905, 918 (10th Cir. 2001).

[26] 请看,*Coles v. Trecothick*, 9 Ves. Jun. 234, 246 (Ch. 1804).

[27] 请看,*Byers v. Surget*, 60 U.S. 303, 311 (1856).

现，也是其最有影响的出现，是在大法官法兰克福特代表最高法院的罗欣诉加州案（*Rochin v. California*）司法意见中[28]，他用这个短语把警方用洗胃手段来搜查非法毒品归为违反正当程序。我不知道这个表达什么意思，或是不知道它比"对已知的受伤风险无所谓"多了点什么。

不说"最接近受伤""有意不顾"和"震惊良知"这类行话，就说，政府雇员在其工作范围内采取了引发伤害的鲁莽行动，如果该行动就是指向或考虑到了受害人的（或是某群体，而受害人是其中一员），但不是因有关资源配置的判断引发的伤害（例如质疑警方在城市不同地区警力配置多少的判断），这就足以说该行动违反了正当程序条款。但这里要有限定，即法律责任不能延及有关资源配置的判断，没有这个限定，联邦法官就会深深卷进公共资金和服务的配置问题。由于美国宪法中没有有关这类判断的任何指南，联邦法官就会大撒把，篡夺传统的立法和行政功能。然而，我刚才从酷锐尔案（*Currier*）判决意见中引述的这个检验标准，尽管有六个组件，却丢了这一限定。

现实主义法官

让我对引论中提出的现实主义法官的定义略加展开。现实主义法官知道形式主义分析的局限，他没有（与之相关）某种"司法哲学"来获得具体案件的结果，他想的是司法判决要"说得通"，即可以解说得让一位行外人也信服；并且他是一位"宽松释法者"，意思是他认为，如果可以辨识文本（合同、制定法、法规、宪法规定）的目的，就应当以

---

[28] 342 U.S. 165, 172, 173 (1952).

第4章 上诉审决策的形式主义和现实主义

对文本目的的理解来指导法律解释,而不是——当文本的目的与字面含义冲突时——用文本的字面含义来指导法律解释。现实主义法官讨厌法律术语,并希望司法意见书能尽可能地,让非法律人也读得下去,他想尽可能地理解这样或那样决定可能引发的不同后果,能敏锐感受美国法律的可塑性,也同样敏锐意识到美国司法体制的多重弱点,并想尽力改善这个制度。他不截然区分法律和政策,不截然区分判决和立法,不截然区分法律推理和常识。与形式主义类似,现实主义也有与司法意见的语言和结构有关的寓意,而不仅仅与司法结果有关,但是我对于这些寓意,我主要留待本书第8章来讨论。

霍姆斯说过,"一般命题并不决定具体案件。具体案件的决定取决于比任何可以言辞表达的大前提都更微妙的一个判断或直觉"[29],他这种夸张是为了生动表达这样一个命题,即法律原则趋于以超越具体案件之情势的一般性来表述。这种一般性是必需的,不仅是为了给未来的争议各方提供指南,而且,与此相关,因为我们会本能地认为具体案件都是"一般"的具体体现。但是诉诸"一般"决定案件会有危险。人当然是动物,但餐馆贴了禁止动物入内的标记,不能解释为禁止人入内。仅根据构成某规则的语法之结构和语词之含义,人们不可能安全适用一条规则;你必须有一种感知(sense),这条规则究竟与何有关。现实主义者努力穿过可适用规则的语义表层,在这下面寻求促成该规则制定的那些务实考量,借此消除该规则的模棱两可,然后用现代说法来重新表述该规则,还要明确标记出从该规则的目的中推衍出来的该规则的限度。大多数法律规则,只要不是过度扩张其最靠外的语义边界,至少在实践层面都有一个核心含义。找到并展示这一核

---

[29] *Lochner v. New York*, 198 U. S. 45, 76 (1905)(反对意见).

心(并且也许还把该规则限定于这个核心),这就是现实主义分析的目标之一。

当立法意图(包括宪法规定——这也是一种立法——背后的那些目的)可以辨认时,这位现实主义法官就是一个解释者,或许还是立法者的一个帮手。但是立法意图常常无法辨认,这时,法官就是立法者了,他必须把决定建立在他理解的立法者确定的限度以内的坚实公共政策上。在这种情况下,该法官也就必须和其他立法者差不多,除考虑其他事项外,还必须考虑这样或那样决定的不同可能后果。大法官斯卡利亚说,优秀法官的标识是对后果无动于衷,即便最高法院宽泛解释宪法第二修正案*导致数百人死亡,也如此〔30〕;我不能赞同。如果以这种方式而不是以另一方式决定此案,后果之一是死亡,那么对于这位法官来说,这个死亡,与其他后果一道,也是他该想的事之一。人们对典型司法过程中的有限真实性不满意,不满意其太强调现场口头作证,不满意其没有根据地相信法官或陪审员有能力根据证人的肢体语言、说话声调和迟疑来断定其"可信程度"〔31〕,也不满意这个司法过程不大能接受经验研究方法,而不满意的主要理由就在于,法条主义决策方法无法或不足以让法官恰当考量各种后果,典型司法诉讼处置和提出事实的方式使法官难以测度以不同方式决定某案的众多后果——而有大量案件都是这种情况。

若让非法官来解决两人间的某个争议,他会追求"合乎情理",意思是,他称为公道、常识或习惯性理解这样一些概念会塑造他的解决方案。现实主义法官有可能以与此非常近似的方式处理一个案件,但

---

* 该修正案有关美国公民的持枪权。——译者注

〔30〕 *District of Columbia v. Heller*, 554 U.S. 570, 634-635 (2008). 我在本书第 7 章讨论了海勒案决定。

〔31〕 请看,注 33 及相伴正文。

第 4 章 上诉审决策的形式主义和现实主义

会更清楚地聚焦于后果,以后果来整理自己的思考,包括那些外行人想不到的系统性后果。如同导论中提到的,这些后果包括,虽无必须如此之理由法官却无视明确成文的法条,这样一个决定可能对法律规则和决定稳定性的影响,以及对立法者思考过程的影响;因为这时,立法者就不知道自己制定的到底是什么——他们就变成为法官提供油灰,而法官想捏个什么玩意,随便。"在解释和适用规则时,理解规则的目的很有用,常常至关重要。但一定不要混淆了目的和标准。当确定性的价值更高时,合理的造法就要求提出供决定各个案件的明确且确定的标准,而不是只有一个一般性指示:以最可能实现该法目的的方式来决定各案。这后一种方式,如果走向极端,会把所有法律都简化成一个告诫:做正确的事。"[32]

司法行动的后果常常难以预见。但是注重后果会产生一种规训力,会弱化直奔情绪性判断去的那种冲动。它会推动法官,在律师和社会科学家的支持下,去系统地调查后果。法官坚信自己不造法,这种信念会钝化他们的分析批判能力,乃至法律变化太慢(这是为保持法律稳定性的后果)他们还长时段锁定那些过时的法律教义。

负责任的现实主义法官,他们承认并接受法院系统也有一点立法功能,但会限定立法功能之行使,不仅得是在形式主义方法已不够用的地方,而且得是在法官懂得如何做的地方。在法官了解很少的那些领域,无论是枪支控制、立法选区重划、公立学校管理或是竞选融资,他们都必须避免法官立法的诱惑。在提到的这些领域内,来一点"司法谦抑"会更好(请看本书第 6 章)。

---

[32] *Herrmann v. Cencom Cable Associates, Inc.*, 999 F.2d 223, 226 (7th Cir. 1993).

应当把法官立法同对下级法院的、特别是对行政机构的决定予以细致甚至咄咄逼人的上诉复审区分开来。尊崇行政机构的决定,这个规矩很强大,却是旧时代的化石残片,当时,法官极其敌视行政机构,而"进步党人"极端确信政府机构作为能动改革者的潜力。在罗斯福新政时期,进步党人全面胜出。对行政机构决定的复审有了并至今坚持着一些特别强调尊崇的标准,如"重大证据"标准和"滥用裁量权"标准,造成了许多不公。一线的决策者,包括司法官员和行政复审委员会,在技术领域的知识上,确实常常比复审法官有重大优势。但要求上诉法官尊崇移民法官和社保法官的决定(他们每人每年听审数百件案件),就像对待全国劳动关系委员会的行政法官那样(他们每年听审的案件少多了),这就不现实了。我们法官是看出了这些意见书的差别的。(我们看到的社保和移民决定意见要比其他行政机构的意见书多得多,这也许会令我们有些法官对社保和移民的行政过程有不当偏见)。但我们一定要无视这些区别,对所有这些行政决定都予以同等尊崇吗?现实主义法官认为不能。现实主义法官认为,尊崇得凭自己的本事挣,而不是别人的恩赐。

法律短语中重复最多的口号是,只有在极不寻常的境况下,上诉审才能推翻初审法官或陪审团有关是否相信目击证人之证词的决定。理由据说是,就评估证词的可信度而言,看到并听取目击证人作证与阅读证词记录稿,前者的价值无可比拟,因为记录稿会失去一些由语音、迟疑、肢体以及其他非言词表达传递的与真实性相关的线索。这是一个常识命题,但完全可能不成立。[33] 真实与否的非语词线索是不可靠的,并且这些线索会分散事实审理者(或其他观察者)的注意力,无法集中关注证词的内容。然而,很少有法官会想到,要质疑一

---

[33] 请看,Michael J. Saks, "Enhancing and Restraining Accuracy in Adjudication," 51 *Law and Contemporary Problems*, Autumn 1988, pp. 243, 263-264. The frequent unreliability of the evidence on which judges and jurors rely is the subject of a large literature. 请看,Amina Memon, Aldert Vrij, and Ray Bull, *Psychology and Law: Truthfulness, Accuracy and Credibility* (2d ed. 2003); Scott Rempell, "Gauging Credibility in Immigration Proceedings: Immaterial Inconsistencies, Demeanor, and the Rule of Reason," 25 *Georgetown Immigration Law Journal* 377 (2011); D. Michael Risinger and Jeffrey L. Loop, "Three Card Monte, Monty Hall, Modus Operandi, and 'Offender Profiling:' Some Lessons of Modern Cognitive Science for the Law of Evidence," 24 *Cardozo Law Review* 193 (2002); Dale A. Nance, "Reliability and the Admissibility of Experts," 34 *Seton Hall Law* Review 191 (2003); Edward J. Imwinkelried, "The Relativity of Reliability," 34 *Seton Hall Law Review* 269 (2003); Jonathan M. Golding et al., "Big Girls Don't Cry: The Effect of Child Witness Demeanor on Juror Decisions in a Child Sexual Abuse Trial," 227 *Child Abuse and Neglect* 1311 (2003); Peter J. Graham, "The Reliability of Testimony," 61 *Philosophy and Phenomenological Research* 695 (2000); Jeremy A. Blumenthal, "A Wipe of the Hands, A Lick of the Lips: The Validity of Demeanor Evidence in Assessing Witness Credibility," 72 *Nebraska Law Review* 1157 (1993); Olin Guy Wellborn III, "Demeanor," 76 *Cornell Law Review* 1075 (1991). 就如同敏泽尔(Max Minzer, "Detecting Lies Using Demeanor, Bias, and Context," 29 *Cardozo Law Review* 2557, 2566 [2007])概括的:"无法根据行为迹象精确察知谎言。"上诉法官轻易相信"行为迹象"与许多初审法官和陪审团成员轻信目击证人之证词是一丘之貉,关于这一点,请看,例如,Stuart Rabner, "Evaluating Eyewitness Identification Evidence in the 21st Century," 87 *New York University Law Review* 1249 (2012); Sandra Guerra Thompson, "Beyond a Reasonable Doubt? Reconsidering Uncorroborated Eyewitness Identification Testimony," 41 *UC Davis Law Review* 1487 (2008); Nancy Steblay et al., "Eyewitness Accuracy Rates in Police Showup and Lineup Presentations: A Meta-Analytic Comparison," 27 *Law and Human Behavior* 523 (2003).

下,初审法官是否真的比上诉审法官更有能力判断证词的可信程度,就因为这个法律文化不鼓励行内人怀疑那些人们经常重复并被接受为法律职业古老智慧的命题,也还因为上诉法官(事实上是所有法官)通常都更乐于把事实认定的责任转交其他裁定者。然而,如今他们已不再受技术条件约束只能这么做了。目击证人的证词可以录像,上诉法官如果认为行为举止对于评估证词真实与否很重要,他完全可以获得作证的录像。

这不是说上诉法官全然没有理由尊重事实审定者的可信性认定,事实审定者在案件上花费的时间要比上诉法院更多,因此对案件事实会把握更好。而且,不管怎么说,上诉法院的首要工作就是重复、重申、纠正法律教义并维护其统一;纠正事实认定差错只是其主要责任的附带。这是支持尊崇的一个很好说法,只是这个说法少了点什么,不如"在事实认定问题上初审法官比上诉法官位置更好"这种可疑主张那么能忽悠。

现实主义法官希望法律根基于现实,但也要尽可能符合外行人的直觉。我拿个案子做例证,有囚犯抱怨称,自己中风后接受的现场治疗不当,这构成了"残酷且非常的惩罚"。[34] 一名囚犯要提起一个联邦所谓的民权诉讼,他必须用尽由监狱提供的"可获得的"投诉程序。原告声称,投诉期限是从投诉事件发生之日起60天内,但由于中风,他一直未能及时投诉。投诉程序也允许迟到的投诉,只是要证明投诉不及时有"不错的理由"(good cause)即可,却没界定何为"不错的理由",该州拒绝承认原告身体动弹不了是个"不错的理由"。但这何以可能不是呢?如果不是,这就意味着,一名囚犯,在其投诉的事件发生后昏迷了60天,就是没穷尽他的监狱救济措施,因此他就不能进联邦

---

[34] *Hurst v. Hantke*, 634 F. 3d 409 (7th Cir. 2011).

法院。行外人会认为,对于该囚犯来说,这样解释后的监狱救济措施,显而易见,就不是他"可获得的"。法官不应顺手就打发了这种行外人的直觉,认为这与"可获得的"之解释无关。如此强烈的行外人直觉,要求有更多形式主义的动作并以"法律"的名义来予以克服。

对审判中的现实主义有两个主要担心。首先是,法官对什么是"真实事件"也许会搞错,特别是如果要他们考量科学的、统计学的或其他技术性的数据的话;他们也许会被人忽悠了。是有这样的危险,但只要适当训练一下对技术争议的管理——有别于拥有技术专长——就可以挡住这个危险;后面几章就会讨论这个问题。第二个担心是,如果法律受制于不断变化的对真实世界的理解,法律会变得不那么可预期。这个担心没有根据。回想上一章讨论的有关个人计算机中淫秽资料删除的案件(*United States v. Seiver*)。此案采纳的规则是放弃用"过时"和"收集人身份"作为标准来获得搜查令,搜查计算机,获得有关接受、持有或传播儿童淫秽物品的证据;如果这个规则流行起来,该决定就确立了一个指导未来案件的先例。这个先例会一直成立,直到并且除非是法律改变了,或是技术发展令这个先例过时了。对法律确定性的合乎情理的期待不会比这更大。法律一定要随着技术改变而改变。

对新任上诉法官的建议

我已详细分析了形式主义和现实主义法官的区别,但如今,在所有层级,大多数联邦法官,如同我说过的,都是两者的混合,尽管他们的现实主义趋于藏身于形式主义的修辞。[35] 而可能传给新任联邦上诉法院法官的关于如何决策的建议,我有很多,都与他们司法观如何混合形式主义和现实主义无关。例如,我坚信,没有初审法官经验的上诉法官应不时自愿下到其所在巡回区的地区法院,主持一些初审,包括有陪审团的初审。上诉审法官对诉讼过程如果缺了初审法官的视角,复审地区法官的判决,就是残缺的,就不理解这些决定的语境,没有初审经验的上诉法官作出的决定会是要么过重要么过轻。

在管理法官助理问题上,许多法官也可以做得比他们现在更好一些。[36] 管理这么少的工作人员,这对法官来说挑战不大,能够克服,但法官与其他法律人类似,一般不是非常出色的管理者。少有法官做的还有一件事,就是要求其助理在口头辩论前不仅要阅读诉讼摘要,而且要初步研究一下审判记录,如果此案决定显然取决于一些关键判例或制定法规定,就要保证法官在口头辩论前手上有这些材料研究,并带着去参加口头辩论。法官助理还应当做一些背景研究,如果时间许可。一位现实主义法官的助理应当谷歌一下双方当事人,以及做些其他在线研究(请看下一章),来帮助自己和他们的法官理解各方当事人,理解此案的商业的或科学的或其他的语境,理解引发此案的各方当事人或其他人的诸多活动。

大多数法官只分配一位助理来帮助自己每次为口头辩论做准备,而口头辩论开庭一次,法官就要(在我们法院)听取 6 个或 9 个案件。

---

[35] "我们有一些不错的现实主义理由怀疑这些司法意见的外观,伪装的消极姿态,而其后是法律和法律推理的强力。" Brian Leiter, "In Praise of Reason (and Against 'Nonsense' Jurisprudence)," 100 *Georgetown Law Journal* 865, 877 (2012).

[36] 有一些很有助益的关于法官助理的文献。请看,例如,除本书第 2 章的参引外,Aliza Milner, *Judicial Clerkships: Legal Methods in Motion* (2011).

第4章 上诉审决策的形式主义和现实主义

这就错了。应当根据其背景或兴趣,由一位助理主导准备此案的讨论,但其他 3 位或 4 位助理都参与准备和讨论。他们的看法可能有分歧,分歧得很有意思,对他们的法官就会有所帮助。而接触更大范围的案件也会令助理更快熟悉更大的法律领域,进而成为更好的助理,还令这项工作对他们来说更有意思,更有助于他们未来进入律师职场。但不应要求法官助理撰写法律备忘录(bench memos),那会很耗时,会减少他们用来检索研究的时间。

由于我认为法官助理不应撰写司法意见,这看起来好像是我看不上他们。非也。我认为他们太有价值了,不仅作为研究者,而且作为批评者。尽管年龄和地位都有差别,我还是要求助理对我直呼其名,因为我希望他们对我完全坦诚并直截了当(毫不留情,如果他们想这样);我希望他们对我就像对待一个同仁,而不是对待上峰。如果他们认为什么问题上我错了,我希望他们告诉我,别小心翼翼地。常常,我确实错了,因为我的助理非常机灵,知道一些我不知道的事;并且由于他们是三个人,而我就一人,因此他们在每个案件上花费的时间比我多;此外,他们的先验要素也与我的不同。

当法官工作室(过时却仍然流行的说法是,他的"堂"[chambers]——我称之为"工作室")中注重各种礼节时,法官助理们就可能努力预见他们的法官对某案会如何反应,并认为自己的角色就是为该法官的此案立场辩护。如果他撰写司法意见初稿(如今绝大多数法官助理都干这活儿,我的助理例外),这些初稿就会像是律师的诉讼摘要;事实上,这些初稿会是支持该法官投票的诉讼摘要。口头辩论后,当即与其他法官会商,该法官当时的投票也许根据了某种直觉,凭着经验的、没法说清道理的自信感(一种常见的自我欺骗,就像心理学家

128

已经展示的那样[37]），而如果由他撰写多数法官的意见书，他的法官助理就会尽可能地拼拼凑凑把此案做到最好，因为他们被告知就是要为投票结果正当化。

  毋庸讳言，我认为，法官应避免以"贝克模式"来管理自己的工作室，我会在本书第 8 章更详细地讨论这个问题，同时也会讨论管理与管理主义之间的重要区别。贝克模式是在法官与其助理之间插进一位资深法官助理，这就为很少的工作人员创造了一个完全没必要的科层结构，弱化了其他助理的热情和贡献。然而，我理解不太能干的（weak）法官无法抗拒这种模式，因为这实际是为他提供了一位助理法官。鉴于美国律师与联邦上诉法院法官的比例大致是 5 000 比 1，人们会认为不大可能出现能力不够的法官，即便某些能干的法官会因年龄增长而能力衰弱。但联邦法官是由政客任命的，因此你就不能假定受命者的质量统一都很高；然而，这也不是说，完全按才能挑选联邦法官，这种体制就会改进。我不认为会有改进。完全按才能选任法官会牺牲个人经验和洞察力的多样性，趋于创造出一批对我们更大社会的理解过于局促的司法官员（judicial mandarinate）。

  法官在口头辩论中应当咄咄逼人。律师事先准备的评论不大会给他们的诉讼摘要增加些什么；只有通过提问，法官对此案的了解才

---

[37] David G. Myers, *Intuition: Its Powers and Perils* (2002); Lee D. Ross, "The Intuitive Psychologist and His Shortcomings: Distortions in the Attribution Process," 10 *Advances in Experimental Social Psychology* 173 (1977); Kenneth S. Bowers et al., "Intuition in the Context of Discovery," 22 *Cognitive Psychology* 72 (1990); Tony Bas-tick, *Intuition: How We Think and Act* (1982); Robert E. Nisbett and Lee Ross, *Human Inference: Strategies and Shortcomings of Social Judgment* (1980); Amos Tversky and Daniel Kahneman, "Extensional Versus Intuitive Reasoning: The Conjunction Fallacy in Probability Judgment," 90 *Psychological Review* 293 (1983).

第4章 上诉审决策的形式主义和现实主义

可能超出他的已知。并且有倾向性的提问——这些提问会暗示法官判断该上诉是非对错的倾向——是同合议庭其他法官交流的一个重要方法。口头辩论后马上开始的会商常常呆板。法官的发言顺序都定好了(从资浅到资深,或是从资深到资浅,就看该法院是怎么规定的),在表述关于此案该如何决定的本人观点时,因为合议庭的礼节,他们也处处留情面。一旦某法官透出他对此案会如何投票,即便只是暂时的,那么尽管有其他法官的论辩,为保全面子,他也许还是会坚持自己的投票,而更重要的是,与之辩论的法官也许不愿强求他改变观点,怕因强求而惹恼了他。

在努力确定如何投票时,法官应提醒自己是有局限的(这也是所有法官都有的局限性)——他对法律理解的局限,对手边案件了解的局限,对此案真实世界之语境了解的局限,以及因每个法官带进其审判的那些偏见引发的他思考的局限(甚至扭曲)。这不是说,判决不带偏见,这种说法错了,且不说这是否可能。偏见的中性说法是"先验因素"——是由背景、经验和气质塑造的,每个决策人都会把这些因素带入要他解决的那个争议中。同事和我阅读同一份诉讼摘要,听审同一个口头辩论,然而有时反应会相当不同,这或是因为我们各自赋予同一证据不同的权重,或是因为我们的先验因素不同,而这些先验因素可能支配后验概率(即收集所有证据后,一个人附加于这样决定或那样决定的概率)。

法官必须努力意识到自己的先验因素,乃至这些因素不会过分影响他的决定。该法官也许很怜惜动物,或是很珍视更为一般的环境价值;或是对警方;对救护医疗人员;对寻求避难者;对有严重精神疾病的人;以及对边缘性宗教教派。他也许还有很多反感,例如对国税局或保险公司(我刚出任法官那时,这通常是很为司法反感的;尽管我并不分享这种反感,并且我如今的同事也不)、动不动就上法庭的人、过于敏感的人以及那些成天想多吃多占（*pleonexia*——亚里士多德用于指贪婪的词）的人。通过自我意识和规训，一位法官可能学会不让自己的同情或反感影响自己的司法投票——不过分。但需要强调一下这个"不过分"的限定。许多法官会说，根本就没有什么"法律"——狭义的，仅限于正式法律文件文本的语词——之外的东西影响他们的司法投票。明白事理的人知道，这就是说给公众听的；而真诚这么说的人则是自我愚弄。

形式主义者喜欢说，现实主义者在决定案件时都跑到法律外面去了。这就提出了一个何为法律的问题。它想当然地认为法律就是形式主义者通过语词理解到的东西。并非如此；法官在其管辖权范围内所做的一切都是法[38]——至于其善恶，则是另一问题。

---

[38] 这是汉斯·凯尔森的法律概念。请看，Hans Kelsen, *Pure Theory of Law* (Max Knight trans. 1967). 我曾为这种概念辩解，请看，Richard A. Posner, *Law, Pragmatism, and Democracy* 251-265 (2003).

第 5 章
不充分的上诉审记录

诉讼摘要中的事实断言(assertion)一般有两种,名字、日期以及在任何叙述中都可能遇到的其他背景性事实,但对于一个案件的决定,这少有意义;以及与先前案件——当事人会引其为先例——中的事实很相近的一些事实。太常见的是,那些对于一个合理决定很重要的事实不见于诉讼摘要,并且,事实上是,不见于司法记录。如果这是一个商事案件,法官需要知道为什么要这样描述这个有争议的交易;如果这是一个刑事案件,被告被指控(比方说)鲁莽向天空开枪,危害了他人安全(reckless endangerment),现实主义法官就会想知道周围建筑物有多高、有没有人居住、密集度以及距离等,是在白天还是在晚上,以及子弹所及范围内行人的密度这些事。法官之所以想进入案件的密林深处,可以假定,就因为从形式主义视角来看,此案不确定。

鲁莽危害他人安全,这还是个真实案件,在此案中,我们支持了地区法官认定的鲁莽危害他人安全罪。下面就是司法意见书中概括的案件事实:

> 某天凌晨三点,被告及其女友离开了郭门特酒吧(Guvernment Bar and Lounge),位于印第安纳波利斯市中心的一个夜店。该夜店当时正打算歇业,一些客人正离开,但我们不清楚具体有多少人。夜店前门对着市场大街,这两人从前门离开,步行到夜店后面的"小巷",但附在本司法意见书后的卫星图片表明那其实是一个停车场。就在那里,被告开了6枪,记录中描述这是一把FN赫斯塔

尔手枪,弹容量为 20 发,可以"穿透 14 层防弹衣"。停车场地也发现了弹壳。没人受伤。该夜店离纪念碑环形地,即印第安纳波利斯市的时代广场(但这是个非常安静祥和的时代广场),也就两个街区,其周边都是高楼。没有弹道痕迹,也不知道弹头落在何处,但看来没有争议的是该被告朝天上开了枪。该夜店还有个后门,当被告开枪时或稍前,是否有人进出此门,证据有冲突,而初审法官未作出认定。〔1〕

记录中没有卫星照片;也没有从该夜店到纪念碑环形地的距离。除了我上面引证的那段文字概述了手枪外,没有有关该手枪的任何其他信息。但那段文字不充分(但被告没有这么争辩),因为存在这样的可能,即尽管该枪发射的子弹能射穿防弹衣,但它也许同样可以发射不致命的子弹(也许那种能射穿防弹衣的子弹只出售给警方)。我在谷歌上查看了一下 FN 赫斯塔尔手枪,根据制造商的市场营销材料,我发现 FN 赫斯塔尔(可以推定指的是 FN 赫斯塔尔五点七型手枪,那是赫斯塔尔公司制造的唯一可以装弹 20 发的手枪)"发射 5.7 毫米口径乘 28 毫米长的 SS190 子弹。弹头能射穿今天战场上的任何单兵防护,包括 PASGT 芳纶纤维(kafla)头盔,48 层的芳纶纤维防弹衣和 CRISAT* 目标(由钛和芳纶纤维制成)"。〔2〕这里寓意是,设计的这些标准都是针对这种子弹的,但请注意,广告称其可穿透 48 层而不是 14 层(这是记录中数字)身体防弹衣。

该司法意见接着批评了各方对事实的叙述:

---

〔1〕 *United States v. Boyd*, 475 F.3d 875, 876-877 (7th Cir. 2007).

* 这是 Collaborative Research Into Small Arms Technology 的缩写,是北约的军事装备制造标准。——译者注

〔2〕 同上注,页 877。

双方处理此案的马虎……令我们烦恼。两方都试图限定原告行为的风险;但诸如"重大"这样的词不能令人满意地替代数据。更没法原谅的是——由于乱开枪的具体环境差别巨大,令人可能无法估计这一事件的伤人概率——也没提交卫星地图(可以免费从谷歌上获得)作为证据来表明周边状况。文档没有具体指明被告使用的 FN 赫斯塔尔枪的型号,或是该枪装填的子弹类型。法官对射击时附近街上有多少人也没有认定(这是另一个证据冲突,她没有努力解决),或是当枪击发生时并在枪击发生地,停车场是否有任何他人。没有证据表明在射击地附近有无公寓楼或办公楼……[但是,尽管有这些证据上的不足]我们还是合乎情理地确信,印第安纳的法院还是会判定,在印第安纳波利斯市市中心,除了动物的非理性(animal spirit)驱动外,没其他什么好的理由,用威力强大的手枪开了多枪,这种行为构成了印第安纳制定法含义内的人身伤害的重大风险。[3]

法官的互联网搜寻研究

网络,特别是万维网,已经令法官自己进行事实搜寻,就像在赫斯塔尔枪支案中,很是容易,而不必完全依赖律师提交他的那些事实。也就因为更容易了,法官(以及他们的助理)这种研究做得也多了,就

---

[3] 同上注,页 878-879。

引发争议了。[4] 一些律师批评我，在我的意见书中，如同刚才讨论的博伊德案（Boyd）意见书，就纳入了一些我本人或我的助理从网络搜寻中获得的事实。我的回应是，律师应当进行这些网络搜寻研究，省得我费心。网络是一个令人难以置信的数据手册，对于律师和法官来说，是一个有无限潜力的宝库，他们用得还太少了。

这一争议的焦点是我只引证了一个网络资源，即维基百科（Wikipedia）。[5] 这是一个重要的资源，尽管用起来必须小心，但总体而言，这是个可靠的资源。[6] 网络上还有其他许多可以谷歌搜寻予以定位的可靠的在线信息资源。

不久前，我听说有个案件，涉及一位被定罪女性的上诉，她明知故犯地窝藏了一位非法入境的外国人（alien）。[7] 她与自己男友，一位

---

[4] 请看，例如，Elizabeth G. Thornburg, "The Curious Appellate Judge: Ethical Limits on Independent Research," 28 *Litigation Review* 131 (2008); D. McKechnie, "The Use of the Internet by Courts and the Judiciary: Findings from a Study Trip and Supplementary Research," 11 *International Journal of Law and Information Technology* 109 (2003); Lee Peoples, "The Citation of Wikipedia in Judicial Opinions," 12 *Yale Journal of Law and Technology* 1 (2009); Peoples, "The Citation of Blogs in Judicial Opinions," 13 *Tulane Journal of Technology and Intellectual Property* 39 (2010); William R. Wilkerson, "The Emergence of Internet Citations in U. S. Supreme Court Opinions," 27 *Justice System Journal* 323 (2006); Coleen M. Barger, "On the Internet, Nobody Knows You're a Judge: Appellate Courts' Use of Internet Materials," 4 *Journal of Appellate Practice and Process* 417 (2002).

[5] 请看，例如，Peoples, "The Citation of Wikipedia," and "The Citation of Blogs."

[6] 正如 *Fire Ins. Exchange v. Oltmanns*, 285 P. 3d 802 (Utah App. 2012) 的多数意见和附和意见指出的那样。这些意见相当于对法官引证网络的有力辩解。

[7] *United States v. Costello*, 666 F. 3d 1040 (7th Cir. 2012). 依据 18 U. S. C. § 1324(a)(1)(A)(iii)，庇护者在知之为非法的情况下庇护一个外国人是犯罪。

第 5 章 不充分的上诉审记录

非法入境的外国人,同居;尽管没有证据表明,她这么做是为了让政府更难抓捕他。政府要我们定义"窝藏"就是指让一个人待在自己家中。尽管词典中就是这样定义的,我们还是拒绝了政府建议的定义,并指示政府将她无罪释放。我们判定,制定法上"窝藏"这一术语的意思是为某人提供安全避风港、避难所,一个主管当局不大可能找到他的暂居地,而不只是为他提供了一个暂居地或只是与其同居。

我们有几个理由,其一就是以"窝藏"短语点击谷歌出来的搜寻结果。这个搜寻基于一个假定,每个语词点击的数量大致就是这种用法的频率指数,结果如下:

"窝藏逃犯":50 800 次点击

"窝藏敌人":4 730 次点击

"窝藏难民":4 820 次点击

"窝藏受害人":114 次点击

"窝藏洪水灾民":0 次点击

"窝藏灾难灾民":0 次点击

"窝藏受迫害者":0 次点击

"窝藏客人":184 次点击

"窝藏朋友":256 次点击(但有些窝藏的是贵格会成员[Quakers]*——在新英格兰殖民地这些"朋友"被视为危险的异教徒)

"窝藏贵格会友":3 870 次点击

"窝藏犹太人":19 100 次点击[8]

根据这些结果,我们推断,就实际使用而言,"窝藏"这个词的意思

---

* 贵格会,又称教友派或者公谊会,是基督教新教的一个派别。——译者注

[8] 666 F.3d at 1044.

是,有意地保护某人或某些人不被当局发现或抓获,无论保护形式是隐藏、转移到安全地带或身体保护。这种含义使人们可以看出,医院为非法入境的外国人提供急救,即便此人在急救室过了夜,不构成"窝藏"非法入境的外国人,因看到其车胎瘪了就顺路捎了一位非法入境的外国人到加油站也可能不是窝藏,送某位非法入境的外国人到国土安全局在当地的办事处申请合法居民身份也不是窝藏,邀请一位非法入境的外国人来个"一夜情"也许还不是打算窝藏,以及最后,因为他是你男友而与之同居也就不是窝藏了。

确实,上诉法院不应当让自己的决定取决于某个见之于法庭记录之外的事实,除非这个事实毫无争议。我认为,可以公道地说,谷歌上某词或某短语的点击量是无人争议的,在博伊德案中,该夜店与纪念碑环形地的距离同样无人争议。而诉讼摘要常常省略的,却很容易在线查到的,就是背景材料(例如,关于某公司被告的基本事实,诸如这究竟是什么行当——甚至在一些就业歧视案件中也把这类事实省略了!),这些材料可能很少影响我们的决定,只是更多保证了我们理解此案的真实世界环境。

这其中更广的要点是,法官必须看清三类事实之间的区别。第一类是一些"审判性事实",这类事实如果有了争议,只能(人们认为如此)通过初审抗辩过程以必须达到的可靠性予以确认,而抗辩过程涉及依据证据规则被采信的证言和物证。同样都是"据说",非专家证人的据说就不被采信,而专家证人的据说,则被采信为证据,前提是在其专长领域内有声望的从业者会根据这类据说形成专家的观点。其他证人则只能出庭证明自己了解的那些事实。司法性事实趋于是关键性事实,一案的结果很可能就取决于这些事实;因此才会强调初审要把这些事实弄清。

第二类事实是法官可以"司法认定"(judicial notice)的事实,因为这些事实无可争议。说这类事实无可争议就是说不需要证据来确认就可以接受为真。

第三类事实是"立法性事实"。这些事实与法律教义的表述或解释有关。没有证据,也不必满足司法认定某一事实的诸多条件,法官就可以信赖这些事实。

这是诉讼中对事实的常规分类。但还有一些背景性事实——专用来帮助读者理解某案的一些事实(我已经给过一些例子),即把这些判决的事实放在一个很启发人的(illuminating)语境中——也许还可以称之为"上彩画本"(coloring book)事实,这些事实是用来使司法意见书变得更生动些。这些事实,如果对于后果很关键,也许就必须证明,如果不关键,其是否如同判决性事实所要求的那么严格确定,就无关紧要。还有一些视觉上的辅助,例如地图或照片,可以澄清一案的事实,进而强化理解。[9] 我很快就会给出两个例证。

意义特别重要的是一些背景性事实,有关某案的技术或商业环境。互联网值得赞叹的特点之一就是对很多条目的解说范围都很宽。例如,最近我撰写两案的司法意见书,涉及能否远程恢复出厂设置(remote wiping)和恢复笔记本电脑的被删文档[10],就这两个案件(以及还在其他案件)涉及的相关技术,我都能在线找到技术尖端但表达清晰的解说。

律师们希望对"审判性事实"做广义解释,因为他们希望控制立法。(这是法官与律师之间隐藏的紧张关系之一;还有其他。)只要上诉法官超出了律师塑造的那些庭审记录,律师就很不高兴。他们认为,上诉法官如果想在司法意见中注入律师没想到辩论的某些东西,

---

[9] 请看,例如,*Grayson v. Schuler*, 666 F.3d 450, 452 (7th Cir. 2012).

[10] *United States v. Flores-Lopez*, 670 F.3d 803 (7th Cir. 2012); *United States v. Seiver*, 692 F.3d 774 (7th Cir. 2012), discussed in Chapter 3.

他们就应提前提醒这些律师一下;但如果要求法官提前提醒律师,上诉过程就会长到无法忍受,且这完全取决于该法官好奇心有多大,求知渴望有多大。上诉法官是可以超出庭审记录的,无需律师的批准——只是不能碰审判性事实。大多数法官不愿超出庭审记录,这也许反映出把法官理解为竞赛裁判带来的消极被动,也反映出法官在从业初审律师(如果曾经当过的话)期间养成的思维习惯。

在"吉姆兄弟"案[11]中,我使用的互联网搜寻招来了公开的批评。此案是吉姆兄弟起诉印第安纳州的一所学院,该学院拒绝他在该学院图书馆的草坪上演说;他声称这一拒绝违反了他的言论自由。和博伊德案同样,吉姆兄弟案就说明律师没能预见和回答上诉审法官很可能想到的一些问题,律师对此案叙述留有空白,令这些有现实主义倾向的法官很容易为之烦心(很令人吃惊的是律师很难想象法官对案件会如何反应——他们会如何想。这是本书第 8 章的主题)。

吉姆兄弟案中的一个空白是,之前到底是因什么性质的"骚乱"吉姆兄弟被从该校地界赶走了;口头辩论时,问到这一点,双方律师都不知道。(他们应当知道!他们应当意识到这是有待说明的,会有某位甚或更多法官想了解)。另一个双方都不知道的问题是该学院的布局。具体说来,就是为什么吉姆兄弟认为学院为他提供的替代演说地,学生活动中心前的走道,就向该校学生演说而言,场地不充分。第三个谜是,该校——温岑尼斯大学(Vincennes University)的性质如何,合议庭的任何一位法官(两位来自芝加哥,一位来自密沃基)一点也不了解。

网络搜寻没有揭示那个"骚乱"的性质如何,但这很可能与吉姆兄弟强烈敌视同性恋有关,我的这一发现是谷歌了他的网页。在司法意

---

[11] *Gilles v. Blanchard*, 477 F.3d 466 (7th Cir. 2007).

第 5 章 不充分的上诉审记录

见中,我没有提及同性恋,我提及了更早的一个骚乱案子的处理,涉及他在另一学院;该案的司法意见评论了他的"对抗性风格"。我也没提——来自温岑尼斯大学网页的另一信息——位于温岑尼斯的这个校园实际是一所两年制学院,但意见书中提到这个校园的所有学生都是本科生。网络浏览的信息没影响我的决定。

但这一决定确实提及了某些零星资料,而我认为那丰富了这一司法意见。一篇关于互联网司法搜寻研究的论文批评我的这种做法:

> 该司法意见一开始就是温岑尼斯大学的一个简史。随后描述了原告,詹姆斯·吉列斯("吉姆兄弟"),在凡哈伦音乐会经历了顿悟,成为行游传教者,任务是把福音带进全国各大学校园。法官波斯纳在吉姆兄弟的网页上找到了许多支持这一故事的事实……而在转向法律分析之前,波斯纳法官的司法意见用互联网上下载的校园卫星地图介绍了争议的温岑尼斯大学校区……要区分审判性事实和非审判性事实的界线实在太难了,但在此案中,人们可以公道辩论波斯纳法官是否一直站在界线的正确一边。[12]

我死不悔改。从网络上获得的事实,关于温岑尼斯大学,关于吉姆兄弟顿悟(这到底是很动人还是很搞笑,则取决于读者的宗教观点)以及其后作为大学校园行游传教者的职业经历,都是作为背景和色彩纳入司法意见的;这些事实对于此案决定没起任何作用,因此,这与我站在这条无法辨认的界线的哪一边无关。卫星照片确实支持了吉姆兄弟的争辩,同该校校方为他提供的拥挤人行道相比,图书馆草坪确实是更好的场所,无论对传教或是其他高谈阔论(事实上,图书馆草坪看来也是该校唯一的开放地带),照片也显示了这一点。但由于该校不管

---

[12] Charles D. Knight, "Searching for Brother Jim: Improving Appellate Advocacy with the Internet," *Circuit Rider*, Apr. 2010, pp. 12-13.

怎样最后都胜诉了,因此不能认为我们的有利于吉姆兄弟的照片有偏见效果。

当然,网络搜寻研究也可能导致差错。但不应当还有人如此天真乃至相信,初审以熟知的抗辩过程确认的事实就杜绝了差错——就相信目击证人不敢违反誓言,就因他们害怕神会报复,因此就"说了真话,说了全部真话,还仅仅说了真话,因此帮助他们吧,上帝"*;就会相信交叉质证不会出错,甚或这是揭露谎言和错误的可靠工具之一;就敢相信所有的专家证词不但可靠而且人人理解;就能相信所有初审律师在获得、评价和出示证据上都很称职;就能相信法官们和陪审团成员们都擅长评判言词证人的可信度;或是就相信证据规则一心一意就为了获取真相,没想着其他并且是前后矛盾的目的,如保护人们的私隐、限制行政权以及节约司法资源等。

在两个领域内,常规司法记录的局限特别尖锐,在这里,所谓"司法"记录其实是由行政法官汇集的。这两个领域就是我在第3章提到的,难民庇护法和社会残疾保障法领域。移民法官的工作量实在太重了〔13〕,而移民法律师很弱,就因为大多数非法移民(包括寻求难民庇护者)都没钱,也还因为移民趋于围着族群背景相同的律师,而不管该律师是否称职。政治避难申请被拒,上诉到联邦上诉法院,拒绝被上诉法院撤销的比例非常高,常常就因为这些移民法官和司法部律师对外国实在是骇人听闻的无知,对一些本是常识不需要通常法律意义上之证明的事实无知:比方说,一个国家分裂为两个时改变国籍(当捷克

---

* 这戏仿的是证人在美国法院出庭作证前宣誓的誓言。——译者注

〔13〕 请看,"Improving the Immigration Courts: Effort to Hire More Judges Falls Short: Report of the Transactional Records Access Clearinghouse at Syracuse University," July 2008, http://trac.syr.edu/immigration/reports/189/ (visited Dec. 19, 2011).

第 5 章　不充分的上诉审记录

斯洛伐克解体之际其公民必须选择捷克或斯洛伐克公民）与一个国家撤销某受歧视的少数群体的公民身份（如纳粹德国对德国犹太人的所为）之间的不同；贫困的非洲国家没有美国这样精细的官方文件体系；非洲丈夫要比美国丈夫更少可能与妻子讨论商业交易；等等。[14]

有些人，自称身体或精神不适合全职就业，申请残疾人社保收益，工作量太重的社保管理局行政法官（他们面对的，和移民法官一样，也是很弱的律师群体，因为有关残疾社保的法律实务收入不丰厚）拒绝了他们的申请；上诉法院，在复审这些拒绝时，同样表现出对（藏身于医疗和法律术语中的）疾病或残疾的无知，特别有关精神疾病和残疾伤痛。[15]

互联网不会消失。那些说明联邦诉讼中的争点问题的在线材料，无论质量还是数量都只会增长。法官一定不能无视这个丰饶的信息矿藏。他们也不能无视在此不予讨论的一个与之相关的现象：法律博客的增长，如今它们正与常规的法律期刊竞争，还威胁着后者。[16] 在说了这些之后，我承认当法官超出庭审记录时，确有一个可靠性问题——但就如同我已说过的，也不能假定庭审记录就可靠（被采信的可采信证据），即便有力图令证据可靠的证据规则。但就为了说清问

---

〔14〕 请看，*Haile v. Holder*, 591 F.3d 572, 573 (7th Cir. 2010)；*Soumahoro v. Gonzales*, 415 F.3d 732, 734-35 (7th Cir. 2005)；*Apouviepseakoda v. Gonzales*, 475 F.3d 881, 894-897 (7th Cir. 2007)（反对意见）。

〔15〕 在社保残疾审判中新的行政不称职有一个特别令人不安的例子，请看，*Bjornson v. Astrue*, 671 F.3d 640 (7th Cir. 2012)。又请看，*Hughes v. Astrue*, 705 F.3d 276 (7th Cir. 2013)；*Martinez v. Astrue*, 630 F.3d 693, 694-74 (7th Cir. 2011)；*Spiva v. Astrue*, 628 F.3d 346 (7th Cir. 2010)；*Parker v. Astrue*, 597 F.3d 920 (7th Cir. 2010)；*Kohler v. Astrue*, 546 F.3d 260 (2d Cir. 2008)；*Kangail v. Barnhart*, 454 F.3d 627 (7th Cir. 2006)。

〔16〕 请看，J. Robert Brown, Jr., "Law Faculty Blogs and Disruptive Innovation" (University of Denver Sturm College of Law, Aug. 13, 2012).

题而将有关背景或"上彩画本"的事实,或图片、地图或图表,纳入司法意见,这没有严重的可靠性问题。但这也有可能是严重的,不仅当涉及审判性事实时,而且当涉及立法性事实时,比方说,上一章讨论的罗珀案或是下一章讨论的"双亲介入案"(Parents Involved);在这两个案件中,大法官们都过分依赖庭审记录之外的材料,大都是统计学的材料,来为他们的宪法观点正当化。当然了,是有一些办法来测度统计研究的可靠性,测度其他科学或准科学证据的可靠性,但这些方法法官看不透。初审法官必须举行多博特(Daubert)听证*,先过滤掉那些垃圾科学(请看第9章),而上诉法官不听证。司法使用二流文献,以及使用更宽泛的互联网,这常常是修辞的而并非实在的危险。对这个问题,除了建议努力通过法官培训和其他手段来增加全体法官的智识精细外,我也没什么解决办法。

　　法官不敢进行互联网搜寻研究,有一种负面的反馈效果。上诉审律师天然会把他们的诉讼摘要和口头辩论集中于法官最容易接触的材料,即下级法院或行政机构的决定、相关的制定法材料、先例、专著以及下级法院或政府机构汇集的庭审记录。这些记录常常数量很少,特别是当上诉来自法院而不是来自政府机构时,因为如今很大部分的法院案件都用简易程序处置,不经庭审。如果法官不进行在线搜寻研究,律师也就不大可能做,他会认为法官不喜欢;而如果律师不做,法官也就不可能做,就因为他们传统上不愿"超出庭审记录"。如果法官带了头,那么不论律师多么不情愿,都会跟着走,而上诉审的知识基础就会因此扩大了。

---

　　* 多博特听证是初审法官对"专家"或科学技术证词和证据的可采信程度的评估;听证没有陪审团参与,启动听证的动议要在审判开始前提出,听证将决定哪些证据或证词将提交陪审团。多博特标准是由1993年的多博特案(Daubert v. Merrell Dow Pharmaceuticals)决定首先确定并逐步演化确立的。——译者注

第 5 章　不充分的上诉审记录

有关使用互联网,很值得担心的是,陪审员使用互联网;我会在第 9 章讨论这个问题,但与这里讨论的法官使用互联网问题是不同的。

一句话抵得上一千幅图?

拘泥于传统的人会认为地图和卫星照片——就此而言,任何照片——作为证据都不可靠,因为都不是持续更新的。(事实上,吉姆兄弟案中的卫星照片是在引发诉讼的事件发生之后拍摄的)。如果只是用地图或照片来例证那些无争议的事实,这几乎没什么影响。而当地图或照片不精确时,在这类异常情况下,就会有什么人告知法院其中的差错,司法意见就会得到纠正;而假定地图或照片是用做说明,而不是作为审判性事实的来源,那么这些纠正不影响案件结果。在司法意见中,我就比其他法官更多(也许比任何其他法官都多)纳入地图和图片,从来没有谁抱怨说那地图或图片不准确。

在上诉审诉讼摘要中,图片、地图和图标,如同我上面说的,太不招人待见了(这反映了形式主义天性培养出来的对语义的重视),乃至有些律师认为一个词就抵得上一千幅图片。[17] 一些声称图像商标被侵权的案件就是很有力的例证,有时,比较语词就是代替不了一张图片。多年前我听审一件涉及两个职业橄榄球队的案件[18],让我深切意识到这一点。巴尔的摩马驹队老板把马驹队迁到了印第安纳波利斯,并将该队重新命名为印第安纳波利斯马驹队。面对这一损失,一

---

[17] *Coffey v. Northeast Illinois Regional Commuter R. R. Corp.*, 479 F. 3d 472, 478 (7th Cir. 2007); *United States v. Barnes*, 188 F. 3d 893, 895 (7th Cir. 1999).

[18] *Indianapolis Colts, Inc. v. Metropolitan Baltimore Football Club Limited Partnership*, 34 F. 3d 410 (7th Cir. 1994).

位巴尔的摩商人就为巴尔的摩收购了一支加拿大橄榄球联盟的球队，命名为巴尔的摩 CFL 马驹队。[19] 这支新巴尔的摩队和印第安纳波利斯马驹队都出售各种带队标的衣物制品，诸如帽子和 T 恤衫等。印第安纳波利斯马驹队起诉巴尔的摩 CFL 马驹队，称后者商标侵权。提交的诉讼摘要中没有两队各自出售的商品的照片，只有啰嗦的语词描述，从这些语词中很难推断消费者是否可能认为标记着巴尔的摩 CFL 马驹队队标的商品实际是印第安纳波利斯马驹队赞助的。

　　口头辩论时，我问印第安纳波利斯马驹队的律师，他身边有没有任何争议商品。他看上去被这个问题问住了，但他回答有，并走到律师席，从他的手提箱中找出两顶帽子，拿给各位法官看——然后就在那一刻且当场（他并不知道）就赢了此案。

　　多年后，我们有不少案件声称侵犯了豆豆娃（Beanie Babies）的版权和商标。除其他事情外，我们必须应对侵权豆袋玩具的合成照片，以及侵权方律师提出的荒谬论点，其中我最喜欢的是，其客户的豆袋小猪和 Ty 公司的豆豆娃小猪之所以很相似，是因为两家公司都拷贝了自然。因此，我在司法意见书中，就附上了豆袋小猪和真实猪的照片。[20] 不用说，两者没什么相似之处。

　　图片在上诉审中很有用的明显范例是商标。在涉及违反公平劳动标准法的最低工资或超时条款的案件中，图片的用处就不那么明显了，但这里有一个新例证，我们法院在这样一个案件中使用了图

---

〔19〕 请看，John F. Steadman, *From Colts to Ravens: A Behind-the-Scenes Look at Baltimore Professional Football* 52-54 (1997).

〔20〕 Ty, Inc. v. GMA Accessories, Inc., 132 F. 3d 1167, 1174-75 (7th Cir. 1997). 这也是一个伪造图片案，这张伪造的照片也出现在司法意见中了。

片。[21] 该法有条款规定"依据对某工人也适用的真诚集体谈判协议的明确条款或惯例或习惯,每个工作日开始或结束时换衣服的时间不属于工作时间",因此不计入雇员有权获得每小时最低工资(或如果超时工作,则以其小时工资的150%)付酬的时间之内。[22] T美国钢铁公司与钢铁工人工会间的集体谈判协议总是排除了换衣服的时间。但此案原告的钢铁工人论辩说,他们在工厂换上换下的工作服并不是该制定法含义内的"衣服",而是安全设施。不幸的是,该法没有界定"衣服"。

[21] 此案是 *Sandifer v. United States Steel Corp.*, 678 F. 3d 590, 592 (7th Cir. 2012), cert. granted, 133 S. Ct. 1240 (2013).
[22] 29 U.S.C. § 203(o).

这里所谓的"衣服"由防火的长裤和夹克、手套、跖骨靴（内有钢或其他强力材料用来保护脚趾和脚背的工作靴）、一顶安全帽、安全眼镜、耳塞以及一个"围脖"（一个盖住了头顶、下巴和脖子的布罩）构成。这工作"服装"记录在案，而根据一张图片胜过千言万语的说法，我们的司法意见还附了一张穿着该"衣服"的男子（我的一位助理）照片。

我们结论认为，由于种种无需在此讨论的原因，这套配备最好还是概括为工作服，而不是什么安全设备。我认为这张照片有助于法官以及司法意见的读者看清我们讨论的到底是一些衣服还是一些设备，以及由这些物件构成的总体。这个图片也使得相关的语言描述和分析讨论更容易理解了。

最后一个例子，来自我们法院另一个新近决定，也关于用图片来辅助司法意见，此案关系到逮捕某刑事非法侵入者是否合法，他侵入了

> "州支持的"土地，这发生在科文·斯诺伽[原告，诉由是被错误拘捕]被警方释放（原告不质疑上一次被拘捕）离开警察站后不久……他离开警察站的前门，路过一个上面写着"别扔杂物，别非法侵入"的牌子，走到一个标记了"仅供警方人员使用"的停车场。一位警官注意到他走在两排警车之间，还向每辆车内窥视。斯诺伽意识到自己被人注意了，他就同坐在车内的一位警官搭讪。他声称，这位女警官是自己的一位老朋友，但对方把手铐递给另一位警官给斯诺伽戴上了。
>
> * * *
>
> 　　就这一拘捕而言，伊利诺伊州的法律禁止任何人进入"以州的资金全部或部分支持的"土地，并"因此干扰他人合法使用或享用"该土地，720 ILCS 5/21-5(a)，而只要有一份禁止入内的印刷

或书写告示明显张贴或展示于该土地或其被禁部分的入口处,他就是已被警示了。同上,§ 5/21-5(b).

航拍照片显示了这一场景:

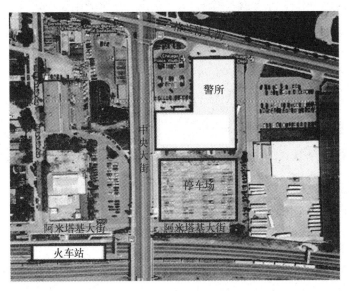

斯诺伽的解说是,他步行穿过警方停车场是因为,这是离开警察站到附近火车站搭车回家的最便捷方式。警察站位于格兰特大街和中央大街(照片上方)的东南角,停车场就在警察站背后,经一条穿过警察站东边(面对照片的右方)的公共人行道就可以走进去。在与格兰特大街交叉的路口南面,中央大街有座桥跨过铁轨,停车场西南角有停车场的一个出口,就在中央大街但不到铁轨的立交桥下面,在那里就到了阿米塔基大街;而阿米塔基大街西面,就是斯诺伽说的他打算去的火车站。在离开警察站后,他本可以沿格兰特大街向西走,转弯沿中央大街向南,然后走阶梯下到阿米塔基大街,不用穿过警方停车场,就可以到达火车站;他实际选的路线近一些,而且不必走阶梯了。

148

一块地是政府"支持的",就凭这点事实,不足以令进入这块地的人就变成了非法侵入者。否则的话,连大街或人行道,人们都不能走了。其外观或周围设置(例如,铁丝网)必须有什么东西或是指示符号来表示公众不得入内。而此案中的符号指示的全部只是,只有警方可在此停车。

因此,仅仅因斯诺伽抄近路穿过警方停车场,警方没有合理理由拘捕他。是斯诺伽在停车场内的怪诞行为——窥视每辆警车并纠缠坐在警车中的女警官——给了警方合理理由认为他干扰了该土地的合法使用。[23]

而如果没有这幅航拍照片,就会很难理解这位原告何以会认为,可以步行穿越这个警方停车场。

---

[23] *Sroga v. Weiglen*, 649 F.3d 604, 605-606, 608-609 (7th Cir. 2011). 如果没包括谷歌地图,就很难理解的其他司法意见,请看,*Parvati Corp. v. City of Oak Forest*, 709 F.3d 678 (7th Cir. 2013); *Guth v. Tazewell County*, 698 F.3d 580 (7th Cir. 2012); and *Vodak v. City of Chicago*, 639 F.3d 738 (7th Cir. 2011).

第6章

上诉审法官的应对 I：
司法谦抑

我一直都论辩说,面对如山的复杂性,上诉法官应当更现实一些,少些消极被动,多点事实和政策的导向。先前,消极被动曾有个替代品,称之为"司法的自我谦抑"或仅仅是"司法谦抑",对涉身宪法案件的法官很有吸引力。但今夕何夕,良辰不再。[1] 但仍值得认真对待它,这就是本章的主题。而在下一章,我会讨论消极被动的另一战略:文本原旨主义;有法官认为这是另一条逃生之路,因此无需同今日世界的复杂性过招了。还会讨论能动主义的解释战略,那是为法官提供的又一逃生路,同样不必直面复杂性。只是如果这世界上根本就没有逃生之路,法官就一定躲不过十五;而本章和下一章就论辩,这世界上就是没有这逃生之路。

"司法谦抑"这个词是个变色龙。就分派它的许多含义来说[2],有三种最好的说法,值得认真对待。首先是,法官就适用法律,不制作

---

[1] 关于司法谦抑衰落的经验证据,请看,Lee Epstein and William M. Landes, "Was There Ever Such a Thing as Judicial Self-Restraint?" 100 *California Law Review* 557 (2012)。

[2] 请看,J. Harvie Wilkinson III, *Cosmic Constitutional Theory:Why Americans Are Losing Their Inalienable Right to Self-Governance* (2012); Stefanie A. Lindquist and Frank B. Cross, *Measuring Judicial Activism* (2009); John Daley, "Defining Judicial Restraint," in *Judicial Power, Democracy and Legal Positivism* 279 (Tom Campbell and Jeffrey Goldsworthy eds. 2000); Bradley C. Canon, "A Framework for the Analysis of Judicial Activism," in *Supreme Court Activism and Restraint* 385 (Stephen C. Halpern and Charles M. Lamb eds. 1982)。第四巡回区的联邦上诉法院法官维尔根森是今天司法谦抑的领军倡导者。

法律。这就是形式主义——"是法律要我这么做的"。第二种是,在非常大的程度上,法官尊崇其他官员的决定——上诉法官尊崇初审法官和行政机构,所有法官都尊崇立法和行政决定。这就是"谦和"(modesty),或"制度能力",或"过程法理学"。我在第3章给了一些例子,第9章讨论初审法院时还会多给几个例子。但这个指南针的指向不确定;当法官必须选择尊崇这个法院、行政机构或政府部门而拒绝尊崇另一法院、行政机构或政府部门时,你就不清楚怎样才算是谦抑了。

第三种司法谦抑是本章的关注点,这是一种非常的不情愿,不情愿以宪法为根据来废除立法;我称这号司法谦抑为"宪法性谦抑"。它与第一种谦抑,即"是法律要我这么做的",有紧张关系。宪法是最高的法律;你不愿推翻一个制定法或行政决定,却还是必须给宪法让路。然而,这个不情愿是宪法性谦抑的核心。就如同基于比较制度权能概念的尊崇一样,宪法性谦抑也有内在的紧张。解释制定法时应避免提出宪法问题,这个释法教义降低了认定制定法违宪的频率,但这么做就压缩了制定法的范围——对立法尽可能作狭义解释以绕开宪法性异议——也因此压缩了立法机关的权力。[3]

泰耶尔和他的追随者们

最著名且阐述最多的宪法谦抑理论始于1893年哈佛法律教授詹姆斯·布莱德利·泰耶尔(James Bradley Thayer)的一篇论文;论文

---

[3] 伊斯特布鲁克令人信服地论证了,总体而言,这是一个能动主义的教义。Frank H. Easterbrook, "Do Liberals and Conservatives Differ in Judicial Activism?" 73 University of Colorado Law Review 1401, 1405-1409 (2002).

第 6 章　上诉审法官的应对 I:司法谦抑

说,只有当一个制定法违宪是"如此明确乃至不会有理性(rational)质疑"[4]之际才能废弃该制定法(他看来是不担心人们会质疑行政行为是否合宪;他撰写此文时,行政部门还太小,同那之后的扩张相比)。在泰耶尔引证的支持其说法的案例中,法官都走得很远,乃至于说,只要明确违宪的程度没到"不存在合乎情理之怀疑",就不应废弃该法。[5]

泰耶尔借用的是一种很多不同审判场合都使用的进路,例如,上诉审对初审法官的事实认定的复审,或对拒绝采信证据之裁决的复审,或对管理性决定——诸如是否限制初审出庭作证的证人数量——的复审。根据撤销基于陪审认定之判决的撤销标准[6],他演绎出了他对宪法性谦抑的具体表述。法官不应"仅仅因为,依据一个公正和真实的解释,结论该法违宪"就废除一部法律,而只有"当有权制定法律的人不只是犯了错,而是犯了一个非常明确的错误之际"[7],才能废除。一位"是法律让我这么干的"谦抑者,相比之下,会谴责该制定

---

[4] James B. Thayer, "The Origin and Scope of the American Doctrine of Constitutional Law," 7 *Harvard Law Review* 129, 144 (1893). 我找到的对泰耶尔进路的最完全的——其前生,其后世——讨论,请看,Sanford Byron Gabin, "Judicial Review, James Bradley Thayer, and the 'Reasonable Doubt' Test," 3 *Hastings Constitutional Law Quarterly* 961 (1976) (后略加增订成为他的著作, *Judicial Review and the Reasonable Doubt Test* [1980]). 同样很出色的是, Evan Tsen Lee, *Judicial Restraint in America: How the Ageless Wisdom of the Federal Courts Was Invented* (2011)。又请看, *One Hundred Years of Judicial Review: The Thayer Centennial Symposium*, 88 *Northwestern University Law Review* 1 (1993).

[5] 被引文献,请看, Thomas M. Cooley, *Treatise on the Constitutional Limitations Which Rest upon the Legislative Power of the States of the American Union* 182 nn. 2-3 (1868).

[6] Jay Hook, "A Brief Life of James Bradley Thayer," in *One Hundred Years of Judicial Review: The Thayer Centennial Symposium*, at 5.

[7] Thayer, "The Origin and Scope of the American Doctrine," at 144.

法，认为自己的义务就是按照自己对该法的理解来适用该法，即便他内心承认自己的理解也许不完善。若允许怀疑来改变他的决定，就会是允许某些非法律的东西来影响一个司法结果。泰耶尔"理解的司法谦抑与忠于法律这一美德毫无关系。事实上，由于泰耶尔主义要求法官在不认为合宪之际还是要尊崇立法机关的合宪性判断，因此忠于法律这一严格政策，事实上，看起来与泰耶尔主义不一致"。[8]

作为宪法谦抑的领军倡导者，泰耶尔的直接继承人是霍姆斯，他曾和泰耶尔一起从业法律一段时间。之后是路易·布兰代斯（Louis Brandeis）（泰耶尔先前的一个学生），然后就是菲利克斯·法兰克福特（他既是霍姆斯也是布兰代斯的朋友和助手）——他是泰耶尔意义上的自我谦抑的最断然的阐释者[9]——然后就是亚历山大·比克尔（Alexander Bickel）（法兰克福特的前助理）。在这条线上还有其他一些人，但上面这几位是主要人物。[10]

有些学者和法官对法院有无能耐（competence）决定困难的或后果重大的案件持怀疑态度，然而，他们没从泰耶尔那儿寻找灵感。一篇标题很刺激人的文章——标题中就有"泰耶尔式"一词，但其精神上并非泰耶尔式的——论辩支持对国会进行制度改造，令其表现更好些，这样也许就不再需要任何司法预断了。[11] 泰耶尔本人没有讨论过任何制度设计，我提到的这些泰耶尔派人士也不曾讨论过。

怀疑司法之能耐的人常常是法律严格解释者，即要尽可能贴近制

---

[8] David Luban, "Justice Holmes and the Metaphysics of Judicial Restraint," 44 *Duke Law Journal* 449, 459 (1994).

[9] 请看，例如，*West Virginia State Board of Education v. Barnette*, 319 U.S. 624, 667-670 (1943)（法兰克福特大法官，反对意见）。

[10] 请看，Luban, "Justice Holmes and Metaphysics," at 451.

[11] Elizabeth Garrett and Adrian Vermeule, "Institutional Design of a Thayerian Congress," 50 *Duke Law Journal* 1277 (2001).

定法的语义层面——字面含义。[12] 这是一种消极被动的战略——我在下一章会讨论其目前最有影响的变种——但这不是泰耶尔派的消极战略,泰耶尔派,我们会看到,都是法律的宽松解释者。

为支持他理解的宪法谦抑,泰耶尔论辩说:

1. 授权法院废除由全国立法机构颁布的法律是一种创新,在宪法文本中的根据很是稀薄,并且在他撰文之际,也很有争议。因此这就要求审慎的谦抑;法院必须提防自己别同政府其他部门并驾齐驱。

2. 一部法律常常是在生效多年后,法院才有了一个挑战该法合宪性的案件,或是有了一个成熟的*案件可供审理。泰耶尔说这意味着,立法机关必须作出一个独立的宪法判断——特别是联邦立法机关,由于联邦法院拒绝发布建议性意见书,国会就必须决定自己想颁布的某制定法是否合宪。他还提及了宪法的第4条第3款,强化了这一论点,而这一款要求,除其他人外,国会成员要发誓支持宪法。泰耶尔认为国会也是某种宪法法院。英国人走得很远,乃至认为英国国会就是该国最高法院——英国国会的一项立法就具有宪法修正案的效力。[13] 泰耶尔倡导的是一种修定版的英国进路。

3. 与不同政府部门间的权力相关的问题,不可避免地是政治性的问题,而因此法院就被迫要用政治的,而不只是法律的标准来回答

---

[12] 请看,Adrian Vermeule, *Judging under Uncertainty: An Institutional Theory of Legal Interpretation* 57-59 (2006),有关的讨论,请看,Richard A. Posner, *How Judges Think* 214-216 (2008)。"字面主义"(Literalists)称之为"严格释法主义者"(strict constructionists)会更好些。

* 这里指的是美国司法审查中的成熟原则,即联邦法院审理的案件必须是现存的实际争议,争议是实证性的,以及有充分的紧迫性和现实性要求司法予以确认判决。——译者注

[13] Philip Hamburger, *Law and Judicial Duty*, ch. 8 (2008).

这些问题。泰耶尔认为这些标准都会赞同谦抑。[14]

4. 对于泰耶尔最为重要的是(并且他的头两点就暗示了这一点)他的这样一个信念,即如果法院对立法机关彻底地强制执行宪法性限制,立法者就会不再思考自己提议的立法是否合宪,而只会考虑法院会如何反应。这就大大削弱了立法思考,立法机关就变得无关紧要了:"宪法中有很多细致的禁令,制衡和削减了立法权,但如果完全实现,政府就会变得很窝囊,而且根本无法履职……在任何体制下,法院的权力都不可能走远,不可能拯救一个民族免于毁灭;我们的主要保护者,在于其他地方。"[15]或如同他后来表述的,"经常并很容易诉诸这一伟大功能[对立法的司法审查]——如今已经常得令人可悲了,这种倾向大大弱化了这个民族的政治能力,大大减弱了其道德责任感。这可不是一件好事"。[16] 也许可以把这一观点同支持——在上诉复审中——尊崇初审法院之事实认定的一个传统论点比较一下:尊崇初审法官的事实认定会鼓励初审法官更全面的思考。然而,这种类比不准确,因为上诉审审查初审法院的纯法律争点之确认时,就是全审(即上诉法院可以完全推翻初审法院解决法律争点的办法),而不是尊崇,即重视其决定。这就有区别,区别在于前者是,只要上诉法院认为有错就驳回初审法院的判决或认定,而后者是,只有上诉法院认定其错的很明确(*clearly* erroneous)才予以驳回。

如果不是因不尊重立法并因此法院对立法审议的产品重视不够,

---

[14] Thayer, "The Origin and Scope of the American Doctrine," at 152.

[15] 同上注,页 156。

[16] James Bradley Thayer, *John Marshall* (1901), in *James Bradley Thayer, Oliver Wendell Holmes, and Felix Frankfurter on John Marshall* 3, 86 (1967).

第 6 章　上诉审法官的应对 I：司法谦抑

那看起来就是泰耶尔高看了立法审议。[17] 这两点是各自分立的：一个人可以认为立法机关干得不错，因此法院不应成天死死看着立法机关，却又不认为立法者和法官差不多，都会以负责任和创造性方式考察建议之立法是否合宪。泰耶尔相信这两者。但这两个信念都错了，或至少是根据不足。（后面对此会有更多讨论）。因此泰耶尔主义在出发点上就不牢靠。

在泰耶尔传人中，霍姆斯是泰耶尔的第一个也是最杰出的继承人。在私人信件中，霍姆斯称自己不仅追随泰耶尔，而且他理解的司法谦抑就来自泰耶尔，也和泰耶尔的完全一致。[18] 确实，他在司法意见中也用了泰耶尔的公式（以合乎情理为检验标准）；我后面会给出一个例子。但霍姆斯不接受泰耶尔的前提。他不崇拜立法机关，或不崇拜立法机关一个接一个生产出来的"自由派"（liberal）法律，例如反托拉斯法和其他商业规章。霍姆斯不认为立法者有可能成为深思熟虑的宪法解释者。事实上，他就不认为立法者是讲理的（reasoned）；立法在霍姆斯看来不过是一张石蕊试纸，显示的是社会中政治力量的平衡。泰耶尔还认为，法院在处理宪法争议时，政治考量无法避免，但是，这些政治考量会推动法官趋于支持他们认为可能违宪的那些制定法。这与霍姆斯的思考相反；霍姆斯认为，审理宪法案件时，用政治术语思考的法官，如果他们与立法机关在政治意识形态上分叉了，反而更易于废除而不是支持那些受质疑的法律。

---

[17] 韦斯特着重强调了泰耶尔论文中"亲立法机关"的这一面，请看，Robin West, "The Aspirational Constitution," 88 *Northwestern University Law Review* 241 (1993).

[18] 请看，霍姆斯给泰耶尔的信函（1893 年 11 月 2 日），重印于，Luban, "Justice Holmes and Metaphysics," at 462 n. 34.

霍姆斯就马萨诸塞法院支持工会权利问题的司法意见[19]，以及后来他在最高法院更著名的反对意见，反对最高法院基于"契约自由"理由废除社会福利立法的决定，一般被认为是司法谦抑的顶点，因为在私人通信中，他对这些立法有过一些嘲笑。他一直说，受自己理解的司法恰当角色的束缚，他才投票支持他厌恶的法律。对此我怀疑。他远不是个一贯的保守派——想想他的言论自由和人身保护令司法意见，以及他在监听案（奥姆斯蒂案［Olmstead］，本章后面讨论）中的反对意见。这些司法意见的推理都不严密，却都是对其厌恶的非自由的政府行动的犀利反应。他不可能是一个政治上的特型演员。

更重要的是，在散落其通信中的"是法律让我这么做的"这类宣言也暗淡了他的达尔文主义色彩，突出表现在他关于言论自由的反对意见[20]以及巴克诉贝尔案（Buck v. Bell）的司法意见（"蠢三代就够了"）。在霍姆斯看来，政治斗争与自然选择非常类似——甚至就是自然选择的一个例证。最强者赢。这并不是说，他们必然该当（deserved）赢，但他还是想让这个"傻瓜"因不允许其生育后代而输掉，并且在沉思社会斗争的达尔文特点时，霍姆斯明确流露出一丝欣赏。[21] 达

---

[19] 请看，霍姆斯在下列案件中的反对意见，*Plant v. Woods*, 57 N.E. 1011 (Mass. 1900); *Vegelahn v. Gunter*, 44 N.E. 1077 (Mass. 1896), and *Commonwealth v. Perry*, 28 N.E. 1126 (Mass. 1891).

[20] 请看，Vincent Blasi, "Holmes and the Marketplace of Ideas," 2004 *Supreme Court Review* 1 (2004).

[21] 霍姆斯"认为，就如同投身于自己的义务一样，令人敬畏的主导社会力量也是对我们实际感受的生活的一种令人愉悦的肯定。说到底，我们肯定社会的这种主导倾向，是因为这种至关重要的力量驱使不要求任何正当理由，我们也刻骨铭心地知道，到最后，也找不到有关这一倾向的正当理由"。Luban, "Justice Holmes and Metaphysics," at 507.

第 6 章　上诉审法官的应对 I：司法谦抑

尔文主义是一种有关顺应自然的理论，而不是一种有关天天向上的理论。废除现代自由派立法的司法裁决也许明智，也许愚蠢，但无论是何种情况，这都仅仅推迟了那无可避免的。"对一个坚实法律体系的第一要求是，它应当回应该社区的实际感受和要求，无论其对还是错。"[22]因此法官应当给工会与雇主、社会主义者与资本主义者之间的斗争让道，而别管法官希望哪一方赢。民主政治的过程就只是以这种文明的（就因其非暴力）方式记录了社会中相互竞争的各种势力的相对力量，这替代了内战，就像用和解替代审判一样。"从现代改进中可能期待的全部也就是立法应按照该社区中实际的最高权力容易且快速地自我修改，但也别太快了……那些更强大的利益群体必须或多或少地在立法中得到反映，立法就如同人类或动物的其他工具一样，从长期来看必定趋于有助于最适合者的生存。"[23]霍姆斯对立法的达尔文式理解，与泰耶尔的相距甚远，但这最能解说，在那些声称违反正当程序剥夺财产或经济自由的案件中，霍姆斯为什么会持谦抑姿态。

布兰代斯太经常与霍姆斯相提并论了，但他与霍姆斯不同，却也不更像泰耶尔。和霍姆斯相似，布兰代斯也是前卫的法律现实主义者，但与霍姆斯不同的是，他是完全政治的———一位杰弗逊派人士，带着南方人对强大中央政府的敌视（毕竟，他来自肯塔基州，尽管他不是你想象的那种典型的肯塔基人），也带着对财政、连锁店以及一般大公司的显著敌视。许多州立法者也都有这类反感，他们总体而言要比大多数联邦法官，例如布兰代斯，都更自由派。发现自己是在一个积极能动的保守派最高法院中，布兰代斯拥抱了宪法谦抑———接受、倡导并放大一些法律教义，如诉权、成熟原则，并尽一切可能避免宪法性判

---

[22]　O. W. Holmes, Jr., *The Common Law* 41 (1881).

[23]　匿名者[Oliver Wendell Holmes, Jr.], "The Gas-Stokers' Strike," 7 *American Law Review* 582, 583 (1873).

决,这会不给联邦法院机会或至少推迟(直到足以对付引发宪法争议的恶鬼的那一天)这种机会,认为它有权宣布某立法或行政措施违宪。但在宪法文本中,或是在之前的英国宪法实践中,都找不到这些教义;这些教义都是美国法官发明的[24]——有些还就是布兰代斯本人的发明。[25] 他也不比霍姆斯更为一贯地司法谦抑。他加入了霍姆斯的巴克诉贝尔案司法意见。在奥姆斯蒂案的反对意见中,他把对监听的宪法性限制定位于隐私权,但这在宪法文本中没有丝毫根据。并且,他还参与了最高法院废除诸多新政立法的决定,结果是在1930年代给最高法院惹来了政治上的大麻烦。*

霍姆斯和布兰代斯为司法谦抑辩解还有更深的理由,即这令各州能够发挥政策实验室的作用。各州实验不同的政策,由于这些实验范围有限(都局限于单个州),因此即便采取的政策很糟,造成的伤害也不大;而当州有了好政策,就为全国性社会改革奠定了经验基础。但这两位大法官接受这种各州实验理论的理由不同——布兰代斯接受是因为他想产生一些证据,关于哪种政策更有效果,而更重要的是,这也就保护了许多州颁布的自由派政策,而霍姆斯接受这个实验理由是因为(我猜想)他看到这与多样化类似,而多样化是进化的前提条件之一。

当回避宪法判决的战术失败,就宪法问题作出决定变得不可避免

---

[24] John A. Ferejohn and Larry D. Kramer, "Independent Judges, Dependent Judiciary: Institutionalizing Judicial Restraint," 77 *New York University Law Review* 962, 1004-1015 (2002).

[25] 请看,例如,*Fairchild v. Hughes*, 258 U. S. 126 (1922); Lee, *Judicial Restraint in America*, at 39-40, 68-76.

* 这里指的是因最高法院屡屡废除了罗斯福新政立法,导致罗斯福试图修宪来"重新包装"最高法院,最终迫使美国最高法院大法官悬崖勒马支持了罗斯福新政立法。——译者注

第6章 上诉审法官的应对 I：司法谦抑

时，布兰代斯通过堆砌大量事实细节（很少见于司法记录，更多是来自官方调查和社科研究），试图证明受质疑的但他喜欢的立法合乎情理。[26] 相比之下，霍姆斯没有经验研究的爱好，通常满足于断言受质疑立法合乎情理，然后就那么地了，就如同他在洛克纳案[Lochner]反对意见中说的："我认为，用宪法第十四修正案中的自由一词来阻止某主流意见的自然后果，这就扭曲了这个词，除非可以说，一个理性、公正的人一定会承认，按照我们民族和法律的传统来理解，这个建议的制定法违反了最基本的原则。无需研究就可以表明，对我们眼前这一法案不可能予以如此全面的否定。一个普通人会认为这就是应对健康问题的适当措施之一。人们会支持该法，认为这是一般性工时规制迈出的第一步，而我肯定不会认为这些人的脑子坏了。"[27] 至于是否还需要有研究来确认该法是否合乎情理，那就不是霍姆斯打算提供的。

和布兰代斯一样，法兰克福特也是彻头彻尾政治的，他倡导泰耶尔主义，带着任何其他泰耶尔派传人都无法比拟的嘈杂激情。他很卓越，但既不深思熟虑也不经验，他天真地认为立法者都是专家，他还分享了进步运动对专家治国的过度尊重，也分享了泰耶尔对立法机关的高度尊重。法兰克福特甚至（荒谬地）认为立法者可能会感到羞愧，乃至会在立法机关重新分配议席——换言之，他们会羞愧到通过议席重

---

[26] Wallace Mendelson, "The Influence of James B. Thayer upon the Work of Holmes, Brandeis, and Frankfurter," 31 *Vanderbilt Law Review* 71, 74-75 (1978).

[27] *Lochner v. New York*, 198 U.S. 45, 76 (1905)（反对意见）（增加了着重号）。

新分配来让他们自己失业。* 他在泰耶尔的公式上加上了，然后又阐述了布兰代斯的程序性谦抑，这一点打着"政治问题"旗号出现在他的贝克诉卡尔案（*Baker v. Carr*）反对意见中，而此案认定立法性的议席不当分配违宪。[28]

但即便不参考司法谦抑，也可以理解法兰克福特的许多拘谨的司法决定，包括他在第二号国旗致敬案[29]的著名反对意见。法兰克福特大致相当于一位美版的"宫内犹太人"（court Jew）（在国内族群多样的民族国家，如奥匈帝国，法兰克福特出生地，国王有时很重视受过教育的犹太人，因为他们的世界主义[cosmopolitanism]，即他们不依附于任何一个本地族群），他是强烈的爱国者。他无法理解为什么会有哪个美国人拒绝向美国国旗致敬，美国国旗对于美国人的象征意义要远超过其他国旗在其本国所具有的象征意义——例如，英国国旗。当遇到宪法第四修正案以及同等保护条款，法兰克福特大法官展示出来的就不是谦抑；他强烈支持宣布公立学校的种族隔离违宪。[30]

亚历山大·比克尔自认为是法兰克福特的化身，也频繁地赞同地

---

* 在1961年美国联邦最高法院审理"贝克诉卡尔案"，改变了国会和州议会的议席分配的做法之前，根据美国的宪政传统，国会和各州立法机关的议席分配由联邦国会和州议会管辖。而由于既得利益，长期以来，议席的分配总是会有利于在位议员，有利于白人候选人，甚至有意排挤其他族裔的候选人，这种做法显然违背选民的平等投票权。但这显然是个政治性而非司法性的问题，尽管在1950—1960年代，有人将这个问题带到美国联邦法院要求司法的回答。法兰克福特大法官主张司法谦抑，恪守美国司法传统，不去触动政治性问题，认为这政治问题该由联邦的政治性机构立法机关自己解决，认为立法者会良心发现，为自己的不公正议席分配感到羞愧，从而重新分配议席。——译者注

[28] 369 U. S. 186, 266 (1962).

[29] *West Virginia State Board of Education v. Barnette*, 319 U. S. at 647.

[30] 对法兰克福特的这些法理特点的很好描述，请看，Melvin I. Urofsky, Felix Frankfurter: *Judicial Restraint and Individual Liberties* (1991).

提及泰耶尔[31],但比克尔的司法谦抑其实是布兰代斯版的。比克尔有一个政治追求(他的这种温和自由主义,有人甚至将之同最高法院目前的一些自由派大法官联系在一起),他认为,通过巧妙运用一些战术性工具(有些还是来自他这儿),最高法院就可以骗过社会,就可以做成一些事。比克尔谈的很多都有关"原则",但他的这些原则其实都是政治理想,他认为最高法院在把这些理想强加给这个国家时,步子必须小心翼翼,因为其他制度也会反击的。在比克尔和他后来的司法化身,吉多·卡拉布雷西(Guido Calabresi)看来,最高法院总是处在与选举产生的政府部门的激烈政治竞争中。[32] 这也是一些政治科学家的看法,有其道理;比克尔向最高法院提供了一些战术性工具,希望帮助最高法院胜出其他政府部门。

例如,他希望,对最高法院还不敢公开谴责的"坏"立法,最高法院要避免认可其合宪(最高法院应拒绝调卷复审这类案件),以防止让行外人把认定某制定法合宪误解为赞同该制定法;比克尔认为,行外人没能力区分合宪立法与好的立法。在其他一些案件中,他想让最高法院同立法机构展开某种强制性"对话"。[33] 实在太糟的州立法会废弃,但给出的废弃理由要非常窄,要给这些州造成一些错觉,似乎是,

---

〔31〕 突出表现于,Alexander M. Bickel, *The Least Dangerous Branch*: *The Supreme Court at the Bar of Politics* 35-46 (1962).

〔32〕 请看,例如,*Quill v. Vacco*, 80 F. 3d 716, 738-743 (2d Cir. 1996) (Calabresi, J., 附和意见), reversed, 521 U. S. 793 (1997); *United States v. Then*, 56 F. 3d 464, 469 (2d Cir. 1995) (Calabresi, J., 附和意见); Guido Calabresi, "The Supreme Court, 1990 Term: Foreword: Antidiscrimination and Constitutional Accountability (What the Bork-Brennan Debate Ignores)," 105 *Harvard Law Review* 80, 103-108 (1991).

〔33〕 Alexander M. Bickel, "The Supreme Court, 1960 Term: Foreword: The Passive Virtues," 75 *Harvard Law Review* 40, 47-58 (1961).

如果各州更好阐述了支撑该立法的那些关切,或至少是他们对该法的渴望能表达得更强有力,该法也许就不会被废弃了。[34] 如果有个比克尔法院的话,这个法院就希望,立法者或是因比克尔法院的教诲而眼界大开,或是因颁布法律(包括重颁)从来都太难了,其立法努力无疾而终。比克尔要比霍姆斯更看高了,又要比泰耶尔更看低了立法机构,因为比克尔认为立法者仅仅是孺子可教,而不是——即便没有比克尔法院的教诲——很称职。

比克尔批评了数年后为最高法院在格里斯沃德案(*Griswold*)予以废除的康涅狄格州生育控制法(禁用避孕品,毫无例外,即便对已婚夫妇也如此)。在美国宪法或最高法院先前的决定中,看起来没有什么与这个制定法多少还沾点边的;有关家庭和性的法律长期以来都被视为是各州的专有权。但比克尔不希望最高法院还维持这个糟糕的制定法,因此他建议废止该法,基于一个非常局促的理由,即该法从未执行过,因此应当视其已被放弃。[35] 这么一个判决也允许该州重新颁布该法。但颁布一个法要比纸面上留着但不执行(或只很弱的执行,就像在康涅狄格州生育控制法的这个案件中)难多了,因此,很可能,该法就不会重颁(重颁一个法,就其难度而言,大致相当于该法的最初

---

[34] 同上注,页 58—64。

[35] "这是一个最高法院可以使用的一个机制,借此将支持和反对该制定法之目标的各种力量的冲击力都转移到立法机关,因为在我们的体制中,至少起始的决定权属于立法机关,这一点也隐含于坡诉尤尔曼案(*Poe v. Ullman*, 367 U. S. 497 [1961])的主流意义中。这个机制就是这废弃不用(desuetude)的概念。" Bickel, "The Supreme Court, 1960 Term," at 61. 但最高法院在格里斯沃德案废弃康涅狄格州制定法的根据不是废弃不用,而是侵犯了宪法性的"私隐权"(在最高法院的话语中,这个术语隐藏了其真正的打算——性的自由)。*Griswold v. Connecticut*, 381 U. S. 479, 485—486 (1965). 事实上,这一制定法曾实施过,尽管只针对生育控制诊所。

颁布);而这样一来,比克尔的目标就实现了,就无需最高法院正面进攻规制避孕品的各州权力。

因此,对比克尔来说,司法谦抑是出于审慎。比克尔走在公众舆论的前面,而他希望最高法院的大法官们也如此,因此,如果他和他们的观点要成为经久的宪法性法律,就必须谨慎操作。在这里,比克尔的进路与泰耶尔分道扬镳了,因为比克尔进路的基础是最高法院对立法机关(以及广大公众)高人一等和屈尊俯就,他给最高法院派了一个道德领袖的角色。

比克尔1974年去世,泰耶尔传统的主流也随之结束了[36],但布兰代斯果决塑造的可司法性(justiciability)这个教义还活着。"司法谦抑"和"司法自我谦抑"也活下来了——但只是作为一个含混的万能褒义词,在参议院法官确认听证中常规性地念叨着,在那里,它的作用就是修辞性伪装,"司法能动主义"也活下来了,作为一种含混的万能贬义词。[37]今天几乎再也没有什么泰耶尔派学人了[38],当下的最

---

[36] 在比克尔去世后的10年里,对比克尔观点的兴趣急剧下降,对此克隆曼的有关评论,请看,Anthony T. Kronman, "Alexander Bickel's Philosophy of Prudence," 94 *Yale Law Journal* 1567 (1985).

[37] 请看,Easterbrook, "Do Liberals and Conservatives Differ," at 1401-1403. 我用"能动主义"指拒绝接受宪法性的约束。关于这个概念的历史,请看一个有意思的讨论,Craig Green, "An Intellectual History of Judicial Activism," 58 *Emory Law Journal* 1195 (2009).

[38] 法罗(Fallon)引证了马克·图希内特(Mark Tushnet)和罗宾·韦斯特(Robin West)两人,Richard H. Fallon, Jr., *Implementing the Constitution* 142 n. 41 (2001). 然而,法罗本人拒绝司法谦抑。同上注,页9-10。图希内特和韦斯特在政治上相当左翼,人们会疑惑,如果最高法院有一个自由派的多数,他俩是否还会是泰耶尔派学人。然而,另一位新泰耶尔派学人,安爵恩·维缪(Adrian Vermeule)(请看,Vermeule, *Judging under Uncertainty*, ch. 8),则相当右翼。

高法院中没有司法谦抑的鼓吹者了。[39] 最后一位毫无疑问很谦抑的大法官(然而从泰耶尔派的视角来看,非常不完美的)是第二位哈伦大法官,他在比克尔去世前3年就退休了。泰耶尔的遗产之一,判定合宪的"合理根据"标准,已大大降低,成了另一个伊索寓言式的表述,表示的是最高法院没兴趣用宪法规范来判断这些限制了财产权的制定法,尽管当最高法院向右转时这种兴趣就又复活了。

司法谦抑的衰微

下面是以"司法谦抑"和"司法能动"两词做的词频统计(Ngram)图(导论已经解说过谷歌的词频统计软件了),该图显示了司法谦抑作为一个教义的衰落:

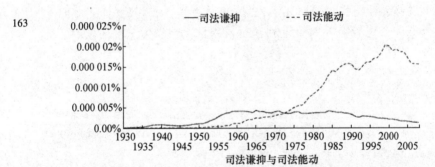

司法谦抑与司法能动

图从1930年开始,此前这个术语没人使用,尽管这些概念在19世纪就完全成形了。注意,"司法自我谦抑"是如何在1935年成为法律语汇的,其突增是因为对当时最高法院反新政的保守能动主义的批

---

[39] David A. Strauss, "The Death of Judicial Conservatism," 4 *Duke Journal of Constitutional Law and Public Policy* 1, 7-10 (2009); Easterbrook, "Do Liberals and Conservatives Differ," at 1409. 金斯伯格大法官与之最接近了。

第6章 上诉审法官的应对 I:司法谦抑

评,1960年代达到顶峰,这时,沃伦法院的自由派能动主义也达到巅峰,引发了保守派的尖锐批评。这个术语随后开始了逐渐但残酷的衰落,直到其目前的低水平。"司法能动主义"这个负面术语,出发晚些,但与司法谦抑这个词一样在1960年代激增,持续上升,到1990年代末达到巅峰,然后开始衰落,但其目前水平远高于"司法自我谦抑"的水平。"司法能动主义"仍然是一个万能的贬义词,但当"司法谦抑"不再凝聚人心时,毫不奇怪,司法能动主义也就失去一些地盘。

在联邦上诉法院,泰耶尔至少还有两位追随者,尽管两人都不是正统泰耶尔传人(但也没有正统泰耶尔传人)。一是第九巡回区的克利福德·瓦莱斯(Clifford Wallace)法官,他撰写了一篇思考很多的论文,在某些方面很有泰耶尔的特点,尽管不完全如此,并且他也没提到泰耶尔。[40] 他提及了民主,以此为司法谦抑辩解;他论辩说,民主要求法官让出最宽大的可能范围供立法来选择。但我认为,这犯了一个错;当他选择用民主为司法谦抑辩护时,宪法理论家约翰·哈特·艾利(John Hart Ely)就占了他的便宜了,因为艾利为沃伦法院的能动主义司法决定辩护的根据就是,沃伦法院使美国政府更民主了[41]:对于艾利来说,以司法能动来维护民主胜过以尊重民主为根基的司法谦抑。

瓦莱斯文章中最有意思的是,他对谦抑的司法决策所作的精细表述令人耳目一新。当一个案件存疑时,他说,法官应当:

(1)只澄清为决定庭前之案所必需的那部分制定法。

(2)以立法机关——如果它注意到其中有模糊之处的话——可能采用的方式来澄清该制定法。

---

[40] J. Clifford Wallace, "The Jurisprudence of Judicial Restraint: A Return to the Moorings," 50 *George Washington Law Review* 1 (1981).

[41] John Hart Ely, *Democracy and Distrust* 74-75 (1980).

(3) 遵循制定法释义的诸多普通法原则。[42]

(4) 以最少与前法之背景抵牾的方式来澄清该制定法——特别是有关诉因扩展。[43]

但这都不是泰耶尔学派的戒律；而只是些狭义解释制定法的技巧。而狭义解释限制了立法的影响范围。而这很不泰耶尔。

时下最为谦抑的有名法官是第四巡回区的哈威·维尔根森[44]，他受人关注因其不仅反对保守派深恶痛绝的罗伊诉韦德案（Roe v. Wade），而且反对自由派深恶痛绝的哥伦比亚特区诉海勒案（District of Columbia v. Heller）。[45] 但维尔根森反对这两案的决定，都不符合泰耶尔学派的精神，尽管这两个决定都未满足泰耶尔废止立法的标准。在这个意义上，他的反对与泰耶尔主义一致。维尔根森没有采用泰耶尔的表述。并且除了强调罗伊案和海勒案决定对各州政策实验的效果外[46]（即假定，就像他正确做的，最高法院将海勒案判决扩展到各州），他的批评，就如同瓦莱斯法官的批评一样，基础都是偏爱民

---

[42] 这听起来似乎很矛盾，但在下一章中我们会看到这并不矛盾。

[43] Wallace, "The Jurisprudence of Judicial Restraint," at 9.

[44] 根据作者袁（Yung）自己的数据，维尔根森在联邦上诉法院的142位法官中，是最为谦抑的法官，请看，Corey Rayburn Yung, "Flexing Judicial Muscle: An Empirical Study of Judicial Activism in the Federal Courts," 105 *Northwestern University Law Review* 1, 42, 55 (2011). 然而，袁理解的能动主义还不只是在制定法废止上拒绝谦抑；他对法官的能动主义的测度是，上诉审中依据完全的复审标准的撤销原判与依据尊崇的复审标准的撤销原判的比值。其要点是前一种撤销原判更少尊崇。

[45] 请看，J. Harvie Wilkinson III, "Of Guns, Abortions, and the Unraveling Rule of Law," 95 *Virginia Law Review* 253 (2009), 以及他最近的著作, *Cosmic Constitutional Theory*.

[46] 请看维尔根森的论文, Wilkinson, "Of Guns, Abortions, and the Unraveling Rule of Law," at 307-309, 318-320.

第6章 上诉审法官的应对 I：司法谦抑

主决策胜过司法决策。[47] 这与泰耶尔的信念不是一回事，泰耶尔认为，司法对立法咄咄逼人的审查是把立法者当成了婴儿。维尔根森看来不认为，司法谦抑会促使立法者在审议宪法问题时更有责任心。

以往的下层级法院的著名法官中，勒尼德·汉德够得上一位泰耶尔传人，然而，他比泰耶尔走得更远，他敦促人们视《权利法案》的大部分条款为完全不可司法的。[48] 但亨利·弗兰德利，过去半个世纪中最伟大的法官，且不曾被任何人指控为贬义的"能动主义者"——相反，他一直批评沃伦法院过分的能动主义——却不是一位泰耶尔派人士。让我们来看看他的一篇著名短论中的一段文字："一个伟大的宪法决定并不常常必须如此，意思是，并非相反的决定就不理性。我不会坚持艾利（*Erie*）案是一个罕见的例外。但此决定所提供的[决策]，与多年发展起来的美国宪法的构想更为切合，而没有一味声称宪法的'必要和适当'条款赋予国会有权，在那些本来保留给各州的领域内，为联邦法院制定实体法，或是声称联邦法院自己也可以这么做——并因此不仅允许了，而且导致了，法律下的司法不平等。"[49] 这段文字的头两句，如果是一位泰耶尔学派人士来说就会是：只能这样结论，即最高法院应认定国会为联邦不同公民间的诉讼制定决策规则是合宪的。而在抹去一堆先例的过程中，弗兰德利继续为与泰耶尔派相反的艾利案决定（这是布兰代斯撰写的，他的部分根据是霍姆斯先前的一些反

---

[47] 因为，当他拒绝宪法理论说"这些为理论推动的法官自信拥有未系统阐述的框架，规定了这些无懈可击的结果，他们已经忘记，智慧很简单，就在于知道自己知识的限度，也忘记了，良好的感觉常常展示于集体的和多样的环境中，而不是展示于纯净的上诉氛围中，他们还忘了，法律的语言、结构和历史最好是用做约束的中介而不是作为侵入的借口"。Wilkinson, *Cosmic Constitutional Theory*, at 115.

[48] Learned Hand, *The Bill of Rights* 65-66 (1958).

[49] Henry J. Friendly, "In Praise of *Erie*—and of the New Federal Common Law," 39 *New York University Law Review* 383, 398 (1964).

对意见)辩护。

宪法理论的兴起

与宪法性谦抑——无论是一般性的还是泰耶尔形态的——之幻灭相联系的是宪法理论的兴起,这是与泰耶尔的理论相距甚远的一类理论。而激发了宪法理论兴起的是保守派对沃伦法院,以及对伯格法院的一些跟进判决(如罗伊诉韦德案)的回击。(罗伯特·鲍克[Robert Bork]是其中的一个重要人物)。现代的各种宪法理论——无论是鲍克的还是斯卡利亚的原旨主义,或艾利的强化代表性,或布雷耶的生动自由,或作为普通法的美国宪法,或生动的美国宪法,或美国的不成文宪法(请看下一章),或隐形的美国宪法,或生动的原旨主义,或美国宪法的道德解读,或自由至上主义,或被流放的美国宪法,或其他什么——都是用来告诉法官,特别是最高法院大法官,如何正确地决定案件,而不只是有道理地或慎重地决定案件。而如果即便最困难的宪法问题也有可证明为正确的答案,很自然,就会认为,法官必须给出的就是这个答案,若给出任何其他答案都是无法无天。现代宪法理论给了这些理论家必备的主观确信,令他们可以大胆无视霍姆斯的名言,确信并不等于确实。因此"斯卡利亚和汤姆斯(Thomas)认为,他们在某些领域强烈要求谦抑,而在其他一些领域他们全盘能动,这两者之间的明显紧张已经为成文美国宪法自身化解了"。[50] 他们把谨慎变成了一个看上去根本站不住脚的借口(cop-out)(这令人想起威廉·布莱克对谨慎的定义:一位为性无能者追求的丑陋老富婆)。就如维

---

[50] Thomas M. Keck, "Activism and Restraint on the Rehnquist Court: Timing, Sequence and Conjuncture in Constitutional Development," 35 *Polity* 121, 139 (2002).

尔根森所言,现代的各种宪法理论"已经引发的不过是一堆竞争性的自由派和保守派的司法能动主义学派,而这些学派之间,除了都渴望为预定的且常常是党派性的结果找件理论外套之外,几乎没什么共同点"。[51]

因此,对于一个法官,要接受泰耶尔的标准,前提条件就是没有理论,没有有关如何确定某制定法或某行政行为是否违反了美国宪法的理论。如果他有了这样一个理论,不用这个理论,他就会感到自己没讲规矩(lawless)。因此不奇怪,泰耶尔派学人中没有谁想过,如何从法律分析中得出一个答案,来回答某个因美国宪法的许多含混或古老的规定引出来的问题。"几乎每个人都坚信,美国宪法是可以并是应当解释的,用各个法律领域都用的同样的、不设底限的法律辩论过程——通过编排(如果可能使用,则以某种相对说来无架构的方式)来自文本、结构、历史、先例以及后果的诸多论点,达到最有说服力的总体结论。"[52]

有人也许会认为,泰耶尔派人士都会是法律的严格解释者,因为对美国宪法作严格解释会减少对制定法的废止。但泰耶尔派人士都是宽松解释者[53],包括泰耶尔本人。[54] 而宽松解释,当适用于美国

---

[51] Wilkinson, *Cosmic Constitutional Theory*, at 4.

[52] Larry D. Kramer, "Judicial Supremacy and the End of Judicial Restraint," 100 *California Law Review* 621, 624 (2012).

[53] 请看,例如,Thayer, *John Marshall*, in *James Bradley Thayer, Oliver Wendell Holmes, and Felix Frankfurter on John Marshall*; Oliver Wendell Holmes, "John Marshall," in 同上,页 129, 131 (评论了这种"万幸的境遇,即由约翰·亚当斯,而不是一个月后由杰弗逊,来任命首席大法官,而因此这个职务交给了一位联邦党人和宽松释法者,由他来启动美国宪法的运转");Felix Frankfurter, "John Marshall and the Judicial Function," in 同上,页 135, 145 (评论"马歇尔在福吉谷 [Valley Forge]的经验"对他在最高法院的工作"有决定性影响")。

[54] Thayer, "The Origin and Scope of the American Doctrine," at 138; Bickel, *The Least Dangerous Branch*, at 36, 43-44.

宪法条款时,这不是一种理论,而是一张许可证,允许把法官理解的回应现代问题的合理政策读进宪法条款。正是当法官手中有这样一个许可时,才会有压力要求法官谦抑。

但是真的可能吗———一位法官决定某案,却没有某种关于如何正确决定此案的理论？吊诡的是,答案是还真可能——事实上,他也许还不得不如此。面对一个无法以常规法律推理克服的案件,法官不可能举手投降,说:"我可决定不了此案,因为我不知道何为此案提出之问题的正确答案。"他必须决定,就用他手边的无论什么工具。有些法官不认为有某种法条主义的算法可以决定每个案件,这样的法官趋于是"实用主义者",但不是那种看上去很哲学的意义上(尽管与一些实用主义哲学家很投缘,诸如查尔斯·山德士·皮尔斯[Charles Sanders Peirce],霍姆斯的一位朋友,以及约翰·杜威,霍姆斯的一位崇拜者),而是在另一种意义上的实用主义,意思是,这种方法的决策更看重后果而不是教义,或换一种说法,就是围绕着后果来安排(fit)教义。泰耶尔及其追随者都是实用主义者。维尔根森错失了这一点,他把实用主义者描绘成了司法谦抑的对立面。[55]

霍姆斯很出名的一点就是他怀疑常规的法律推理(换言之,法律形式主义)有多大用处,特别是在宪法性案件中,在这里,正统的决策材料很快就光了,而法官的意识形态和情感卷进来了,还常常对其投票有决定性影响。同眼下最高法院尽可能展示其博学的司法意见相比,霍姆斯的司法意见中对宪法的方法论讨论明显漫不经心。他的意见几乎从不提及宪法文本、宪法创制者的理解或宪法解释的原则。伟大的洛克纳案反对意见也就一页纸的,就用了泰耶尔的合乎情理标准加上简单提及屈指可数的判例,在这些判例中,最高法院曾——看起

---

[55] Wilkinson, *Cosmic Constitutional Theory*, at 87-88.

第 6 章　上诉审法官的应对 I:司法谦抑

来与洛克纳案本身似乎还冲突——限定了实质性正当程序的范围。霍姆斯引证这些判例来反驳下面这种主张:"理性和公道的人都会承认[洛克纳案中有争议的最大工作时间法]会损害我们的人民和我们的法律一直如此理解的基本原则。"他对该制定法的实际和可能后果没作任何分析("无需研究来显示……"),尽管有人可能认为这些后果与该制定法是否通情达理非常相关。

在阿布拉姆案(*Abrams*)中,霍姆斯的能动主义的言论自由反对意见又结合了皮尔斯(其朋友)的实用主义认识论和达尔文主义(我已经提到过,这对霍姆斯有全面影响,《物种起源》一书出版那年,霍姆斯正好成年):真理就是迄今为止在智识市场的竞争中存活下来的那套观念。"迄今为止"很重要;在皮尔斯的认识论中,不存在绝对的或很是接近于永久的真理。而在奥姆斯蒂案中,霍姆斯的能动反对意见则基于一个说得很难听的主张:让政府以非法手段获得有罪者的犯罪证据,从一种道德(也许还是一种美学)立场上看,比排除该证据从而令该罪犯逃脱法律控制更糟。[56] 这些司法意见中都没有什么常规的法律推理——奥姆斯蒂案反对意见中则完全没有。然而,这些都进入了霍姆斯最著名的司法意见之列。

---

[56] "这里并没有一套先例,约束我们,限制我们只能根据既定规则来逻辑演绎。因此,我们必须考虑这两个追求的目标,我们不能同时拥有两者,也没法打定主意选择哪个。罪犯应当侦获,为此也应使用一切可能获得的证据。但政府本身不应培育并收买某些犯罪,作为获得证据的手段。这两者都值得追求。如果警员以犯罪手段获得了证据,政府就付钱给警员,我就没法理解了,为什么政府就不能先付钱给警员,让他以同样方式获取这些证据,并且,如果政府知情地接受、获益并宣称未来还会为这些非法获得的证据埋单,我认为口头上的不认可就毫无意义了。我们必须选择,并且对于我来说,我认为,即便某些罪犯漏网,这也比政府扮演不光彩角色,危害性更小些。"*Olmstead v. United States*, 277 U.S. 438, 470 (1928)(反对意见)。

在私人通信中,霍姆斯曾描述自己的宪法决策方法基础是,除非某法令他呕吐,他才愿意将其废止。[57] 他从不曾在某个司法意见或论文中重复这一公式,但作为对其方法的描述之一,这丝毫不亚于其他描述。这进一步证明了他不是正统的泰耶尔传人,尽管在诸如洛克纳案这样的司法意见中,他挪用了泰耶尔的情理检验标准;也尽管他大大方方地(尽管是私下)承认了泰耶尔对自己的影响。"泰耶尔的进路是单向的,霍姆斯的则是双向的。泰耶尔的进路限制——从未扩展过——司法审查。霍姆斯的进路则允许法官在必要时牵强一下宪法文本,以避免极端的不正义。霍姆斯的美国宪法是不存在空白的——很值得注意的一点是,他的宪法性司法意见中鲜有宪法文本引证。"[58] 这样一来,"一位[正统的]泰耶尔传人就不会支持[格里斯沃德诉康涅狄格州案],因为[康涅狄格州的生育控制法]违宪并不是不存在合乎情理的怀疑;确实,你很难在宪法规定中找到个挂钩,把这个有关避孕品的案件挂上。霍姆斯的传人则可能认为该法实在太过分了(不仅因为其宗教气息,而且因为该法的唯一实际效果就是,不让生育控制诊所运营[59],以此令贫穷的已婚夫妇,除避孕套外,无法获得任何其他避孕工具),因此他会投票废弃该法,即便在宪法文本中很难为如此投票找到根据"。[60]

布兰代斯喜欢堆砌事实来显示,受质疑的某制定法通过了泰耶尔的情理检验标准。但这等于说,对于布兰代斯而言,宪法性法律下放

---

[57] *Holmes-Laski Letters: The Correspondence of Mr. Justice Holmes and Harold J. Laski*, vol. 2, p. 888 (Mark DeWolfe Howe ed. 1953).

[58] Richard A. Posner, *How Judges Think* 288 (2008).

[59] Richard A. Posner, *Sex and Reason* 205 (1992); Mark A. Graber, "False Modesty: Felix Frankfurter and the Tradition of Judicial Restraint," 47 *Washburn Law Journal* 23, 24-26 (2007).

[60] Posner, *How Judges Think*, at 288-289.

了,成了政策分析了。他同霍姆斯分享的观念,即各州都是政策实验的实验室,有道理,但也因此被弱化了,因为某联邦制定法也许是想要——如果得到法院支持的话——结束实验,而谦抑也许要求大法官来支持这一联邦法律。

例证法兰克福特的司法进路是他宣称,让警方用洗胃机来获取犯罪证据是"震撼良知的行为"[61],因此违反了"一个基本要求,即各州在指控罪犯时,要尊重文明行为的某种体面。作为一个历史的和一般的原则,法律的正当程序没有更精细界定,却也因此限定了,这些行为标准,就只说不能以冒犯'正义感'的手段来获取定罪"。[62] 除了"正义感"外,居然找不出决定宪法性问题的一个指南,这显然很绝望,法兰克福特希望谨小慎微地遵守程序性要求,伴随着详尽的司法审议,会产生一些合理的决定。[63] 但这是错的。在程序上吹毛求疵可能减少最高法院认为可以自由决定某制定法是否合宪的机会,但这不可能给作为宪法教义提出的那些空洞短语,如"正义感"之类的,赋予内容。并且法兰克福特也高估了法官的审议,这不是可能令深刻分裂的法官达成一致的手段,而宪法性争点常常导致法官之间深刻分裂。[64]

而最后是比克尔对宪法性决策理论的短促突击:"大法官的功能——对此没人质疑,而还不确定的只是什么才与这一主题上的伟大权威意见相一致——就是让自己沉浸于我们社会的以及与我们同源的先前社会的传统中,沉浸于历史以及历史积淀即法律中,以及沉浸

---

[61] *Rochin v. California*, 342 U. S. 165, 172 (1952).

[62] 同上,页173。

[63] 又请看,Henry M. Hart, Jr., "The Supreme Court, 1958 Term: The Time Chart of the Justices," 73 *Harvard Law Review* 84 (1959).

[64] 请看,Lee Epstein, William M. Landes, and Richard A. Posner, *The Behavior of Federal Judges: A Theoretical and Empirical Study of Rational Choice*, ch. 7 (2013); Posner, *How Judges Think*, at 382 (索引项"Deliberation")。

于——如勒尼德·汉德曾提议的——哲学家和诗人的思想和愿景中。然后,大法官才适合从他们最深的自我中,而事实上是从我们传统的不断演化的道德中,抽取'最根本的推理前提'。"[65] 这个"最基本的推理前提"短语,来自法兰克福特的一段同样空灵飘渺的文字。[66] 当他写下这段文字时,能过汉德这个沉静于阳春白雪之标准的大法官和法官的数量就很少;而如今在繁忙市侩文化中,能过的人则会微乎其微。

在宪法理论家的攻击下,泰耶尔主义太容易受伤了,但它的一个不那么突出但在我看来更严重的弱点是,它对立法过程太天真了(霍姆斯就不,他对这一过程的看法,我前面已经引证过,是愤世嫉俗的)。我们就想想,比方说,泰耶尔传人会如何为布朗诉教育委员会案(*Brown v. Board of Education*)辩解。法兰克福特,布朗案的热情支持者,会论辩说,当年在南方和南北相邻地区的各州,确定公立学校种族隔离的立法机关都不是真正获得人民支持的机构,因为在这些州,大量黑人实际被剥夺了选举权。(对判定立法机关划分选举议席不当的贝克诉卡尔案,也可以提出相似的论点:即选区的不当划分维护了少数选民的利益)。只是一旦有人开始质疑泰耶尔对立法机关的明媚看法,他踏上的这条路就走不到头了。美国参议院的选区划分不当。美国所有层级的政治过程都被金钱、利益群体、公众的无知和默然以及为代议民主的固有局限腐败了(代议民主制下人们投票支持的是个人而不是政策)。霍姆斯是现实主义者,属于柏拉图《理想国》中色拉叙马霍斯的传统:在民主制中,就如同在任何其他政府形式中,最终胜出的也是强力;法官,霍姆斯论辩说,最好别挡了重型卡车的路,尽管有

---

[65] Bickel, *The Least Dangerous Branch*, at 236.

[66] 请看, *Sweezy v. New Hampshire*, 354 U. S. 234, 266-267 (1957)(附和意见)。

时,有某件立法也许太令人作呕了,法官们因此必须表明自己的立场。霍姆斯对立法过程的看法有点"过",但这要比泰耶尔对立法者看法(他们是法律是否违宪的审议者,如果法官不打扰他们,他们就会像政治家那样制定法律)更接近真相。法兰克福特分享了泰耶尔对立法者能力和高风亮节的夸大,而比克尔则天真地认为,分享比克尔价值的大法官们可以把这些立法者都教育好。

泰耶尔主义的死亡和遗产

我解说了泰耶尔派理论(也许称其为修辞而不是理论更好些)为什么容易受伤,但我还没有说明其因何死亡。它在两方面死亡了:在学界(除了屈指可数的超泰耶尔传人外),如同我解说的,但它在法院系统也死亡了。其在法院系统的死亡要先于其在学界的死亡,而原因在于1950年代和1960年代沃伦法院高亢的能动主义,这种能动主义大大推进宪法性法律向左来了个重大扩张。自由派大法官(在这个领域,由大法官布莱克领军)狠狠推进了宪法的"整合"(incorporation)*,而这个教义是司法谦抑的对立面,因为宪法整合给各州强加了一些不能认为是宪法必定要求的统一规则。它不仅在联邦优先的领域内预先排除了州的立法,还不允许州这一层级的实验。

这并不是说沃伦法院是最早的能动主义的最高法院,最高法院在洛克纳时代就是能动主义的,再往前,也是。但洛克纳时期最高法院

---

* 美国1897年在 *Chicago, Burlington and Quincy Railroad v. City of Chicago* (166 U.S. 226)案开始确立并逐步推进实践的一个宪法原则,即通过美国宪法第十四修正案的正当程序和同等保护条款,令之前仅仅对美国联邦政府有约束力的《权利法案》的规定,扩展适用于美国各州。这种努力在沃伦法院时期达到了巅峰。——译者注

中的泰耶尔派大法官,霍姆斯和布兰代斯,都是宪法谦抑的阐述者,积累了相当程度的威望,并且自1930年代后期开始,最高法院快速摧毁了洛克纳时代的法理,这些法理在这时已被广泛认为太过了。沃伦法院中唯一引人注目的谦抑大法官是哈伦,但他也不是始终如一的谦抑,也不是可以同霍姆斯或布兰代斯比肩的著名司法人物。宪法谦抑的那股气漏光了,也许这是好事,因为自哈伦之后,最高法院里就没有始终如一的司法谦抑解说者了。一个理由是,沃伦法院大法官之后继任的保守派就没打算接受司法谦抑的棘轮理论(即便自由派很自然地会如此敦促);不谦抑的自由派扩展宪法性权利;而谦抑的保守派遵循先例,维护这个已扩展的权利,就为了限制他们自己的司法裁量权。这简直是胡说,泰耶尔主义中也没有这种寓意。

　　人们可以想象司法谦抑是一种平衡,司法能动主义则是另一个平衡,但是很难想象两者的轮替,能动主义时期和谦抑时期相互承继,也构成一个平衡。[67] 轮替要求一定程度的自我克制,但对最高法院大法官,你还真不能有这样的期望。特别是当你完全可以以恢复真正的司法谦抑为名来推翻能动主义决定时,你还来维护你实在痛恨的这一宪法传统,这多没意思[68],还不如就当一位名不副实的谦抑者,赋予了能动主义先例支配性的权重。在里根任命的人进入最高法院后,保守派大法官日益压缩了沃伦法院的几项主要举措,而这样做了后——铁了心——还一直向右转(老布什和小布什总统任命的大法官也令

---

[67] Aziz Z. Huq, "When Was Judicial Self-Restraint?" 100 *California Law Review* 579 (2012),提供了既支持同时也反对这一猜测的证据。

[68] 这是瓦莱斯的论点,请看,Wallace, "The Jurisprudence of Judicial Restraint," at 15-16. 关于海勒案是对罗伊诉韦德案的"回报",请看,Wilkinson, "Of Guns, Abortions, and the Unraveling Rule of Law," at 274. 一位出色的保守主义宪法理论家明确拒绝了泰耶尔主义,请看,Steven G. Calabresi, "Thayer's Clear Mistake," 88 *Northwestern University Law Review* 269, 275-277 (1993).

第6章 上诉审法官的应对 I：司法谦抑

右转加速了），就像在持有手枪和竞选融资决定那样。

有人也许会期待，始于1980年代的这种右转，以及因罗伯茨和阿利托任职最高法院以来的加速右转，会引发自由派的司法谦抑教义的强烈复苏，就像从泰耶尔那时开始到1937年猛然结束的那个保守主义能动司法的年代一样——1937年的最高法院，由于害怕罗斯福，举白旗认输了。并非如此；因为那就意味着要撤销那个宪法整合教义，撤销沃伦时代最高法院的一些里程碑式的决定。在自由派那边，其一直寻找某种司法审查的理论，既能合法化那些里程碑决定，同时又能令当下最高法院日益增长的保守能动主义失去合法性。这一追求失败了。宪法决策的自由派学术理论，受到广泛嘲笑，扶不上墙，即便对自由派大法官也没啥子吸引力。他们一直都不能就自由派宪法的法理提出一个融贯的愿景，而右派则得以脱身并以法条主义修辞来包装自己的能动主义。司法谦抑已不再是竞争者了。

左派和右派各自有自己的宪法议事日程。而由于美国宪法是如此老旧，在一些重要方面还如此含混，它很富弹性，这就为泰耶尔主义传人带来了另一甚或是致命的麻烦：由于美国宪法解释的弹性太大，若真如维尔根森法官敦促的却少有其他法官认同的那样大声承诺信奉司法谦抑，就会大大压缩宪法性法律，剩下的空间就很小。宪法性法律的诸多教义都是最高法院通过对这个实在文本作宽松解释创造出来的。在诸如言论自由、囚犯权利、宗教权利和宗教设立、私隐、性自由、枪支拥有（我们会在下一章看到）、民事和刑事程序以及商业规制这些领域，都有大量的教义，那是几代人随心所欲司法创新的累积产物，也都是反泰耶尔的。

尽管死了，泰耶尔主义还是留下了一些遗产。泰耶尔派的，尽管不是泰耶尔本人的，大多数前提，都有长久的价值，这包括对可司法性的一些限制；那种布兰代斯的渴望（即注重研究受质疑之立法对真实世界的影响;以及有必要为各州保留实验机会)——很好的例证是最高法院决定拒绝废除可用于教会学校的学券[69],以及下一章讨论的最高法院在解释宪法第二修正案的决定中明显没有作出全国过度统一的解释。[70] 支持与泰耶尔派意义相近的司法谦抑的一个额外论点是,在一般的宪法性案件审理中法官应心存敬畏(timidity):大法官作为法律人通常很称职,但也就仅此而已;司法决定可能会有很多未意图的后果;美国宪法范围太广,而大法官的动作只是基于很有限的信息;由于世上没有很有道理的精确方法来决定困难(difficult)案件,大多数宪法决定都不敢说有多大的客观有效性;但凡惊动最高法院的宪法诉讼,都是美国宪法中太老旧和太抽象因此不具指导性的部分;宪法案件中出现的争点问题趋于既很情绪性也很重大,解决这类争点的法律决定,不可避免地,会反映大法官们的人生价值、心理、社会背景、同行压力、政策焦虑、职业经验、意识形态倾向以及其他非法律因素,并常常是无意间就起了作用;不谦抑的法院会引发不谦抑的反击(因此可以比较一下沃伦法院和罗伯茨法院);以及法院的工具有限,因此他们的"立法"努力常常可能为其他部门废除。最高法院决定带来的非意想后果实在太多了。例如,国会和许多州对沃伦法院刑事程序自由化的反应就是提高了监禁的最低和最高刑期,而这样一来,就人们知道的而言,尽管如今可能更少无辜者被定罪,但那些一旦被定罪的,服刑年限就更长,尽管有时在他们服刑结束之前会免去他们的剩余刑期并被释放。

我说过,我们需要基于证据的法律;而如果有了这种法律,我们就不那么需要那种"决胜招"了,因为都有道理相持不下的情况会少些;

---

[69] *Zelman v. Simmons-Harris*, 536 U.S. 639 (2002).

[70] *McDonald v. City of Chicago*, 130 S. Ct. 3020 (2010).

因此也就更少需要诸如司法谦抑这样的教义了。但我们还没有这种法律,在第3章我就给出过一个例子,在哪些地方我们都不大可能得到这种法律:把报应作为刑事量刑的一个因子。法官还会继续这么做,而其根据并不比情感更强。

宪法理论没能促使宪法性法律很客观,就因为今天,宪法性法律在令人吃惊的程度上还是政治的或特设的;而因此,如今有一个论点,支持重建与泰耶尔宪法谦抑近似的某种理论。让我们只考虑众多例子中的一个,说是在社区学校诉西雅图学区一号案(*Parents Involved in Community Schools v. Seattle School District No. 1*)[71],最高法院的决定就需要有这样一个理论。两个学区,分属两个州,都用种族作为因素之一来分配进入公立学校的学生,就为在种族上达到一定程度的平衡;但由于在种族问题上没有"决胜招",就因当地的居住格局,这两个学区仍有种族隔离。最高法院以五(保守派大法官)比四(自由派大法官)判定,这两个学区以这种方式使用种族违反了对白人的法律同等保护。法院意见、附属意见以及反对意见加起来,在《美国联邦案例汇编》(*U. S. Reports*)占了200多页。大法官布雷耶的反对意见长达95页,汇集了相当多的经验证据,有关在种族问题上这种决胜招可能引发什么后果?但多数派法官的附和意见提出了相反证据。

多数派大法官,除了大法官肯尼迪例外,外表看起来都认定,基于种族的任何分类都违宪,但这种教义学立场在同等保护条款中并没有根据。该条款并没要求同样对待每个人;它并不要求,比方说,每个人都得进监狱或没人进监狱;不要求每个人从政府那里获得完全一样的资格性享有(entitlements);也不要求支付公立学校老师数额完全相等的工资。总而言之,对同等保护是不能做字面理解的。只能合理地将

---

[71] 551 U. S. 701, 803 (2007).

之理解为禁止那些会引发怨恨的、伤人的专断区分；而对在美国社会中要艰难爬坡且其本人没有任何过错的黑人儿童，多给他们一点好处，这显然不是招人怨恨、伤人或专断的。也许会，这对一些无辜的白人儿童肯定有点不利；也许不会，因为这种不利太微弱了，而社会和经济的更大程度平等对整个国家的总体福利也许很重要。鉴于这些不确定性，也鉴于含混、古老的宪法语言通常提供不了司法指南，这就有了一个强有力的论点，允许此案中的两个学区实验一下有限的反向歧视。此案是如此的不确定，乃至于在这种情况下——在最高法院决定听审的宪法性案件中不确定的很多——泰耶尔理论很有用。只是今天最高法院居然没有一位大法官，其他任何法院也只有少得可怜的几位法官，留意到这一点，多么可惜。

第7章

上诉审法官的应对 II:解释

> 原旨主义只是在寻找一个方便的昨天。
>
> ——利昂·维塞提尔

为了让法官不必理解经验实在,时下最雄心勃勃的努力高举着解释大旗行进着。与之相关的一对"双"则打着"文本主义"和"原旨主义"旗号——换言之,字义主义(literalism)和历史主义。它们共同构成了文本原旨主义,其崇拜者声称要"从支配性文本中寻求含义,并把其一开始承载的含义归于该文本,起草者文本以外的目的,是否应关注良好解读的预期后果,对这些法官拒绝多想"。[1] 当面对一个制定法或宪法性解释的争点时,法官必须做的以及应当做的一切就是适用相关的制定法或宪法文本于具体案件的事实。逃离经验现实之路这就完整了。

从形式上看,文本原旨主义是在赞美法官的被动消极;但从实践上看,这只是政治保守主义的一件修辞面具。而在这个政治系列另一端我们看到的是一种随心所欲的想象性进路——一种猖狂的能动主义,但它显然连个落脚点也没有,乃至即便自由派法官对其也望而却步。本章首先讨论文本原旨主义——大法官安东宁·斯卡利亚和法律词典编纂者布莱恩·戛纳(Bryan Garner)在其新书中描述和辩护的那种,然后转向那种完全没根据的自由派想象,耶鲁法律教授阿克尔·阿玛尔(Akhil Amar)新作中展示的那种。最后则简单讨论一种

---

[1] Antonin Scalia and Bryan A. Garner, *Reading Law: The Interpretation of Legal Texts* xxvii (2012).

替代进路,也许就位于斯卡利亚/戛纳与阿玛尔例证的两个极端之间。

精神死了,但文字永存

最地道的文本主义是从词典中获得一个制定法或其他生效法律文件的含义[2],不理睬勒尼德·汉德的警告:"确实,即便就其字面意义而言,所用的语词当然是解释任何书写作品——无论是制定法、合同或其他任何东西——之含义的首要且最可靠的渊源……[,]然而法学成熟和发达的最确定指标之一就是不指望词典能顶事(to make a fortress out of the dictionary);要记住,制定法总是要实现什么目的或目标的,而对目标的同情和想象性发现是获得制定法之含义的最确定的指南。"[3]并且,就如同伊斯特布鲁克法官——尽管他也宣称自己是文本主义者[4]——多说的那一句,"要对[制定法语词的]多种含义作出选择,你的立足点就必须比字典更坚实一些,字典只是一个语

---

〔2〕 请看,Note,"Looking It Up: Dictionaries and Statutory Interpretation," 107 *Harvard Law Review* 1437 (1994); Phillip A. Rubin,"War of the Words: How Courts Can Use Dictionaries in Accordance with Textualist Principles," 60 *Duke Law Journal* 167 (2010).

〔3〕 *Cabell v. Markham*, 148 F.2d 737, 739 (2d Cir. 1945),维持原判,326 U.S. 404 (1945).又请看,*Bartok v. Boosey & Hawkes, Inc.*, 523 F.2d 941, 947 (2d Cir. 1975).

〔4〕 Frank H. Easterbrook,"Textualism and the Dead Hand," 66 *George Washington Law Review* 1119, 1121, 1126 (1998).并请看他为斯卡利亚和戛纳的书(Scalia and Garner, *Reading Law*, at xxi)撰写的前言。

第 7 章 上诉审法官的应对 II：解释

词博物馆，一个历史名册，而不是解码立法机构作品的手段"。[5] 另一位评论者则说："宣布'这本字典'给某词分派了某种单一的含义，这种说法没有道理。你有多种多样的词典可以选择，它们通常为每个语词还都提供了几个词条解释。选择某本词典以及某具体定义并非显而易见，那必须基于某些其他适当性的理由予以辩护。这个事实特别让那些想用词典来确定通常含义的人感到麻烦。如果有多种定义，哪种定义最适合某个普通人对该词的解释方式？"[6]

字典的定义是非语境的，而语词和句子的含义主要取决于语境，也包括对背景的理解。公园有标识说"远离草地"，就不能解释为禁止割草工修理草坪。"你可以恰当地说，立法者合乎情理，起码打算'说话像人们通常理解在这种说话环境中一个人会说的那些话'。应当注意，这个原则并没指示解释者遵循一个语词或短语的字面的或词典的含义。相反，它要求细心对待细微之处以及相关语言的言说者在这一语境中赋予所用具体语词和短语的特别含义。"[7] 这是一位文本主义者说的，但斯卡利亚和戛纳在考虑一个与之类似的虚构解释问题时（有法令称"不得有人将车带进公园"[8] 其含义是什么?），还是拒绝了这种说法。

---

[5] Frank H. Easterbrook, "Text, History, and Structure in Statutory Interpretation," 17 *Harvard Journal of Law and Public Policy* 61, 67 (1994). 又请看, A. Raymond Randolph, "Dictionaries, Plain Meaning, and Context in Statutory Interpretation," 17 *Harvard Journal of Law and Public Policy* 71, 72 (1994).

[6] 请看, Note, "Looking It Up," at 1445 (省略了脚注)。请看, *United States v. Costello*, 666 F.3d 1040 (7th Cir. 2012).

[7] John F. Manning, "The Eleventh Amendment and the Reading of Precise Constitutional Texts," 113 *Yale Law Journal* 1663, 1704 (2004).

[8] Scalia and Garner, *Reading Law*, at 36.

181　　救护车进公园救人也算？两位作者回答说，"当然"。〔9〕救护车也是车。任何词典都会这么告诉你。很简单。这个结果有悖常情，但对于这两位作者的思路，这个有悖常情的结果是可以接受的，就为获得这两位作者认为文本原旨主义会提供的那种客观性——新文本用新词典，老文本则用老词典。如果该法令起草者当初想给救护车开个口子，他们就会这么说的。下次他们也许就会更细心些了。然而，后面我们就会看到，在这个救护车案上，斯卡利亚和夏纳还是后撤了，这种后撤与其全书的那种模棱两可态势是前后一致的。

就最高法院越来越多地引证词典，近来有个经验研究，得出一些结论很具摧毁性："最高法院每案通常依赖一本最多两本词典，大法官们的词典品牌偏好丰富多彩，即便对词典有'偏爱'的某些大法官的各案使用也远不是从一而终，在制定法颁布和提起法律诉讼之间的时段区分上也不存在一种融贯进路，这一切相加则表明，如今对词典这种比较新颖的解释资源之运用的主观程度很是惊人。"〔10〕"在伦奎斯特和罗伯茨这两个时期，词典已成为制定法含义确定的主要渊源。在伯格法院最后5年的全部决定中，词典适用占3.3%，如今已上升到——根据我们的数据——在罗伯茨法院过去3年间决定中的大约33.3%。随着引证词典之激增，一些读者对大法官更少标准的、看起来很燥人的主观性词典运用表示怀疑，而最高法院也没理睬关心这一问题的读者。尽管词典的作用增大了，但大法官们相互间也未交流看法。"〔11〕

---

〔9〕同上注，页39。

〔10〕James J. Brudney and Lawrence Baum, "Oasis or Mirage: The Supreme Court's Thirst for Dictionaries in the Rehnquist and Roberts Eras" 5 (Fordham University School of Law, Jan. 2013), http://ssrn.com/abstract=2195644 (visited Feb. 7, 2013).

〔11〕同上注，页91（省略了脚注）。

第7章 上诉审法官的应对 II：解释

要阐明一个词的含义，一位法官并不必须引证某本词典。他所需做的一切就是在读者会认为正确的一个英文句子中使用这个词。一份司法意见书认定"反对"种族歧视并不要求"反抗"种族歧视（也就是，采取措施来防止或消除这种歧视），并不需要像最高法院那样，到某本词典中去查看"反对"的含义[12]：最高法院所需说的全部就是"我反对种族歧视，但我没做什么去防止或消除，这样使用'反对'这个动词没错"。

大法官斯卡利亚是现今时代政治最保守的最高法院人法官——如有人怀疑这点，就应读一下他在亚利桑那诉美国案（*Arizona v. United States*）中辛辣的部分反对意见[13]——并且他也是当下最高法院保守派大法官的智识领袖。然而他声称，导致他司法投票的是一种客观的解释方法（并且是唯一客观的方法，他还声称），又说，因其客观，所以意识形态，包括他本人炽热的意识形态，都没掺和其中。显然，制定法文本本身并不天生的自由或保守。但文本主义是保守的。当某个情况属于某制定法的目标范围内却不能与该法文本严丝合缝之际，法官若拒绝对此情况适用立法机关的这一立法，就是阻扰了该立法机关。立法者的前瞻力有限，作为集体产品，制定法肯定会留下许多留待法院回答的解释问题，因为参与立法的人们对这些问题的答案未达成一致，然而文本主义者无视这一切，要求立法机关把无数设想情境都想透了，并全都明确回答了，而不是留待法院去合理回答。文本原

---

[12] 请看，*Crawford v. Metropolitan Government of Nashville and Davidson*，555 U. S. 271，276（1990）。

[13] 132 S. Ct. 2492，2511（2012）。请看，特别是页2522上的反移民狂言，我会在本章后面讨论。

旨主义是"高超"(gotcha)*法学。

值得注意的是,立法者并不接受斯卡利亚/戛纳的指示(诸如本章后面讨论的"最后的前因",以及"系列限定者"这类教条);因为如果接受了,立法者撰写的制定法就会符合这些教条,而他们没有。支持文本原旨主义的最佳论点看起来也就是,这会激励立法者制定出清澈的制定法;然而,尽管有斯卡利亚以及法庭内外的其他保守派显要的赞助,却没有证据表明产生了这种效果。立法产品的集体性质令这类追求行不通。文本主义令立法太慢——因此会偏向"小政府"并远离"大政府",而在今日美国,有别于托马斯·杰弗逊的美国,这是一种保守主义的偏好。

斯卡利亚和戛纳说,"这些教条不仅影响法院如何处理文本,而且影响法律起草者在文本起草时使用的技巧"[14],但他们也就是如此断言而已,拿不出证据。从外观上看,法官其实不知道制定法实际是如何起草的,这种无知甚至到了不可思议的地步。斯卡利亚和戛纳自信地断言司法解释方法会影响立法过程;而一些正在进行的经验研究文献就与之抵牾,这些文献强调的是,与斯卡利亚和戛纳相反,制定法起草者更看重立法历史。[15]

---

* 英文口语 gotcha 的含义是"懂了""抓到了",中文没有相应的简短语词。兼顾音和意,在此暂时译作"高超"。——译者注

〔14〕 Scalia and Garner, *Reading Law*, at 61.

〔15〕 Abbe R. Gluck and Lisa Schultz Bressman, "Statutory Interpretation from the Inside—An Empirical Study of Congressional Drafting, Delegation and the Canons: Part I" (Part I 即出,65 *Stanford Law Review* [May 2013]; Part II 即出,66 *Stanford Law Review* [2014]); Victoria F. Nourse, "A Decision Theory of Statutory Interpretation: Legislative History by the Rules," 122 *Yale Law Journal* 70 (2012); Nourse and Jane C. Schacter, *The Politics of Legislative Drafting*: A Congressional Case Study 77 *New York University Law Review* 575 (2002).

第 7 章 上诉审法官的应对 II:解释

知道会有人指责文本原旨主义太政治了,因此斯卡利亚和戛纳预先就设防反击,并给出斯卡利亚撰写或参与的一些自由派司法决定作为例证。[16] 确实有一些这类决定,但这并不让人诧异——作为最高法院大法官,斯卡利亚至少曾在 2 000 件案件中投过票。而该书给出的例子之一是,斯卡利亚认定一个禁止焚烧美国国旗的制定法违宪。[17] 一位文本主义者给出这么个例子很奇怪,因为相关宪法规定——"国会应不制定法律限制……言论自由(添加了着重号)"——并没有谈及非语词的政治抗议,并且焚烧棉纺织品也并非现代的发明。斯卡利亚和戛纳坚持法律术语必须理解其原初的含义,"在其完整语境中,语词的意思就是其被撰写时传递给通情达理者的那个意思——并且理解到,一般性术语也许还包含了此后的技术创新"。[18] 但坚持这一点与把"言论"解释为包括焚烧国旗是前后矛盾的。这就如同布莱克斯通(Blackstone)解说的,"这里对思想自由或探索自由未施加任何限制:仍然保留了私人情感的自由;而传播,或公开对社会目的有害的坏情绪,则正是社会要纠正的犯罪"。[19] 布莱克斯通是斯卡利亚和戛纳敬重的,在他们心中,是美国宪法创制时代的美国法权威,其实布莱克斯通的《英国法评述》要比美国的《权利法案》早出现 1/4

184

---

[16] Scalia and Garner, *Reading Law*, at 17.

[17] *United States v. Eichman*, 496 U. S. 310 (1990). 又请看, *Texas v. Johnson*, 491 U. S. 397 (1989).

[18] Scalia and Garner, *Reading Law*, at 16 (添加了着重号)。又请看,同上注,页 86。页 86 的措辞有损作者的论点:"每个时代的法律起草者都知道,技术进步会急速向前,也知道,他们创造的这些规则会有一天适用的各种情况都是他们没有可能想到的。"确实,并且在"他们没有可能想到的各种情况"中,许多情况都不是技术性的却还是构成一个强有力的主张,随着技术进步,原初理解是允许修改的。

[19] William Blackstone, *Commentaries on the Laws of England*, vol. 4, p. 152 (1770) (添加了着重号)。

个世纪。直到1872年创建海德公园的言说者之角,英国人才拥有了几乎无限制的公共自由言论权,英国一直到1968年才取消了对戏剧的事先审查。而在我们美国,在《权利法案》获得批准7年后,国会通过了《反煽动法》,作为1798年的《外国人和煽动法》之一,规定出版"虚假的、诽谤性和恶意文字"诽谤政府或某些政府官员为犯罪。有一定数量的人被认定违反了《反煽动法》,因此获罪。《外国人和煽动法》是1801年到时候过期的,而不是因被认定违宪而废除的。

斯卡利亚为自己辩护说政治意识形态没有玷污自己的投票,另一奇怪特点是,他提到的自己的那些反保守决定的自由派司法投票(不是他在焚烧国旗两案中的投票),大多不影响保守派的结果。威廉·艾斯克里奇(William Eskridge)也曾类似地指出,尽管斯卡利亚断然谴责用立法史作为制定法解释的工作——并且以典型的率直称其为"垃圾"[20]——他却还是参加了那些诉诸立法史的保守派司法意见,但没参加自由派的司法意见。[21]

对即便真诚探求原初含义的最具决定性的反驳是,司法史极少可能消除含混不清。法官都不是多么称职的史学家。就如同真正的史

---

[20] 路透社访谈安东宁·斯卡利亚和布莱恩·戛纳的记录稿,页20,2012年9月17日,http://newsandinsight.thomsonreuters.com/uploadedFiles/Reuters_Content/2012/09_-_September/Scalia_Reuters_transcript.pdf (visited Oct. 3 2012)。

[21] William N. Eskridge, Jr., "The New Textualism and Normative Canons," 113 *Columbia Law Review* 531, 567 n. 183 (2013). 此外,尽管斯卡利亚和戛纳特别嘲笑对制定法文本的"目的性"解释(请看, Scalia and Garner, *Reading Law*, at 550-551,索引项"目的"和"目的主义"),斯卡利亚还是参加了一个公开的目的性的、反文本主义的保守派反对意见,请看, *NASA v. Federal Labor Relations Authority*, 527 U.S. 229, 253-254 (1999)。我们将看到,有时他也在自己的司法意见书中使用立法历史;我很快就会讨论一个显著的例子。

学家承认的那样,即便真正的史学研究也经常不确定。[22] 那种令人生疑却获得某些原旨主义者背书的历史分析就是一些瞎想:从前的人会如何回答某个他们从不曾遇到也不可能遇到的问题,因为当时还不存在与这个问题相关的某种实践或概念或技术,在他们生活的年代也无人预见过这些问题。斯卡利亚在技术变革方面接受这个进路。(他必须接受;否则的话,宪法第二修正案——请看下一段——创造的权利就是只能保持和持有 18 世纪的武器)。然而,没有哪位历史学人能给出个负责任的回答:18 世纪的脑瓜会如何应对 21 世纪的监控、刑事调查、营销、金融规制、大众传媒等技术。[23] 给法官提这些根本没法回答的问题,这就是想引出那种"激励性推理"(motivated reasoning),而这其实是一种认知的错觉,即相信并接受支持某种预想的证据,并拒绝那些与此预想矛盾的证据。[24]

就让我们看看哥伦比亚特区诉海勒案(*District of Columbia v. Heller*)。[25] 此案认定,宪法第二修正案创设了一种为了自卫而持有手枪的权利,就让我们看看大法官斯卡利亚如何用历史推出这一解释的。该修正案的文字是:"鉴于一支训练管理良好的民兵是保障自由州安全之必需,人民保有和持有武器的权利不受侵犯。"这看起来全部

---

[22] Georg G. Iggers, *Historiography in the Twentieth Century: From Scientific Objectivity to the Postmodern Challenge*, 8-9 (1997).

[23] 请看,Leonard W. Levy, *Original Intent and the Framers' Constitution* (1988);Peter Novick, *That Noble Dream: The "Objectivity Question" and the American Historical Profession* (1988).

[24] 请看,Daniel C. Molden and E. Tory Higgins, "Motivated Thinking," in *The Cambridge Handbook of Thinking and Reasoning* 295-317 (Keith J. Holyoak and Robert G. Morrison eds. 2005). 又请看,*Special Issue: Political Dogmatism*, in *Critical Review: A Journal of Politics and Society*, vol. 24, no. 2 (2012).

[25] *District of Columbia v. Heller*, 554 U. S. 570 (2008).

意思就像是,对于一个州来说,有民兵——如果训练管理良好——是件好事,一定别允许联邦政府禁止美国人拥有武器,从而令民兵失去活力。因为,那样的话,民兵手中就没武器了,而非武装的民兵这种说法在语言上就自相矛盾,并且相对于没有民兵的各州,联邦政府也会过于强大。斯卡利亚和戛纳赞同地引证了大法官约瑟夫·斯托利(Joseph Story)对制定法前言的分析——"要想了解制法者的心智,要了解需要立法予以救济之伤害以及将由该法实现的目标,该制定法的前言就是一柄钥匙"。[26] 但无论是斯卡利亚/戛纳的书,还是海勒案司法意见,在遇到第二修正案的序言(一支训练管理良好的民兵是保障自由州安全之必需)时,就把斯托利搁一边了,而这一序言隐含的是,第二修正案关注的问题不是个人的自卫,而是禁止联邦政府解除各州民兵的武装。海勒案司法意见就没理睬这个序言,与之形成反差的是,斯卡利亚/戛纳的书对有些序言做了很好处理,他们将之归结在"释法教义"之34(即该书讨论的70条制定法解释规则中的第34条)的名下,关于"序言性材料之教义"。但该书也没提宪法第二修正案的序言。

这个序言也有一段历史。18世纪后期,美国人很害怕常备军。他们认为,同民兵相比,常备军更可能成为暴政的工具,并会令整个民族卷入对外战争。他们也害怕中央集权政府(就像英国建立的那种政府)。而正是基于这两点,他们想保证各州保留各自的民兵。如果《权利法案》中没有这么一条,那么《美国宪法》的第1条,由于其授权国会组织、装备、规训民兵(这个词包括各州民兵,因为这一条将训练和统领"民兵"的权利保留给各州)并征召其服务,也就可能令国会有权解

---

[26] Scalia and Garner, *Reading Law*, at 218,引证了 Joseph Story, *Commentaries on the Constitution of the United States* 326 (2d ed. 1851).

第 7 章 上诉审法官的应对 II：解释

散民兵。在有关原初美国宪法的批准辩论中就表达过这种担心，这也是支持宪法第二修正案的动力。无论是分开阅读，还是参考引发这一修正案的那种关切，该修正案都没提及私人拥有手枪来保卫个人或财产。"宪法第二修正案的原初理解是，持枪既非一种个人自卫权，也不是各州的一种集体权，而是一种民事权利，是保证公民为参加训练管理良好的民兵、履行相关法律责任而能保有和持有所需的武器。"[27]

大多数职业历史学家在考虑了历史证据的权重的基础上，认为不存在与民兵义务无关却被宪法第二修正案提升到宪法地位的在家持有武器的普通法权利。[28] 在海勒案中签署法庭之友诉讼摘要的 18 位历史教授中，有 14 位赞同哥伦比亚特区的立场。斯卡利亚无疑相信，这些历史学家之所以不赞同海勒案，就因为这些人文教授趋于是自由派，而自由派又趋于支持控枪。这样说也没错——但如果历史学就是这么个一锅浆的学科，历史学家的政治观点会塑造他们的职业观点，那么历史就不大可能会给宪法决策带来客观性。

海勒案的多数派意见还不仅强调所谓先前就存在的保有或持有武器的自卫权利，而且强调，更关键地，宪法第二修正案的语词对于 18

---

[27] Saul Cornell, *A Well-Regulated Militia*: *The Founding Fathers and the Origins of Gun Control in America* 2 (2006). 又请看，Paul Finkelman, "'A Well Regulated Militia': The Second Amendment in Historical Perspective," 76 *Chicago-Kent Law Review* 195, 213-214 (2000); Don Higginbotham, "The Federalized Militia Debate: A Neglected Aspect of Second Amendment Scholarship," 55 *William & Mary Quarterly* 39, 47-50 (1998); Roy G. Weatherup, "Standing Armies and Armed Citizens: An Historical Analysis of the Second Amendment," 2 *Hastings Constitutional Law Quarterly* 961, 994-995 (1975).

[28] Cornell, *A Well-Regulated Militia*, at 2-4, 58-65; Lois G. Schwoerer, "To Hold and Bear Arms: The English Perspective," 76 *Chicago-Kent Law Review* 27, 34-38 (2000); Don Higginbotham, "The Second Amendment in Historical Context," 16 *Constitutional Commentary* 263, 265 (1999).

世纪晚期的读者到底是什么意思。[29] 但要从语词中抽取他渴望得到的这种含义,斯卡利亚就必须无视其序言。《权利法案》赋予的权利中只有这一条有一个序言。设想一下,如果在宪法第八修正案的残酷且非常之惩罚条款前有一句序言:"鉴于英王曾用英式车裂(Drawing and quartering)威吓政治和宗教异见者……"这就会影响法院能多宽泛地解释"残酷且非常之惩罚"这个短语。

斯卡利亚在海勒案中承认,允许人们在家中保有手枪不可能有助于民兵,因为现代军用武器并不适于保护家庭。然而该司法意见还说了,宪法第二修正案令平民拥有的唯一武器就是那些"在广大社会中并非很不一般的"武器。[30] 现代军事武器在广大社会中就非常不一般。因此,由于创设了一种与民兵无关的拥有枪支的特权,该司法意见就割裂了该制定法的两个条款(clauses)。

针对这一割裂,最高法院给出的正当化理由是,在"人民保有和持有武器的权利"这个表述(该修正案的第2款)中,"人民"这个词必须理解为不仅是军事人员,因为18世纪的民兵组织只招收身体正常的自由人——是美国人民的一个次群体。但显然宪法创制者并没打算赋予奴隶、罪犯、疯子和儿童哪怕是拥有枪支的初步(prima facie)宪法权利,没人认为这些人有资格服务于民兵。这一修正案的第1款即民兵条款的目的,就是要缩小第2款赋予"人民"的权利。

无疑,宪法创制者和批准者都认为,民兵保有和持有武器的权利令民兵们有权在家中保有火枪。因为对民兵成员的要求之一就是要提供火枪,而当履行民兵义务之际他们就以此来武装自己。这些火枪是他们的财产而不是各州政府的财产。但要是以这种历史理解作为

---

[29] *District of Columbia v. Heller*, 554 U.S at 577-592.
[30] 同上注,页627。

第 7 章 上诉审法官的应对 II:解释

根据,称国民警卫队(如今各州民兵的集体称谓)成员有宪法权利在家中保有军事武器(机枪、手榴弹、迫击炮等),那就很荒谬,该司法意见也拒绝了这种理解。因此,若解释恰当,宪法第二修正案只允许私人在其履行民兵义务之际拥有枪支。

斯卡利亚大法官在这里有一种从未承认的紧张关系,一方面,他愤怒地不屑用立法史来辅助制定法解释,而另一方面,在遇到解释这部 18 世纪的美国宪法之际,与大多数制定法历史相比,他热情开掘的则是古代史。如果一位法官和他的助理有可能重构 18 世纪的历史,那为什么就不能重构某个 20 世纪或 21 世纪的现代制定法历史呢?并且,如果对于现代制定法,用历史作为指南都不可信任,那么历史又何以可能成为理解古老宪法规定的袖珍指南呢?

斯卡利亚批评以立法史来解释制定法的理由之一是,立法机构是个多中心的机构,立法机构成员,就其投票通过的某制定法的解释争点,也许未有一致的解决办法。[31] 但是,当他寻求宪法规定的原初含义时,他就开始研究另一个多中心机构——一个制宪大会、一个国会、各位批准者(各州制宪会或各州立法机构)——的立法史了,这些机构的中心常常比立法机构的中心更多。

确实,如果"立法史"仅仅意味着某规定的草撰历史的话,那么斯卡利亚在海勒案中对立法史的使用[32]就很有限。但如此理解立法史这个词就太窄了。斯卡利亚的合作者界定立法史为"导致该制定法颁

---

[31] 请看,Christian E. Mammen, *Using Legislative History in American Statutory Interpretation*, ch. 9 (2002); Nourse, "A Decision Theory of Statutory Interpretation".

[32] 请看,*District of Columbia v. Heller*, 554 U.S. at 598-599, 603-605.

布的背景和事件,包括听证、委员会报告以及现场辩论"。[33] 宪法第八修正案"残酷且非常之惩罚"这个术语就逐字照抄了英国1689年的《权利法案》,那是在第八修正案批准之前一个多世纪;但斯卡利亚会否认这个英国原件也是该修正案立法史的一部分? 宪法第二修正案的"导致该修正案发生的背景和事件"正是海勒案的关注点。斯卡利亚对原初含义的追求将他带到了英国和美国的各种法律渊源面前,他从中提炼出当时存在的普通法武装自卫权,他论辩说,宪法第二修正案已经将这种权利法典化了。还有些英国法的渊源甚至是中世纪的。

在如此追寻中,斯卡利亚一直在从事着某种为人们挖苦的"律所历史学"。这种挖苦活该。律师为其客户辩解;法官,特别是他们的助理,则趋于为该法官赞成的任何一方辩解。如今法官派其助手跑到图书馆去寻找零星历史文献。当最高法院大法官的助理数量很多而且很能干时,可以享受最高法院图书馆以及国会图书馆精干的工作人员协助时,还有提交的数十有时甚至是数百份法庭之友诉讼摘要,其中许多都混合了作者自己倾向性明显的律所历史学研究成果时,要想根据某些未透露的理由为某个渴望得到的结果来合成一个也还言之成理的历史辩解,这就相当简单。(自由派宪法学教授山福特·列文森[Sanford Levinson]就曾承认,他的支持私人有宪法权利持枪的最重要理由就是,反对这一权利,这太伤害民主党的选举前景了)。[34] 事实

---

[33] "Legislative History," *Black's Law Dictionary* 983 (Bryan A. Garner, editor in chief, 9th ed. 2009).

[34] Sanford Levinson, "Democratic Politics and Gun Control," *Reconstruction*, Spring 1992, p. 137. 误用历史不是保守派法官的独门暗器;这完全是两党共享的。请看,Neil M. Richards, "Clio and the Court: A Reassessment of the Supreme Court's Uses of History," 13 *Journal of Law and Politics* 809 (1997); William M. Wiecek, "Clio as Hostage: The United States Supreme Court and the Uses of History," 24 *California Western Law Review* 227 (1988); Alfred H. Kelly, "Clio and the Court: An Illicit Love Affair," 1965 *Supreme Court Review* 119.

第 7 章 上诉审法官的应对 II：解释

上，在海勒案中，也不是那么简单，因此斯卡利亚和他的工作人员努力产出了一个很长的司法意见（多数派意见几乎有 25 000 单词），乃至会说服怀疑者，甚或将他们淹灭。这份多数派意见的历史引证范围之广很是惊人，但这并未证明这是公正无私的历史探讨；而只证明了只要工作人员出色，法院完全有能力滚出个大雪球。

惊人展示了这一点的就是该意见书以很长篇幅讨论了宪法第二修正案是如何解释的。斯卡利亚引述了过去两个世纪以来的一些说法，大意是，该宪法修正案保证一种持有手枪的个人权利。但这都是律师或其他倡导者，包括沾了点历史的立法者和法官以及法律教授的说法，而并非无私利的历史学家的说法——换言之，更多是律所史学。更有甚者，这些说法只是到了海勒案之后才被启动了。因为在两个多世纪里，这个据说是宪法第二修正案创设的为了人身安全私人拥有手枪的"权利"一直都在沉睡。在直到某些社会环境的变化产生了某种需求，要求某些权利生动起来并强制执行，有些宪法权利确实常常沉睡，只是幽灵般的理论猜想题目。但美国的社会环境没什么重大变化，重大到足以赋予宪法第二修正案新生命并割断其旧生命：以旧瓶装新酒。今天并不比 30 年前更迫切要求允许人民拥有手枪，用来保卫人身和财产安全，30 年前暴力犯罪更为严重，或就此而言，也不比 100 年前更为迫切。

维尔根森法官（上一章在为司法谦抑辩护的最后一战中我们曾同他相遇）论辩说，有人主张宪法第二修正案创设了为了保护人身安全而保有和持有武器的权利，但即便从这一立场来看，对这一权利的历史分析再高也不具结论性，有鉴于此，司法谦抑就决定了不能废止哥伦比亚特区的法令。[35] 为支持自己的论点,维尔根森找到了一个令人吃惊的根据:伊斯特布鲁克法官为斯卡利亚/戛纳大作撰写的前言。前言把这本书捧上了天,但接近结束时,伊斯特布鲁克留下了下面这些很具颠覆性的思想:"语词不具有固有的含义;一个表述的意义取决于采纳该文本时那个生动的解释社区是如何理解这些语词的。文本越老,那个解释社区距我们的解释社区就越远。在某些点上,这差别变得如此巨大,乃至于其含义已不再可能可靠地重现。"[36] 当这种情况发生之际,一个法院应当怎么办呢? 伊斯特布鲁克主张,法院应当"宣布,那个含义已经遗失,这个活着的政治社区必须作出选择"。[37] 海勒案的"活着的政治社区"由哥伦比亚特区的选民和官员构成。"当原初含义因时光流逝而遗失时……支持法官最后说了算的正当理由就人间蒸发了。而替代选项就是以美国宪法的主要决策手段来选择:由当选议员投票选择。"[38] 必须有"明确表现"方可认定制定法违

---

[35] 请看,J. Harvie Wilkinson III, "Of Guns, Abortions, and the Unraveling Rule of Law," 95 *Virginia Law Review* 253, 264-275 (2009)。

[36] Easterbrook, Foreword to Scalia and Garner, *Reading Law*, at xxv (原有的着重号)。

[37] 同上注。又请看,"A Dialogue with Federal Judges on the Role of History in Interpretation," 80 *George Washington Law Review* 1889, 1915 (2012) (对伊斯特布鲁克的评论)。

[38] Easterbrook, Foreword, at xxvi. 又请看,Joshua D. Hawley, "The Most Dangerous Branch," *National Affairs*, Fall 2012, pp. 29, 39. 在使用立法史来阐明制定法的含义问题上,有学者指出(请看,Neil Duxbury, *Elements of Legislation* 221 n. 192 [2013]),伊斯特布鲁克法官采取的观点比斯卡利亚的"更随和",并引证了伊斯特布鲁克的一份司法意见(*Board of Trade v. SEC*, 187 F.3d 713, 720 [7th Cir. 1999]) 和伊斯特布鲁克的几篇论文(例如,"Text, History, and Structure in Statutory Interpretation," 17 *Harvard Journal of Law and Public Policy* 61, 64 [1994])。

第 7 章 上诉审法官的应对 II:解释

宪,当斯卡利亚/戛纳如此主张时,他们看来是赞同某种司法谦抑原则的。[39] 但他们言行不一。

斯卡利亚的分析还有另一个问题——同样内在于文本原旨主义,这就是他完全不顾起草和批准宪法第二修正案的那个法律文化的解释常规。美国建国之初,立法解释的支配理论是灵活——"宽松"——解释,就如同首席大法官马歇尔在无数司法意见中的著名表述一样,例如美国诉费歇尔案(*United States v. Fisher*)[40];

> 当意图可疑之际,解释法律时应考虑后果,这是一个不应有争议的原则;但同样为真的是,这个原则必须小心适用,其影响力取决于将适用这一原则的案件之性质。当权利受到侵犯时,当基本原则被推翻时,当背离了一般的法律体系时,必须有再明确不过的立法意图表达,才能引发法院提出一个规划来实现这些目标。但当只是一个政治法规制定得不方便,如果表达立法机关之意图的语词足可理解,按通常含义理解心中没留下什么怀疑,还要对其做一种限制性的解释,这种说法就有失慎重,在法案通过之际,立法机关应当已想过要避免不方便,但在他们看来,为获得那刻意追求的具体好处可能已经平衡了这种不方便。

对于两个多世纪前批准的一个宪法规定,处理的问题又受 200 多年来

---

[39] Scalia and Garner, *Reading Law*, at 345. 又请看,同上注,页 410 n. 24。

[40] 2 Cranch (6 U. S.) 358, 389-390 (1805). 这一时期的其他例子,请看,*Kerlin's Lessee v. Bull*, 1 Dall. (1 U. S.) 175, 178 (1786); *Woodbridge v. Amboy*, 1 N. J. L. 213 (Sup. Ct. 1794); James Madison, *Federalist* 37 (1788). 一个全面的分析,请看,William N. Eskridge, Jr., "All About Words: Early Understandings of the 'Judicial Power' in Statutory Interpretation, 1776-1806," 101 *Columbia Law Review* 990 (2001). 又请看,泰耶尔、霍姆斯和法兰克福特论约翰·马歇尔的短文,集于 *James Bradley Thayer, Oliver Wendell Holmes, and Felix Frankfurter on John Marshall* (1967).

社会和技术变化——包括城市化和武器技术的革命——的巨大影响，灵活解释就特别恰当。由于修订很难，美国宪法从一开始就是作宽松解释的，这样它才不会变成一件紧身衣。宪法规定越是古老，相关的境况自颁布以来改变越多，宽松解释就越是恰当。很少有比宪法第二修正案更古旧的宪法条款了，关注的是各州民兵，而那时民兵的武器都存放在民兵家中；和限制驻军民宅的宪法第三修正案一样，宪法第二修正案也是一片历史化石。

在海勒案中，斯卡利亚辛辛苦苦为原旨主义的自卫手枪拥有权搞出了个正当理由，但他接着又抛弃了原旨主义——他列数了一系列对手枪拥有的合法限制，例如，重罪犯和有精神疾病的人不得拥有，禁止进入敏感地区（无疑包括了最高法院大楼），禁用特别危险的枪支。这些限制是很有道理的，但在18世纪的思想中，你如何找到这些限制的根呢？最高法院完全不想了。

因此，尽管号称是原旨主义的解释（却是撕去了对宪法应如何解释的原初理解的那种原旨主义），海勒案决定就是激励性思考的例子之一。因为当最高法院在一系列决定中认定，宪法第十四修正案最强有力的语言即该修正案"整合"了（并因此可适用于各州的行为）《权利法案》的几乎全部规定，海勒案演示的却是一个为历史决定的司法裁量。真正促成海勒案决定的并不是多数意见中宣称信奉的原旨主义，必须从其他地方来发现其真正来源。（激励性思考的另一个例子是，保守派大法官对宪法第一修正案言论自由条款作扩张解释，借此来减少[limit]对竞选融资的规制）。[41]

尽管显而易见却常被人忽视的是，运用宽松解释来把美国宪法制作成一件紧身衣与运用宽松解释来防止把美国宪法制作成一件紧身

---

[41] *Citizens United v. Federal Election Commission*, 558 U.S. 310 (2010).

第 7 章 上诉审法官的应对 II：解释

衣，这两者之间有一个重要区别。在海勒案之前不久的一案决定中，最高法院就曾判定，对一个强奸儿童但未杀害该儿童的人执行死刑，这违反了宪法第八修正案的残酷且非常之惩罚条款。[42] 这是一个束缚各州和联邦政府手脚的宽松解释，大法官斯卡利亚和其他保守派大法官对此表示反对。但在海勒案中，反对司法束缚联邦政府手脚的是自由派大法官，在 3 年后，反对司法束缚各州政府手脚的也是自由派大法官——这次是麦当劳诉芝加哥市案（*McDonald v. City of Chicago*），最高法院在此案中判定宪法第二修正案除了约束联邦行为外也还约束各州的行为。[43] 麦当劳案大大扩张了海勒案的决定。因为宪法第二修正案本来没限制州政府，只是限制了联邦政府，解散各州民兵。宪法第二修正案保护州权利。或更准确地说，本来是。

可以同上一章简单提及的泽尔曼案比较一下。[44] 在泽尔曼案中，最高法院拒绝了依据宪法第一修正案宗教创建条款提出的质疑，支持以学券方式（父母可以用其支付孩子的学费）将公共资金转移给私立学校。大多数私立学校都是天主教教会学校。对创建条款的这种解释允许了用公共资金给教会学校提供财政支持，拒绝了自由派大法官想强加给政府的那种宪法约束，并因此麦当劳案中自由派和保守派大法官的立场在此颠倒过来了。麦当劳案限制了各州关于枪支规制的实验；而泽尔曼案扩大了各州实验私立教育的权利。类似的还有科勒案决定。最高法院在此案认定，宪法第五修正案的征收（taking）条款并不禁止州征用（condemn）私有财产——在由此征收该财产后——将其转交给私人开发商。[45] 该决定引发了保守派的极大愤

---

[42] *Kennedy v. Louisiana*, 554 U. S. 407 (2008).
[43] 130 S. Ct. 3020 (2010).
[44] *Zelman v. Simmons-Harris*, 536 U. S. 639 (2002).
[45] *Kelo v. City of New London*, 545 U. S. 469 (2005).

怒,他们反对征用,因为这侵犯了财产权。然而,最高法院所做的一切只是给州政府解除了一个潜在的宪法约束。不出所料,该决定之后,不少州都对其征用权作出了限制。与此类似,如果最高法院还像先前一样,不插手枪支管制,私人控枪也不可能非法化,而只会把控枪留待立法机关。适合以宽松解释来扩大对政府行为的宪法性约束的场合是,寻求这种约束扩张的群体缺乏进入通常政治途径的良好渠道,因此无法保护其利益,而持枪拥护者过去和现在都有这个渠道。

当地区或地方对相关情况或公共舆论存有分歧,而统一的规则既非必需也不适当之际,放松而不是收紧美国宪法对政府立法和行政部门的限制,这样的宪法解释特别受欢迎。也正是在这些案件中,保守派声称其敬重的联邦主义显现出了其价值。海勒案和麦当劳案都看轻了联邦主义的价值,看轻了文化多样性、地方偏好和社会实验之间相互联系的价值。如果华盛顿特区(或芝加哥或纽约)想禁止手枪,为什么全国的多数派观点应具有决定意义?这是民主吗?或这是卢梭的强迫服从精英本质的"众意"(popular will)?* 确实,某全国性多数派的一员,在某个小地方,可能就成了少数派的一员:例如,枪迷在华盛顿特区。在当地属于少数但在全国属于多数的某人可以迁到全国多数主导的某地。华盛顿居民只要挪几百英尺就到了北弗吉尼亚州。

尽管聚焦于制定法解释而不是宪法解释,但斯卡利亚和戛纳的解释著作,除其他外,也是斯卡利亚对批评者的回应,包括一般的文本原旨主义批评者但特别是海勒案的批评者——此案既是他最为人知晓

---

* 当为"公意"(genearal will),波斯纳在这里可能有笔误。卢梭赞美公意,而对"众意"(popular)持批评态度,因此认为如果一个人不服从公意,则可以强迫其服从。卢梭关于众意与公意的讨论,请看,卢梭:《社会契约论》,何兆武译,商务印书馆1980年修订第2版,页29。——译者注

第 7 章　上诉审法官的应对 II：解释

的也是最受批评的决定。[46] 让我们看看这一回应是否或有多令人信服。

两位作者出师就不顺。他们论辩说，一直到 20 世纪中期，文本原旨主义都是占支配地位的解释方法。[47] 但他们提交的唯一证据就是引述了一些杰出的法官和法律家的话，诸如威廉·布莱克斯通、约翰·马歇尔和奥利佛·温德尔·霍姆斯，但这些人的写作全都在 1950 年之前，并且尽管这些人对制定法和宪法文本都很尊重——因为任何负责的法律人都会如此，但他们谁都不是文本原旨主义者；他们事实上都是著名的宽松解释者。想想前面引证过的马歇尔的费歇尔案司法意见书，再回想一下上一章讨论的霍姆斯。还可以想想霍姆斯对马歇尔的极度赞美，霍姆斯没法"把……同一个万幸的境遇分开，即是由约翰·亚当斯，而不是一个月后由杰弗逊，任命首席大法官，亚当斯将这个职位交给了一位联邦党人和宽松释法者，由他启动了美国宪法的运转"。[48]

斯卡利亚和戛纳称布莱克斯通是"一位精细的原旨主义者"[49]；说他"说得明明白白，就是原初含义当家"。[50] 然而，他们又毫无疑义地引述了布莱克斯通的著名断言，"最公道和最理性的解释立法者意

---

[46] 一位保守的原旨主义者的辛辣批评，还不是对海勒案结果的批评，而是对斯卡利亚的司法意见的批评，请看，Nelson Lund, "The Second Amendment, Heller, and Originalist Jurisprudence," 56 *UCLA Law Review* 1343（2009）。

[47] Scalia and Garner, *Reading Law*, at xxvii-xxviii.

[48] Oliver Wendell Holmes, "John Marshall," in *The Essential Holmes: Selections from the Letters, Speeches, Judicial Opinions, and Other Writings of Oliver Wendell Holmes, Jr.* 206-207（Richard A. Posner ed. 1992）（添加了着重号）。关于霍姆斯是一位宽松释法者，请看，Duxbury, *Elements of Legislation*, at 144.

[49] Scalia and Garner, *Reading Law*, at 79.

[50] 同上注，页 404。

志的方法,就是探求该法制定时立法者的意图,根据那些最自然和最可能的迹象。这些迹象或者是语词、语境、题材、效果和后果,或者是该法的精神和理由"。[51] 斯卡利亚和戛纳应当很讨厌这段话。

还可能了解一下那些偶尔也赞美文本主义的宽松释法的法官(一个现代例子就是大法官肯尼迪)。[52] 如果认为法官真的信他们自己说的每句话,那就是很傻很天真了。他们趋于系统地否认司法判决中有创造性——即立法性的——维度,其实这在我们的司法制度中很是重要。他们不想给人留下印象:他们同"真正的"立法者有竞争,或事实上什么事他都掺和了,但就是没干那些不构成政治威胁的事,即运用法律分析的神秘工具、只关心文字的客观解释。宽松释法者有时公开背书文本主义,这只证明了,出于战略理由,和其他人特别是和其他官员一样,法官也并不总是坦诚。

令文本原旨主义者丢人丢大了的是美国历史上最受敬重的司法意见之一,布朗诉教育委员会案就不是原旨主义的。1868年批准宪法第十四修正案时,禁止各州不予任何人"法律同等保护",这一规定意味的是,各州——具体针对的当然是前南方邦联的各州——对刚获得自由的奴隶以及更一般的黑人一定不能不给予法律保护。特别是,有些州,假装看不见三K党在到处恐吓黑人和外来政客(carpet baggers),这不可能不受法律制裁。如果当时对法律同等保护的理解就是禁止公立学校有种族隔离,该规定就不会获得批准。并且"隔离但平

---

[51] 同上注,页369,引证了 Blackstone, *Commentaries on the Laws of England*, vol. 1, p. 59(原有的着重号)。他们没有引用布莱克斯通进一步的陈述"当语词模糊时,发现一部法律之真实含义的最普世和最有效方式,就是考虑该法的理由和精神或推动立法者制定该法的原因"。同上注,页61。

[52] 引用于 Scalia and Garner, *Reading Law*, at 347. 又请看,同上注,页212。

第7章 上诉审法官的应对 II：解释

等"在文本原旨主义层面与"同等保护"也不矛盾。然而斯卡利亚和戛纳主张，"晚近的研究很有说服力地确认了，[布朗案，隔离但平等并非平等的]决定就是当初对南北内战后这一宪法修正案的理解"。他们仅引证了一篇法律评论文章来支持这一主张[53]，却没提一位法律史领军学者对此文的有力批评[54]；而前文作者只是一位杰出的宪法性法律的教授和前联邦法官，而不是法律史的领军学者。斯卡利亚和戛纳全面拥抱了前者的分析，但该分析的根据是宪法第十四修正案的立法史，而立法史是早就被斯卡利亚和戛纳革出教门的——更重要的是，该文的分析根据几乎全是宪法第十四修正案获得批准的1868年之后的国会法案和国会辩论；而颁法后的立法史是特别不可靠的关于法律含义的指南。斯卡利亚和戛纳在书中甚至都没提到过颁法后的立法史；他们一定认为这根本就不靠谱。

然而，对相反证据一字不提，这却是斯卡利亚和戛纳最喜欢的修辞手法；前面我已给了一些例证。他们反复引证了一些案例（既有州的，也有联邦的），作为文本原旨主义的范例，或是作为拒绝文本原旨主义的糟糕范例，但同时他们又完全不顾那些表明法官们既不无视文本也不固守文本原旨主义的关键文字。我会给出一些例证。[55]

他们赞美有个决定说，"三明治"这个词不包括玉米饼、玉米面豆

---

[53] Scalia and Garner, *Reading Law*, at 88, 引证了 Michael W. McConnell, "Originalism and the Desegregation Decisions," 81 *Virginia Law Review* 947 (1995).

[54] Michael J. Klarman, "Brown, Originalism, and Constitutional Theory: A Response to Professor McConnell," 81 *Virginia Law Review* 1881 (1995).

[55] 我可以给出的其他范例是他们对下列案件的讨论（分别在 pp. 229, 230-231, and 275-276）of *State v. Hudson*, 470 A. 2d 786 (Me. 1984), *Babbitt v. Sweet Home Chapter of Communities for a Great Oregon*, 515 U. S. 687 (1995), and *United States v. Persichilli*, 608 F. 3d 34, 37-38 (1st Cir. 2010).

卷或墨西哥夹饼(burritos, tacos, or quesadillas),因为《韦氏词典》对"三明治"的定义是,"两片薄面包,通常涂了奶油,面包之间摊一夹层(肉、奶酪或香喷喷的混合物)"。[56] 斯卡利亚和戛纳在此打住了,似乎该法院的全部决定就是参引了这本词典,由此确定了法官用词典指导理解法律文件之含义,既很有用,也很恰当。但该法院并未止步于该词典,这只是其开始。

一个名叫 PR 餐馆的公司在某购物中心租了一块空间,经营三明治。租约禁止该购物中心出让空间给某个其 10% 收入会来自销售三明治的商店。PR 声称,该购物中心违反了租约,因购物中心向一家出售墨西哥风味的玉米饼、玉米面豆卷或墨西哥夹饼的餐馆出租了空间。在提及《韦氏词典》的"三明治"定义后,该法院用一系列与词典定义无关的要点反驳了 PR 的主张:"PR 没提出任何证据表明租赁各方有意让'三明治'这个术语还包括玉米饼、玉米面豆卷或墨西哥夹饼。PR 是这一排他条款的起草者,它没在租约中加一条'三明治'的定义,也没在租约谈判中让白城购物中心清楚了解自己有意将玉米饼、玉米面豆卷或墨西哥夹饼也视同三明治。对 PR 公司不利的另一个因素是,租约签订之前,PR 就知道该购物中心附近就有一家墨西哥风味餐馆出售玉米饼、玉米面豆卷或墨西哥夹饼,PR 那时也没试图界定、讨论和澄清各方对'三明治'这个词的理解。"这些要点都要比"三明治"的词典定义更有说服力。

即便如此,就像通常情况那样,该法院还是误解了这一定义——斯卡利亚和戛纳也漏过了这一点。三明治并不必须有两片面包;可以多于两片(总汇三明治[a club sandwich]),并且也可以只有一片(外

---

[56] Scalia and Garner, *Reading Law*, at 54-55. 该决定是 *White City Shopping Center, LP v. PR Restaurants, LLC*, 2006 WL 3292641 (Mass. Super. Ct. Oct. 31, 2006)。

馅三明治[an open-faced sandwich]）。两片面包不必须薄薄的,其中夹层也不必须薄薄的。那一"片"也不必须是面包：通常汉堡就被视为三明治,同样的还有热狗——还有人视玉米饼和玉米面豆卷为三明治,而墨西哥夹饼则更类似三明治了。词典是一个迷宫,法官很快就会在里面迷路。以词典为中心的文本主义是无望的。[57]

斯卡利亚和戛纳对词典的另一次叩首是,他们表扬某法院下令无罪开释某人,此人在楼内开枪却被指控下面的罪名——"从任何地点[开枪]射入（into）任何有人居住的建筑"。[58] 斯卡利亚和戛纳说,该法院的此案决定很正确,根据是词典对"入"的定义。但斯卡利亚和戛纳还是错了。该法院说的是,"从任何地点[开枪]射入任何有人居住的建筑"这整个表述模棱两可,因为"入"意味的是射击者在外面,而"从任何地点"意味的是射击者可以在任何地方并因此可以是在楼里面。[59] 该法院判决此案依据的是其他理由。

斯卡利亚和戛纳嘲笑堪萨斯州最高法院的某决定判定斗鸡不违反动物虐待法。[60] 他们说,这个决定例证了,"法院有时会以令人吃惊的方式无视字面含义（plain meaning）",因为该法院蔑视词典定义,"偏偏认定公鸡不是'动物'"。[61] 而实际上,该法院说的是,"从生物学上看,家禽就是一种动物",只是公鸡（雄鸡）并非该制定法意图保

---

[57] 对三明治展作历史调查,成果会更为丰硕。对这一历史的一个深厚渊博的分析,请看, Woody Allen, "History of the Sandwich," *American Konspiracy*, June 21, 2011, http://amkon.net/showthread.php/34058History-of-the-Sandwich-Woody-Allen（2012 年 10 月 19 日访问）。我感谢安东尼·达迈托（Anthony D'Amato）提供了这一珍贵的参考资料。

[58] Scalia and Garner, *Reading Law*, at 71-72.

[59] *Commonwealth v. McCoy*, 962 A.2d 1160, 1167（Pa. 2009）.

[60] *State ex rel. Miller v. Claiborne*, 505 P. 2d 732（Kan. 1973）.

[61] Scalia and Garner, *Reading Law*, at 72-73.

护的那类动物。该法院给出了几个支持这一结论的理由,斯卡利亚和戛纳全都无视了。理由之一是,许多堪萨斯人认为鸡属于与动物截然不同的鸟类。但该法院最令人信服的理由是,堪萨斯立法机关曾通过一项制定法禁止周日斗鸡,这意味着一周的其他日子允许斗鸡,后来又撤销了这一制定法,这意味着每周任何一天都允许斗鸡——事实上,在堪萨斯,斗鸡是一项开放且声名狼藉的活动(令这些法官吃惊且反感)。

为了例证堪萨斯高院错了,斯卡利亚和戛纳赞扬某决定认定金鱼属于某制定法含义的"动物",因该法称"不允许任何人提供或发放任何活生生的动物作为涉及技能或机遇之比赛、竞赛或联赛的奖品或奖励"。但与之形成反差的是,堪萨斯高院拒绝"动物"词典定义的理由,斯卡利亚和戛纳一个也没说。[62]

斯戈利亚和戛纳讨论的另一个案件涉及某男子被指控教唆一位"青少年"违法,青少年的定义是"任何17岁以下的儿童"。[63] 该女孩16岁,但已婚(同另一人),斯卡利亚和戛纳赞扬该法院判决免除了被告的责任,理由是"儿童"这个词不包括"已独立生活的未成年人"(emancipated minor)[64],他们说这是"技术含义",因为在通常说法中,一位儿童新娘显然还是位儿童。法律中有很多词有技术含义(例如,"人",包括了公司),但这个例子不恰当。该法院的判决根据是一部制定法,该法对已婚女性"独立生活"的定义是无需其丈夫或法官认

---

[62] *Knox v. Massachusetts Society for Prevention of Cruelty to Animals*, 425 N. E. 2d 393 (Mass. App. 1981), discussed in Scalia and Garner, *Reading Law*, at 72-73.

[63] *State v. Gonzales*, 129 So. 2d 796 (La. 1961).

[64] Scalia and Garner, *Reading Law*, at 73-74.

可她们就可以签订合同。[65] 这与该刑事制定法中"青少年"或"儿童"的含义无关。如果法律禁止儿童饮酒,该法院会对已婚儿童网开一面吗?不会;但这却是斯卡利亚和戛纳赞扬这一决定的逻辑。

有一个限定租金的制定法,禁止房主赶走"去世房客的、一直同该房客共同生活的家庭成员",但没有界定"家庭"一词;有法院认定该法中的"家庭"一词包括"对离世房客有情感承诺的非亲戚同居者"。[66] 斯卡利亚和戛纳谴责了该法院的决定。这个决定也许对,也许错,但奇怪的是斯卡利亚和戛纳没有提及,这个有争议的"家庭"是一对同性恋,而在当时纽约是不承认同性恋婚姻的,而这两位男子就像配偶一样一直生活在一起,他们的家庭也这样接受了他们。

斯卡利亚和戛纳赞扬了一个决定,该决定判定,拒绝将房子出租给一对未婚者(这是一对异性恋),这不违反禁止租房歧视的制定法,因为(除其他外),该法并没界定"婚姻状况"。法院之所以如此决定,根据是一部禁止未婚同居(fornication)的制定法。[67] 人们也许会怀疑推动这一决定的是否真的就是该制定法,因为多数派意见中说的是(斯卡利亚和戛纳既没引证也没提及)——在1990年那很异常——"对我来说,很简单,本案提出的这个论点很令人震惊,会是立法机关意在保护未婚同居,并意图推进侵蚀那种支撑我们文明的制度——也即婚姻和家庭生活——的生活方式"。[68] 下一句,该法官就谈起了该制定法的立法史。

---

[65] La. Stat. Ann. tit. 9, § 101.

[66] *Braschi v. Stahl Associates Co.*, 543 N.E.2d 49 (N.Y. 1989);斯卡利亚/戛纳对此案的讨论,请看,Scalia and Garner, *Reading Law*, at 90.

[67] *State by Cooper v. French*, 460 N.W.2d 2 (Minn. 1990);斯卡利亚/戛纳对此案的讨论,*Reading Law*, at 253-254.

[68] 460 N.W.2d at 8.

在房主拒绝出租房子给这对男女之后但在该法院决定之前,该州修改了其反歧视法,界定"婚姻状况"为"某人是单身、已婚、再婚、离婚、分居或寡居"。想租房的这对男女都是单身,都是受保护的婚姻状态。在讨论此案后的那一页,斯卡利亚和戛纳评论说,"一个模棱两可之规定的含义也许会因后来的立法而改变",除非是"这一模棱两可之规定已被司法赋予了一个权威解释"。[69] 该制定法原来没界定"婚姻状况",因此造成了这一术语模棱两可,也不曾有过权威性的司法解释,最后才由立法机关对之作了界定。该定义本应已提供一个与文本原旨主义一致的根据,可以在这个同居案件中得出一个不同结果。而斯卡利亚和戛纳对此只字未提。

联邦移民法中有一条文,允许已归化的美国公民之妻进入美国接受治疗,不因其是外国人而被拘。而本地出生的(有别于归化的)美国公民之非公民妻子,则不得因治疗进入美国;美国联邦最高法院支持了这一拒绝。[70] 戛纳和斯卡利亚赞扬这一结果,给予归化公民之妻的权利多于本地出生公民之妻,但同时他们又称这"无可否认地荒谬"。[71] 他们承认"荒谬解释教义",该教义认可偏离字面阅读的解释,但他们又宣布这一教义不适用于此案,因为没法在移民制定法中,找到与本地出生美国公民相关之规定的位置,移民法只有关外国人。但这位被拒绝入境的妻子就曾是一位外国人。

他们没提最高法院看来已经同意了上诉法院对该制定法提出的替代解释。该上诉法院注意到,就该制定法的条款而言,只对该男子归化之后发生的婚姻适用,因此其适用仅限于这样一些案件,即,由于结婚,该妻子已成为一位美国公民即便她还生活在国外——因为移民

---

[69] Scalia and Garner, *Reading Law*, at 254-255.

[70] *Chung Fook v. White*, 264 U.S. 443 (1924).

[71] Scalia and Garner, *Reading Law*, at 238-239.

第7章 上诉审法官的应对 II：解释

法规定是"现已或此后可能同一位美国公民结婚，且她本人也会被合法归化的任何妇女都应视为公民"。但由于这位妻子刚好是华裔，依据当时生效的移民法，她还不能立刻成为美国公民，即便她已同本地出生的美国公民结婚了；如果她是公民，她当然就已经入境接受住院治疗而不会被扣留。最高法院说它"倾向于同意［上诉法院的这个］观点"[72]——该法的根据是公民和非公民妻子的不同地位而不是本地出生和归化公民之间的差别，而这个观点令该制定法避免了荒谬，同时也扩展了其进攻性。只是在表明自己倾向于同意该上诉法院很有道理的解释之后，最高法院才（看起来很勉强地）接受了这个替代理由：入境不被扣留权，这不适用于本地出生美国人的外国妻子。

斯卡利亚和戛纳讨论的案件有一个共同线索。法官确实讨论语词的含义，有时也会查看词典中的含义，但他们并不止步于此。有一些法官就是不听伊斯特布鲁克法官以及其他人的建议，就要查看词典，但他们也会考虑，对于那些努力解决某解释难题的读者自然会想到的含义来说，相关的常识性非文本线索的范围有多大。当遇到制定法解释时，法官都是折中者而不是教条主义者。

下面的谷歌词频统计图就表明了这一点，该图追溯了自1920年以来"文本主义""原旨主义""释法教义""立法史"和"立法意图"这些术语的相对频率。头三个术语隐含的进路与斯卡利亚和戛纳投缘，后两个则令他们生厌。头三个术语在1980年代中期之前几乎无人提及，但自那以后逐渐上升，而这正是斯卡利亚受任最高法院的时期，并且是在里根总统在任的有利气候下联邦党学社（Federalist Society）快速增长的时期。很快，最高法院曾大为依赖的"立法史"，提及次数开始急降；"立法意图"也衰落了。然而，这两个术语还是远比"文本主

---

[72] 264 U. S. at 445.

义""原旨主义"或"释法教义"[73]更多为人们提及。单单提及"立法史"的次数就远高于斯卡利亚/戛纳喜欢的三个术语的提及次数之和；而提及"立法意图"的次数则大致与三个术语的提及次数之和相当。

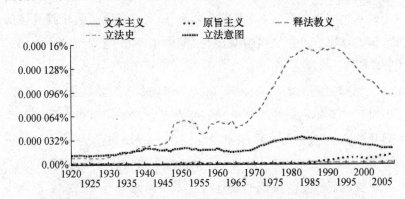

这些都是书籍而不是司法意见的提及次数；但对最高法院决定中制定法解释的一项研究得出的结果与我的词频统计图结果类似。[74]大多数大法官和法官都不愿对文本原旨主义作出一心一意的承诺。

即便大法官斯卡利亚也不例外。因为在他和戛纳批准的57条"释法教义"中有一条同类规则（eiusdem generis）（法律人错误拼写为 ejusdem generis，就因为英国法官多年前的拼写错误）。这一术语的字面意思是"同一类的"，但在法律中用来指，当列数一系列同类具体事项并以一个一般性事项结束时，该一般性事项应当解释为仅限于那些与这些具体事项相类似的事项。斯卡利亚和戛纳给出了一个例子，出自大法官霍姆斯的一份司法意见[75]，我们也还记得，他们想把霍姆斯

---

[73] "释法教义"这个说法其实就是解释原则，但前者有基督教色调——这是最愚蠢的法条主义了。

[74] Frank B. Cross, *The Theory and Practice of Statutory Interpretation*, ch. 6 (2009).

[75] *McBoyle v. United States*, 283 U.S. 25 (1931).

第7章 上诉审法官的应对 II：解释

也纳入文本原旨主义者的行列。他们精炼概括了这一司法意见："'汽车、卡车、轿车、摩托车或任何其他不是设计以轨道行驶的自行车辆'——不适用于飞机。"[76] 但这一概括扭曲了霍姆斯的分析。某制定法将州际运输已知是盗窃的"机动车辆"定为犯罪。斯卡利亚和戛纳没提及"机动车辆"这个制定法术语，而是只考虑了飞机是否与汽车、卡车等是同一类东西。对于霍姆斯来说，这个问题是，飞机是否是"机动车辆"，并且当他暗示但没有提及同类原则时，他驳回被告定罪的主要根据是，在通常言谈中，飞机不是机动车辆，并且——这里他暗示的是"慈悲规则"（斯卡利亚和戛纳认同的另一个释法教义）——罪名界定糟糕的一项定罪不应成立。霍姆斯还用了立法史来支持他的解释。而所有这些都为斯卡利亚和戛纳无视了。

获得这两位作者批准的另一释法教义是"系列修饰"（series-qualifier canon）（我也是刚知道）："当有一个直截了当且并行的解释，涉及一个序列中的所有名词和动词，这时，前置或后置修饰语通常对整个系列都适用。"[77] 在阿玛拉诉圣克劳德医院案（*Amaral v. St. Cloud Hospital*）中[78]，某州制定法允许医生查看医院病历，如果他们"通过探索（discovery），请求或寻求获得与医务人员特权相联系的数据、信息或记录"。问题是"通过探索"在这里仅修饰"寻求"或还包括"请求"。法院判定修辞两者，与这个系列修饰教义一致，因此斯卡利亚和戛纳为之鼓掌。[79] 但该法院并没提及这一教义；教义也不是该法院决定的根据。它说的是："当制定法的语言不清楚，并且立法史也不大说明问题之际，我们转向从立法目的寻求指导，即转向支撑颁发该组

---

[76] Scalia and Garner, *Reading Law*, at 200.
[77] 同上注，页147。
[78] 598 N. W. 2d 379 (Minn. 1999).
[79] Scalia and Garner, *Reading Law*, at 150.

织复查法的那些目的,以便确定资料提供者所称的数据例外[即该制定法中关于如何获得信息数据的规定]是否符合这些目的。"[80]这就是,没有依赖文本,该法院诉诸了立法目的,诉诸了一种在斯卡利亚和戛纳看来万万行不得的做法,因此他们在此也就没提及了。这些医生寻求查看的是有关本人的同行评论报告。该法院结论认为,立法机关不想让他们看到这类材料,除非通过一项诉讼,在诉前证据开示中看这些材料。

两位作者讨论的另一案件[81]涉及一份保单中某项规定的解释,该保单涵盖"任何版权侵权或不当或不法使用口号——你广告中的"。争点问题是"你广告中"在这里修饰的仅仅是"不当或不法"或还包括"版权侵权";如果后者是正解,那么这份保单就只包括广告中有侵权材料的版权侵权。该法院判定,"你广告中"只修饰"口号",这个结果与系列修饰教义冲突了。斯卡利亚和戛纳为这个结果辩护,诉诸解决合同中的模棱两可应当不利于合同起草方这一规则。但该法院既没提这一规则,也没提系列修饰教义。该法院诉诸的释法教义是"最后先行词教义"(last-antecedent canon):"只要不存在意图相反的暗示,限定短语应只适用于之前最近的那个词或短语。"[82]奇怪的是,这个最后先行词教义不仅获得过斯卡利亚和戛纳的批准,而且是在系列修饰教义前他们讨论的上一个教义。在这里,他们没提参看这个保险案,这令人困惑,因为这两条释法教义自相矛盾。斯卡利亚和戛纳从来就没试图消除这种明显的自相矛盾,因此,干脆就不提这个矛盾了。

---

[80] 598 N. W. 2d at 386.

[81] *Phoenix Control Systems, Inc. v. Insurance Co. of North America*, 796 P. 2d 463(Ariz. 1990);斯卡利亚/戛纳对此案的讨论,Scalia and Garner, *Reading Law*, at 150-151.

[82] 796 P. 2d at 466.

第 7 章 上诉审法官的应对 II:解释

他们也许会想为自己一个接一个再接一个的案例误读辩护,说,他们感兴趣的全部就是以具体案件说明的具体的释法教义:至于该法院用其他根据来支持其决定,不管可适用的释法教义,这一点无关。文本原旨主义的第二深厚的谬误在于其暗示,一个单一释法教义就可以决定不在少数的案件;只是没有单一释法教义可以决定斯卡利亚和戛纳讨论的大部分案件。其最深厚的谬误是这样一个命题,即这 57 个获其批准的释法教义与文本原旨主义完全一致(这也是他们为什么会批准这些教义的理由)。我们很快就会看到,其中有许多都既非文本的也并非原旨主义的。

斯卡利亚和戛纳为文本原旨主义辩护还有个污点:他们不诚实地概括其他解释理论;例如,他们说,文本原旨主义是"从竞争中胜出的有关解释的唯一客观标准。非原旨主义并非一种解释理论——只不过是对原旨主义的否认。但这个问题照样存在:法官如何决定何时某个文本的含义变了以及是如何变的?非原旨主义者回答不了这个问题——或更准确地说,非原旨主义就没有一个哪怕是接近客观检验标准的答案"。[83] 但"非原旨主义"并非某种制定法和宪法解释替代进路的名称。他们称之为"所谓的后果主义"——即"这个决定对'小民'(little guy)是否有利?"[84]——也不是。与他们轻松打发文本主义之替代形成反差的是威廉·鲍泊金(William Popkin)关于制定法解释专著中的折中进路[85],后者注意到了这些释法教义,却以其他进路来处理制定法解释。鲍泊金讨论了几乎 150 个用于制定法解释的术语,大多与释法教义不相关(尽管他也讨论了主要的释法教义),而是

---

[83] Scalia and Garner, *Reading Law*, at 89.

[84] 同上注,页 352(原有的着重号)。

[85] William D. Popkin, *A Dictionary of Statutory Interpretation*(2007);斯卡利亚/戛纳的书简单引证了此书一次(at p. 203),但未讨论。

与其他解释理论相关,诸如"作者和受众""整体解释""背景考量""变化""实用主义"以及"目的论"。

然而令斯卡利亚/戛纳整个进路之声名狼藉的是,他们并不真的信奉文本原旨主义。他们背书的这 57 项"释法教义"(拒绝了其他 13 项)——大多并非文本主义的——为他们提供了足够空间,任其驰骋,得出符合大法官斯卡利亚感受强烈的任何观点,在诸如人工流产、同性恋、非法移民、各州权利以及死刑问题上。两位作者甚至在他们自己运用这些教义时也前后不一致。他们批准的许多教义不仅是非文本的,而且是反文本的,即其限定了文本主义作为一种解释方法的范围和效用。就以第 38 号教义为例,"对制定法的应然解释方式是避免令其合宪性存疑"。[86] 换言之,你可以扭曲文本以令法院避免必须同违宪问题过招。两位作者将这一教义放到"司法政策"名下[87],而不是文本原旨主义的名下。

他们说,"一个公道的法律制度要求对犯罪和惩罚予以精细界定"[88],这里隐含的是法官可以用一个叫做"公道"的概念来解释制定法,创造罪名和惩罚。但这又如何可能同文本原旨主义对上茬呢?

他们说,"文本主义,就其最地道的形式而言,始于,也止于文本所言和文本公道隐含之言"。[89] 但他们没有信奉这种"最地道的形式",因为他们说,"何为[某制定法语词]合乎情理隐含的,这种决定需要一些判断"。[90]

---

[86] Scalia and Garner, *Reading Law*, at 247. 回想一下本书第 6 章注 3 中提到的,伊斯特布鲁克法官认为这是一个能动主义的教义。

[87] Scalia and Garner, *Reading Law*, at 249.

[88] 同上注,页 301。

[89] 同上注,页 16(增加了着重号)。

[90] 同上注,页 193(原有的着重号)。

第7章 上诉审法官的应对 II：解释

斯卡利亚和戛纳甚至背书了，如同我提到的"仁慈规则"，即化解刑事制定法中的模棱两可，应有利于刑事被告；但这甚至不是一个解释规则，更别说什么文本主义了。立法者更关注的是立法别有漏洞，而不是避免制定法中的模棱两可，因此他们会宽泛界定犯罪行为。仁慈规则则是司法对这种立法意图的制约性平衡。我们可以看一下《联邦党人文集》第78篇（汉密尔顿撰写）中那段令人赞叹的文字，有关仁慈规则例证的那类司法行为：

> 但是，考虑的还不只是违宪问题，法官独立也还是一种至关重要的防卫措施，为抵制社会中偶发的不良倾向之影响。这类不良倾向有时扩展到一些不公正和偏私的立法，只危害某些公民阶层的权利。在此种情况下，法官的刚直不阿至为重要，会缓和这类法律的严厉性并限定其影响的范围。法官独立不仅可以缓解那些已颁法律的伤害，还会制约立法机关通过这类法律；知道法院有疑虑，一定会阻碍其险恶用心之实现，立法机关就会恰恰因其动机不公正，而被迫收敛其企图。这是一种精心设计的格局，对我们政府的性质会有很大影响，几乎没什么人意识到这种影响会有多大。

仁慈规则是一种司法创造，就是要"缓和不公正和偏僻之法的严厉性并限定其影响范围"。就介于不可完全信任的民主立法机关和受制于立法机关意志的公民之间，作为一位独立官员，法官会刮掉立法的某些硬点。

仁慈教义是一个例子，有关一个仅限于某些具体问题——即刑法——的释法教义。斯卡利亚/戛纳专著的一个奇怪之处就是他们无视了大多数这类释法教义；其他例子还有，对破产法典中模棱两可处的解释应有利于债务人而不是债权人，以及对与美国印第安人有关之法律的解释要有利于印第安部落。

这两位说他们所说（并推荐）的"公平解读""要求有一种能把握

文本之目的的能力,目的是文本语境的一个至关重要的组成部分"。但他们也说,"这个目的是仅从这文本自身中汇集起来的,与该文本语境的其他方面保持一致"。[91] 随后他们就变脸了,说"在肉店入口处有标记称'狗或其他动物勿入'并不表示禁止入内的只是犬类或只是四条腿的动物,或只是家养动物"。[92] 这当然正确。但这个正确不是由于什么文本类的东西,而只是因为这样一个原则,即意义包括了"那些会让通情达理的人想到的事"[93],或我们知道作者写作时"他心里"想的事。[94] 基于这个理由,一个称"严禁狗、猫和其他动物"的标记就包括一些完全不相关的动物(不论这与同类原则是如何对立),因为"没人会认为这只禁止家庭宠物,而欢迎农场动物或野生动物"。[95] 也很对!但这对就因为文本主义错了。

还有那老掉牙的例子,一部中世纪制定法,惩罚"在街头造成流血"的任何人。斯卡利亚和夏纳指出,这一短语可以指打人或治疗病人(因使用水蛭),但"意思显然是前者"。[96] 确实如此,但这再次让法官走出了制定法文本,是把决定建立在当初的意图而不是当初所言;当初所言则包括了使用水蛭。同样的,当两位作者认同"别假定联邦制定法隐含了废弃州法律"时,这种背书也没有与文本主义有关的任何东西。他们的根据"是这样一个假定,在我们的联邦体制中,国会通常不会有也不应有这样的追求"。[97] 国会会追求什么?应追求什么?而那也是文本主义?

---

[91] 同上注,页 33(原有的着重号)。
[92] 同上注,页 206。
[93] 同上注,页 208。
[94] 同上注,页 199。
[95] 同上注,页 212。
[96] 同上注,页 357。
[97] 同上注,页 293。

第 7 章 上诉审法官的应对 II：解释

并且请记住，在本书前面，这两位作者是如何说的：即便为拯救某人生命，也不允许救护车进入禁止车辆入内的公园，这是文本原旨主义的必然。现在，数百页之后，我们得知，根本就没禁止那救护车进入这个公园，因为有"普通法的紧急避难辩解"，这两位作者允许这个辩解压倒了制定法文本[98]，但又过了数页，他们就评论说，除了在"诸如海商法等少数领域外，[联邦法院]并没有重大的普通法权力"。[99]在其他地方，他们对一份司法意见表示赞同，大法官肯尼迪（并非一位文本原旨主义者）在该意见中称，"谢尔曼法案用的'限制贸易'一词诉诸了普通法本身……而不只是 1890 年的普通法赋予这一术语的那种一成不变的内容"。[100] 换言之，在谢尔曼法案颁布之际，"限制贸易"一词有某种专门含义（也就是"限制疏离"，在这种情况下，典型地，某企业卖家同意在某确定时间段同买家竞争——这样的限制在现代反托拉斯法中几乎就没出现过），那时的法院可以自由改变，以符合商业变化以及现代经济学的教诲。然而在表示赞同这个奇谈怪论后仅仅 13 页，斯卡利亚和夏纳又称，"联邦法院并不拥有普通法法院的造法权"，在这里他们又无视了这一事实，即不仅在反托拉斯法中，而且在联邦刑法中，其使用的大多数概念——诸如主观恶意、密谋、未遂、正当防卫以及紧急避险——都是普通法概念。

两位显示出他们同意一些古老案件，这些案件判定，因期望继承遗产而谋杀父母或他人的法定继承人，并不丧失继承资格[101]，即便有

---

[98] 同上注，页 309。

[99] 同上注，页 313。

[100] *Leegin Creative Leather Products, Inc. v. PSKS, Inc.*, 551 U. S. 877, 887-888（2007）；斯卡利亚和夏纳对此案的讨论，请看，Scalia and Garner, *Readling Law*, at 96.

[101] 同上注，页 100。

213 这样一条普通法准则:不允许任何人因其不公行为而获益。(注意,普通法如何不可预测地在他们的分析中飘入又飘出)。他们称这些案件"从文本上看是正确的",尽管可怕,并且很高兴地注意到它们都已被制定法推翻了。但还没来得及登记他们对这些判例的赞同,他们就已在为另一规则鼓掌叫好了,该规则允许"因发生了未预见的事件,遵守时效不可能"而时效中止(暂停)。[102] 但时效中止并非制定法的规则;而是嫁接到一些制定法上的,这些制定法本身并未提及时效中止。为什么这些嫁接行,而这条剥夺以谋杀获取继承的法定继承人资格的规则就不行了?他们没说,但这个问题不全是修辞性的。就如同他们引证的案件之一提到的,对有关继承的制定法之解释已取代了普通法的原则,没收财产已不再是公认的对犯罪的惩罚了。[103] 而不提谋杀继承人案与时效中止案之间的这些区别,斯卡利亚和戛纳就使他们关于制定法嫁接普通法的讨论变得支离破碎。

我说到了,他们为一个原则——法官应避免以令某制定法违宪的方式来解释该制定法——辩护,称这一原则代表了"法院的政策"[104],但这与文本原旨主义是对立的。以类似的口吻,他们还提到"有许多长期确立的解释原则,若说是对其含义的通情达理的评估,还不如说是法院采纳的政策更能说得通"——但他们还是为这些原则鼓掌叫好。[105] 他们认同这样一个"释法教义",即"只要可能",处理同样问题的制定法就应"解释得和谐",但他们认同这一教义的理由是,这是"对立法机关应然追求的现实评估",而这又是从"一些坚实原则"中衍生的,即"这个法律整体应当有道理,以及在文本许可的含义范围

---

[102] 同上注,页 99。
[103] *Wall v. Pfanschmidt*, 106 N. E. 785 (Ill. 1914).
[104] Scalia and Garner, *Reading Law*, at 249.
[105] 同上注,页 30—31。

第7章 上诉审法官的应对 II：解释

内……法院有责任,让这套法律变得有道理".[106] 换言之,法官应当现实,应当把正确的理性强加于立法者,简而言之,应当紧跟在立法者后面把一切都抹平。

不管斯卡利亚的部分反对,联邦最高法院判定,某联邦制定法并未预先排除对烟草公司掩盖吸烟危害健康一事在各州法院提出侵权之诉,尽管该联邦制定法规定了,除了该制定法要求烟盒标明的吸烟危害健康的声明外,各州都不得要求在烟盒上标明其他同类声明。[107] 这一判决与斯卡利亚/戛纳认可的释法教义之一是一致的——应假定联邦制定法是补足了而不是置换了州法,我前面也曾提及。多数大法官判定,该联邦法已预先排除了以州关于吸烟有害健康的观点为根据提起诉讼(斯卡利亚附和了这部分意见),但这并不预先排除以侵权法要求不得欺骗这种一般性责任为根据在州提起的诉讼。斯卡利亚和戛纳无视这两类诉讼的区别,一类的根据是违反了联邦规定的警示,另一类的根据则是侵权法的一般原则而不是特别针对烟草广告或警示标签的其他东西。他们反而说"当国会已明确表达了其愿望之际,就没有正当理由不认真接受国会说的每个词"。[108] 但该法是否撤销了所有可能同烟草广告相关的州的侵权诉讼,甚至是否撤销了那些并不以州法与联邦法冲突为根据的州的侵权诉讼,这都不明确,因此,这个反对联邦预先排除州法的教义并未带给斯卡利亚希望属于他的胜利。

区分合同解释中的"内在含混"和"外在含混"会有助于理解文本

---

[106] 同上注,页252(添加了着重号)。

[107] *Cipollone v. Liggett Group, Inc.* 505 U.S. 504 (1992). 最高法院判定,其他侵权主张都为联邦法律的先占而丧失了,斯卡利亚也同意该决定的这一部分。

[108] Scalia and Garner, *Reading Law*, at 293.

原旨主义的根本谬误。内在含混是只要看合同就可以看见的一种含混;"从任何地点射入任何有人居住的建筑物",前面讨论过的这个短语,就是制定法中这类含混的例子之一。但有时,仅仅阅读一份合同,你看不出含混(也就是"表面看"不含混),但如果你理解合同的真实世界语境,它就含混了。在拉弗勒斯诉韦切豪斯案(*Raffles v. Wichelhaus*)中[109],原告同意,以规定价格,出售被告一定数量的棉花,从孟买用无双号(*Peerless*)船运至利物浦。就该合同表面看,这里没有含混之处。但碰巧有两艘同名无双号的船,相隔数月,来往于孟买和利物浦之间。棉花是第二艘无双号海运的,被告论称,本该由第一艘船海运——而在这期间棉花价格跌了。合同并没标明双方同意由哪艘无双号运送,因此该法院判定该合同令人无望的含混——尽管从外观看完全明确。

在许多外在含混的判例中,但不是拉弗勒斯诉韦切豪斯案,外部证据——贸易惯例、双方先前交易、谈判者的证词、其他谈判历史或这一交易中涉及的物品或服务的性质(如果棉花是易腐物品,也许就可以推论,双方意图由第一艘无双号运送)——也许能化解这一含混,并强制执行该合同。对于制定法来说,也是如此。把探求范围扩大到该文本之外,常常会揭示该制定法意向为何,只因立法者疏忽了而没有说明。

与合同上的含混之类比,还拽出了文本原旨主义的另一个谬误。说某文本"外观上看"就含混,也即,内在含混,这也就是说,读者不确定作者说的到底是什么,因为这个文本可以用不同方式解读;也许它用的一些词,其含义不止一个,或是词序有点乱,或是该文本的语法失

---

[109] 2 H. & C. 906, 159 Eng. Rep. 375 (Ex. 1864). 请看, A. W. Brian Simpson, "Contracts for Cotton to Arrive: The Case of the Two Ships Peerless," 11 *Cardozo Law Review* 287 (1989).

第7章 上诉审法官的应对 II：解释

当。解释原则并不清除这些含混；它们反倒会给某含混的文本强加某个含义。有时，可以通过考察颁法时的环境或替代性解释的可能后果来清除含混；这常常不可能，但由于法院必须决定案件，因此法院只能赋予该制定法某种令该制定法实践上可行的含义。在所有这些情况下，文本原旨主义所起的作用都很小，甚至不起作用。这就是为什么在这 57 个获得批准的"释法教义"中，大多不是文本主义的或原旨主义的，而只当文本原旨主义无计可施时用来决定胜负的招。

人法官斯卡利亚称自己是一位"怯懦的原旨主义者"，例证是，他说，自己本来会判定宪法第八修正案的残酷且非常之惩罚条款是禁止笞杖（flogging）的，但笞杖在当年批准《权利法案》之际是既不被视为残酷也不被视为非常。[110] 他和夏纳手中的文本原旨主义就是一锅糊涂浆——甚至他也不信奉文本原旨主义。再说一遍，他背书的大多数解释原则都不是文本主义或原旨主义的，而有些，诸如仁慈规则，甚至就不是解释的。

斯卡利亚代表最高法院撰写的美国诉琼斯案（United States v. Jones）意见[111]很好例证了他的这种赝品原旨主义。此案涉及搜查，即悄悄在嫌疑人车辆下方安装了一个 GPS。该意见书认定，既然该车是嫌疑人的财产，因此他的这一"财物"（effect）就属于宪法第四修正案的含义范围，安装 GPS 装置就是一种侵入，因侵入才成为可能的这个搜查因此违反了这一修正案。然而，鉴于电子监听的技术完全可能不侵入而同样进行"搜查"，就像窃听那样，这就是一种没有（普通）侵入的搜查方法。由 GPS 进行的这个搜查被认定违反了宪法第四修正案，不是因为这个未损害被侵入之财产甚至连财产主人都不察觉的侵入，

216

---

[110] Antonin Scalia, "Originalism：The Lesser Evil," 57 *University of Cincinnati Law Review* 849, 864 (1989). 为什么他疑虑鞭笞却不疑虑死刑，令我不解。

[111] 132 S. Ct. 945 (2012).

而是因为这是一个未经授权的搜查。这与侵入完全无关。宪法第四修正案就没提到过侵入。一项搜查无需有侵入，或侵入无需有搜查。就如同大法官阿利托的附和意见中指出的，斯卡利亚的分析避开了必须决定的问题，即如何设想宪法第四修正案可能施加的限制，不仅对电子监听，而且对更一般的遥控识别，而这是一个技术进展迅速的领域。[112]

用了这么多篇幅来讨论斯卡利亚的解释理论是因为，这个理论惊人地例证了我在第3章中谈及的"内在复杂性"，即存在于这个法律制度中的复杂性。这些释法教义是法官和律师的发明，而不是提姆·伯纳斯-李（Tim Berners-Lee，普遍被认为是万维网的发明人）的发明，后一种发明只是从外部对法院系统提出了挑战。法官和律师的发明令法律变得更复杂了，而不是更精确、更可预测或更有道理。要弄这些释法教义让某些法官糊涂了，同时又使另一些法官能够掩盖实际推动他们的"解释性"决定的那些信念或情感。

斯卡利亚和戛纳为这些释法教义辩护，引述了大法官法兰克福特的一个命题，"就这些释法教义乃经验之概括而言，它们都有其价值"。[113] 这个引文准确，但因为省略了语境，结果扭曲了含义。因为法兰克福特接下去说的是，"当其抽象时，[这些释法教义]几乎不引

---

[112] 请看，例如，请看如同书一般篇幅的一篇论文，Laura K. Donohue, "Technological Leap, Statutory Gap, and Constitutional Abyss: Remote Biometric Identification Comes of Age," 97 *Minnesota Law Review* 497（2012）. 遥控生物计量学辨认的一个简单例子是面部识别；对指纹证据的即刻生物计量学辨认。

[113] Scalia and Garner, *Reading Law*, at 61, 引证了, Felix Frankfurter, "Some Reflections on the Reading of Statutes," 47 *Columbia Law Review* 527, 544（1947）. 批评释法教义的文献巨多。一个有用的综合，请看，James J. Brudney and Corey Ditslear, "Canons of Construction and the Elusive Quest for Neutral Reasoning," 58 *Vanderbilt Law Review* 1（2005）.

第7章 上诉审法官的应对 II：解释

发争议。但当这些释法教义相互竞争都想诱惑判决之际,难题就浮现了,因为它们相互冲突而不是相互汇聚。对于支撑解释艺术所必需的判断来说,则失去了行动指南(vade-mecum)"。而在之前的一段文字中,法兰克福特还说过:"释法教义不能免除我们的判决苦恼。这种释法教义事实上只是给精细判决,给结束一个如何平衡那些微妙且难以捉摸之因素的复杂过程,带来一丝抽象的智识性强制。我们的3位大法官[霍姆斯、布兰代斯和卡多佐]有时也曾依靠过某个释法教义。但他们只是在罕见情况下才这么做,他们也都承认这些释法规则并不是任何真实意义上的法律规则。"[114]

这些释法教义也并没规训大法官斯卡利亚的法院投票,投票看起来要比任何人展开的政治中性分析系统都更反映他的个人信念。比较一下我前面提到的他在亚利桑那移民案中的部分反对意见,以及他在麦当劳案投票加入的多数意见,后者判定,海勒案对宪法第二修正案的解释对各州和联邦政府都适用。在亚利桑那案中,斯卡利亚投票允许各州实际强制执行联邦移民法,他说:"亚利桑那州在这个国家的非法移民问题上首当其冲。亚利桑那州公民觉得自己为大量非法移民包围,后者侵入了他们的财产,损害了他们的社会服务,甚至威胁到他们的生命。联邦官员一直无法修补这个问题,事实上,他们最近已表明不愿这样做。亚利桑那州估计有40万非法移民,还不只是儿童,还有年龄30以下的男性和女性,其中有数千人如今已得到保证不会

---

[114] 对斯卡利亚/夏纳的《阅读法律》的额外批评,请看,Professor Eskridge's review,"New Textualism,"这篇书评依据了一大批的学术著作,其中许多是经验的,都有关立法过程,有关最高法院的制定法解释,这些著作都证伪了斯卡利亚和夏纳的主张,并比我的努力更完全地记录了,在涉及制定法解释的案件中,斯卡利亚司法意见的政治特点。

被强制遣返,还可以同亚利桑那州的公民公开竞争就业。"[115] 这就不止是不当情绪化了,而是一个不讲证据的显著范例,与以证据为根据的法律截然不同。"亚利桑那……首当其冲"吗？亚利桑那只是与墨西哥相邻的数州之一,而如果该州成功赶走了非法移民,其他州就会首当其冲了,因此从被最高法院部分废止的这个亚利桑那州的努力中,社会会得到多少净收益并不清楚。所谓亚利桑那州的非法移民正侵犯美国人的财产,损毁他们的社会服务,甚至威胁到他们的生命,这个说法太忽悠人了,乃至于必须就这些夸张给出某些令人信得过的资料引证。斯卡利亚没引证任何支持材料。也许亚利桑那的非法移民,要比其他州的非法移民,真的更暴力,更不尊重财产,吸取了更多社会服务,在其他方面也更令人讨厌,但人们想看看这方面的证据。斯卡利亚给出的关于亚利桑那州非法移民估计数字大约是亚利桑那人口的 6%。无疑,他们大多是工作的。墨西哥人工作努力是出名的。如果这些工人一下子都消失了,对亚利桑那的经济有何影响？根据亚拉巴马州打击非法移民的经验,人们可以预测,亚利桑那州的经济会严重受损。[116]

在亚利桑那州案中斯卡利亚对州权利高唱赞歌,激情洋溢,但这很难同他加入麦当劳案司法意见对上茬。如果支持州权利还曾有过强有力的论点的话,那就是支持由各州决定手枪拥有权的论点。不仅各州对枪支的态度文化差异巨大,并且也没有理由要求全国统一,但只有州的政策是多样的,这之后才可能了解哪些政策最好。各州都是

---

〔115〕 132 S. Ct. 2522.

〔116〕 请看,Margaret Newkirk and Gigi Douban, "Alabama Immigration Law Has Surprise Result," *Bloomberg Businessweek*: *News from Bloomberg*, Sept. 24, 2012, www.businessweek.com/news/2012-09-24/africans-relocate-to-alabama-to-fill-jobs-afterimmigration-law（2012 年 12 月 24 日）。

不可缺少的实验室,通过它们,才能就枪支广泛拥有的问题,就与枪有关的杀人、自杀和意外死亡率高所提出的问题,获得以证据为根据的解决办法。我不明白,斯卡利亚在这两案投票中的矛盾,何以可能有任何其他解说,除了用他个人价值——喜欢枪但强烈讨厌非法移民——来解说(他特别喜欢狩猎,尽管海勒案和麦当劳案都有关手枪而并非猎枪)。

美梦中的宪法

文本原旨主义的对立面是让宪法文本(也可以是制定法文本,但重点是美国宪法,因为自由派对保守的罗伯茨法院的宪法性解释很是沮丧)服从飞翔的想象力,却还号称是在解释宪法,不是制造宪法。而这就是阿吉尔·阿玛尔在《美国的不成文宪法》[117]一书中的进路。

这位作者遇上的问题是,1787年的《美国宪法》,即便已为众多修正案改动和补充,也还不是一份民主的文件。阿玛尔是一位自由派民主党人,因此需要更新一下美国宪法,令其与他的意识形态同步;而这看起来是大多数宪法理论家的目标。(我得承认,我就是在挖苦宪法理论)。他的方法则是罗马天主教会用来解释《圣经》的方法:用同样权威的资料予以增补(supplementation)。罗马教会相信,教皇会获得神圣的灵感,令教皇可以宣称一些永不出错的教条(dogma),还因此具有与《圣经》同等的权威性。耶稣基督的母亲在《新约》中的角色并不突出,但她却成了天主教尊崇的焦点之一,并在1854年,教皇宣布了圣母玛利亚教条(Mary's Immaculate Conception)(即她的出生不带

---

[117] Akhil Reed Amar, *America's Unwritten Constitution: The Precedents and Principles We Live By* (2012). 与我的批评不同的其他一些批评,请看,David A. Strauss, "Not Unwritten, After All," 126 *Harvard Law Review* 1532 (2013).

原罪)。

而这就是阿玛尔采取的路线。与成文美国宪法并行的是一部不成文宪法。两者同体(consubstantial)。就如同天主教教会的教诲一样,阿玛尔的这个美国宪法由一份建国文件以及各种增补性实践和宣言(其中许多当然也有文字)合成。不论这种宪法观点看起来有多么狂野,阿玛尔声称,它们全都在这个二合一的美国宪法中;而且还不是他放在那儿的。

尽管有这个标题,但这本书却不是二合一,而是十二合一。他列数并详细讨论了11部不成文美国宪法。它们是,一部"隐含的"美国宪法,一部"过往的"(lived)宪法,一部"沃伦的"宪法(指的是厄尔·沃伦[Earl Warren]),一部"教义的"宪法,一部"象征性的"宪法,一部"女权的"宪法,一部"乔治的"宪法(指的是乔治·华盛顿),一部"制度性的"宪法,一部"党派性的"宪法(这指的是政党,那是成文美国宪法没提及的),一部"以良知为本的"宪法(这就允许了,比方说,陪审员和法官无视生效法律),以及一部"还没结束的"而正由阿玛尔忙于扫尾的宪法。所有这些不成文美国宪法,在阿玛尔看来,都具权威性。更神奇的是,只要解释正确,它们全都相互协调一致,与成文美国宪法也完全协调一致。

如果不诉诸不成文美国宪法,而是满足于注意并描述影响宪法教义之司法塑造的万端因素,阿玛尔反而可能会根基坚实。但他把不成文宪法这个文字概念当真了,结果就奇了怪了——甚至比哈佛的阿玛尔对应者劳伦斯·却伯(Laurence Tribe)——对原旨主义摆出了进攻架势的自由派之一——的《隐形的美国宪法》(2008)的结果更怪。却伯也只能想出6个隐形(当然,对他是不隐形的)的美国宪法,头一个字母还全都是令人不得不击掌称绝的字母g(包括一部测地线的[geodesic]美国宪法以及一部陀螺仪的[gyroscopic]美国宪法)。阿玛尔的油灰更多,可以倒腾捏塑:因为却伯只有6个隐形的,他手上则有11个不成文的!

阿玛尔方法的例证之一是他关于女性参加陪审团的权利(其实这是一项义务,因为陪审员是征召的,而不是自愿的)的讨论。宪法第十九修正案规定,联邦政府或任何州政府都不得基于性别拒绝美国公民的投票权。该修正案1920年批准。多年以后,最高法院判定,禁止女性参加陪审团,这就是没给予法律的同等保护(因此也就违反了1868年批准的宪法第十四修正案)。阿玛尔论辩说,这不可能正确,因为宪法第十四修正案的同等保护条款不能用于投票者。理由是,就和该修正案的正当程序条款一样,却与该修正案的特权和豁免条款不同("各州都不得制定或强制执行任何限制美国公民的特权和豁免的法律"),同等保护条款所保护的是"人"而不只是美国公民——而没人会认为外国人在美国选举中有宪法上的投票权。但阿玛尔论辩说,宪法第十九修正案保证的是妇女有权作为陪审员并在政治选举中投票,因为投票就是投票——并不限于选举,而其更深的寓意是,该修正案也保证女性参加陪审团的权利,因为陪审员要通过投票来得出一个事实认定。阿玛尔称自己对宪法第十九修正案的这两点拓展不过是"妇女一般投票权的一点简单寓意"。[118](而我会用"异想天开"来置换"简单"这个词)。因此这就既说明了这个"隐含的"美国宪法,阿玛尔的11个不成文宪法中的一个,也说明了"女权的"宪法,阿玛尔的另一个。阿玛尔对宪法第十九修正案的解释还有一个更深的寓意,这就是,既然投票权不仅不限于政治选举中的投票,或事实上是不限于任何类型的选举,而且不限于诸如陪审审判这样的政府场合的投票,这也就应当令女性在公寓合作社(apartment-building cooperatives)以及

---

[118] 同上注,页288。他还能说这真的"简单"吗?

事实上在男人俱乐部中也有资格投票,即便这些男人俱乐部并不违反反歧视法。

阿玛尔的推理隐含了他对同等保护条款有一种怪怪的理解——如果投票不是被完全排除在同等保护以外(因阿玛尔对这一条款的解释),那么在美国选举中外国人也有宪法性投票权,因为他们也是人。阿玛尔似乎真的相信这一点:否则的话,他为什么会从该条款中把投票权统统排除?(因为那会令宪法第十五和第十九修正案变得多余?但可以限定这两条仅适用于选举投票,而留下同等保护条款来保护其他语境中的投票权,如陪审审判中的投票)。当予以通情达理的解释时,同等保护条款只禁止那种专断或伤害很重的区别对待(discrimination)。而在美国选举中,把投票权仅限于美国公民,以及在这个问题上,仅限于成年美国公民,这并不专断或伤人。

阿玛尔把他喜欢的决定从美国宪法的这部分转移到另一部分,惹出的麻烦可不止这一个。他赞扬格里斯沃德诉康涅狄格州案[119],该案,我在上一章提到过,废除了康涅狄格州有关避孕用品使用——包括已婚夫妇使用——的禁令。但他认为,这一决定不应以正当程序条款为根据(最高法院决定的根据),而应当以特权和豁免条款为根据,因为他认为一个公民受宪法保护的特权和豁免都是从"[公民们的]所为、所言、所信仰"中衍生出来的[120]——也就是说,来自他那个"过往的"美国宪法。但既然特权和豁免条款只赋予美国公民权利,这就会得出一个荒谬结论:可以禁止已婚外国人使用避孕用品。(那么一个同美国公民结婚的外国人怎么办?该公民有权使用某避孕用品,但该外国人不能吗?)

---

[119]　381 U. S. 479 (1965).
[120]　Amar, *America's Unwritten Constitution*, at 120.

第 7 章 上诉审法官的应对 II：解释

阿玛尔有关宪法第十九修正案的最古怪的即兴重复演奏(riff)是,他把该修正案的颁布与纽伦堡指控纳粹领袖作比,并论辩说,这两者处理的都是溯及既往的正义,为的是弥补以往的不当。纽伦堡法院惩罚纳粹领袖是因其违反了一些之前还没获得广泛承认的国际法原则,而阿玛尔论辩说,宪法第十九修正案,或由不成文的女权美国宪法对这一修正案的放大,授权法官废弃对成文美国宪法的某些解释,因为这些解释也许就因当年在批准美国宪法时没让女性扮演任何角色而受到了影响。因此美国最高法院以超出了国会规制州际贸易的权限而废除了《暴力侵犯女性法》某些条款的决定错了,阿玛尔论辩说,因为宪法第十九修正案已经隐含地废除了基于早先的宪法规定,诸如第 1 条的贸易条款,所做的任何伤害妇女的解释,因为妇女那时没机会参与那些条款的起草或批准。与此相类似,阿玛尔还论辩说,最高法院本可以在宪法第十九修正案获得批准后尽快废除那些不利于人工流产的法律,判定"只有由女性和男性同等投票选举出来的立法机构重新颁布"这些法律,它们才可能有效。[121]（他称这是"溯及既往的民主制"）。[122] 而依据这一逻辑,1971 年才获批准赋予 18 岁的人参与投票之宪法权利的宪法第二十六修正案,就废除了之前所有对 18 岁至 21 岁的人们不利的美国宪法解释。（其根据会是"儿童的美国宪法",而阿玛尔在其不成文宪法清单中省略了这部不成文宪法,但没说为什么）。

一直到 1970 年代,最高法院才开始在宪法第十九修正案的范围之外废除歧视女性的法律。最高法院的行动依据是权威的同等保护条款。阿玛尔认为,最高法院本可以依据它的二个不成文宪法早早就

---

[121] 同上注,页 292。
[122] 同上注,页 282。

开始废除歧视女性之法律:这就是女权的美国宪法、隐含的美国宪法以及过往的美国宪法。如果当年提议的同权宪法修正案获得批准,该修正案就会宣告,"美国或任何州都不应以性别为理由否弃或限制法律之下的同等权利"。国会1972年提出了这一修正案,但从未获得批准。没关系;这一修正案获有"广泛的群众支持","作为对宪法第十四和第十九修正案的大众注释,在解释上,这有资格获得足够的权重,并与美国过往的宪法之原则保持一致"。[123] 换言之,在阿玛尔对宪法性法律的理解中,一个宪法修正案建议未获批准,这只是将其暂时存储于不成文宪法中,而通过弯曲的道路,无需获得批准,它就成了这个美国宪法*的一部分。

但有个事实会令阿玛尔麻烦,即,尽管成文宪法第1条赋权国会"养育并支持一些陆军"也"供应和维系一支海军",但宪法中没有任何地方提到国会可以创造一支陆军。从语境看"养育"就等于"创造",但不管怎么说,人们会认为,第1条的必要和恰当条款已经授权创造一支陆军了,就如同美国宪法的序言那样——我曾期待他这样论辩。这个序言,他认为这是宪法权利的来源,就将"提供共同防卫"列为美国宪法的目的之一。

但他争辩说,鉴于美国宪法创制者都敌视常备军,"养育……一些陆军"这个短语起初的意思也许就只是暂时动员各州民兵为全国服务。他认为,只是到了美国内战后南方重建时,这个术语才有了其现代意义。国会创造了一支庞大的国家军队来打内战,此后,这支军队(当然,大为缩小了)还占领了前邦联各州数年之久。阿玛尔论辩说,派国家军队而不是派州民兵来管理南方重建,这一事实"给了联邦陆

---

[123] 同上注,页296。

* 指今天美国遵循的那个已融入了历代法官的众多司法解释的宪法。——译者注

第7章 上诉审法官的应对 II：解释

军高于民兵的显著荣耀地位，而这样一来就确认了今天全国征兵的合法，而不论宪法创制者可能是如何期待或意图的"。[124] 因为北方已经使用了征兵制，即便这一直非常不受欢迎，也即便北方士兵中被强征入伍的还不到10%。

就在最高法院在布朗诉教育委员会案（*Brown v. Board of Education*）中认定各州学校种族隔离违宪的同一天，在博林诉夏普案（*Bolling v. Sharpe*）[125]，最高法院还认定哥伦比亚特区也不能隔离其公立学校。此案对于文本主义者来说实在太难堪（斯卡利亚/戛纳的书中就没提及），因为布朗案的法律根据是同等保护条款，这只对各州适用。以实用主义的方式，把博林案正当化，意义是两方面的：如果最高法院对自己驻地的种族隔离不管不问，布朗案就没信用；另外，禁止各州种族隔离，却允许联邦政府搞种族隔离，这从道理上也说不通。阿玛尔为此决定给出的正当理由是，尽管宪法第十四修正案（宪法中唯一有同等保护条款的地方）声称仅仅对各州行为适用，但实际上这也约束联邦政府。因为他对宪法第十四修正案第5项的理解是授权国会来创造一些新的宪法性权利。但宪法并没这么说；宪法说的是："国会应有权强制执行，经由适当的立法，这一条的规定"（本书作者加的着重号）。没关系，阿玛尔认为，宪法第十四修正案是地地道道的盛产未枚举却有约束力的宪法性权利的地方。"应当理解，尽管没有明确见于宪法第十四修正案的文本，但1860年代的美国人已经培育了一个新的宪法性原则。根据这一新的不见于文字的原则，联邦政府很妥帖地享有全面的权威，可以用当时的民主包容的最高标准来要求各州政府。"[126]

---

[124] 同上注，页94。
[125] 347 U.S. 497 (1954).
[126] Amar, *America's Unwritten Constitution*, at 81.

阿玛尔的倒数第二个美国宪法(即"以良知为本的美国宪法")授权人们以良知的名义,无视所有其他的美国宪法,而首当其冲的就是成文宪法。在解说这部不成文美国宪法的那一章(题名为"做正当的事")中,阿玛尔论辩说,法官和陪审团有宪法撑腰仅仅根据良知而废除法律。他希望法官告诉刑事初审的陪审团,只要陪审团不同意那惩罚,那么即便该惩罚是合法的,即便陪审团认定被告确实有罪,陪审团还是有权(要求他们?)将被告无罪释放。法官和陪审团可以特事特办地中止美国宪法和其他法律。

然而,在我勾勒的这狂野的驰骋之后,读者读到阿玛尔著作结尾时会有种虎头蛇尾的感觉,会意识到,要实现其勃勃雄心,阿玛尔其实并不需要他的任何不成文美国宪法,因为他对成文美国宪法的解读非常混杂。他对宪法第4条保证各州有"一个共和形式的政府"的解读是,创造了在现代社会被认为重要的全部权利——甚至有权获得一个议席分配合理的立法机关;他说,这个权利"构成了美国政府体制的牢固基础"[127],尽管这是到1960年代才获得承认的,并且这隐含的是美国没有一个共和形式的政府,因为参议院的议席分配就不当。他认为,刑事被告的全部权利都是可以推演出来的,要么从宪法第3条中(这一条创造了司法部门,但根本就没提权利),要么是从宪法的序言中("我们,美国人民,为构成一个更完美的联邦,确立正义,保证内部安详,提供公共防卫,推动一般福利,保证我们和后裔享有自由祝福,为美利坚合众国制定并确立这一宪法")。要废除与种族隔离相关的法(Jim Crow laws)所需的一切就只是,他认为,美国宪法第1条禁止联邦政府和各州颁发"贵族名号"的规定,因为种族歧视令美国南方白人成为事实上的贵族。(如果我必须从他的书中挑一个最荒谬可笑的

---

[127] 同上注,页 ix.

第 7 章 上诉审法官的应对 II：解释

断言,那就会是这一句)。他又说,尽管 1787 年美国宪法以奴隶制为前提(例如,宪法第 4 条的逃跑奴隶条款),"当从宽理解时,理想主义地关注其文字和精神,这部原初的美国宪法看起来是在谴责种族等级制的法制化"。[128] (而事实上,美国宪法当时是以种族等级制的法制化为前提,并且批准了该宪法)。阿玛尔从来就没想到过,美国宪法是一个妥协。他主张的是,美国宪法中,从其一开始,就有现代自由派喜欢的一切。

一切,看似如此,但总统由选民直选除外。他认为总统由选举人团选举产生,这是"全然不美国的"[129],但他诉诸了他的"未结束的美国宪法",以此来置换选民直选,且无需一个正式的宪法修正案。他的简单讨论例证了宪法理论化追求有一个特点,一直和谐伴随着我对法律职业界忽视复杂性的关切:对事实缺乏兴趣(这也突出表现于斯卡利亚的法学,我们已经看到了)。

自由派敌视选举人团是因这样一个事实,即选举人团可以令一位大众选票不如对方的候选人成为总统,就如同 2000 年大选中发生的事,当时布什的选举人票更多但大众选票较少击败了戈尔。但采用选举人制度也有些根据,并值得考量,只是阿玛尔不管。之一就是,尽管有关选举人团投票结果也可能发生争议,2000 年就发生了,但会比大众选票出现争议的可能性更少,因为在选举人团选票中获胜候选人所占的份额永远都超出他的大众选票份额。例如,2012 年 11 月大选中,奥巴马总统获得了 61.7% 的选举人票,但在投给他和罗姆尼的全部大众选票(我省去了那些零散的大众选票,对这两位候选人都没有计算在内)中,他只获得了 51.3% 的选票。因为几乎所有州的选举人票

---

[128] 同上注,页 144(省略了脚注)。
[129] 同上注,页 463。

采用的都是赢家通吃,即便在某州仅多出数票,就会在该州导致选举人票的大胜。全国性选举人票持平在理论上是可能的,因为全部选举人票数量为538,是一个偶数,但在实践中这非常不可能,自1800年以来就不曾发生过。

228　　当然,在一个有上亿选票的全国大选中,大众选票数量持平就更不可能了。但如果大众选票差别很小,如果认为大众选票的赢家就是总统选举的赢家,那么输家候选人就会比其对手更有动力在他认为重新计票会使自己得到更多票的每个州都要求重新计票。这位候选人的律师就会一个一个州去努力,争取获得重新计票的司法或立法决定,而结果会是令人不堪的不确定性、延迟和冲突。还记得吗:2000年仅一个州——佛罗里达州——的争议引发的骚乱。

以选举人团来挑选总统,这就要求候选人要有跨地区的号召力。没有哪个地区(南方、东北等)有足够的选举人票来选择一位总统。因此为某个地区厚爱的人就没动力在这一地区的各州大力竞选,因为他知道在自己会赢的州多赢上几票并不能增加自己的选举人票。这个结果是可欲的,因为只有地域号召力的候选人不大可能成为成功的总统。其他州的居民可能会感到自己的选举权被剥夺了——感到自己的票不起作用,新总统不会关注他们的利益,他其实不是他们的总统。(甚至奥巴马,尽管在南方不太受欢迎,在2012年大选中,他也还赢了一些重要的南方州——佛罗里达和弗吉尼亚)。

确实,由选举人团选出总统,这也许会让支持某无望在某州获胜的候选人的潜在选民转向。知道自己的选票不起作用,他们就会比总统直选时更少动力去关注竞选,因为在后一种制度下,选民住在哪个州与投票无关。但是,尽管单个选民的选票不影响全国大选,却还是有大约一半有资格的美国民众在总统大选中投票,并且这些选民中大多不住在双方候选人竞争激烈的州。全国媒体会令这些选民一直有

第 7 章 上诉审法官的应对 II：解释

兴趣并始终关注。

　　赢家通吃，这种奖励选举人票的方法引发了候选人，就如同我们在 2012 年大选中看到的，将其竞选聚焦于那些胜负难测的州；这直接原因是候选人在自己肯定获胜的州缺乏竞选动力。胜负难测的州，选民更可能紧密关注竞选，即真的聆听相互竞争的候选人，因为他们知道自己的票会决定这一选举。平均而言，他们可能是最深思熟虑的选民（也还有进一步的原因，即他们会收到最多的来自候选人的信息和关注），这些最深思熟虑的选民也应当是那些决定大选结果的选民。还有，选举人团也恢复了政治天平上的某些权重，减少了宪法规定的因参议院议席分配给人口大州造成的损失。这看起来也许很吊诡，因为选举人票对人口小州更为有利。怀俄明州的人口大约只占美国人口的 1.6%，但它有 3 个选举人票（该州其中的两票是因为，和每个州一样，怀俄明州有两位参议员），这就令该州的选举人票在全体选举人票中稍稍超过 0.5%。但赢者通吃使得在人口大州中，大众投票略多就可以收获了比在小州更多的选举人票；想想在纽约州赢 1 000 张选票与在怀俄明州赢同数量选票获得的不同选举人票。因此，当其他因素相同时，总统候选人竞选时会更关注人口大州，而不是小州。

　　而最后，选举人团这个发明还避免了这样一个选举麻烦，即两位候选人都没获得多数选票。例如，尼克松在 1968 年和克林顿在 1992 年都只获得大众选票的 43%，但他们在选举人团中则赢了很多（他们分别获得了 370 张选举人票中的 301 张）。当没人赢得过半选票时就会有决胜选举（run-off）的压力；这种压力会令总统选举过程大为复杂，而由选举团决定谁当选就减少了这种压力。

229

对立的吸引和斥力

阿玛尔的书和斯卡利亚/戛纳的专著,尽管在大多数方面是两极对立,却还是有三点相互重合。其一是纯体量的(斯卡利亚/戛纳的567页;阿玛尔的615页),这说明了法律写作有肥大症倾向。记住,斯卡利亚和戛纳的分析围绕着57个好的"释法教义",即解释原则,和13个"错的"释法教义;阿玛尔则围绕着他的12部美国宪法(1部成文的,11部不成文的),却伯则围绕着他的7部(1部成文美国宪法加上6部隐形美国宪法——尽管公道说来,却伯的著作要比其他两本的篇幅要小多了)。其次是对经验现实的漠然。第三是这些作者都假称他们的解释进路,不仅客观和非意识形态,而且民主,就因为美国宪法是民主的,因此法院以美国宪法的名义对政府的任何限制自然也就是(*ipso facto*)民主的。

就美国宪法的民主血统而言,阿玛尔的著作比斯卡利亚/戛纳的著作更为咄咄逼人。阿玛尔持续地弹奏着,1787年美国宪法是一部"大众主权"的宪章,是"我们,人民"采纳的一部宪章,事实上是"美国人民颁布的"[130],由"美国最高立法机关,人民"颁布[131]——"人民自己批准了这部原初的美国宪法以及所有的文字修正案"[132]——因此这是一部民主宪章。而事实上,美国宪法是由各州会议(conventions)而不是由民众投票批准的,并且尽管出席各州会议的代表是选出来

---

[130] 同上注,页10。
[131] 同上注,页15。
[132] 同上注,页103。斯卡利亚和戛纳的书中也表达了类似的情感,尽管没像阿玛尔这么喘吁吁地断句,请看,例如,Scalia and Garner, *Reading Law*, at p. 88.

第 7 章 上诉审法官的应对 II：解释

的，但选举权极为局限。奴隶、印第安人、南方的黑人自由民、妇女、契约仆人（indentured servants）以及无财产的男子（宾州例外）都没有投票权。结果是，可以参加投票选举代表参加州会议的人可能不超过全部成人的 10%。

阿玛尔似乎不知道 1787 年的美国宪法是非常紧密地追寻了大不列颠不很民主的 18 世纪政府体制。尽管有许多区别，美国宪法将英国君主的传统权力——诸如强制执行法律、任命高级官员、统帅武装力量、外交以及赦免——都配置给了总统。它把英国平民院的一些根本权力配置给了众议院，把贵族院的权力配置给了参议院，并以英国法院系统为模型建立了联邦法院系统。依据 1787 年美国宪法，只有众议院直选，这凸显了众议院与英国的平民院相似；并且同样与英国的平民院相似的是，这种选举权，就如同我们知道的，也很局限。此外，参议员会由州立法机关任命，总统和副总统都不由"人民"，而是由选举人团选举，选举人团的成员则由各州立法机关的规定方式选举产生；过去不曾（如今也没）要求这些选举人由大众选票选举产生。参议院议席分配则极端不当。法官是任命的，且终身任职。行政部门的所有官员，除了总统和副总统外，都是任命而不是选举产生，无论直接还是间接。

因此，美国宪法是共和制的，而不是民主制的。（对于这么显然的一点，阿玛尔居然看不见）。并且，因其太难修订，就几乎没法认为其是任何今天生活的人民行使大众主权的产物，就这一点而言，也还没法认为它是 1787 年后长大成人的任何人民的产物。

"在这里，人民统治（rule）"，阿玛尔说。[133] 非也：和任何地方一样，这里也是由一个统治阶层统治，但这个阶层的某些成员会由一部

---

[133] Amar, *America's Unwritten Constitution*, at 168.

分成人直接或间接选举担任有固定任期的职位,因此他们会竞相争取获得大众的喜爱,并因此要能回应(answerable)公共意见。[134] 这一点优于现存的诸多政治制度,包括不列颠的,但它并非大众民主制(popular democracy)。除了选举权受限制和喜欢间接选举而不是直接选举,这部美国宪法也没授权公民倡议(illitiative)、公决和公民罢免(recall)。这里没有直接民主制,这个共和制的模特是罗马,而不是雅典。

现实主义的解释

文本原旨主义和无根据的想象,这两个极端都令人无法接受——这给我们留下的就是以现实和常识性术语理解的解释。[135] 解释是一种自然的心智活动。它无时不在,也无法通过解释规则来改善它。没有司法教义的帮助,文学教授和文学批评家就讨论过文学现代主义经典中令人却步的解释麻烦。就解释困难文本问题,有谁会认为他们比法官更差呢?

有一点应当没有争议:解释会相对于被解释的文本之性质。就宪法规定而言,法官伊斯特布鲁克也许很对,如果某条款的含义已经因时光流逝而遗失了,法官就不应当以违反该规定而废除某种受质疑的做法。就制定法的规定而言,常识告诉我们肯定要关注语词的含义,要注意区分该条文之含义与该法官希望其具有的含义的重要性,以及区分某规定究竟说了什么与立法者说该规定指的是什么的重要性。但常识还告诉我们对立法过程要现实一点——要理解那屡屡损害精

---

[134] 请看,Joseph A. Schumpeter, *Capitalism, Socialism, and Democracy* 269-273 (1942); Richard A. Posner, *Law, Pragmatism, and Democracy*, ch. 5 (2003).

[135] 这种解释,请看,Kent Greenawalt, *Statutory and Common Law Interpretation*, pt. 1 (2013).

确性的妥协和模棱两可的重要性,并要理解立法者们都目光短浅(就盯着下一任选举),并很少试图预想并划定某制定法可能适用的全部范围,还有理解,在了解了这一切的条件下,司法的义务就是提出一些能说出个道道的解释。

但理解到这些问题并不必然改善解释。这不是说解释不受规则制约:语言学已经揭示,构成言语之实际语法的是众多隐含规则构成的巨大结构。但把这些规则都摆到桌面上,也不会令某人成为更好的读者。个人是在需要解释之作品的最完全的语境中通过研读这些作品,而不是通过研究"解释",而成为更好读者的。[136]

弗兰克·克罗斯(Frank Cross)在一项有关最高法院和上诉法院的制定法解释的全面经验研究中作出结论认为,法官诉诸的各种解释理论实际上没减少法官的裁量。[137] 法官都是机会主义解释者(他用了一个更礼貌的词——"多元主义解释者")。他们会诉诸文本主义、立法史、释法教义等,但是作为修辞的工具而不是作为解释的工具。而它们也还都不是很强的修辞工具。这些修辞工具令劳伦斯·罗森泰尔(Lawrence Rosenthal)教授信服了,"原旨主义占了支配地位"。[138] 但他的论文接下去,就很令人信服地论辩了,就实质而言,原旨主义是赝品。

想想多年前一位杰出法律现实主义者著作中的这段文字,阿玛尔和斯卡利亚/戛纳可能都会有所收益。它显示了一个人何以可能对解释很有感觉,却没某种解释理论,就如同一个人没有双脚行走的理论却也可以走得很直一样:

---

[136] 请看,Richard A. Posner, *Law and Literature* 276 (3d ed. 2009).

[137] Cross, *The Theory and Practice of Statutory Interpretation*.

[138] Lawrence Rosenthal, "Originalism in Practice," 87 *Indiana Law Journal* 1183 (2012).

除了有权认定立法机关的立法无效外,一部成文宪法赋予了[法院]另一个或许同样重大的权力。这就是不管先前判例的权力……当有一部成文宪法之际,思想会不可避免地不时改变。对美国宪法不可能有权威解释。美国宪法在其众多一般规定中体现了这个社会的一些相互冲突的理念。谁会以任何确定的方式说这些理念意味为何呢?肯定不是宪法创制者,因为当这些语词落在纸上之际,他们就已经完成了他们的工作。这些语词如今却模棱两可。最高法院也不能说定,因为最高法院不可能以这种方式来束缚自己;只要上诉,就总是可以追溯到美国宪法。更重要的是,如果最高法院说了,宪法创制者的意图应主导(control),这里就没有任何机制最后确定创制者的意图。除了模棱两可的麻烦以及宪法创制者也许就希望宪法是一个不断增长的文件这一事实外,还有一点是,宪法崇拜在这里也有影响力。这种影响给了法院巨大的自由。法院总是可以放弃自己说过的那些话,以便追溯到这个成文文件本身。法院由此获得的自由要大于没有这个文件时它可能拥有的自由……人们屡屡认为成文宪法会使体制僵硬,而如果认可司法至上,它就一定提供了灵活性……一部成文宪法在其基本规定中就一定得非常模棱两可。如果这里对一些语词有不正确解释,就会出现一个几乎重复这些语词的修正案。这里追求的是着重点的不同,而不是语言的不同。这几乎等于说,所需要的只是一个不同的解释,而不是一个修正案。[139]

---

[139] Edward H. Levi, *An Introduction to Legal Reasoning* 58-59 (1948)(省略了脚注)。关于美国宪法如果要用来司法也许太含混,一个强有力的论辩,请看,Eric J. Segall, *Supreme Myths: Why the Supreme Court Is Not a Court and Its Justices Are Not Judges* (2012)。他与我上一章提到的安爵恩·维缪等一些怀疑司法能力者的观点一致。

第7章 上诉审法官的应对 II:解释

最后我谈谈这一章和上一章给司法过程中复杂性问题带来了什么新理解。法官从来也不很想自己成天沉浸于研究引发诉讼的那些真实世界的活动。他们一直巧妙运用着回避战略,包括强调立法和宪法规定之语义的解释进路。这不可接受,因为它们无法替代理解诉讼的全部事实语境,然后以此为基础作出法律决定。文本原旨主义特别糟糕,因为这个替代太复杂了——同时也不确定,容易被操纵。活的、隐藏的、不成文的、隐形的宪法——全都在闹着玩。众多有关制定法和宪法解释的理论就是一片脏乱差,而我们的法院最不需要的就是更脏更乱更差。

现实的解释进路在分析上很简单,就是把司法关注点转移到探讨事实,法官不必学会数十个释法教义,这也就给了他时间来进行这种探讨。在诸如海勒案这样的案件中,他就不必击水于18世纪的历史间,不必在将吞没法官的历史骇浪中求生。大法官斯卡利亚把判决搞得很难,不仅对他自己,也对于他的追随者,却又没有令他自己或他们深入理解合理决定案件究竟需要些什么。现实主义法官的进路是,如果制定法很清楚,那自然好;而如果不清楚,就让我们试着想想立法者的一般意图或他们会有什么想法,然后通过解释该法来推进这一目标。立法史中也许有这些线索。如果我们可以猜想出立法目的,我们就没有其他选择,只能承担起临时立法者的角色,给该制定法加上某些合乎情理的含义。一些法院,比方说,在反托拉斯法问题上就是这么做的,似乎也没谁抱怨。这就是现实主义的解释。阿玛尔、却伯、巴尔金(Balkin)以及其他主张想象不受约束的人,他们砸碎了斯卡利亚式的枷锁,但他们留下的却没法说还是解释,不管是现实主义的还是其他主义的解释。

布莱恩·巴特勒(Brian Butler)区分了我的与斯卡利亚的进路,他把我的进路描述为"产出信息的",把斯卡利亚式的进路描述为"排除信息的"。[140] 斯卡利亚的进路是语义学的,尽管实践中他也超出了制定法或宪法的文本,因此也许可以这样概括他对其他法官的建议:"行如吾言,切勿行如吾行。"但很清楚的是,他不想以数据为根据来展开制定法或宪法的解释,而现实主义的解释坚持认为,在大量的案件中,都必须考虑全部事实层面的语境。

斯卡利亚把裁判搞得太难了,因为他告诉法官,要避免同现实打交道,就得掌握和运用一套令人困惑而最终无所收获的体系。他把问题弄得更复杂了,但他更少可能用复杂性来指导他的(以及他那一思想流派的其他人的)司法投票,更多会是用复杂性来掩盖导致他们如此投票的那些偏见。而另一方面,阿玛尔把裁判搞得又太容易了。把阿玛尔的书当真的法官可以自由地以任何自己喜欢的方式来决定任何案件。

在其著作前面,阿玛尔说:"我们全都是文本主义者;我们也全都是活的宪法主义者"。[141] （谢天谢地,还真不是。）

---

[140] Brian E. Butler, "Law, Pragmatism and Constitutional Interpretation: From Information Exclusion to Information Production," 3 *Pragmatism Today* 39 (2012). 其他评论人将我的解释方法描述为实用主义的,我接受这种概括。请看, John F. Manning, "Statutory Pragmatism and Constitutional Structure," 120 *Harvard Law Review* 1161 (2007); Martha Minow, "Religion and the Burden of Proof: Posner's Economics and Pragmatism in *Metzl v. Leininger*," 120 *Harvard Law Review* 1175 (2007); Calvin TerBeek, "Pragmatism in Practice: An Evaluation of Posner's Pragmatic Adjudication in First Amendment and Fourth Amendment Cases," 48 *South Texas Law Review* 472 (2006).

[141] Amar, *America's Unwritten Constitution*, at xiii.

第 8 章

简单与新颖:司法意见撰写与上诉辩论

> 思考引发多少写作,写作也就引发多少思考。
>
> ——斯蒂芬·J.普尼(Stephen J. Pune)

对于一个挣扎着应对现代技术世界的法律制度来说,司法意见写得很糟,看起来,这个问题显然很边缘。并非如此。我担心的不是它太下里巴人,而是其不清晰,这是太多术语、冗长以及过度委托法官助理导致的结果,却也是没道理的司法内部复杂化的一个重要来源和例证——法官心神不定地同复杂的现代性过招,而生产出来的司法意见却令法律进一步复杂化了。由于在上诉审层级(这也是我集中关注的层面),意见书撰写很受上诉审辩护的影响,因此,本章也会简单讨论上诉审辩护。

司法写作糟糕的标志

十多年前,我概括了我对司法意见书的撰写质量的保留意见:

其一是看得出不够坦诚,而与之相关的其二是,司法意见中,明显不太具体……

其三是使用术语太多,这是我在其他地方称之为司法意见撰写的"地道"风格的标志之一。这是一种自觉的职业性风格;与之对立的,是我称之为"不地道的"风格,则简朴、非技术性、口语化、叙述的和散文化的。

其四是表达不经济,对司法意见的受众不够体贴。在这个旗号下可以汇集那种过头、重复、乏味以及因引证、事实、引述以及公式造成的杂乱,这都是司法文字的一些特点。

其五是专注于琐细,而这是法律心智的一个突出特点。过分关切用词,这是训练良好的律师的一份真正资产。

其六是非常不情愿在案件中使用图片……在司法写作中,厌恶视觉形象,这意义有限,却出色例证了不喜欢具体,太喜欢抽象,这种法律职业思考和写作风格的一个突出特点。

其七且最后是在整个司法写作上始终蒙着"政治正确"的阴影,特别有关性别;坚持人称代词的性别中性,这是写作生硬的秘方。

最根本的问题就是过分形式主义,这据说是想让司法意见书看上去严谨、逻辑、很技术甚或深奥(而不是日常的实践性推理,其实司法决策大多是实践性推理);就是缺乏良好写作的知识、经验和才能;与法官助理的兴起以及普遍的捉刀人相关的过度专长化,使得写作看起来显然是法官工作中可由他人代行的部分;全国上下都没有英国直到晚近一直有的那种修辞文化;以及,与此紧密相关的,美国文化的市俗性,在这种文化中,写作好不好,以及其他的人文方面,都很不为人们看重。

……人文的衰落可能会继续,因为教育着重点越来越侧重计算机以及其他技术方面,也因为族群日益多样化引发了对"死去的欧洲白人男子"的传统文化霸权有了更多焦虑,还因为文学的地盘在电子通讯和娱乐面前继续丧失。这一趋势对于法官写作都不是好消息。但与此同时,司法文字的质量差距则可能缩小,因为法官写作如今有了越来越多的来自最好法学院的捉刀人(法官助理以及专职律师)。[1]

我坚持这些观点,但我还想提出法官写作糟糕的另一来源:作者(有时是法官,但更通常是法官助理)不寻常的境况,即他知道即便自己完全不理睬读者的口味和偏好,自己写的东西照样会发表并为他人阅读。西部出版公司从未拒绝出版联邦法官提交出版的任何司法意见书,不论其可读性如何,有没有意思,写得好坏;律师和法官都必须阅读相关的司法意见。由于没有必须讨好的出版商或读者群,法官们也就趋于从来不想自己到底写给谁看。他们写的东西趋于高出行外人(诸如诉讼当事人)的理解力,而是写给他们的职业受众看的,而这时文字简洁且直率会使他们的交流更为有效。

写者模式,还是管理者模式?

关于司法意见写作,上诉法官首先必须决定的并不是如何写,而是亲自撰写司法意见,还是修改法官助理的司法意见初稿。在这两种上诉法官模式中,必须作出选择:一是在法官有助理之前,或是在有助理但还不像今天那么多(以及其他工作人员,诸如半工实习生或全工实习生)的那段时间内通行的写者模式;还有就是今天占支配地位的管理者模式。

随着法官的工作人员增多,等级化也增加了;而随着等级化的增加,位于这一等级顶端的法官日益把自己的角色界定为管理者。上诉法院法官工作的管理者模式已经发展到极端,有了"贝克模式",这是第二巡回区已故的**爱德华·贝克**(Edward Becker)法官发明的,已为

---

[1] Richard A. Posner, "Legal Writing Today," 8 *Scribes Journal of Legal Writing* 35-36 (2001-2002)(省略了脚注,原有的着重号)。

不少联邦上诉法院法官采用(尽管常常稀释了)。在这种模式中,法官雇用一位前法官助理(但不必须是他自己的前法官助理),他除了当过助理外还有额外的法律经验。这位资深助理根据自己对其他法官助理的优缺点评估给他们分派司法意见撰写、修改和其他工作,这些资历稍浅的助理是向他而不是向法官报告工作,事实上,他们同法官几乎没有什么正面接触。工作人员中也许还有不付酬的半工或全工实习生,他们也向这位资深法官助理报告工作。有时,这位资深助理是永久性的,而其他资浅助理通常只服务一年;有时会有一些甚至全部助理都是永久性的,但由于预算,如今只允许上诉法院法官有一名永久性助理(但当采取这个只能一人规则时已经有多位永久性助理的法官可继续保持多人)。[2] 一位资浅助理起草司法意见后,交由这位资深助理编辑(或许其他资浅助理也参加修改编辑),之后提交法官最后编辑,取决于法官,这时的编辑也许是极端敷衍的,或另一极端,几乎等于重新撰写。

注意,贝克模式涉及的法官工作委托不只是司法意见起草,而且还有司法意见的编辑修改。在许多法官的工作室,尽管还没到贝克模式的程度,也看到这种工作委托。这些工作当初都被认为是法官的,今天的这种深入代理有一定的逻辑支持:那些文字足够好因此受托起草司法意见的助理,在编辑其他助理的初稿时,也可能相当称职。

对于那些多年来在律所或政府法律服务部门从事管理工作的受

---

〔2〕 法官助理的薪水随着其经历增长。大多数上诉法院的法官助理都是法学院一毕业就受雇了并且仅仅雇用一年,因此薪水最低。芝加哥的薪水变动范围(法官助理的薪水也根据生活费用做了调整)是在 63 000 美元到 91 000 美元之间,但有极少数有经验的法官助理有资格拿 106 000 美元。由于这个薪水变动范围,职业性法官助理比刚毕业受雇用且仅受雇用一年的法官助理要昂贵多了。

第8章 简单与新颖:司法意见撰写与上诉辩论

任法官来说,要决定亲自撰写司法意见第一稿,因此拒绝管理者模式,这很难;他已锈住了,作为初稿起草者不灵光了。但他也许还没有意识到,编辑修改替代不了一个字一个字地撰写。编辑修改者不容易意识到,在一定程度上,控制终端产品的是初稿撰写者。"司法意见起草把很大责任放在了法官助理身上,因为初稿会影响之后的一切。即便法官下工夫修改,使初稿变成他自己的,他们也还是经常采用其助理稿本中的那些权威材料、文章的组织结构和语言。"[3]这位法官/编辑修改者还可能没意识到,尽管写作过程意味的是把语词组装成句子来表达含义,但这个过程也是个发现的过程,并不只是表达已经形成的观点;写作会揭示分析中的断裂处;也会引出新想法[4];并且写作的流畅也大多来自——写作。我在第2章就提到过助理起草的司法意见有不少麻烦:缺乏法官的个性表达,缺乏经验的表达(法官助理缺乏经验);还可能对别人撰写的文件理解不完整,而更大的可能是会忘了这些文件。与上述相关的则是缺乏坚信:不是亲自撰写司法意见中的某个关键论点,法官也许就注意不到,甚至注意了也不在乎,在某个新案件中,某个新助理在撰写"他的"意见时就会冒出相反的论点。某些法官,就像我说的,尽管要求助理起草司法意见,自己又几乎是推倒重来。但这种工作方式不效率,造成了不必要的延迟。

很少法官——我想,如果还有的话——仿效"波斯纳模式",在这种模式中,法官是位有经验的司法意见写手,即便担任法官仅有数年

---

[3] Mary L. Dunnewold, Beth A. Honetschlager, and Brenda L. Tofte, *Judicial Clerkships: A Practical Guide* 216 (2010). 我会在"即便"和"法官"之间加上"大多数"这个限定。

[4] "写作就是'笔墨思考'。实际写作过程有助于写者分析手边的问题,并得出结论。因此,当你写作时,新想法会冒出来,而你应当将之加入你的分析。"同上注,页91。注意,这段文字中的你是一位法官助理,而不是法官。

（因为每年他也许撰写50份甚至更多司法意见），在法庭辩论和法官会商分派了司法意见撰写后，很快，他就撰写出一份粗略将就的初稿。初稿交给自己的某个助理，稿子上，他用括号内的指示表明他希望助理还要做哪些深入研究。这些深入研究既可能有关法律，也可能有关事实——最广义的事实，不仅包括记录在案的事实，而且有从互联网和其他什么地方看到的背景事实，以及我在第5章中说的"上彩画本"事实，此外还有科学和社会科学研究发现的事实。助理懂得他本人要仔细核查初稿中的所有事实，钻研档案记录中可能为该法官忽略的某些关键事实，批评该意见初稿的结构组织和实质内容，语气和明晰程度，提出一些想法，一些风格和语词的修改建议，提出并——如果可行——进行其他路线的研究，或是请示法官是否值得这么做。

助理提交的法官初稿的加工结果是一些评论，如果很短，就插在初稿中，如果长，就写成单独的备忘录。法官然后重写一稿，法官/助理之间的这种互动循环也许会来回几遍，才将这份司法意见交由另一位助理来核实引证（当然也欢迎他提出进一步的完善建议），法官最后修订后，交由合议庭的其他法官传阅。在完稿和传阅前，该法官也许会让另一法官先看看自己的某部分甚至全部草稿，征求建议。除非案件特别复杂，或是该法官或其助理还忙着其他司法意见，这整个过程耗时不应超过3周或4周。目标是，口头辩论结束后1个月或6周内，发布司法意见书，尽管在案件高峰期或是某个特别难的具体案件，会推迟其他合议法官的认可，或是引发了反对意见或附和意见，也许会放慢这整个过程。

242　　注意，在这个法官/助理互动的"邪门"（unorthodox）模式中，法官与助理的角色，与正统模式中他们各自的角色，完全颠倒了。在流行模式中，是助理起草司法意见书，法官编辑。而在"波斯纳模式"中，助理的工作包括了，很重要地，对法官的初稿提修改建议。由编辑修改

第8章 简单与新颖:司法意见撰写与上诉辩论

作者的作品,这个传统挺久远了。想想马克斯韦尔·帕金斯(Maxwell Perkins)修改汤姆·沃尔夫(Thomas Wolfe)的长篇小说,或是埃兹拉·庞德(Ezra Pound)修改艾略特(T. S. Eliot)的伟大诗歌《荒原》。但若是沃尔夫要求帕金斯撰写沃尔夫长篇小说的初稿(也就是说,要以沃尔夫之名出版这些长篇),或是艾略特要求庞德写出《荒原》初稿,这才真的不可思议。

法官要加工法官助理的初稿,他就一定要先等着,不仅要等到助理完成其研究,而且要等到这位没经验的司法意见写手写出司法意见初稿——甚至就不是一份粗稿,而是一份让该法官眼前一亮的打磨过的稿子。认真负责的法官不大可能对助理的稿子完全满意。他可能要求助理有额外的研究,这里删掉一些,那里增加一些,改变语气、关注点或着重点,还会要求其他助理也看一遍。因此,这个循环也很像是法官撰写初稿——只是这个循环开始迟了,因为比起法官完成他的初稿来,法官助理为完成初稿会花更长的时间。并且这位法官也不只是一位编辑,而是一位重写者,他会发现自己修改助理初稿所花费的时间一点也不少于亲自撰写第一稿。

在联邦法院中,即便案件总量不非常重,拖延也是很严肃的问题。某些上诉法院法官,平均起来,要用一年才发布一份公开的司法意见。原因(reason)也许是优柔寡断、拖延、同僚不对付(他们也许什么事都爱拖着或优柔寡断)——或是,在许多案件中,我认为是,管理糟糕,也就是说对工作人员的使用没效率。拖延的另一常见原因是不懂得做事要分个轻重缓急。假定某天分派某法官两个案件,其他助理都忙着其他案件,只有一位助理来处理这两个案件。两案之一,我称为甲案,从辩论到发表需要4周时间,另一案,乙案,只需两周。如果无论先定哪个案件,总诉讼时长都一样(但也会有区别,如果,比方说,一案被发回地区法院重审,而另一案维持对一方当事人有利的判决并因此此案诉讼结束),该法官就应先处理乙案。如果乙案先定了,发布了决定,随后才甲案,那么这两案,从辩论到决定,流逝的时间相加总共是8周,乙案是在两周之后决定的,甲案则再过4周(因此甲案决定会占时6周)。但如果是先定甲案并发布决定,占用时间的总和就会从8周上升到10周——甲案在辩论后4周发布决定,乙案则还要过两周,因此是在辩论后6周。〔5〕有多少法官意识到司法意见准备的先后顺序很重要,或是如果有人告诉他了,他会对日常工作作出任何调整吗?

在我担任我们法院首席法官期间(1993—2000),我建议新任法官亲自撰写他们的司法意见,让助理研究、批评但不是撰写司法意见,以及其他事。我说,也许刚开始,如果不是来自以写作为中心工作(主要是学界)的法律职业分支,他会感到很难撰写一份像样的司法意见。但熟能生巧。一年年过去(甚至也许只是几个月,而不是几年,鉴于"能写的"联邦上诉法院法官每年撰写司法意见的数量很多),司法意见撰写就变得容易了,最后,该法官会变得娴熟,而在此仅工作一年的助理不可能如此娴熟。法官助理的时间就多了,可以批评法官的初稿——事实上甚至可以编辑初稿,如果他们是不错的编辑的话——还能进行更深入的研究。而由助理负责撰写司法意见,就不大可能,因为这些助理(除非是永久性的,或是在一年工作期接近结束时)撰写司法意见都缺乏经验,工作很痛苦,还害怕法官的批评。法官不亲自撰

---

〔5〕让我把这个例子说得更清楚些。假定两案都是11月1日辩论的。如果甲案首先结束,司法意见就会在4周后,即11月28日发布。然后乙案的工作开始,乙案的司法意见会在两周后即12月12日发布,这就是在辩论后6周。如果先写完乙案,司法意见就会在两周后即11月15日发布,甲案司法意见就会在辩论后6周即12月12日发布。因此,第一种序列,从辩论到工作结束一共花费了10周,而第二种序列只用了8周。

第8章 简单与新颖:司法意见撰写与上诉辩论

写司法意见,因此就不会成为老道的司法意见写手,他们每年雇用新的法官助理,这些法官就必须或是采用贝克模式,或是用其司法生涯来为之前没有撰写司法意见经验的律界新人改作业。

现实主义一定要承认,由于助理是由法官选任的,而法官由政客选任的,因此许多新任法官助理的司法写作永远会比某些法官更好,不管这些法官如何勤奋工作试图改进其速度和流畅。但即便这种情况,我还是倾向由法官撰写意见,因为这会更真实一些,并因此,这一司法意见也会为法庭乃至律师界提供了更多可能,洞察这位法官的思考,并有可能影响未来的司法投票。

将司法意见撰写委托给没经验的助理,这是案件决定拖延的一个原因,但更基本的一个原因,与法官缺乏受众感、不知道写给谁看血脉相连的是,拖延不增加这些法官的成本,除非是拖得太久,受到批评了。当事人的律师很少敢抱怨。大多数法官都忘了司法拖延对于这些人是成本,对于与当事人处境相似的其他各方是成本,以及对于有相似案件的法官也是成本。这些成本值得强调。上诉审决定化解了或至少是推进了化解这个引发上诉的诉讼,因此也就消除了或减少了不确定性,这个结果从社会福利的立场来看几乎总是值得追求的。这些决定也还为与此案件当事人处境相似的其他人,为有类似案件的或很快就有类似案件的一些法院,提供了一些信息和指南。这也是宝贵信息,并且传播得越快,价值就越大。

对法官的角色,有种理解一直严重限制了司法想象力,这就是把法官理解为体育裁判,而这种理解更不鼓励采取措施加快司法过程。裁判没有加快比赛的责任。但法官是案件的管理者,也是裁判;他会制定许多规则。他不仅仅适用规则,他还规定比赛的长度。他不可能逃避管理。他有众多工作人员;数量不太多,却必须管理。作为管理者,他应当操心案件流程,并且,如果决定将案件发回地区法院重审,他还要为地区法官提供尽可能多的指南来加快结案,如果可能,他还要避免其再次上诉。

管理与管理主义之别

必须区分管理与管理主义。所谓管理主义,我指的是一种组织文化,在联邦法院系统,最好的例证就是贝克模式,在那里领导力也得让位于管理,即工作的分配、委托和等级。在典型的上诉法院法官的"堂"内,辩论前的法庭备忘录撰写这类基本工作,以及,如果分派该法官撰写司法意见(或决定分别撰写),司法意见初稿的准备,都派给了工作室最底层一级的法官助理甚或半工或全工实习生,或者有时是专职律师"池"(并非具体某位法官雇用的助理,或是没分派给某法官的助理)中的某一位。起草者的作品由资深助理审查,也可能由另一位助理审查,最终会提交法官一份打磨过的,也许是一份一致同意的产品供他批准。这种管理模式最不可能出错,但也趋于在最终产品中消灭创造性和个性,并会引出拖延。众多助理也许也会复审提交供法官批准的司法意见稿,提交法官的还有那些请求合议庭重新听审的诉状以及请求全体法官(en banc)重新听审的诉状,他们为法官的讲话准备稿子,协助法官的司法委员会工作;而所有这些方面都使法官进一步远离司法决策过程中最关键的输入。管理主义是一种回避风险的战略,它产生的是一种安全的常规产品。律所或政府法律部门的类似文化早已塑造了某些法官这种工作习性,他们会感到这种管理主义方式与裁判很对路。特别是在一些大律所,诉讼摘要一般都是委员会产品(committee product),而委员会的构成一般首先看重所需的妥协,原创性和想象力则要靠后。这种文化培养了智识上的消极被动,而由于这涉及广泛的责任委托,法官全面接受自己的裁判角色就进一步鼓励

第8章 简单与新颖：司法意见撰写与上诉辩论

了这种智识上的消极被动。

但法官撰写司法意见第一稿日渐衰落，反映的还不只是管理主义和由此引发的倾向——有经验的律师都成了编辑和监管者了，而不是起草者。这也还反映了美国文字文化的衰落。大众娱乐的传播，科学、社会科学以及技术相对于人文增长更快，电邮取代了书信写作，以及文学的阳春白雪地位衰落（主要因为创造太少，尽管这里有个先有蛋还是先有鸡的问题——供给也许跟着需求一同降低了），这一切的后果是，写作不再被认为是一种与高层职位相关的技能了。亲自撰写讲稿，如今的总统和其他政客甚至连装都不装了；尽管大多数不亲自撰写司法意见的法官还一直不愿公开承认这一点。如今，只有很少一些像我这样吹毛求疵的人，才关心法官将司法意见撰写委托给了助理，尽管有些法官良知上也感到过意不去，因此也给出了一些辩解。说是大法官金斯伯格就说过，她也想"亲自撰写我的全部司法意见，但就是没足够时间这么做"。[6] 她说，因此她删改很多。她说没有足够时间撰写司法意见，这让我很是困惑，因为最高法院大法官撰写的司法意见太少了。在过去的6个完整司法年度中（2006年度到2011年度），大法官金斯伯格一共交出了96份司法意见（46份多数派或相对多数意见，其余的——超过总数一半——是附和和反对意见）。这就是说每年16份。假定，平均起来，她撰写一份司法意见初稿花费4小时，这个估计可能是很宽松的。最高法院的司法意见书不必很长，因

---

[6] Todd C. Peppers, "The Modern Clerkship: Ruth Bader Ginsburg and Her Law Clerks," in *In Chambers: Stories of Supreme Court Law Clerks and Their Justices* 391, 397 (Todd C. Peppers and Artemus Ward eds. 2012).

为最高法院调案审查通常仅决定一个或两个争点[7]，并且他们也无需操心下层级法院的判例。把帕金森法则用于这个工作人员数量与其司法决定数量成反比的最高法院，就可以给出最佳解释，为什么这个现代最高法院的司法意见对篇幅毫无节制。

起草每个司法意见用 4 个小时，16 个意见，加总，就是每年 64 个小时。如果大法官每年工作 2 000 小时，那么亲自撰写司法意见也只需要从她在其他法院工作的时间中拿出 3%——这些其他工作包括修改其助理的稿子，那一定很花时间；因此，用于司法意见撰写和修改的时间，净增还不到 3%。其实我们亲自撰写司法意见的人也要修改删减——自我修改，但修改自己的文字要比修改他人的更节省时间，也更为愉悦。如果你是马奈（Manet），你是想在托马斯·库蒂尔（Thomas Couture）的《败落期的罗马人》（Les Romains de la décadence）还是在你自己的《奥林比亚》（Olympia）*，画下那最后几笔呢？

我写这些的用意并不是批评大法官金斯伯格。她的司法意见非常重视细节，她对这些司法意见的投入看起来相当大；事实上，我想象她是重写者，而不只是一位编辑者，这已经使这些意见完全属于她了。她新近在"奥巴马医疗"案中的独立意见[8]是一个杰作，一定花费了

---

[7] 大法官斯蒂文斯曾说过："最有帮助和最有说服力的最高法院调卷复审请求通常只提出一到两个具体争点，并以相当多的时间来解说为什么这些法律问题具有广泛重要意义，以及为什么令其他法院分裂或混乱了，" *O'Sullivan v. Boerckel*, 527 U.S. 838, 858 (1999)（反对意见）。又请看，Stewart A. Baker, "A Practical Guide to Certiorari," 33 *Catholic University Law Review* 611, 613 (1984).

* 马奈（1832—1883），法国画家，19 世纪印象主义画派奠基人之一，《奥林比亚》是他的伟大作品；托马斯·库蒂尔（1815—1879），法国画家，曾是马奈的老师，长于历史题材绘画，《败落期的罗马人》是其作品。——译者注

[8] *National Federation of Independent Business v. Sebelius*, 132 S. Ct. 2566, 2609 (2012).

第8章 简单与新颖:司法意见撰写与上诉辩论

非常多的时间和努力。我只是感到奇怪,她的方法有没有效率,这个问题属于一个更大的问题,即法官是否是良好的管理者,能否在自己与助理之间最佳地配置工作。

我提到的文化是阳春白雪,但我的意思却不是建议那些亲自撰写司法意见的法官要模仿亨利·詹姆斯(Henry James)、詹姆斯·乔伊斯(James Joyce),或格特鲁德·斯泰因(Gertrude Stein)。* 更值得模仿的是像海明威和奥威尔这些文字清澈的伟大写者;奥威尔说过,他的目标就是写出如同一扇玻璃那么透明的散文。而且,这也根本不是学谁的问题;很简单,那些文字漂亮的人通常都读过大量漂亮文字,而如今这样的人越来越少。写作才华是赐给少量法官(少数人,到此打住)的一种天分。但任何聪明人都可以学会写得清楚;并且这是复杂时代所需要的清楚,是——比方说——有能力以技术知识非常有限的法官和律师可能理解并在他们的意见和诉讼摘要中模仿的方式来解说技术问题的清楚。当然,清楚也并非文字好的唯一特点,而法官(或法官助理),如果有雄心写好而不只是写得好懂,是可以从写作指南中获益的。这些指南还无需是法律文书的写作指南;就我所知,这两种"最好"是不一样的。〔9〕

---

* 亨利·詹姆斯(1843—1916),美国小说家;詹姆斯·乔伊斯(1882—1941),爱尔兰作家、诗人,后现代文学的奠基者之一;格特鲁德·斯泰因(1874—1946),美国作家与诗人。——译者注

〔9〕 Stephen J. Pune, *Voice & Vision: A Guide to Writing History and Other Serious Nonfiction* (2009); Helen Sword, *Stylish Academic Writing* (2012). 这两本书都强调获得并保持读者注意力的修辞手段;就此而言,这两本书反映的都是著作和论文(包括学术著作和论文)市场的竞争特点——读者有许多选项。但律师是被迫阅读司法意见的,法官和法官助理对如何获得并保持读者一般无所谓;他们有被迫的读者。这是司法意见写得糟糕的另一原因。

形式主义的司法意见

亲自操刀呢,还是当个编辑,法官的这个决定并不决定司法意见的形式,但这里有一个重要限定是,法官助理的司法意见稿几乎肯定形式主义,因为大多数助理都是形式主义者。他们之所以是形式主义者是因为,作为法官助理,他们带到工作中的(偶尔的例外是带来一些珍贵的背景知识,例如,在技术领域——如果他们的法官珍视某位助理的这些知识的话)主要是他们在法学院学到的东西。而他们所学的——部分是因为这就是期望他们学习的——就是常规的法律分析,就是把一案事实填进从某制定法或宪法规定或某司法意见中找到的某个法律规则。这并不是他们学到的全部;在比较好的法学院,而大多数法官助理都来自这些学校,大多数教授都不是形式主义者。但这些学生从阅读的大多数司法意见的风格中会逐渐相信,法官对他们作为法官助理的期待是形式主义。喂给法学院学生吃的一直是司法意见,不仅法官平均而言要比法学教授更形式主义,而且司法意见也要比这些意见的名义作者即这些法官本人更形式主义。

几年前,我在芝加哥法学院教授一门司法意见写作课,旨在对那些打算当法官助理的学生有所助益,令我吃惊的是他们喜欢的司法意见,与我喜欢的很不同。这些学生喜欢那种平淡无奇的法官助理撰写的司法意见,而不屑于伟大的司法写者诸如霍姆斯和汉德的司法意见。他们还相当反感第九巡回区的阿历克斯·科辛斯基(Alex Kozinski)法官的司法意见,而那是一位出色的写者!

管理主义与形式主义是姻亲。把司法意见撰写委托给法官助理,这种决定鼓励了法官用形式主义来理解法官的角色,因为这个角色才便于这种委托,鉴于法官助理趋于撰写形式主义的司法意见。这也让

第 8 章 简单与新颖:司法意见撰写与上诉辩论

助理们活得更轻松一点。这不仅令他们可以用多年法律教育后自然接受的方式写作("法官助理也许文笔都挺好,但——都不是自己在说话[in speaking for another]——他们运用了编辑法律评论时学会的某种公式化的安全表达方式"[10]);还有,用于打造形式主义司法意见的那些材料,也都见于当事人各方的诉讼摘要,或是见于法官助理很容易获得也很熟悉的出版物——当然首先是制定法和判例了,但也还有专著和法律评论的论文。因此法官和助理可以封闭地待在这个密封隔间中,里面衬着特有的、可从中得出"正确答案"的法律文件。

这种风格显著的形式主义,对于一位讲究的写者来说,后果看起来可能相当可怕。法官助理撰写的司法意见太多不必要的名字和日期;太多程序性细节;太多的拉丁语式(诸如"*ambit*""*de minimis*""*eiusdem generis*""*sub silentio*");法律的陈词滥调(诸如"字面含义""严格审查""本案""总体情况""滥用裁量权""表面充分"[facial adequacy]、"表层质疑"[facial challenge]、"寒心效果"[chilling effect]、"释法教义""不平"[gravamen],以及在诸如"该制定法蕴含了宪法第一修正案的关切"这种表述中的"蕴含"[implicates]);一些含义流动、不固定的法律术语(诸如"理性的根据"以及"最近因");一些无法根除其含混但"感觉良好"的术语,如"正义"和"公道";一些浮华的说法,如"不证自明的是……";一些不真诚的敬意表示("以全部应有的尊重",或"我尊敬地反对");以及那些可憎的并列(诸如"罗伊案及其后裔"指的是罗伊诉韦德案以及此后有关的人工流产的判例)。还得加上:怯怯地服从言论政治正确的拙劣规范;从《蓝皮书》上查出来的

250

---

[10] Michael Boudin, "Judge Henry Friendly and the Craft of Judging," 159 *University of Pennsylvania Law Review* 1, 13 (2010).

但没人能懂的缩略语[11];已过时的语法规则(例如,别用"无论如何"或"更有甚者"这些词开始一个句子——这些词都是"后置词"——以及,若没先说"一方面",就永远别说"另一方面");过时的标点规则,特别是逗号的位置;以及不规范的英语(用"choate"代替"not inchoate",当说到一个诉状或其他请求时用"pled"代替"pleaded",把"proven"作为一个动词用而不是用"proved",把"absent"和"due to"用作副词,以"habeas claim"代替了"habeas corpus claim",把"he breached his contract"搞成了"he broke his contract"),或是违背了良好的拉丁语(用"de minimus"替换了"de minimis"以及用"ejusdem generis"替换了"eiusdem generis")。

只要是形式主义风格统治的地方,就非常执著于许多琐细的"正确"形式,因此法官助理会花费许多时间来校对并以蓝皮书的要求来调整司法意见稿,以免在公布的司法意见中出现拼写差错或引证形式的差错。耗费时间的注意力都放在一些不重要的细节上,这是法律实务的特质,并且这无疑与按时付费的习惯(顽固的,但如今正受侵蚀)相关,此外对于某种不安感而言,法律推理也真的如形式主义者所称的那么令人信服。司法意见在形式层面上的准确和前后一致,伴随着其篇幅、细节、引证、引述以及职业术语,都起到了信号作用,尽管是虚假信号,那就是,这个形式包装中的分析内容都很可靠。司法沉溺于挑剔细枝末节也许反映的仍然是法官作为管理者的不足;他们不懂孰轻孰重。

形式主义的司法意见通常从细致重述"事实"开始,其中有许多都

---

[11] 回想一下本书第3章的那些例子:Temp. Envtl. L. & Tech. J., ILSA J. Int'l & Comp. L., Emp. Rts. & Emp. Pol'y J., AIPLA Q. J., B. T. A. M. (P-H), A. Ct. Crim. App., A. F. Ct. Crim. App., C. G. Ct. Crim. App., N-M Ct. Crim. App., Ne. Reg'l Parole Comm'n, and Cent. Ill. Pub. Serv. Co.

第 8 章 简单与新颖:司法意见撰写与上诉辩论

无关紧要,也没有意思(例如,日期,而日期不会引发任何具体事情),却丢掉了许多极有意思也重要的并且 5 分钟网上搜寻就能找到的东西。因为某案常常涉及一些不好理解的商业习惯、神秘的外国风俗、罕见的医疗不幸以及律师就是不想费心给法官解说清楚的其他秘事。

在陈述事实(既太多,也太少)之后,就是对下层级法院判决意见以及各方主张的全没必要的概括,以及关于上诉审标准的陈述。上诉审其实就只有两个标准:全部的和尊崇的。传统上,是有四个基本标准(还有许多变种),尊崇初审法院或行政机构的规则由低到高的顺序是,重新审理(de novo)规则,明确有错规则,实质性证据规则,以及滥用裁量权规则。但后三种,在实践中,就是一种,因为更精细的区分超出了法官的认知能力。搞出一堆用不上的区分,这是一种常见的司法病理。

最后,气喘吁吁跑了很久之后,才看到司法意见的分析,常常很好密封于其引述的先前司法意见(引述常常甩开语境,就不理睬第 5 章引述过的霍姆斯的格言:"一般命题并不能决定具体案件"),一些陈词滥调,一点也没描述司法的实际做法(诸如"我们从该制定法的语词开始"——但法官从来都不是这么干的;法官总是从此制定法与何有关的某种一般感觉开始),引述的一系列判例,但如果有任何人读一读,他们会完全看不出这些案例支持该决定,以及茫然诉诸"字面含义"或编造出来的立法"意图"。司法意见装点着毫无必要的段落标题,还点缀着毫无必要的脚注。

这种稿子的目标,就其还有目的而不是一种习性和惯例的产品而言,就是让这个意见看起来博学、全面、正统和精准,就是要让结果好像是不可避免地源自前面的权威性宣言,写者没增加什么,他装作仅仅是在展示这些令结果不可避免的权威。

这里需要点评一下许多司法文字的那种纯陌生感。看看出自一份刑事案件意见书的下面这段文字,此案中,被告申诉的是,因为自己有糖尿病,不大可能活着出狱了,所以应给他减刑。(他败诉了)。这段文字的抽象特点和傲慢语调标志着它的形式主义:

> 是有这样一个很有价值的传统,别轻易下令让一个人死在监狱,罪犯可能活不过其刑期,这一概率肯定会令量刑法院有所踌躇。沃辛格[即被告]的关键论点不是"年龄本身就是一个从轻处罚的因素"这种一开始就输定的说法(尽管他也确实尝试提出这种说法),而是死于监狱的量刑要比临死前出狱的量刑明显更严厉。普遍的共识是,死亡是独一无二的可怕经验,以及监狱常常剥夺了被告与其家人相聚的能力或是剥夺了他以其他方式控制死亡情境的能力。从量上看,给囚徒强加这种经验的量刑,比一个不耗尽被告全部生命的量刑,是更为严厉,是造成了更大惩罚并创造了更大震慑效果。请看,例如,美国诉派却阿卡案(*United States v. Patriarca*),948 F. 2d 789, 793 (1st Cir. 1991)(判定导致死于监狱的加刑可能震慑其弃保潜逃)。此外,当然,临死病人行动不便,这也会像监狱一样有效剥夺某些被告的行为能力,从而使这么长的刑期不再必要。[12]

这段文字开头就奇怪地暗示,显然不是有意地,被告被下令死于监狱("别轻易下令让一个人死在监狱")。随后又不加解释地说,量刑时,年龄不可能是一个从轻因素,尽管可以是,因为量刑指南上就承认这一点[13],因为,我在第 3 章也提到过,累犯更可能是比较年长的

---

[12] *United States v. Wurzinger*, 467 F. 3d 649, 652 (7th Cir. 2006)(除了 *Patriarca* 案外,其他印证都省略了)。

[13] U. S. S. G. § 5H1.1. 又请看,*United States v. Johnson*, 685 F. 3d 660, 661-662 (7th Cir. 2012),及其印证的研究。

第 8 章　简单与新颖：司法意见撰写与上诉辩论

被告。下面是一句很奇怪的话："普遍的共识是，死亡是独一无二的可怕经验。"你无需告诉读者死亡为何物，而且，说到底，法院在这里讨论的也不是死亡本身，而是临终者有可能随时死亡。一个临终者会更想待在家中而不是待在监狱，其家人也会这么想。但这不是一个根据，没法用它来削减一个否则的话很适度的刑期，法院却没说这一点。这其实是一个释放临终囚犯的根据之一，且不管他们的刑期有多长——这都是一种文明的做法，除非面对的是一个恶魔，而沃辛格，一位中年冰毒贩子，并非恶魔。

这段文字的下一句——"从量上看，给囚徒强加了这种［死于监狱］经验的［监狱］量刑，比一个不耗尽被告全部生命的量刑，是更为严厉，是造成了更大惩罚并创造了更大震慑效果。"——也不好。"从量上看"这个词就用的不当；"耗尽被告全部生命"太做作了；"创造了更大震慑效果"听起来好像是，不释放这位临终者也许很恰当，令长刑期更痛苦并因此获得了更大的震慑——一种加重惩罚的不文明模式，如果我说释放临终囚犯会是一种文明做法不错的话。最后，是插入了对派却阿卡案的神奇评论，该案曾判定"导致死于监狱的加刑可能震慑其弃保潜逃"。这到底指什么？你必须去查看派却阿卡案，而你发现，该法院指的只是，如果被告知道自己弃保潜逃后被抓回来的后果也许是一个死于监狱的长刑，他就不大可能弃保潜逃。

如果法官都没法子或就是不想写的清楚和简单，我就不知道他们何以（我们何以）可能应对现代性的复杂。如果一位法官都不能清楚表达一个复杂的争点，这有可能意味着他并不理解它，而他的大多数读者也就不会懂得。全力写清楚，全力让人理解，这两种努力是分不开的。而在这两种努力中，形式主义倾向一定会退出。

然而，形式主义司法意见的影响力在增长。司法思想表述的进化已经倒过来了。今天，典型的上诉审司法意见要比半个世纪前的典型司法意见更形式主义。这种变化反映了管理主义的增长,但也是批评1960年代最高法院决策风格随心所欲和自由派结果而引出的一种防卫性反应,是试图掩饰仍在继续的司法能动主义,不仅有左派的,也有右派的。管理主义的增长也还反映了法院系统中法官助理的角色增大了,以及说到底是上诉法院的工作量更大了,因为是案件总数更多才引出了法官助理更多(最高法院则例外,在那里,我们知道,法官助理的增长是与案件总数降低共变的。但如果不是更多的助理,而是更多的法官,这种替代不仅成本更高,而且会更臃肿,因为协调起来更难。当然法官的数量也增长了,只是如果法官助理与法官的比例一直不变的话,法官数量增加就会大得多。等级制是一种很经济的组织方法。

在一篇令人惊奇地谴责法律现实主义(作者本人就是一位法律现实主义者)的短文中,科辛斯基法官认为,"你不得不给他们一些理由(为什么你这么决定),并且这些理由最好是比较不错的——如果你给出的理由不令人信服,那么任何称职的法官助理都会同你争辩"。[14] 这不真实,除非是几乎没有"称职的"法官助理。特别是,如果该法官是来自某个等级化的实务环境,而鉴于助理和法官之间的年龄差距,以及平均而言法官助理分析问题要比他们的法官更犀利,因此助理是不太情愿同法官争辩的。有些法官则以解雇助理而知名:科辛斯基法官就是其中之一。

与科辛斯基进一步对立的一点是,起草司法意见的助理在口头辩论前并没多少时间来研究判例和其他材料,因为对于刚毕业的法学院学生来说,起草要发表的司法意见,这个工作令人却步,也耗费了他的

---

[14] Alex Kozinski, "What I Ate for Breakfast and Other Mysteries of Judicial Decision Making," 26 *Loyola of Los Angeles Law Review* 993, 994 (1993).

第8章　简单与新颖：司法意见撰写与上诉辩论

大部分时间。一位助理若怀疑法官对此案的判断是否坚实,在此案辩论且法官已临时投票之后,在他起草司法意见时发现自己和法官都没注意某个问题时,他更有可能澄清自己的疑问。但这通常太晚了。这位助理会努力掩盖这个问题,而不是向法官承认自己没能在辩论和投票前提供精确的建议。此刻他的工作就是维护已经投的票。这很可能也就是这位法官的期待。如果该法官先前是位出庭律师,他很自然地会认为司法意见只是支持此结果的一个诉讼摘要。

撰写良好司法意见的规则

但我的抱怨已不少了;我想更建设性一些。我认为,形式主义者和现实主义者,且不论是法官或法官助理,只要注意几条简单的规则(我意识到其中有些会让形式主义者很难接受),就可以写出更好、更可读并且更诚实的司法意见：

1. 别太术语。法律术语混淆了,并且会欺骗法律写者认为自己的写作很精准,实际上他只是写着过时的语言。某些技术语言不可避免;法官不可能为一些名称确定即便含义不清的法律教义简单地重新命名,诸如"对价""承诺不得反悔"(promissory estoppel)、"事实自证"(res ipsa loquitur)以及"举证责任"(burden of production)等。但我先前给出的一些古板法条主义的例子都可以用浅显的英文替代。

2. 想着自己是写给聪明的外行人看的。这会帮助你避免术语、浮夸的文字、脚注、长段引文、冗长的重复以及常规法律文字的其他标记。

3. 除非很明显,要说清该判决依据的任何教义的目的。这是个制约,避免诉诸一些讲不出道理的教义——也许它们曾有一次是有道理的,但之后它们就死于不从脑子过的重复了。

4. 到司法意见结束之际才宣布决定（维持原判、撤销判决、驳回等）。若按照通常方式，在司法意见书开始时就简单宣布决定，所传递的印象会是，下面的话都只是在合理化此案的结果，而得出这个结果的理由并没说明。我的建议是"修辞的"，因为当然，这个结果是在该意见撰写之前就决定了，至少是暂时决定了。但把结论放在支持结论的分析之后而不是之前，这并不是不诚实的修辞，这样做会令这个司法意见至少更不教条。（一种妥协方式是在开始说："由于下面将予以解释的理由，维持[推翻等]该地区法院的判决。"）

5. 在合议庭意见不统一的案件上，避免在多数意见中提及反对意见，这种做法在最高法院的司法意见中变得很常见。这种提及让读者打断其阅读多数派司法意见，去查看作者回应了（常常是情绪激昂地）什么观点，或是中断信念，等着阅读完反对意见。处理反对意见中还值得回应的论点，办法是不提出处的陈述它们，然后尽力反驳。

6. 除非明显如 FBI（联邦调查局）等，要避免首字母缩写词和缩写。这些缩写丑陋，分散注意力，还常常令读者不明不白。即便是司法意见写者第一次使用这些缩写词时拼写清楚，读者也还可能难以在阅读期间都记在心中。

7. 避开脚注，且不仅是那些同反对方决斗的脚注。司法意见书并非学术论文。与司法意见关系偏远的脚注材料可以删除；如果重要，就写入正文。

8. 在你打算让合议庭其他法官传看的意见书中，对每个逗号、每个词、每个句子、每个插入的短语或从句、每一段，你都要问问自己，这个词、这个句子等到底起什么作用？如果回答是"没作用"，那就应删掉。事实、名字、日期、程序细节——太常见了，这都仅仅拉长了某个司法意见！每个司法意见都一定列清各方的主张？就此而言，必须提及所有各方？非也，因为案件的标题常常会列出已撤出的或从一开始

第8章 简单与新颖：司法意见撰写与上诉辩论

就是多余的各方。每个司法意见都必须包括对地区法院或行政机关意见书的细致概述？重复复审的标准？要向读者保证本院已经"仔细"考虑过这些争点？（一种空洞、自我表扬的把戏）。简而言之，你真就打算证明文字文化在美国真的死光光了？

9. 要确定阅读了司法意见中引证的每个判例、制定法、规章、论文、专著等。法官不应信任找到并将之加入司法意见中（或是，如果是法官亲自撰写意见时，建议法官加入司法意见）的法官助理对这些材料的概括都正确。这不是说法官总有时间阅读整个判例、制定法、规章、论文、专著等；而是说他应当阅读他的司法意见引证的这些材料，在被引著作中，以及被引材料中关键段落前后足够多的正文，以确定自己真的理解了上下文。以上是供现实主义者和形式主义者都适用的一些规则。但现实主义者还需要两个额外的规则：

10. 在你的司法意见中要避免太跧和夸耀，但要加入任何你意识到会影响决定的因素——因此更多格言、更多对决定的真实世界背景和后果的关注，以及乐于接受可阐明法律的其他领域的思想。

11. 现实主义的构成部分就是务实并坦诚，而坚实的现实主义构成部分就是别死板——因此写作别"端"也别"装"，要追求那种"不太地道"（impure）的风格，我在其他地方就论辩过，这要优于形式主义司法意见的"很地道的"风格。〔15〕这种不太地道的风格就是大法官罗伯特·杰克逊集中体现的那种风格，他"看起来在其司法意见中很少寻求恰当的'司法的'姿态或语调。相反，他看起来有能力扩展典型司法意见撰写的范围来包括他的人性反应……而在这些时刻，法官与普通人之间的距离突然缩短了"。〔16〕其他高度受尊重的法官和大法官还

---

〔15〕 Richard A. Posner, *Law and Literature*, ch. 9 (3d ed. 2009).

〔16〕 G. Edward White, *The American Judicial Tradition: Profiles of Leading American Judges* 185 (3d ed. 2007).

有约翰·马歇尔、奥列弗·温德尔·霍姆斯、本杰明·卡多佐、勒尼德·汉德,以及罗杰·泰耶尔,也都是这种"不太地道"风格的实践者(关于卡多佐的风格,人们的印象是过于老道[overripe],其实那来自他的著作和论文,而不是他的司法意见)。然而没人认为他们的写作降低了法院系统的品位。就如霍姆斯曾说过的,法官司法意见的分量不必定来自其重量。

威廉·帕博金(William Popkin),在其关于司法意见的著作中把我说的"非地道"风格称之为"有个性声音的",并特意挑出了霍姆斯的司法意见,认为"提供了个性化声音的一个最好范例……霍姆斯的语言直率、不装饰、不造作,既不官腔,也不职业。他用的是这个社会都分享的语言,包括司法作者,也包括公共受众"。[17] 帕博金说霍姆斯的个性声音很权威,还将这种权威风格与他所谓的"个性/试探"风格做了对比,他摘引了我的一些意见来例证后一风格[18],他的解说是:

> 采用一种试探语调的法官让读者分享了决策的难度,而不是以权威声调灌输读者。波斯纳司法意见的试探性有三个方面。首先是他承认对如何找到正确答案他很有疑惑。其次,这些司法意见读起来好像是作者正自言自语该如何解决这些争点——而他对这些问题的猜想常常对于此案的最后处理并不至关重要,只是这位法官思考过程的一部分。
>
> 第三方面与用来作决定的实质性标准有关。波斯纳拒绝那些清晰动听的决定案件的规则,比方说,制定法解释中的文本主

---

[17] William D. Popkin, *Evolution of the Judicial Opinion: Institutional and Individual Styles* 146-147 (2007).

[18] 请看,同上注,页153-169。

义。他反而偏爱那些更模糊的标准(常常是该基本规则的目的)或是规则加例外,除非是有很好的实用主义的理由支持采用某个简单便利的规则。[19]

帕博金是这样为这一进路正当化的:

> 通过权威机构和个人风格的司法意见表达而形成的司法权威公共形象,一直都与法律职业内部的现实存在紧张关系——法律发展是一项凌乱麻烦的任务,充满了冲突和不确定性。而在英美法传统中这一紧张给司法意见带来了巨大压力,它必须实现外部和内部的双重目的,维护司法权威和继续法官造法。这个压力在现代法律文化中增大了,在这里法官承认法律与政治交叉,拒绝那种比较老旧的传统——由法官权威性宣告从法律原则中推演出来的法律,他们认为仅有支持判决的制度根据,还不足以支持司法造法在这个法律体制中的正当性,因为在这个法律体制中,民主立法如今是法律的支配性渊源。法官并非大力士赫拉克里斯。
>
> 　这就给现代法官留下了艰难的工作,要诉求于外在的实体法渊源,却得不到权威性法律原则或完全安全的制度根据这样的盔甲保护。要回应这个难题,我的建议是……更多运用一种个性/试探的风格来提出司法意见,就像波斯纳进路例证的那样。这一风格贯彻的是我所谓的"民主性裁判",这适合下面这样的法律文化,即在这里,法律与政治明确关联,而且民主过程对于维系政府制度的权威至关重要。[20]

---

[19] 同上注,页159。
[20] 同上注,页168-169(省略了脚注)。

莫里斯案司法意见

也许,讨论一个代表性的形式主义司法意见,会更清楚地说明我对形式主义司法意见的保留。这就是美国哥伦比亚特区上诉法院,最好的联邦上诉法院之一,在美国诉莫里斯案(United States v. Morris)[21]的司法意见。我将其全文重印于本章最后——会同一份如果此案分派给我、我将撰写的司法意见。该法院的意见长达3 237个词,我的则是602个词。

莫里斯案的主要争点是,被告是否"在毒品交易时且与该交易相关地"使用了枪支。陪审团认定他使用了。他上诉,质疑这一定罪以及更为基础的毒品定罪。上诉审意见先就说了"我们拒绝这两个质疑并维持原判"(在我看来,这个开头不是很好),然后开始描述这两个犯罪,以及初审过程。被告是在某一公寓被捕的,在那里警方找到了100个小自封袋的可卡因,加上三支上了膛的手枪。两支在客厅沙发垫下,警员进来时,莫里斯就坐在沙发上,第三支在卧室的床头柜里。这些小包可卡因藏在卧室天花板上的管道内。司法意见还告诉了读者莫里斯被捕及其公寓被搜查的日期——甚至该公寓的地址。时间和地点这些细节与此案决定都无关。

然后是一个简短的,毫无例外的,但也毫无必要的关于上诉审标准的陈述——毫无必要因为其众所周知,还因为此案与这一标准毫不相干。下面就开始讨论莫里斯上诉的开局计谋:没有足够证据认定他持有这些毒品。"持有,当然了,可以是实际持有,也可以是推定(constructive)持有",司法意见这么说。事实上,"推定持有"最多也就是一

---

[21] 977 F. 2d 617 (D. C. Cir. 1992).

个很微妙的概念。这就令"当然了"成了一个夸口。告诉读者推定持有"必须有证据支持一个结论,即被告有能力行使知情的'统辖(dominion)和控制'",这毫无助益。"统辖"这个有点古风的词比"控制"又多出点什么?以及为什么有能力控制应当有别于控制,还能算做控制,并因此构成持有?或者持有在什么地方是不是又与控制有什么不同?

说"陪审团有权推断认定某人对在其屋内发现的物品行使了推定性持有",这等于什么都没说。上诉审司法意见复审了此案事实,并发现"有丰富的(ample)证据,据此,陪审团可以推断是莫里斯独自住在这间公寓,并对屋内的东西行使了推定持有"。"丰富的"一词很多余,和司法意见中的大多数形容词和副词一样——它们都增加了一些不必要的强调,常常让读者感到夸大其词,甚至是底气不足。

人们开始感到这里怎么像是高射炮打蚊子。莫里斯就待在这个几乎到处都是毒品的公寓内,很多证据表明就他自己住在这里。确实,他在证词中说自己是个来访者——其实他很不幸地就在警方突袭前几分钟碰巧出现在这里。陪审团不必相信这些,而且显然也没信。他们相信莫里斯就是房客,这些毒品一定都是他的,因为就没人提出这样的问题,如果莫里斯不是房客,还可能有谁拥有这些毒品。对于这一毒品定罪,该司法意见真的无需多言。

搬弄"推定"持有则是没必要的混乱。"推定"持有某人自己公寓的东西,这是什么意思?警员进来时,莫里斯就坐在他的沙发上。难道只是"推定"他持有这个沙发?如果是的话,那么"实际"持有又是什么呢?难道只有当某人手中拿着一把枪时他才"实际持有"一把枪?事实上,"推定持有"在法律上有任何作用?我认为没用,只要人们承认"持有"并不只是指某人手中拿着什么东西,它就没用。实际持有和推定持有是法律分析中许多没啥用处的区分之一;它该退休了。如果法官不时停下来,自问一下,这些大量司法短语实际都指些什么,做了什么,会令人更振作一些。

莫里斯案司法意见的主要部分讨论的是,被告质疑对自己的另一项独立定罪,即其在毒品交易时且与该交易有关使用了或携带了枪支。该司法意见书称,法院是将此案作为一个"使用枪支"案而不是一个"携带枪支"案来分析的。但有个脚注却搞出了一个令人警醒的可能——那种可能令行外人对法律人的心智感到惊奇的事——即莫里斯本来还可能被认定为"携带"了两支枪,即当警员进入公寓时藏在他所坐沙发下的两支枪。司法意见中对此脚注还有一个警告:尽管这个"携带枪支"的脚注说两支枪在沙发下面,司法意见在前面的事实陈述说的却是,这两支枪是在沙发里——在沙发垫下面。

在司法意见书正文中,我们得知,关于"使用枪支"罪的判断标准是,"该枪[是否]便利了毒品交易违法行为或是在其中起了作用"(而"便利"与"起了作用"的区别又是什么?),又得知,为帮助适用这个判断标准,"本法院已确定了一系列因素……我们在此仅讨论其中某些因素,同时承认许多法院已经确定了并还将确定其他因素"。这也令人警惕,就如同我在第 3 章提到的,多因检验标准是很难客观适用的。并且,这些因素很多,没规定各自的权重,也没底限("以及将确定的其他因素"),这样一个多因检验标准就是在邀请法官行使没有标准限定的裁量权。[22]

---

[22] 提出类似批评的,请看,*Nightingale Home Healthcare, Inc. v. Anodyne Therapy, LLC*, 626 F. 3d 958 (7th Cir. 2010); *Menard, Inc. v. Commissioner of Internal Revenue*, 560 F. 3d 620, 622-623 (7th Cir. 2009); *Reinsurance Co. of America v. Administratia Asigurarilor de Stat*, 902 F. 2d 1275, 1283 (7th Cir. 1990)(附和意见);以及,Michael D. Cicchini, "Dead Again: The Latest Demise of the Confrontation Clause," 80 *Fordham Law Review* 1301 (2011)。

第 8 章 简单与新颖:司法意见撰写与上诉辩论

法院诉诸的这个多因检验标准中的第一个因素是持有。但是,在强调持有的重要性的同时,这个司法意见也表达了疑惑,是否有人可能使用一只并非他持有的枪。该法院忽视了一个显然的回答是:某人可以威胁使用一支枪,虽不是他的——并且他永远不会试图抢的——但是他伸手就可以拿到的抢,从而使其威胁是可信的。

该司法意见称"仅仅持有枪支,即便持有人是毒品交易者,这也不违反该制定法",但又说,该制定法确实触及到(就如同该法院已经说过的)"枪支便利了毒品交易或于其中起了作用的任何案件"。这意味着"被告持有枪是一个重要因素",并且,"持有,当然了[当然得有这个'当然了'],包含了共同持有,以及推定持有"。这从一开始让人看起来似乎就是,尽管一开始否认,法院还是认为,毒品交易者仅仅持有枪支就是在毒品违法时且与此有关地使用了枪支。(这会有点怪:就因为警员腰带上的枪套里每天都插着枪,他就是每天都在"使用"他的枪吗)? 也许不是,如果枪是放在保险箱内,因为"一直放在手边的枪,要比放在不便拿到的地方的枪,更可能用来防身"。但大多数毒品贩子,就如同大多数其他手枪枪主一样,他们的枪除了防身外,没其他用处,因此为什么他们会把枪装好,放在远远且很难上手的地方呢?

该意见书又讨论这个多因检验标准中的其他因素,诸如:"枪与毒品的距离"。确实,枪与毒品距离越近,就越有可能持有者同时使用着枪和毒品。因此,读者会惊奇地发现该法院说这个距离怎么解释都成立。法院给出了一个奇怪的判例,该案发现枪和毒品一起放在被告大衣柜间的雨衣口袋里;得出的推断是,被告只是打算未来穿雨衣外出销售毒品时使用这把枪。但这个案件中枪与毒品的距离趋于表明的,并不是在眼下交易中被告没打算用枪;而表明了这样一个事实,枪和毒品都在大衣柜里。

下一个讨论的因素是"该枪是否上了膛"以及"枪的数量和类

型"。但这两个因素,其实是三个,都无关。因为该司法意见说得很清楚了,只要莫里斯手边有一只未上膛的普通枪就足以(quite enough)维持对他的定罪了,特别是还有政府的专家证人出庭作证"非常普遍地用枪来保护这种[毒品交易]行动"。

　　该意见书讨论的最没有意义的因素是,枪是否"公开展示"了。如果是,这意味着"对觊觎者(poacher)的震慑……然而,这不是说,一支枪,尽管没放在眼前,却触手可及,就不再强烈意味是用来保护毒品的"。因此,开头政府赢了,结果被告输了——这就使得"公开展示"这个因素不仅"最没意思",而且毫无意义。(司法意见的一个令人沮丧的特点是,其中经常包括一些毫无意义的陈述。例如,在否则的话根本无关的一个案件中,消费者产品安全委员会诉 GTE 西尔韦尼亚公司案[*Consumer Product Safety Commission v. GTE Sylvania, Inc.*],最高法院称——并且在追随而来的案件中一再重申,一些下层级法院也同样——"如果没有明确表述的相反立法意图,一般必须认为[制定法的语言]是结论性的"。[23] 这个"一般"让这个陈述毫无意义了。即便没有"明确表述的相反立法意图"与制定法的语言抵牾,也只是"一般"要遵循制定法的语言。人们"一般"都是按文字适用制定法的;这是缺省时的解释。对制定法解释的整个挑战就由两部分构成,识别例外和适用例外;西尔韦尼亚案的这个表述回避了这一挑战,结果是,说的话没有丝毫价值。)

　　我同意,司法中的唠叨和废话也有某种修辞功能,但这是一种不值当的修辞。重复陈词滥调并耐心梳理上述案件提及的一堆因素,这传递的是一种不可辩驳、深思熟虑、耐心前行、步步相随、不遗余力的印象。这是一种让人宽心的风格,不仅因为其表明(有时是误导性的)

---

[23] 447 U. S. 102, 108 (1980).

第8章 简单与新颖：司法意见撰写与上诉辩论

了彻底，而且因为它让这个司法意见能够装进许多无懈可击的命题。一份司法意见中真实的陈述数量越多，这个司法意见看起来就越真实，即便这些真实陈述都是些八股。

可以理解法官发布某些司法意见时很不安，因为这些意见实际说的就是"我们对此案究竟发生了什么基本不懂。文档记录很糟糕，律师很讨嫌。我们也不敢相信我们做对了。我们知道我们就是黑灯瞎火中摸着走。但政府给我们发了工资就是让我们决定案件，因此我们也就只能这么定了"。这就是无数上述审意见的潜台词。那些最简单的纠纷不会诉讼，或不会上诉，或是不发表意见决定的（有时就没有司法意见——只有"维持原判"这一个英文词）。相当一部分公开发表的上诉审司法意见都是那些难分高下的案件，还有很大一部分案件看起来虽不是难分高下，但乱七八糟，这种或那种的乱。散落于司法意见中那些没必要的细节和老生常谈则给确凿无疑创造了一个光滑门面。

还是回到这个枪支案：美国人喜欢枪，同时又害怕暴力犯罪。许多守法的美国人，包括大城市贫民区的守法居民，都在家中放着上了膛的枪，保护自己，防止不法入侵者。有些贫民区居民，不守法，但家中也有上了膛的枪，理由也并不同他们的非法活动相关——事实上是因为与守法者相同的理由。法院在适用"使用或携带"制定法时，有人也许会想到，这里的挑战就在于如何区分为了自卫的持枪和为保护毒品生意的持枪，或是为保护自己作为毒品交易者的行为能力而持枪。

莫里斯案司法意见没有将多因检验标准中的各个因素同如何区分被告身边放着上了膛的手枪的两种可能联系起来。这个联系并非显然。比方说，认为"持有"这个概念有助于区分持枪自我保护与持枪保护非法毒品，或是认为枪是否上了膛，是否好用，是否便于枪主上手，以及放置枪的地方是否有利于自身和财产防卫，都会有助于这种区分,这种想法会很荒谬。随着枪支数量的增多,随着枪支有更多"职业"特点,随着枪支与毒品的距离增加,该枪是用于保护毒品而不(只)是保护人身或其他财产的推断也会增大。莫里斯案的决定因素是他将两把枪藏在了客厅的沙发垫下,这是一个放置护家武器的非常特别的地方,但如果他是在客厅出售毒品,那这就是放置武器的好地方。不是对准这一关键事实,该法院在那个有关"携带"脚注中实际上忘记了这一点。

这个司法意见的风格也妨碍了意义寻求。该意见令人生厌地排列了各个因素和事实,密集引述了之前的判例(总共 25 个,大多有关枪支犯罪),这个司法意见努力想让读者全盘接受一个令人信服的结论,无论在枪支违法还是在毒品违法上莫里斯都有罪。这是受过法律训练的人笔下的自然流露。我不是在挑剔一份差劲的,或是一份非正统的司法意见。

我猜想,这份意见书是一位法官助理撰写的,署名该司法意见的法官修改了但没有重新撰写。[24] 这份意见书有焦虑的新作者的那种面面俱到,以及当作者是助理时你可以想到的那种非个性特点——他几乎不可能想象把自己的个性注入其中,还会认为试图注入这位法官的个性也不合适。读法官撰写的意见,相比起来,由于感受到法官同案件的直接交手,读者会了解到许多东西,有关这些作者。

莫里斯案的司法意见还引发了对司法意见中的坦率和自知的反

---

[24] 这位法官承认自己一般根据助理的司法意见初稿加工。Patricia M. Wald, "How I Write," 4 *Scribes Journal of Legal Writing* 55, 59-61 (1993). 顺便说一句,沃德法官有极为杰出的法律职业生涯;1999 年从上诉法院退休后,她成为国际法和国际法审判的一位显赫人物。我不挑剔平均水平的法官,更不会挑剔低于一般水平的法官。请看,"Patricia Wald," *Wikipedia*, http://en.wikipedia.org/wiki/Patricia_Wald (2012 年 12 月 25 日访问)。

第8章 简单与新颖:司法意见撰写与上诉辩论

思。应区分坦率(candor)和诚实(honest)。一位法官也许会认为自己在司法意见中说的每句话都是真的,至少在其可能确定真理的能力范围内是这样的,但他还是会不说出导致(就其直觉到的而言)他如此投票决定该案的所有考量。我会称这样一个司法意见是诚实的,但不是坦率的。一个坦率的司法意见会陈述法官意识到的、影响他司法投票的所有考量。然而在一定程度内,法官又不自觉所有这类考量,即便他坦诚,这个司法意见也还是不完整的。最好的司法意见——最可信且最增进知识的——会是这样一位法官的坦率的司法意见,他意识到了推动他决策的所有考量:一份结合了坦率和自知的司法意见。

实际上没有一份官方的公共文件是完全坦诚的,也不应如此。公共文件是政府的一个工具,而不是心灵的交流。就上诉审司法意见而言,除了反对意见或是没其他法官参加的附和意见外,作者也许都需要妥协自己的观点,或是磨掉意见中的某些修辞性锋芒,以便说服其他法官加入这个意见。并且,考虑到同事关系,考虑到当事人及其律师的感受,都可能促使法官适度降低其修辞的音量。

因此"把一切都摆开"并不是很好的司法箴言。但一个司法意见还是可以既得体又坦诚,尽管不能说百分之百的坦诚。当你阅读霍姆斯,或勒尼德·汉德,或罗伯特·杰克逊,或亨利·弗兰德利的司法意见时,你就有这样的感觉(并且也得到了传记材料的确认),意见中已经详尽展示了影响该法官投票的每件事或几乎是每件事;你因此对这个决定的过程有了一个完整和准确的解说,或至少是接近如此的。相比之下,阅读法兰克福特的司法意见,你就常常感到,其中包含了一些他不可能相信的一些陈述(通常是夸大其词而不是直截了当的虚假),并且,意见中没包括得出这一结果的全部推动因。我们感受到,他没对读者说实话,或,事实上是,他没对自己说实话。其实许多法官都是这样,事实上,很可能是大多数法官,至少在某些,并且常常在许多案件中就是如此。

本书第 4 章分析现实主义和形式主义法官时就隐含了这些。我说了,大多数法官都是混合体,但你不会从司法意见中得出这一判断,因为大多数司法意见,即便是在那些只能以现实主义才能充分解说的案件中,其风格也是形式主义的。现实主义被隐藏起来了,也许需要大量研究,才能确定这一决定的真正动力,或事实上才能确定某一整套判例法的真正动力。[25] 这很不幸,因为这可能误导法律言谈的受众以及他们的律师。

也因此,良好司法意见撰写的另一个规则是,在让合议庭其他法官传看一份意见稿之前,应当自问一下,自己是否相信稿子中的每件事,如果回答是"否",他就应当删除他不相信的那一部分。他还应当自问一下,是否还有什么东西潜藏在他心灵另一面或深处,或许影响了其分析和结论,而如果有,那么也应当说出来。

我提议的最后规则是,所谓法官(或法官助理,如果法官已经把撰写司法意见委托给了其助理)的文字清楚,有一种特别的含义,就是要让非法律人也能理解其司法意见。最近,有位法律教授(我想不起来是哪个法学院的)告诉我,令我吃惊的是,"法学院学生认为,法官波斯纳一定热爱法学院的学生"。她的解说是,即便新入校的法学院学生也能理解我的司法意见,但其他法官的司法意见就不行(或常常不行),还有就是,这些学生推断我无疑会偏爱像其他法官那样写作,而我没有,那么就只能是对学生的爱推动着我的写作,乃至学生都可能理解我说的是什么。我确实喜欢(like)法学院学生,尽管我不能说我热爱(love)他们;我会希望他们能理解我的司法意见,并且我也会希

---

[25] 请看,Matthew C. Stephenson, "Legal Realism for Economists," *Journal of Economic Perspectives*, Spring 2009, pp. 191, 197-199.

望非法律人——也许偶尔会想起读份司法意见的很少一些人——也能读明白我的司法意见。但我主张要努力写清楚的主要理由(并且我也确实努力了——我并非天生文字清晰)是,除非我将案子简化到可能最为简单的表达外,我不能确信我真的理解了此案,也不能确信我的决定正确或至少是有道理(人们常常不能确定什么是正确的后果)。一个决定是否有道理,检验标准之一就是,如果对一个聪明的行外人解说,他或她会认为这很正确,而不是扬长而去且喃喃自语:"《雾都孤儿》中的邦布尔先生说得很对:如果法律就要求得出这个决定,那么这法律就是头蠢驴。"

"有道理"(sensible)与(法律上)"正确"(correct)不是同义词。法律上的正义也不等同于以普通语言理解的正义;不能把职业法官的判决等同于由争议双方的某位非律师熟人提出的争议解决方案等同起来。法官是一个制度行动者(actor),周边是各种约束,制约着他行使裁量权去干"正当的"(right)事。这些约束条件包括立法者的权威、先例的强制力以及"法治"(rule of law)(这是个被误解的术语:其恰当含义是,决定案件时,不考虑具体当事人各自漂亮与否,他们的社会地位或其他匪夷所思的特点)。但在投票赞同某个为这些制度性约束塑造出来的后果之前,一个人得想清楚,这些约束条件真的就要求得出这么一个行外人都不认为有道理的决定吗?

上诉辩护的一些小技巧

司法意见撰写同上诉辩护的诉讼摘要和口头辩论紧密相关,因此,我简短讨论一下上诉辩护,再结束本章——简短是因为大法官斯卡利亚和戛纳先生的另一部著作最近已讨论了这个问题,很彻底,也非常有道理。[26]

对上诉辩护律师最重要的是要懂得受众感是修辞有效与否的关键。[27] 辩护律师一定要知道受众心中怎么想。因此,有效上诉辩护的关键就是要想象自己是一位上诉法官。如果做到了,他会立刻看到上诉法院法官的工作条件是非常不利的。他能用于每个案件的时间很少,因此注定对各方当事人的了解、对涉及的产品或服务的了解以及对语境的了解都大大少于辩护律师。并且就一切可能性而言,上诉审法官都是一位多面手,对来到他面前的案件所属的大多数法律领域都缺乏专长知识。相比之下,辩护律师更可能是一位专长者,除非他的"专长"只是上诉辩护。但大多数上诉都是由初审律师辩论的。

法官的知识缺陷很容易在那些有技术争点的案件中变得特别尖锐,就如我在本书一直强调的。但也不只是在这些案件中;除非法院听审了某个刑事上诉,法官是不大可能对该上诉可适用的法律有深刻或全面的了解,因为联邦法院的管辖太广了。由于法官的背景和兴趣,不同法官之间的法律知识差别也颇大。但也许很晚才会告知辩护律师,听审他的案件的会是哪个上诉法院,而这时,除非该律师思路特别敏捷,他根本来不及更换他的诉讼摘要,甚或来不及改变他的口头

---

[26] Antonin Scalia and Bryan A. Garner, *Making Your Case: The Art of Persuading Judges* (2008)——这本著作的出色就如同我在上一章讨论的他们的解释著作的缺陷一样突出。在这个问题上,更早的文献目录,则请看,Kathryn Stanchi, "Persuasion: An Annotated Bibliography," 6 *Journal of the Association of Legal Writing Directors* 75 (2009).

[27] 请看,Richard A. Posner, *Overcoming Law*, ch. 24 (1995).

第 8 章 简单与新颖:司法意见撰写与上诉辩论

辩论战略。[28]

在这种情况下,法官急需辩护律师的帮助——看起来,很少有辩护律师理解这一点。法律教育对此也有部分责任。法学院集中关注传授的自然是法律规则和标准的语汇和修辞,没有这些你就不可能像律师那样工作。而随着法律经济学(法律的经济学分析)的兴起,法学院为学生日益提供相当复杂的对这些规则和标准的政策分析。它们很少再多走一步,传授学生对司法过程有一种现实主义的理解,以及在这种理解之后又如何最有效地向法官和陪审团提交案件。也许,法学院担心过早引发学生的怀疑主义,或是担心激怒了法官。

因此我对上诉辩护律师的最重要建议是,设身处地,假定你是法官。这会让你抓住法官与辩护律师的关键区别。这也会有助于你理解,大多数法官都很务实,即便他先前也是我们当中的学界人士。别因为大多数司法意见都穿着形式主义的法袍就把你忽悠了。那反映的只是写作者法官助理的形式主义,他们比法官更形式主义。在没有明确的制定法文本或先例支配的案件上,法官感兴趣的不仅是辩护律师诉诸的那些规则怎么说,还有这些规则的目的;不仅对证据听审中已得以开示的事实感兴趣,对能说明某案背景和语境以及该法律本身的一些非司法事实也感兴趣。除了一案已成定局,辩护律师就不应仅仅陈述一条规则,不应仅仅关注规则与此案事实之间在语义上的一致。

与此相关的一点是,上诉辩护律师应当尽可能让他的诉讼摘要自

---

[28] 我们法院是直到口头辩论的当天上午才宣布合议庭的组成人员。大多数法院,与我在正文中的建议一致,会给各方更多一些告知。支持我们法院这种方式的论点是,如果各案的诉讼摘要和口头辩论都针对了该法院某一具体的法官组合,集中关注这些法官先前的司法意见书、他们的前见、他们的癖好,那么该法院的法律融贯性就会受到削弱;总体来说,我也认为这很有说服力。

给自足。他应当解说的不仅是此案有关何事，背景性法律为何，而且要解说，为什么此案重要（或不重要）——如果有后果的话，会有什么后果，无论是对当事人各方还是对某些更大的社区。例如，如果某民事上诉的争议数额只有 50 美元，法官首先会问他：到底因为什么各方会为如此微不足道的钱花这么些诉讼费？辩护律师应当预见这个问题，并在诉讼摘要中作出回答。诉讼摘要应当把所有小问题都整理干净，而不是把这些问题都留在那里，让法官皱着眉头开始口头辩论。诉讼摘要中，多一句话就可以打扫干净的问题，别留到口头辩论中，浪费分配给你的那份时间。

换言之，就是尽可能把每件事都做得让法官从容（easy）。我感到奇怪的是，在涉及制定法适用的案件中，很常见的是，诉讼摘要中就是不直接引述相关部分的制定法，而是某种概括复述。要不断问自己，如果你是法官，你希望各方的诉讼摘要中都有些什么。

我建议的这种想象对于上诉辩护的成功至为关键，接受我建议的辩护律师很快就会明白，说判例法一定要求（compel）法官作出有利于这位律师的判决，想用这种法律辩护来说服法官，很少有效。你得想想：有多大可能，与手上这个案子相关的所有判例全都一边倒，上诉人还会上诉（这里说的只是民事案件；刑事案件不一样，因为大多数刑事案件上诉人上诉是不付费的，因此他们不会因上诉不可能成功就放弃上诉）？

在一个没有支配性先例的案件中，辩护律师的任务就是要说服法院，他在此主张的立场更通情达理，已经考虑了相关的情况，包括判例、制定法文本以及法律决策的其他常规材料，即便这些材料未必穷尽了所有情况。通常，口头辩论这种案件的最有效方式是，从相关法律原则中辨认剥离出其背后的目的，然后展示你主张的决定会如何推进这一目的。

第8章 简单与新颖：司法意见撰写与上诉辩论

要敢于"直面"对己不利的法律或事实材料。可以肯定，对手的诉讼摘要回答（如果他是被上诉人）或回应（如果他是上诉人）都会强调这些材料，乃至于法官阅读你的摘要时对你有好印象，但当他看你对手的摘要，看到了你就不想让他知道的那些材料时，他对你的感觉就变了。

辩护律师最好要做一点有关背景的在线研究，用谷歌、维基百科、谷歌地球以及其他网上资源来获得信息，这会有助于他帮助法官对案件有现实的理解——就像"真实的"人所做的那样，也就像法官和他们的助理（以及陪审员——尽管禁止陪审员这么做）越来越多做的那样（请看下一章）。如果你能够想象自己是上诉法官，你就会明显感到一点，即许多进入一项司法决定的信息都从未进入证据记录。法官的心智并非一块空空如也的白板（*tabula rasa*）。他的心智会受到自身经验、印象、气质以及职业外阅读的塑造和丰富，而如今职业外的阅读越来越多是在线资料。网络对于律师和法官都是重大资源——而两者都使用得很不够。

只要可能，就使用图片、小道具（例如，商标案中的商标物品）、地图、示意图以及其他视觉辅助品，要放在你的诉讼摘要中（而不是在口头辩论时出示，把这类材料放在展示板上向法官展示永远都很失败，因为与法官距离远了，他们看不明白这些材料）。看到一个案件，这会让此案在法官眼前变得生动起来。

我在第5章中就评论过，法律人有一种很显著的职业性脑残，缺乏视觉感受力。我不理解为什么会如此。用图片比用语词常常可以更有效的传递信息。法院应当解决这个职业残缺问题。

给上诉审辩护律师还有一些建议：避免所有的专业术语——商业术语、行业术语、计算机术语和其他技术性术语（包括经济学术语），以及法律术语。要像防范"非典"那样防范法律的陈词滥调，特别是"字面含义"这种(尽管完全没用,但在口头辩论中很典型,到处念叨,并且同一案件的双方都这么念叨!)。

在有关1996年电信法的某案口头辩论中,我对一位律师说,我的助理和我都读了诉讼摘要,但读了之后还是不知道此案究竟有关何事,能否麻烦你用一两句话给我们解说一下。他一下子就懵在那里了,因为法官通常不这样提问的,但他是位优秀律师,然后就清清楚楚地说明了此案,没使用令那几份诉讼摘要惨不忍睹的技术术语或通讯法术语,法官也表示了适度的感激。[29] 无疑,此案律师大多是在联邦通讯委员会进行辩护,因此他们的诉讼摘要就没有意识到,第七巡回区的法官不会像联邦通讯委员会那么熟悉,无论是现代电信技术还是联邦电信立法。

同样的脉络,我们遇到了为复杂的 ERISA 案撰写司法意见:

> 此案上诉的诉讼摘要潜伏着骇人的众多复杂问题。许多上诉审律师在撰写诉讼摘要和口头辩论时都假定,法官对于每个法律领域,不论多么专长化,知识都很渊博。这个假定不正确。联邦法官都是多面手。个别法官常常对少数法律领域有知识专长,通常大多是刑法和量刑,民事程序和刑事程序,以及联邦管辖问题,因为频繁出现的往往是这些领域的问题,有时他们对其他领域也有专长,但这取决于该法官在进入法院任职之前的职场经历,或是取决于他成为法官以来慢慢形成的特别兴趣。上诉辩护律师一定不要指望上诉法官的兴趣与他那个具体的法律角落关系紧密,熟悉其中的特别术语、分析的精细之处、商业背景和神秘故事。要让专长者不用术语写作,这实在太难,但他们不明白这给多面

---

[29] 对这一上诉的决定,*Illinois Bell Telephone Co. v. Box*, 548 F. 3d 607 (7th Cir. 2008)。

第 8 章 简单与新颖:司法意见撰写与上诉辩论

手法官带来了什么样的难题,他们也不明白自己需要以另一种方式写作……

所有这些对我们来说不明不白的程度令人恐惧,因为各方都没提供语境……我们就不得不退回到大法官霍姆斯的一个评论:"我一直都说,这世界上就没有'难办案件'这号东西。我每周走向这狮子时都战战兢兢,但每当抓住它,那兽皮就脱落了,兽皮下面还同样是那头法律问题老驴。"[30]我们拽下了狮皮,寻找下面的驴子。我们自认为已找到了这头驴。[31]

我对撰写上诉诉讼摘要的最后一点建议是,别太看重地区法院的判例,要记住它们都不是先例。(如果是,那么同一巡回区内各地区法院之间的法律就常常会有系统的区别)。一般说来,只有当某争点涉及地区法院的做法时,比方说,某个地区法院规则的含义或适用,或是在有关问题点上没有上诉决定,且地区法院的意见非常有说服力或有相当数量一边倒的地区法院权威决定时,才应引证地区法院的决定。

结尾是一些有关口头辩论的建议。

确实知道并且遵守你辩论的那个法庭的规则。

如果你是上诉方的律师,要留下反驳的时间,不论你后面是否决定用掉留下的时间。否则,你就会给对手留下了向法官射空门的机

---

[30] Holmes-Pollock Letters: The Correspondence of Mr. Justice Holmes and Sir Frederick Pollock, 1874-1932, vol. 1, p. 156 (Mark De Wolfe Howe ed. 1941)(给波洛克信,1909 年 12 月 11 日)。

[31] *Chicago Truck Drivers, Helpers & Warehouse Workers Union (Independent) Pension Fund v. CPC Logistics, Inc.*, 698 F.3d 346, 350, 352-353 (7th Cir. 2012)(原有的着重号)。霍姆斯也许回应的是伊索寓言第 188 则("披着狮子皮的驴"):"一头驴,披上了狮子的皮,为自己吓坏了所有愚蠢动物而好笑。最后来了一只狐狸,这驴还想吓唬狐狸,但狐狸很快就听出其叫声不像狮子:'如果不是听了你的叫声,我也被你吓到了。'"

会。(这会发生在主审法官非常坚持规则的情况下:如果在开始的辩论中上诉方律师就用完了自己的时间配额,主审法官就不让他反驳了。我不是那么坚守规则,我总会给上诉方一个反驳机会)。对手就可能任意处理事实或法律问题,他知道你不可能回应了。法官们有可能察觉其中的夸大——或没能。但如果他们是在辩后会商——他们此刻作出暂时的决定——之后才察觉其中的夸大其词,你也许就太晚了,因为会商之际各位法官投的票,表面看是暂时的,但还是有个向前走的势头。因此不要认为,辩论后,你提交一份反驳给法院,就可以有效驳斥对手了。你是可以这么做,但如果法官在会商时已满意地决定了此案,也许就太晚了。

撰写诉讼摘要前,要先演练一下你的口头辩论——并且要在一席人面前演练,其中包括并非此案领域专家的一些律师,因为法官们,除了罕见的例外,也都不是该领域的专家。

为防止合议庭提不出什么问题,或是合议庭看起来没做什么准备,上诉律师要预先准备一些简单的、常识性的要点。但关键是要简单,因为法官对此案的了解,太经常了,远不如辩论此案的律师。

相关的一点:别对法官冷不丁地就搬出制定法语言和先例,因为在辩论场合,法官们感到难以跟上由非常专门的语言或事实构成的论辩。也(这对你的诉讼摘要也适用)别夸大类比推理的说服力,试图以此来说服法官将其决定建立在其他法律领域的某个判例。相似判例的价值在于其司法意见中显露的推理或政策与你的案子也许有关,因此你应当强调的是这其中的推理和政策。

如果合议庭不是很冷清,而是很嘈杂,且不断打断你,就要以某种平缓转换的方式,把你对某个重要问题的回答扩展到你需要强调的要点上来。

别刺激法官。如果法官提了一个问题,你可以回答是或不是,那

第8章 简单与新颖:司法意见撰写与上诉辩论

就这样回答,只在必要之际才解说你的回答。如果该法官提了个设想的问题,不要回应说"本案并非这种情况"。法官当然知道这一点。

别用尽你的所有时间配额,这也展示了你的自信,除非是你有什么实在重要的事要说——特别是如果辩论是在上午,又已经是午饭时间了。因为,别忘了亚历山大·蒲柏(Alexander Pope)* 在《秀发劫》中说的:

> 这时,从一天正午缓缓下降,
> 偏斜的太阳射下燃烧的光束;
> 饿了的法官暗示,快判决吧,
> 吊死坏蛋,陪审员也好就餐。

在一个复杂性加速的时代,客观评断法官在案件审理上的理解局限,以此为基础,更好的诉讼摘要和口头辩论,会对司法质量有无法估量的贡献。

附录

美国诉莫里斯案(*United States v. Morris*)
977 F.2d 617(D.C. Cir. 1992)

上诉人罗伯特·莫里斯被认定,一是违反了 21 U.S.C. § 841(a)(1) and § 841(b)(1)(B)(iii),持有且有意销售可卡因,二是违反了 18 U.S.C. § 924(c)(1),在犯毒品交易罪时并与此交易有关

---

* 蒲柏(1688—1744),英国诗人;其微型史诗《秀发劫》(*The Rape of the Lock*)描写了一男孩偷剪了另一家女孩一绺金发,引发了两家争议——戏仿了荷马的英雄史诗《伊利亚特》。——译者注

使用了或携带了枪支。他对两项定罪都提出上诉,理由是证据不足以支持其中任何一项指控。我们拒绝这两项质疑,维持下级法院的判决。

I. 背景

1990年12月11日,在哥伦比亚特区东北十四街2525号的一个单卧公寓,大都会警察局的警员执行了一个搜查令。进入该公寓时,警员发现上诉人坐在客厅的一个小沙发上;警员排查该公寓时拘留了他。搜查得到了两个自封包,其中有总共15.7克可卡因,分装在100个更小的自封袋中,还有500美元现金、空装自封包、剃刀片以及三支上了膛并能当即发射的手枪。两支在上诉人坐的沙发垫下;第三支在卧室床头柜中。可卡因和现金都放在卧室天花板上的一根排气管内。在卧室穿衣柜抽屉中,警员找到两张生日卡;其中一张卡的信封上写着上诉人的名字,另一张是"给儿子",签名是"莫里斯夫妇",日期是1990年11月30日。两张生日卡上都没写地址。在过道储藏室,警员找到了一张日期为1990年12月3日的洗衣票,上面的名字是"E.莫里斯"。这些物件上都没有可辨识的指纹。警员逮捕了上诉人,指控其两项罪名:持有且有意销售5克以上的可卡因碱,使用或携带枪支与这项毒品持有指控相关。

初审时,两位警员的证言是,搜查时,莫里斯说他在这套公寓已经住了3周或4周了。政府方面还提供了专家证词,毒品的数量和包装,以及与毒品相关的设备和武器,都表明这间公寓是个毒品交易中心,就在这里分装可卡因,然后供街头销售。

政府方面结束此案指控后,上诉人提请无罪释放,理由是,相关证据表明他只是这间公寓的偶尔来访者,而不是毒品交易参加者。法院拒绝了该动议。莫里斯然后出庭作证,不但否认自己住在这间公寓,也否认自己曾说过自己在此住过。他反而说自己是访问住在那里的4位朋友,刚到数分钟,警察就来了。他说,自己并没有过任何毒品交易,也不知道这间公寓有毒品。那些生日卡是之前他在自己生日那天来访时落下的。

证据出示完毕后,上诉人再次提请无罪释放,法院再次拒绝。陪审团认定在这两项指控上,上诉人都有罪,并判其服刑130个月。

II. 讨论

A. 复审标准

在这一上诉中,上诉人质疑支持各定罪的证据是否充分。在这些质疑中,如果"任何理性的事实审理者都可能认定该罪的关键因素不存在合乎情理之怀疑", *United States v. Long*, 905 F. 2d 1572, 1577 (D. C. Cir.)(引证了 *Jackson v. Virginia*, 443 U. S. 307, 309, 99 S. Ct. 2781, 2783, 61 L. Ed. 2d 560 [1979]),调卷复审请求,被拒,498 U. S. 948, 111 S. Ct. 365, 112 L. Ed. 2d 328 (1990),本院就必须尊崇陪审团的决定并维持这些定罪。在这一复审中,我们一定要"以对政府最有利的方式来看待相关证据,允许政府获益于从证据中可能得出的合乎情理之推断,并允许由陪审团来决定相关证据的权重和可靠性"。*United States v. Sutton*, 801 F. 2d 1346, 1358 (D. C. Cir. 1986).

B. 毒品持有

上诉人首先质疑,支持认定他持有且有意销售毒品罪的证据是否充分。持有,当然了,可以是实际持有或推定持有。推定持有要求证据能支持这样的结论,即被告有能力对争议的物件行使知情的"统辖和控制"。*United States v. Hernandez*, 780 F. 2d 113, 116 (D. C. Cir. 1986). 仅仅在被扣留之际很靠近该物件还不够;但距离加上"有关其他因素的某些证据——包括与枪的联系、有关动机的证据、有控制意味的姿态、躲闪的行为或表示其介入了某项事业的陈述"就足以支持有罪认定了。United States v. Gibbs, 904 F. 2d 52, 56（D. C. Cir. 1990）。

陪审团有权推断某人对在其家中发现的物件构成了推定持有。United States v. Jenkins, 928 F. 2d 1175, 1179（D. C. Cir. 1991）。因此，如果有充分证据，据此陪审员可以推断莫里斯就生活在他被捕时所在的那个公寓，那么，该陪审团就可以推断，莫里斯推定性持有了这些毒品。陪审团有下列证据表明莫里斯就生活在这个公寓。首先是两位警员的证词称，莫里斯说过自己住在这里。尽管莫里斯今天的证词相反，陪审员却可以更相信警员的证词。Jenkins, 928 F. 2d at 1178. 更重要的是，莫里斯本人也许已经使两位警员的证词特别可信，因为莫里斯本人在被捕之际提供的关于他究竟住在何处的信息自相矛盾。其次，莫里斯承认在卧室发现的两张生日卡是他本人的。两张卡都是从房间另一个床头柜抽屉中找到的，而不是在被告身旁的咖啡桌上，这也强化了这个推论，莫里斯就住在这个公寓内，不是偶然来访此地。在美国诉威廉姆斯案中，United States v. Williams, 952 F. 2d 418（D. C. Cir. 1991），调卷复审请求，被拒，—U. S.—, 113 S. Ct. 148, 121 L. Ed. 2d 99（1992），例如，本法院认定相关的一点是，发现被告持有的物品"不是在他被捕的客厅，而是在其卧室"。同上注，页420。第三，警员在过道储藏室发现了一张干洗票，上面写的是"E. 莫里斯"。莫里斯的中名就是由 E 打头的尤金。所有这些证据物件都支持一个合乎情理的推论，莫里斯就住在这个公寓，因此对公寓内的东西行使了推定持有。

根据某人住在某公寓是可以推断他统辖和控制了公寓内的所有东西，即便他与别人分享了这一住所，Jenkins, 928 F. 2d at 1179，但当陪审团可以合乎情理地作出结论认为，只有他住在此处，这个推论就

第8章 简单与新颖:司法意见撰写与上诉辩论

格外强有力。上诉人的证词说住在此公寓的,不是自己,而是"4位朋友"。上诉人没有,政府也没有,声称他是此公寓的第五位居住者。然而,除了陪审团可以不相信该上诉人的证词外,也没有证据表明除上诉人外有任何他人住在这间公寓,当逮捕上诉人和没收毒品时,也没有其他人出现过。因此,这里有大量的证据,据此陪审团可以推断,是莫里斯独自住在这个公寓,对该公寓内的物品行使了推定持有。

还有很多证据,陪审团可以据此推断出销售意图。结合众多可疑的因素就可以推断这个意图。*Gibbs*, 904 F.2d at 57. 现场的一些与贩毒有关的设施——刀片和毒品包装材料——就是这种意图的证据,*United States v. Dunn*, 846 F.2d 761, 764(D. C. Cir. 1988)(引证了 *United States v. Castellanos*, 731 F.2d 979, 985 [D. C. Cir. 1984]),那和现场有枪支是一样的,*United States v. Bruce*, 939 F.2d 1053, 1056 n. 2(D. C. Cir. 1991)(引证了 *Dunn*, 846 F.2d at 764). 此外,政府的一位专家证人也证明,从这间公寓发现的毒品数量和包装都暗示了,这些毒品是打算拿到街头销售的。

由于有充分证据证明上诉人持有毒品,证明他有意销售毒品,因此,我们维持毒品持有指控的定罪。

C. 与贩毒相关的使用或携带枪支

上诉人其次质疑是,支持认定他与贩毒有关使用或携带枪支这一定罪的证据是否充分。莫里斯的这一定罪根据是 18 U. S. C. § 924(c)的规定:"使用或携带"枪支"在贩毒期间并与任何……贩毒罪有关……"

本巡回区以及其他巡回区的判例法提供了指南,可用于确定何时某人与贩毒罪有关地"使用或携带"了枪支。第一个原则很清楚:仅仅拥有一支枪,即便是毒贩,也不违反该法。就如同我们在美国诉布鲁斯案(*United States v. Bruce*, 939 F.2d at 1053)中看到的,当国会希望将持有武器定为犯罪时,国会懂得如何做到这一点。在布鲁斯案中,本院承认,一种情况是,某人仅拥有武器,且有意在未来贩卖毒品,例如有意销售的犯罪中使用,这不违反 § 924(c),而另一种情况则违反了 § 924(c),这就是与贩卖毒品犯罪有关实际使用了枪支,比方说,在销售之际或是为了将来销售而保护现在持有毒品,但这两者很难区分。同上注。

使用的基本要求不只是简单的持有(美国诉隆案,*United States v. Long*, 905 F. 2d 1572, 1577 [D. C. Cir. 1990]),除此之外,我们对这一术语的解释已相当宽大,乃至包含了枪支便利了毒品交易或是在其中起了某种作用的任何情形。美国诉哈里斯案(*United States v. Harris*, 959 F. 2d 246, 261-262 [D. C. Cir. 1992]),使用枪支作为交易介质就违反了该制定法。换一种说法,我们问的是,这支枪是否构成该毒品交易行动的"一个必要组成部分"。美国诉安德森案,*United States v. Anderson*, 881 F. 2d 1128, 1141 (D. C. Cir. 1989)。"使用"不要求被告开枪,甚至不要他拿出来展示。美国诉伊万斯案,*United States v. Evans*, 888 F. 2d 891, 896 (D. C. Cir. 1989)(引证了美国诉玛特纳案,*United States v. Matra*, 841 F. 2d 837, 841-843 [9th Cir. 1988];美国诉梅森案,*United States v. Mason*, 658 F. 2d 1263, 1270-1271 [9th Cir. 1981];美国诉穆尔案,*United States v. Moore*, 580 F. 2d 360, 362 [9th Cir.],调卷复审请求,被拒,439 U. S. 970, 99 S. Ct. 463, 58 L. Ed. 2d 430 [1978]),调卷复审请求,被拒,案名更改。卡仁诉美国案,*Curren v. United States*, 494 U. S. 1019, 110 S. Ct. 1325, 108 L. Ed. 2d 500 (1990)。

本院也提出过一些因素,用来帮助确认在贩毒现场发现的枪是否确实与贩毒使用枪支有关。在承认本院已确认了且还将确认其他因子的前提下,在此我们只讨论其中的一些因子。首先,被告持有该枪

第8章 简单与新颖:司法意见撰写与上诉辩论

是一个重要因子。一般说来,如果没对枪行使统辖和控制,就很难"使用"它。持有,当然了,包括了共同持有和推定持有。United States v. Gibbs, 904 F. 2d 52, 57 (D. C. Cir. 1990)。其次,本院考虑的是被告是否很容易拿到枪。枪一直拿在手上就比把枪包好了放在很难拿到的地方更可能用于保护。参见,United States v. Jefferson, 974 F. 2d 201, 207 (D. C. Cir. 1992),枪放在屋外,但拿起来一直很便利,这就支持了下面的推断,这就是924(c)目的的使用。

第三个因子是枪与毒品的距离,但这一点有可能止反两方面都说得通,取决于具体的事实。在布鲁斯案中,例如,枪和毒品都是从储藏室雨衣口袋中发现的。我们结论认为,该枪似乎是在未来贩毒时使用。同上注,页1055。在另一些案件中,特别是涉及某毒品交易中心的案件,枪支离毒品或是其他表明正进行毒品交易的证据很近,支持的推论则是,此枪就是这一交易的构成部分。请看,例如,Anderson, 881 F. 2d at 1141;又请看,Jefferson,同前注,974 F. 2d at 207 (此案中,被告承认用过枪,枪与毒品距离很近支持了下面的推断,该枪是用来保护毒品的);United States v. Williams, 952 F. 2d 418, 421 (D. C. Cir. 1991),在用于毒品交易的住所中,枪与毒品和吸毒用品距离很近,支持了依据924(c)的定罪。又请看,United States v. Hadfield, 918 F. 2d 987, 988 (1st Cir. 1990) (可操作的枪支,"非常靠近用于交易、加工或储存毒品的一间或多间房间"支持的推断是,枪支使用与被认定的该犯罪有关,调卷复审请求被拒,—U. S. —, 111 S. Ct. 2062, 114 L. Ed. 2d 466 (1991)。说到底,从枪支与毒品距离接近中可能得出的推断可否采信,取决于个案事实。

第四个因子是枪是否上了膛。请看,Anderson, 881 F. 2d at 1141; Dunn, 846 F. 2d at 764。尽管挥舞或展示一支哪怕是未上膛的枪也有强大的震慑效果,因此在保护毒品和毒资中起了作用,但一支枪上了膛,这个事实会强化一个推论,这支枪真的是正被使用。第五个因子是枪的数量和类型也可能与枪支"使用"问题相关。Jefferson,同前注,974 F.2d at 207;Williams,952 F.2d at 421。就枪支类型而言,我们也发现了一些相关的区别。我们就曾判定,那种皮带上的装饰性但也能使用的大口径短筒手枪(derringer),就不大可能是用来保护某毒品住宅的武器,我们也承认一支锯掉一截的霰弹猎枪还是"可怕的火枪",但其目的不大可能是用来保护毒品。Jefferson,同上注,974 F.2d at 208。至于枪支数量,我们已经认定,尽管只要使用了一支枪就可能违反该法,但如果发现有武器"库",这也很重要,请看,Williams,952 F.2d at 421。请看,Jefferson,同上注,974 F.2d at 207。一般而言,现场有几支枪,散在住所的各处,会强化推断,这些枪就是用作保护这些藏匿物的。

一位专家证人也结论认为,此案中枪的实际使用与这一毒品交易有关,他出庭辨认了这场毒品交易的一系列明显迹象——包括但不限于毒品的数量、成分和包装,现场的毒品使用装置,武器以及大量现金,该住所也位于一个以此类活动闻名的地带,以及地球人都知道的用枪保护毒品交易的这类做法。请看,United States v. Williams,952 F.2d 418, 421(D.C.Cir.1991);United States v. Jenkins,928 F.2d 1175, 1179(D.C.Cir.1991);United States v. Anderson,881 F.2d 1128, 1141(D.C.Cir.1989);United States v. Dunn,846 F.2d 761, 764(D.C.Cir.1988)。最后,我们还考虑了被告与毒品交易有关的最近的枪支使用。Jefferson,同上注,974 F.2d at 207;United States v. Laing,889 F.2d 281, 286(D.C.Cir.1986),调卷复审请求,被拒,494 U.S. 1008, 110 S.Ct. 1306, 108 L.Ed.2d 482(1990);Evans,888 F.2d at 895, 896。

要具体确定一支枪是否是用于保护毒品藏匿以便销售,有别于毒

第8章 简单与新颖：司法意见撰写与上诉辩论

品实际交易,一些案件关注的是,公开展示枪支来震慑觊觎者。请看,例如,*United States v. Williams*, 923 F. 2d 1397 (10th Cir. 1990), 调卷复审请求,被拒,—U. S. —, 111 S. Ct. 2033, 114 L. Ed. 2d 118 (1991)。但这并不是说,枪在手边,但人们看不到,就不再强烈表明该枪是用来保护毒品的。请看,例如,*United States v. Meggett*, 875 F. 2d 24, 29 (2d Cir. 1989) ("枪支持有,即便藏匿起来了,也构成使用,只要这种持有是被认定之犯罪的一部分并且便利了这一犯罪行为"),调卷复审请求,被拒,案名更改。*Bradley v. United States*, 493 U. S. 858, 110 S. Ct. 166, 107 L. Ed. 2d 123 (1989); *United States v. Stewart*, 779 F. 2d 538, 540 (9th Cir. 1985)(这些枪"壮了行为人的胆,他有机会或有能力展示枪支或开枪……而不论他是否真的展示了或开了枪"),调卷复审请求,被拒,484 U. S. 867, 108 S. Ct. 192, 98 L. Ed. 2d 144 (1987)。

在这一背景下,我们来考虑本案事实,鉴于上面讨论的因素,以及,当然了,也还要对政府最有利,*United States v. Sutton*, 801 F. 2d 1346, 1358 (D. C. Cir. 1986)。政府声称,莫里斯当时正"使用"这三支枪保护这些毒品藏匿物。已确定的一条是,"当现场有为保护违禁品的枪支之际,可以认定这就是使用枪支并与那更基本的重罪[即持有且意图销售毒品]有关"。*Evans*, 888 F. 2d at 896. 根据此案证据,我们结论认为,陪审团可以合乎情理地推断,莫里斯正用这些枪支来保护公寓中准备未来销售的毒品。

首先,有不少证据表明,莫里斯就住在这一公寓,对室内物品行使了推定持有。其次,有两支枪他随时可以上手,就放在他坐着的沙发垫下。他因此很容易就满足了通常被认为在§924(c)案件中要证明持有火器的三个因子中的两个。请看,*Long*, 905 F. 2d at 1579 (最通常证明持有的是,与枪支的近距离,持有枪支的好处,或对放置枪支的住所的统辖和控制)。沙发里藏的两支枪位置靠近门口,如果有人室者,就会从这儿进入这一公寓。第三支枪,位于卧室床头柜抽屉中,离毒品更近,因为毒品就在卧室天花板的管道中;陪审员由此可以推断上诉人就睡在这间卧室。陪审员可以合乎情理地推断,这三支枪都是特意放在公寓各处,就为了保护上诉人持有的这些毒品。

三支枪全都上了膛并可当即发射。两支是点22口径的手枪,另一支是点38口径的手枪。尽管三支手枪也许不是武器标准配置,但对于毒品交易来说这并非陌生,请看,Dunn, 846 F. 2d at 764,汇总起来,这足以推断,这些枪支就是为保护公寓内储藏的那些毒品。最后,政府提供的专家证词也表明,这间公寓是一个毒品分装和销售中心。政府的专家证词称,毒品的数量和包装都显示,其打算在街头销售;毒贩常常把毒品"藏"在天花板的空气管道中,因为搜毒犬不会发现那里有毒品;以及,一些曾卷入这类毒品交易的人都很典型地用枪来保护自己别让持枪抢劫者("stick-up boys")、竞争的毒贩甚或自己的下家街头毒贩给抢了。

由于这些证据,整体来看,肯定会令一位合乎情理的陪审员断定,莫里斯使用了这些枪,并与持有这些打算未来销售的毒品有关,因此,我们维持依据§924(c)对他的定罪。

美国诉莫里斯案,重撰

陪审团认定被告人持有可卡因,有意销售,并在毒品犯罪中且与该犯罪有关,使用和携带了枪支。法官判处他监狱服刑130周。

警方得到搜查令,搜查一个单卧公寓。进入之后,警方发现被告坐在客厅的小沙发上。搜查发现了毒品、现金以及吸毒用品,还有三支手枪——两支在沙发垫下,第三支在卧室的床头柜抽屉中。警察证

第8章　简单与新颖：司法意见撰写与上诉辩论

词表明，被告曾告诉他们自己在此公寓住了有三四周了，但初审时，他说自己从没住在那里，只是访问那里的几个朋友，并且事实上，当警方进门时，他也就刚到几分钟，对公寓内的毒品或毒品交易一无所知。

被告质疑对他的两项定罪都证据不足。就毒品持有而言，警方证词称，被告说过自己住在这里。印证这一点的是，卧室中找到的两张生日卡——被告名字就出现在两卡之一的外封上，另一卡是"给儿子"的，签名是"B.G.莫里斯夫妇"；还有一张名字为"E.莫里斯"的洗衣票，而被告中名就是 E 字打头的尤金。此处也没有其他任何人在该公寓居住的痕迹。陪审团有坚实根据推断该公寓内的毒品是被告的，而现场的毒品设备，包括用来分和包装毒品的材料，都支持进一步的推断，他想销售毒品，而不是自己吸食（或只供个人吸食）。如果这还不充分的话（这已经充分），还有一位政府专家作证称，这些毒品的数量和包装都显示是供销售的。

枪支定罪是因其违反一部制定法，该法惩罚"在毒品贩卖过程中且与该犯罪有关"地"使用或携带枪支的人"。18 U.S.C. § 924(c). "使用"这个术语相当宽泛，包括了以任何方式，用枪支便利了毒品交易。*United States v. Harris*, 959 F.2d 246, 261-262 (D.C. Cir. 1992)。被告无需开枪，甚至无需掏出枪来。*United States v. Evans*, 888 F.2d 891, 896 (D.C. Cir. 1989)；*United States v. Matra*, 841 F.2d 837, 841-843 (9th Cir. 1988)。便捷使用（accessibility）当然也重要。*United States v. Jefferson*, 974 F.2d 201, 207 (D.C. Cir. 1992)。如果枪上了膛，就可确定推断，毒贩正"使用"该枪，并与毒品交易有关，*United States v. Anderson*, 881 F.2d 1128, 1141 (D.C. Cir. 1989)；如果不只是一支枪，也是如此。*United States v. Williams*, 952 F.2d 418, 421 (D.C. Cir. 1991)。

政府方声称，被告"正使用"这三支枪保护其毒品交易。其中两支

286 就在警方看见他时坐的沙发垫下,唾手可得,可以假定,他每天大部分时间都待在这里;第三支枪使他上床后也可以立刻上手。三支枪都上了膛,可以当即射击。并且,政府专家也言之成理地证明,毒贩很典型地会持有枪支,保护自己不被持枪抢劫者、竞争的毒贩甚或自己的下家街头毒贩抢劫。有关枪支使用是在贩毒期间且与贩毒有关的证据是充分的。

维持原审定罪。

第9章 尝试地区法院

任何联邦上诉法官,若不曾担任过初审法官,我说过,都应在其巡回区地区法院偶尔审几个案件。自从受任联邦上诉法院以来,我一直这么做。成为法官之前,我没初审经验,只当过专家证人;而最初初审时,我也出过差错,有时还是可能因此被驳回的差错。但我认为没造成了什么大害(major harm),我学到了很多,而对我这位上诉法院法官来说,那曾经且仍然珍贵,使我能够对联邦法院的初审过程提出些建议。

但是,尽管初审是担任联邦地区法官令人激动的一部分工作,但这已不再是联邦地区法官的主要活动了。在联邦司法体制中,初审,特别是民事案件初审的数量多年来一直下降。地区法官如今更多时间是用于裁决处分性的(disposive)诉前动议,主要有关驳回动议和简易判决动议,以及用于量刑而不是用于初审。他们还花费大量时间处置其他审前动议,诸如要求重新考虑审后动议,来自破产法院的上诉,以及在残疾人案件上来自社保局(Social Security Administration)的上诉,以定期身份听审来监督正在进行的诉讼,管理审前证据开示以及协助和解——尽管地区法官常常委托治安法官(magistrate judges)进行后两种活动。地区法官的许多裁决都是口头的,也有许多是文字的——太多了乃至,没法现实地期待地区法官亲自撰写命令和司法意见,把撰写司法意见的工作委托给自己的助理(有时还是半工或全工实习生)并非他们的选项之一,而是只能如此。

地区法官的工作量比上诉法院法官的更重,这是我上一章说到为什么不要赋予地区法院司法意见多少先例意义的另一理由。还有一个理由则是,地区法院司法意见要比上诉法院的意见更可能为某高层级法院复审并驳回,因此不是那么可靠的关于法律为何的证据。第三个理由就是地区法官是独任审判,因此无法获益于同事的洞见。

由于地区法院的司法意见不大可能作为重要的法律渊源,在地区法院这一层级就比在上诉层级更值得强调决策速度。对地区法官来说,快速裁决要比文火煨炖更好,因为如果那些争点问题很是新颖或重要,他就无论怎样说了最后也不算。但如同我在第4章提到的,许多法官不太重视司法结果拖延对于私人和社会的损失。[1]而那些重视的,许多人也缺乏足够的管理技巧来迅速应对沉重的案件总量。

如果律师们都有激励加速其诉讼的话,在地区法院层级,诉讼管理本不会成为一个问题;但问题是,一般说来,律师都没有这种激励。拖延诉讼会让律师手上有更多案件,不大可能出现,某案结束了,一段时间内,他没有新案件处理(并收费)("妆容已毕何处去?")。并且律师一般都想审前证据开示最大化,因为这时工作最紧张,因此收入也最丰厚;大多数工作都由初级律师和律师帮办(paralegals)完成,而在向客户收费时,律所则为其时间重新定价。对于律师来说,同简单证据开示加初审(通常简短)判决相比,长时间证据开示加和解结案常常更有诱惑力。这耗费更多时间,因此收费更多(在民事案件中,按小时收费仍然是收费的主导方式,尤其是对被告),并且风险也小;初审要比和解后果更多变化。特别是大规模的商事案件,双方律师团队都可以把和解当做成功提交其客户公司的法律总顾问,同样,两位法律总顾问也都可以向各自公司的首席执行官报告这是一个成功。而要向

---

〔1〕 一个很戏剧性的例子,请看,*Wheeler v. Wexford Health Sources, Inc.*, 689 F.3d 680 (7th Cir. 2012).

客户解说为什么初审败诉,难度大多了;败诉会迫使人们去查找错误,渴望找出个该骂的家伙。

有法官警觉到初审律师有这种执拗的激励,因此其对策是对诉讼证据开示和其他阶段——例如提出简单判决动议——都给出严格时限。法官还可以限制律师可提交的实物证据数量、可传唤的目击证人数量,以及各方可用于质询和交叉质证目击证人的时数,以此来限制初审的时长。严格限定初审时长是关键——特别是对有陪审团的初审。在许多联邦司法地区,经验规则都是,如果可能,有陪审团的初审别超出两周。告诉可能的陪审团成员这个可能的初审时长,在这期间如履行陪审团义务会给其带来困难的人通常就免除了(实际上,是他们自我免除了,在回答陪审团成员审查的问题时,他们给出的答案就是他们知道法官或至少是一方律师会免除他们陪审义务的答案)他们的陪审义务。尽管人们希望在陪审团中各种有责任在身的人能多一点,但这不现实,因为这种人就不大可能临时告假离开岗位超过两周。

专家证人和陪审团审判:以轶事来说明

我主持的所有初审都是民事案件,大多都有陪审团,并且近年来大多是专利案件,这些案件也特别有挑战性。我也主持过分派我的某些案件的审前程序,有时这些程序很广泛,也主持过分派我的其他案件的和解谈判;还有些案件,我没参与其谈判,也和解了。但我最难忘的案件都是那些进入初审的。初审令人兴奋,很戏剧化;它们有无法预测的周折,并且有时会有达到电视剧《鲁波尔》*那种高度的交叉质证。讲几则轶事,尽管相关事件已过去数十年了,在我脑海中却还是栩栩如生。

我早期审理的陪审团案件之一是一件选举舞弊案,在印第安纳州海芒德市(Hammond)的联邦地区法院。原告先前是印第安纳州盖瑞市的市法官,再选时没当选。他的名字是格莱姆斯(Grimes),胜选者是克拉多克(Craddock);格莱姆斯指控克拉多克说服了一位失业盲人木匠,名字也叫格莱姆斯,竞选另一职位(市政助理[city clerk]),也就在法官格莱姆斯和克拉多克竞争市法官职位的这张选票上。假格莱姆斯——我是这么看他的,尽管他的名字确实是格莱姆斯——在候选人登记的最后一刻登记为市政助理候选人(无疑,克拉多克的团队选定这个时刻就为预防格莱姆斯法官可能采取反击措施)。假格莱姆斯没竞选。他也如实报告了自己的竞选费用为零。尽管如此,他还是获得了数千选票,足以改变这场克拉多克获胜的选举,而这是假定选票中有不少是投错了,投票人都认为自己的票是投给法官格莱姆斯的。因为这位假格莱姆斯不曾竞选,竞选中也一直不为人所知,毫不奇怪,有许多投票人投票给了他们在选票上看到的第一位"格莱姆斯"——这位假格莱姆斯刚好排名第一,而没注意到选票上还有第二位格莱姆斯,那才是他们想投票让他担任法官的人。

格莱姆斯法官的律师传唤了己方的一位目击证人,一位漂亮女性,问她打算投票给谁出任市法官,以及为何,该女性回答"格莱姆斯法官",她又说,因为他曾在她的高中讲演过。这次选举是她第一次有资格投票。这位律师展示了她在投票站用的选票,要她指出,她把票

---

* 作者在这里很可能指的是,英国1978—1992年间播放的悬疑犯罪电视连续剧《法庭上的鲁波尔》(Rumpole of the Bailey),主人翁鲁波尔是伦敦一位上了年纪的出庭律师。——译者注

投给谁了。她指向假格莱姆斯的名字。律师要她仔细看看：这位格莱姆斯是竞选法官吗——还是一个同名人竞选另一职位？她看了，"啊，我的上帝"，眼泪夺眶而出（我猜想，这是不是一个表演动作呢？），然后有人扶着她离开了证人席；随后来到证人席的是另一位上当的选民，这是位比较年长的女性，瘫痪了（或是她装作如此），一位服务员把她抱进证人席的。

为反击这些动人的戏剧性展示，克拉多克的人马（我猜想）策划了自己的剧情。他们的格拉姆斯出庭作证，格莱姆斯失明，因此是格莱姆斯的律师领进来的，目的是要说服陪审团，这是一位真实的（bona fide）竞选市政助理的候选人，然后他开始作证，口齿不清嘟囔着。我让他把头靠近证人席的麦克，这样别人能听见他的话。他头猛然向前一伸，碰到了麦克，法庭就像响了一声霹雳。我感觉内疚，我将这一意外归咎为我对他的失明太不敏感。但在之后的庭审中，我的助理看到他在法庭外的走廊上漫步，没戴墨镜，也没拄拐杖，没有视力受损的迹象。

有位律师（我忘记是哪一方的了），又矮又壮，交叉质证时很令人可畏。他会站在离陪审团席最远处开始提问，因此距离证人席的距离也最远，然后他快速走向证人席，就像一头前冲的犀牛，最后就趴在证人席上，恐吓证人。我告诉他一定别碰到或趴在证人席上，因此，这之后，在离猎物一步之遥时，他停步了。

然而，在这个庭审中，最有效的交叉质证，并且为我提供了对初审过程的真正洞察的，是克拉多克的律师对法官格莱姆斯的专家证人的交叉质证。证人是印第安纳大学布鲁明顿（Bloomington）校区的一位很有名的政治科学教授，以选举的统计研究为基础，他说，完全可能，有不少投票给假格莱姆斯的选民本是投票给格莱姆斯法官的，这些票足够多，足以改变克拉多克胜出的选举，因为两人得票很接近。通常，专家证人都是初审前在法庭外宣誓并形成书证,但克拉多克的律师没这么做。如果这位教授就像通常要求的那样,撰写了一份专家报告,我肯定这位律师根本就不会瞅它一眼。因为这位律师的提问与这位教授的专家意见内容完全无关。

我记不清确切的言辞,但下面是一个大概:"你熟悉盖瑞市的宽街吗?""不熟悉。""你会说宽街是盖瑞市的主要街道吗?""不知道。"还有几个问题也都有关盖瑞市的地理,这位专家证人一个问题也答不上来,而顶点是这样一个问题:"你到过盖瑞市吗?""没有,但是"——这时这位证人扭动着身体,试图解说,自己是否到过盖瑞市与自己的观点,即有关错误投票给假格莱姆斯的可能性和可能后果完全无关,来访盖瑞市不会告诉他任何与他在此作证的事情有关的信息。但这位律师就在这里让他打住,称自己没有其他问题了。陪审团成员们都在窃笑。我相信,他们已经被说服了,一个连盖瑞市都没来过的人怎么可能对这次选举提供什么有价值的意见呢。我想不起来格莱姆斯法官的律师在再次询问时是否努力给这位专家证人恢复名声,但我的想象是,即便努力了,也太迟了;这个交叉质证,尽管一点内容也没有,就已经打垮了这位专家证人。然而,陪审团的认定还是支持了格莱姆斯法官。他本人就是一位有效的证人,而且他还有泪水夺眶而出的年轻女性很剧情化的证词,以及残疾妇女的剧情化表现。但这位专家证人对此没有丝毫贡献。

这里面是一个重要的教训,有关专家证人,以及更宽一点说,有关抗辩制,而有关这一点我很快还会讨论。

这次初审多年之后,我主持的另一场有陪审团的初审,一方是一个大电力公司,指控对方——一个核燃料供应商——违约。原告寻求获得实质性损害赔偿;被告回应称,即便这里有违约,损害也为零。原告对被告方的损害专家(一位会计师)的交叉质证如下(仍然都不是原话，我是根据记忆来"作证的")。"我在这块板上写下各方提出的各种损害估测。你记得原告的估测是多少？""不记得。""如果我告诉你是6 000万美元，会不会提醒你？"证人迟疑了，但最后回答说："行，听上去不错。"然后律师在板上很慢地写下"6 000万美元"。然后律师问："你还记得我们提交的文件吗，文件表明被告自己也认为这所谓的违约也许会耗费原告5 000万美元？"同样是迟疑，但最后这位专家证人也承认了，然后这位律师在前一个估测下面慢慢写下这个数字。这种对话又重复了一两次。最后这位律师对这位专家说："现在，皮特森博士，告诉陪审团，你对原告损失的估测是多少。"这时，尽管这个交叉质证还一直没有实质内容，但已看得出皮特森已经乱了阵脚——在只能用"是"或"否"回答了一连串问题后，这是人的正常反应，因为被告感到自己在被别人牵着鼻子走。因此，回答问题前，皮特森试图解说一下自己已经细致分析了这个损失问题，并且自己的结论非常坚实以及——但这位律师打断了他，问道，他会在这块板上写下个什么数字。皮特森，很勉强地，很难堪地，承认应当是零。对此，这位律师回应说："零，皮特森博士，一个大大的鸭蛋？让我们把这些估测都再走一遍。原告的估测是，对吗，6 000万美元。被告自己的估测是，对吗，5 000万美元。"等等。然后："而你的估测，皮特森博士，零？"这位证人已经从不自在变成了沮丧，并全写在脸上，但他坚持认为，他分析的结果确实就是这个数。这位律师在数千万受损估测下面慢慢写下了"皮特森博士：零"，然后，很绅士地回应说："现在，皮特森博士，别难过；天才总是孤独的，在我们这个国家，这个历史太漫长了。"交叉质证到此结束。陪审团成员们都笑了。皮特森博士输得灰头土脸，陪审团判给原告一笔损害赔偿，尽管没有原告要求的那么多。

当事人聘任的和法院指定的专家证人

在我刚才讨论的这两个案件中,交叉质证一点内容都没有,但看起来,就我可以判断的来说,都很有效,即令专家证人在陪审团眼中变得一文不名。我从这些以及我在初审中获得的其他经验中推断出,陪审团成员都是有备而来,就是不喜欢专家证人,医疗专家证人除外,后者之所以受到尊重,则因为陪审团成员各自在个人生活中同医生都打过交道[2],与经济学家、法务会计、计算机科学家、汽车工程师以及统计学家很是不同。陪审团成员对专家证人的怀疑看起来要超过研究发现的、有陪审资格的公民对经常在法庭作证、付费很高的专家的合理不信任。[3] 然而由于对普通证人可作证的事项有限制,对一方或另一方甚至可能对双方,专家证人就常常不可或缺。当对立双方都有专家证人时,在陪审团成员们看来,他们的作用常常就是相互抵消。陪审团成员们知道这些专家证人都是各方雇用的,并假定这些人说的话都是当事人让他们这么说的。

专家证人的角色是什么,对于本书,这是一个很重要的问题,因为我强调复杂性是联邦法院系统的一个艰巨挑战。没有专家的帮助,法

---

[2] 也因此,在医疗事故诉讼中,陪审团成员趋向于偏向被告,请看,Philip G. Peters, Jr., "Doctors & Juries," 105 *Michigan Law Review* 1453 (2007),因为他们不情愿结论认为某个外科医生或其他医疗服务提供商有过失。

[3] Joel Cooper and Isaac M. Neuhaus, "The Hired Gun Effect: Assessing the Effect of Pay, Frequency of Testifying, and Credentials on the Perception of Expert Testimony," 24 *Law and Human Behavior* 149 (2000). 又请看, Aaron Krivitzky, "Presenting Your Expert as a Teacher," *Wisconsin Law Journal; Legal News*, Oct. 19, 2009, http://wislawjournal. com/2009/10/19/presenting-your-expert-as-a-teacher/ (visited May 21, 2012).

官和陪审团成员们也许就不能理解某个复杂案件。如果陪审团成员们对专家都持怀疑态度,并且如果在大多数案件中,无论真相为何,都可以找到专家为案件双方作证,并且都言之成理,那么即便听取了专家证人的证词,法官和陪审团成员们也许还是没变得更为明智。

律师是不允许向普通证人付钱来让他们作证的,因为这其中的腐败显而易见。但律师可以向专家证人付费——而其中的腐败可能也显而易见。[4]

因此,分派法官的就有了个守门员角色:如果不首先确定(经所谓的"道波特[Daubert]听证")这位专家意图提供的证词是负责任的,法官就不能允许这位专家证人来作证。[5] 作为一个实际问题,这意味着,这位专家必须在相关技术领域内表现得很有知识,并且在形成他想出庭作证的专家意见时,用的是他在平常工作中,即非诉工作中,使用的同样的分析方法。[6] 扮演守门员的法官因此麻烦大了,在他对这位专家领域以内的事情一无所知的情况下,要让他(或是其他任何人)来确定这位未来专家证人的方法是否精确,这

---

[4] 请看,例如,Michael J. Mandel, "Going for the Gold: Economists as Expert Witnesses," *Journal of Economic Perspectives*, Spring 1999, p. 113.

[5] 请看, National Research Council of the National Academies, *Strengthening Forensic Science in the United States: A Path Forward*, ch. 3 (2009).

[6] 请看,例如,Richard A. Posner, *Frontiers of Legal Theory* 403 and n. 38 (2001),及其引证的参考文献。但有时,专家证人并不做任何非诉讼的工作;他是一位全职的职业证人。

也太难为法官了。[7] 法官的自然倾向就是让这位专家证人出庭作证,而靠交叉质证来标出他的缺陷。

在一件违约案中,我们的法院就遇到过这个麻烦,此案中,原告有关损害赔偿的专家证人是一位法务会计,他做过回归分析,说是要将原告的损害量化,被告(联邦快递)质疑他。因此引出了一个道波特听证,根据就是地区法官允许这位证人出庭作证。联邦快递在地区法院输了,然后上诉,我们推翻了初审判决。有关道波特听证及其后果,我们的评论是:

> 我们会看到,这里有一个重大问题,有关对此案事实做规范分析的莫里斯(Morriss)[专家证人]是否可信。然而在决定是否可采信这一分析时,这位地区法官所说的一切只是,联邦快递反驳说"这里没有进行客观的检验,莫里斯用的是主观的检验,并且没解释为什么联邦快递不认为后一研究是客观标准",这个反驳提出了一些要在初审交叉质证中探讨的争议问题,以及"回归分析是为人们接受的,因此并非'民科'。[莫里斯]运用的看来就是回归分析。尽管被告不接受,莫里斯还是用回归分析得出了一个结果,这个结果在某些领域的某些模型中显然可以接受。简单回归

---

[7] 请看,*ATA Airlines, Inc. v. Federal Express Corp.*, 665 F. 3d 882, 889, 896 (7th Cir. 2011). 批评专家证人的代表性学术文献,请看,Samuel R. Gross, "Expert Evidence," 1991 *Wisconsin Law Review* 1113 (1991); L. Timothy Perrin, "Expert Witness Testimony: Back to the Future," 29 *University of Richmond Law Review* 1389 (1995); Justin P. Murphy, "Expert Witnesses at Trial: Where Are the Ethics?" 14 *Georgetown Journal of Legal Ethics* 217 (2001). 霍尔的一篇论文,集中关注一个有争议的法律地带,细细讨论了各种可能的进路,Rebecca Haw, "Adversarial Economics in Antitrust Litigation: Losing Academic Consensus in the Battle of the Experts," 106 *Northwestern University Law Review* 1261 (2012).

分析就是一个被接受的模型"。

对于联邦快递拒绝莫里斯回归分析,此案法官的这个粗略且全然不明确的回应,没有完成地区法官的义务,即在初审之前评估对有关某专家提供的证词能否采信的质疑。评估这种质疑也许不轻松;专家证人使用的"原则和方法"常常令法官很难理解。但是,难也并非不可能。该法官可以要求想提供专家证人的律师,用直白的英文,向法官清楚解说所提供的证据基础和逻辑是什么,而这位法官也可以同样要求对方律师,用直白的英文,解说自己的反驳。[8]

有关专家证人的一个更深问题是,对于他们中的许多人,诉讼就是他们的日常工作,甚至是他们唯一的工作。他们的技术性技能也许微不足道,他们的真正技能是剧场性的——即那种魅惑或忽悠陪审团的能力。

有关专家证人是否可靠的麻烦,解决办法并不只有道波特听证和交叉质证。额外的可能会是,让每个职业联合会(对于经济学家来说,就是美国经济学联合会,医生则是美国医学联合会,工程师则是电力电子工程研究院,等等)建立一个其成员出庭作证的花名册,包括该成员的证词摘要或证词记录稿,以及法官、律师或其他专家证人对这一证词的任何批评。还有一个解决办法是,要求使用专家证人的律师公开(disclose)他们曾接触过的所有潜在专家证人的专家名录;这会让法官注意防止选购证人(witness shopping)。[9] 最后,最好的方案——我长期以来一直倡导的[10],但我在初审判决的实践中也只是

---

[8] *ATA Airlines, Inc. v. Federal Express Corp.*, 665 F.3d at 889.

[9] 请看,Richard A Posner, "The Law and Economics of the Economic Expert Witness," *Journal of Economic Perspectives*, Spring 1999, pp. 91, 96, 98.

[10] 请看,同上注,页 96, 98; Posner, *Frontiers of Legal Theory*, at 405–407.

新近才贯彻——即由法官亲自任命专家证人。[11]《联邦证据规则》的规则 706 有这一授权,尽管几乎没人这么做。[12]

直到晚近,由于我想的都是审理案件,而不是通过漫长的审前阶段来引导它们,因此我都是等到审判前夕才接受地区法院分派我的案件。大多数诉讼都是没到初审就和解了,一个案件越是接近初审,此案就越有可能庭审——尽管我也经历过几次,就在预定开庭的前一天或前一个周末案件和解了。如今我更早就开始接受案件了,因为我迟迟才意识到,诉讼的审前阶段不仅至关重要,而且常常管理不效率。如今我有了足够的前导时间了,因此在我的地区法院案件中可以任命专家证人了。

地区法官可以自己选择一位专家证人,如果他希望,也可以获得美国推进科学协会的协助,这个机构有个项目支持寻找和审查可能的

---

[11] 请看,例如,Joe S. Cecil and Thomas E. Willging, *Court-Appointed Experts*: *Defining the Role of Experts Appointed under Federal Rule of Evidence 706* (Federal Judicial Center 1993); J. Gregory Sidak, "Court-Appointed Neutral Economic Experts" (Criterion Economics, L. L. C., Feb. 18, 2013, unpublished); Jennifer L. Mnookin, "Expert Evidence, Partisanship, and Epistemic Competence," 73 *Brooklyn Law Review* 1010, 1020-1028 (2008); Lee A. Hollaar, "The Use of Neutral Experts," 4 *Expert Evidence Report* 660 (2004); Laural L. Hooper, Joe S. Cecil, and Thomas E. Willging, "Neutral Science Panels: Two Examples of Panels of Court-Appointed Experts in the Breast Implants Product Liability Litigation" (Federal Judicial Center 2001); Lisa C. Wood, "Court-Appointed Independent Experts: A Litigator's Critique," 21 *Antitrust* 91 (2007); Samuel R. Gross, "Expert Evidence," 1991 *Wisconsin Law Review* 1113, 1187-1208 (1991). 在我找到的书中,塞西尔和威尔金(Cecil and Willging)对法院任命的专家做了最完全的讨论,并有关于法官的看法和做法的珍贵统计和报告,只是有点过时了。

[12] Gross, "Expert Evidence," at 1190-1191.

专家证人。[13] 我使用的另一个替代是，当事人双方让他们的专家碰头后提出一个或多个更中立的专家供我考虑任命。当事人双方都同意的中立专家通常从一开始就排除了之后这方或那方关于该专家有偏见的指控。

即便双方当事人都满意，某位专家中立、称职并且能同陪审团沟通，因为学界人士（且不只是学界人士）通常都能做到，律师也还是抵制由法官任命专家。[14] 因为律师兴趣就不在法官或陪审团能理解这个案子；他们的兴趣在于胜诉，因此他们雇用的会是他们认为法官或陪审团感到很有说服力的专家（并且会付给他们很多钱）。

我的意思不是，如果法官对这位专家的领域不懂，也照样能审判。这里有一些固有的安全防卫。之一是，我认为不论怎样都高估了，与大多数普通证人不同，大多数专家证人都是多次出庭作证的人，他们都有金钱利益，想避开很有杀伤力的交叉质证，避开法官的严厉批评——这两者都可能摧毁在未来案件中他们作为专家证人的价值。但还有一点是，多次出庭作证的人还有某种激励想讨好其客户，这样他才会被再次雇用，而在许多案件中，对方律师和法官都没有能力察觉哪怕是严重误导性的专家证言。其次，有学术发表记录的专家证人，只要其证言与他的学术作品相抵触的话，他就会受到交叉质证，很有杀伤力——但许多成功的专家证人都不是学界人士；就如同我说的，他们从事的常常是与诉讼有关的全职工作。

---

[13] 请看，American Association for the Advancement of Science, "Court Appointed Scientific Experts," www.aaas.org/spp/case/experience.htm（2013年1月21日访问）。

[14] Gross, "Expert Evidence," at 1197-1201; Wood, "Court-Appointed Independent Experts"; Karen Butler Reisinger, Note, "Court-Appointed Expert Panels: A Comparison of Two Models," 32 *Indiana Law Review* 225, 237 (1998).

律师想控制自己的案件,还不仅为了能按照他们心中想的那样来进行审前证据开示。他们特别不想让法官传唤法院任命的证人在双方专家之前作证,还告诉陪审团(因为法官可以这么做),这是法官任命的专家证人,付给这位专家证人的钱是双方当事人各出一半,不依赖任何一方。律师和许多法官都认为任命中立专家威胁到了抗辩制。他们很对!这就属于那种在欧陆国家、日本以及英美法系之外大多数国家胜出的"讯问式"审判体制,在那里,由法官进行调查、传唤证人、提问证人、蔑视大多数非文件化的证据,法官是严格依据个人优劣来获得——而不是由政客来——任命和晋升,民事案件审理不用陪审团,而也正由于所有这些理由也就降低了庭审律师的地位,比好事者(kibitzer)的地位高不了多少。

但不论这样一种制度有多少优点,它都不大会在美国采用,尽管在美国这种制度的迷你型也还是有了,例如,社保残疾争议中行政法官的程序就不是抗辩的。

"讯问制"负面含义还只是一道障碍,阻碍我们的制度大大背离抗辩制;更重要的是,讯问制会大大增加法官与审判律师的比例[15],因为讯问制会令法官成为一位运动员而不是裁判员——事实上是成为这个法律情节剧(drama)中的主要角色。在抗辩制下,相反,"从结构上看,司法消极被动在很大程度上是不可避免的"。[16] 迫使初审律师整体性转换为法官,转换成工资不很高的政府雇员,这从制度上看令人却步,在我们的体制中也是政治上不可想象的。再进一步,讯问制要求的法院系统质量比抗辩制所要求的质量更高,因为在讯问制下,对律师而言,法官扮演的角色更重要;这就要消除由政客任命法官的

---

[15] Richard A. Posner, *Law and Legal Theory in England and America* 28 (1996) (tab. 1.1). 然而,日本是例外。

[16] Gross, "Expert Evidence," at 1203.

做法。而在我们的抗辩制中,法官从侧面进入法院系统,其背景、训练、法律技能和聪明程度差别更大,这既可能带来好处,也会带来缺点。对讯问制法官的批评是他们与世俗经验过分隔绝,过度官僚化、法条主义和管制太严。[17]

由联邦法官任命中立专家,特别是如果该法官能够让当事人的专家就法院任命的专家提名人选达成一致的话,只是小小侵蚀了这个抗辩制。这是一个不完全却还是前景看好的办法,可能解决如今正折磨联邦法院的那些技术复杂的麻烦。(这个办法不完全的另一个理由是,在有些技术领域,如竞争和垄断经济学领域,两极对立,因此这里也许就没有中立的专家)。但这也意味着法官有更多的工作可做。[18] 还有一点事实,即许多法官先前当过出庭律师,坚信抗辩制,对这一制度的缺陷并不总是有所警觉,所有这一切也许可以解说,为什么联邦法官很少诉诸规则706。[19]

这意味着法官有更多的工作可做,还不仅因为寻找、面试和任命中立的专家都花费时间,也还因为,没有律师来引导和保护法院任命的专家。必须由法官扮演这一角色,除非是,如同晚近的一个案件中,法官找到了一位律师,愿意为公益而免费代理这位法院任

---

[17] Gerhard O. W. Mueller and Frè Le Poole Griffiths, "Judicial Fitness: A Comparative Study: Part Two," 52 *Judicature* 238, 239-40 (1969); Carlo Guarnieri, "Appointment and Careers of Judges in Continental Europe: the Rise of Judicial Self-Government," 24 *Legal Studies* 169 (2004).

[18] Gross, "Expert Evidence," at 1203-1204.

[19] 关于对抗辩制的尊重妨碍了法官任命专家证人的证据,请看,Cecil and Willging, *Court-Appointed Experts*, at 20-21.

命的专家。[20] 但这有可能过度拖延审判过程。并且陪审团也容易因此犯糊涂,怎么法院有自己的专家证人,既不是这一诉讼的当事人,也不是当事人的代表,还需要一位律师?而这位律师的工作,可以假定,就是直接质询(examination)法院任命的专家证人,以及在交叉质证时反驳当事人律师的误导人的或其他不恰当的提问。我更喜欢由律师来代表这些中立的专家,也更喜欢,作为直接质询的替代,让中立专家叙述自己的证词,或许偶尔我还有机会提问,以保证他们不跑题或是为陪审团澄清个别要点。但由法院任命、无律师代理的证人一定需要法官的保护,以免各方当事人的律师,为控制此案,在庭外录证(deposition)或庭审中,咄咄逼人地提问中立专家(回想一下,在我的庭审中,对专家证人交叉质证的那个例子),毫无根据地破坏这些中立专家对于陪审团的信用。我的办法是亲自主持这位法庭任命的专家的庭外录证,但有时这很耗费时间。

陪 审 团

有关陪审团,我想多说几句。有些法官认为陪审团有一种近乎超自然的洞察力,相信即便在最难案件中他们也有能力提交准确的认定。这些法官一般来说极端信赖抗辩制,并更一般地说,是维护司法现状的法官;而我不是。有巨量有关陪审团的社会科学文献,这些文献,我想,几乎没什么法官,无论联邦的还是州的,曾钻研过。下面的

---

[20] 有关詹姆斯·吉尔(James Kearl)医生的请求和告知,卷787,*Oracle America, Inc. v. Google, Inc.*, 798 F. Supp. 2d 1111 (N.D.Cal. 2011).

文字,是我从其中一些文献中汲取的[21],同时也汲取了我本人的,尽管相当有限的,主持民事陪审团庭审的经验。

我认为陪审团成员都还认真负责(conscientious)。审判法庭的设计很聪明,就是要令预期的陪审团成员有所敬畏;法官和律师可以令大部分陪审团成员确实意识到,认真负责履行作为临时司法官员的陪审团成员角色,对于当事人双方以及对于这个制度都很重要;并且,在履行陪审团成员义务时那些容易不负责的预期陪审团成员,通常在陪审团成员挑选阶段就被一方当事人或法官给排除了。更进一步,尽管陪审服务形式上是强制性的,但预期的陪审团成员,若不想服务,完全可以找出一个像模像样的借口,或是在回答相关问题时称自己无法不偏不倚地考虑此案争议,就会删除他的名字。事实上,他还可以简单地不理睬陪审传票。通常这不会受罚,因为几乎没有其他后续。没有

---

[21] 请看,例如,Dennis J. Devine, *Jury Decision Making: The State of the Science* (2012); Neil Vidmar and Valerie P. Hans, *American Juries: The Verdict* (2007); Cass R. Sunstein et al., *Punitive Damages: How Juries Decide* (2002); Valerie P. Hans, *Business on Trial: The Civil Jury and Corporate Responsibility* (2000); Matthew A. Reiber and Jill D. Weinberg, "The Complexity of Complexity: An Empirical Study of Juror Competence in Civil Cases," 78 *University of Cincinnati Law Review* 929 (2010); Theodore Eisenberg et al., "Judge-Jury Agreement in Criminal Cases: A Partial Replication of Kalven and Zeisel's *The American Jury*," 2 *Journal of Empirical Legal Studies* 171 (2005); Dennis J. Devine et al., "Jury Decision Making: 45 Years of Empirical Research on Deliberating Groups," 7 *Psychology, Public Policy, and Law* 622 (2001); Shari Seidman Diamond and Jonathan D. Casper, "Blindfolding the Jury to Verdict Consequences: Damages, Experts, and the Civil Jury," 26 *Law and Society Review* 513 (1992); Peter David Blanck, "What Empirical Research Tells Us: Studying Judges' and Juries' Behavior," 40 *American University Law Review* 775 (1991). Many of these studies build on the first major empirical study of the American jury: Harry Kalven, Jr. and Hans Zeisel, *The American Jury* (1956).

任何后续措施,这在实践上也很有道理,尽管不理睬陪审传票违法,但这种人却不大可能成为负责任的陪审团成员。

在我的初审经验中,只有一次,我遇到了陪审团成员行为不端。原告是个一人公司,也是该公司的负责人(我简单称其为原告),指控被告实际上偷了自己发明的一种高蛋白低热量奶制品的配方。被告否认这个配方是原告发明的;原告先前买卖货币期货,没有任何奶制品的背景。为支持自己是发明者的主张,原告在直接质询时作证说,"在我做商品交易期间,货物贸易以及其物品时,我了解了蛋白质,而酪蛋白就是一种蛋白质。从牛奶中找到的"。

这个作证是在庭审前期,作证完毕后,法庭主管很快就告诉我,有位陪审团成员想私下告诉我一些事。我让法庭内的人都离开,只留下记者和法院工作人员以及这位陪审团成员。此人是一位金融期货交易商,他告诉我,他很不相信原告的话,但他不知道是只能闷在心里呢,或是还可以告诉其他陪审团成员。他说,金融期货和商品期货性质完全不同,原告试图模糊两者区别,以便说自己有足够的农业经验,主张自己发明了某种奶制品制作工艺。我告诉他,陪审团成员是自由的,完全可以基于陪审团成员的职业经验形成自己对某证人之证词是否真实的看法,并让其他陪审团成员知道自己的看法——但那只是在庭审结束陪审团成员们回去审议时。我提醒他,就如同之前我对陪审团指示的那样(并且每天结束,当陪审团离开法庭去休息之际,我都会重复这一指示),只有等到审议时,他才能同陪审团其他成员讨论此案。(这是规则,至于这条规则的优劣,本章后面会讨论)。我还建议他保留对原告证词的判断,因为庭审刚开始,他还要听取其他证人的证词,他也许同样怀疑其他证人的证词。

庭审继续了,那天下午,发生了一件意外,就涉及这位陪审团成员。我与律师在庭前简单交谈(sidebar),陪审团短暂休息,原告则一直坐在证人席上;这之后,原告说,他听到这位我称其为 A 的陪审团成员,与坐在他身旁的另一陪审团成员(B),谈论此案,并说此案是"臭大粪"。我便再次和陪审团成员 A 谈话,这次没清场。A 承认,就在我与律师交谈时,他同 B 说话了,但他说的只是,律师应当通过掰手腕来解决他们之间的争议,显然,这里说的是电视剧《波士顿法律》。鉴于他断然否认原告的说法,我决定让这位陪审团成员继续留在陪审团。

第三个并且关键的事件发生在次日,原告再次回到证人席,被告律师正对他交叉质证,在某一点上,律师问原告,原告在芝加哥商品交易所从事交易时,该交易所是否交易牛奶,原告回答"没有";律师接着问(其实是叙述):"因此,根据你作为商品交易人的经验,你没法熟悉牛奶价格。是吗?"原告回答说:"不是。那不正确,律师。"然后律师就换了个话题。但就在这次交锋中,我想起陪审团成员 A 之前说的——原告没有交易农产品的经验,就瞟了一眼陪审团,我看到陪审团成员 B,紧靠着 A 的右边坐着,转头看 A 并会意一笑。我没注意 A 的反应,但我的助理印证了我的观察,告诉我,他们看见 A 断然向 B 点了点头。显然,法庭内没有其他人看到这一事件。

我当即推断,A 告诉了 B,他不相信原告在芝加哥商品交易所时有可能了解农业商品的情况。这样的谈论是严重违规(breach of propriety)的,较轻的一点违规则是这两位陪审团成员未服从我的指示:陪审团成员一定要等到他们退席审议之际才能讨论此案,更重大的违规则是陪审团成员 A 让自己关于原告不可信的想法进了另一位陪审团成员的心里(也许还不止一位陪审团成员)——并完全可能至少已经让这位陪审团成员加入自己来共同宣传原告说谎了。在这种情况下,我认为,原告要从该陪审团那里获得公正庭审,已不可能,因此我宣布庭审无效并解散了陪审团,但没说理由。在我决定无效审判(mistrial)之际,庭审已接近结束,因此我等到庭审结束后才宣布,然后我提出按照无陪审团的庭审方式来决定此案。双方律师都同意，我判定，被告胜诉。[22]

陪审团成员挺认真负责，偶尔例外（就如同这个牛奶案），支持我这个印象的有一些有名的研究。[23] 我还认为，陪审团成员有能力决定涉及他们熟悉之事的案件，诸如驾车、滑倒或跌跤，特别是当关键证人来自与陪审团成员大致相近的社会阶层之际；要"读懂"来自自身阶层的某个人比较容易。（要"读懂"一个外国出生的证人，会出现特别严重的麻烦，比方说某个证人来自某国，在那里，不对视对方眼睛以表示尊重，但在美国人看来这行为就很可疑）。但我的经验是，陪审团成员很难应对超出他们教育和经验限度的具体问题，诸如商业案件（最简单的除外），以及涉及技术题材或统计学或与目击证人不同的其他技术性证据的案件。而目击证人，就如我在第3章提到的，我们太晚才知道，太经常了，都不可靠。确实，许多法官都说，他们大多数情况下都同意"他们的"陪审团的事实认定，但有经验的初审法官常常并不很关注提交陪审团审理的证据，而关注对证据可采信度的确认。还有就是，如果发现自己经常不认同"他们的"陪审团的事实认定，他们会感到是自己工作没做好——感到自己没有很好地指导陪审团。更甚的是，证人的某个微妙、常常是无意识的交流性动作（"微观行为"），

---

[22] *Dominion Nutrition, Inc. v. Cesca*, 467 F. Supp. 2d 870 (N.D. Ill. 2006).

[23] 请看，Vidmar and Hans, *American Juries*，以他们自己的以及其他人的广泛研究为基础的确认。他们的书一般说来是非常赞同美国的陪审团制度，而与此同时它也承认陪审团难以理解科学的和其他复杂案件，特别是涉及统计学的时候，请看，同上注，ch. 8，它指出，法官也常常有同样的困难。这本书主要处理的是州法院，而不是联邦法院，而联邦法官的平均质量要高于州法官。然而，联邦陪审团的平均质量也同样可能更高些，部分因为联邦陪审团成员的名单以投票名册为基础，而投票者一般要比那些不投票者受教育程度更高，也更有公共关切。

甚至法官都没察觉,例如不是始终与陪审团成员或证人保持目光交流,也许就会影响陪审团的事实认定。[24]

还有,法官一般都坚守司法职业的传统,即便有时这些传统没多少理由。例子之一就是"限制性"指示:告诉陪审团别考虑某个"溜进"庭审但不可采信的证据,但没有解说为什么不应予以考虑,这有可能导致陪审团成员认为这是特别重要的证据。限定性指示实际没效果,这一点众所周知。[25] 然而,今天法官还是发这种指示,还用一些司法谎言将其合理化了,比方说"我们的庭审理论之基础就是陪审团有能力遵循法官的指示"。[26]

另一方面是这样一个事实,法官了解的案件事实通常都比陪审团更多,因为该法官也许已经判定某些证据不可采信——这意味着他已经阅读了或听到了,但陪审团没有。如果陪审团成员们知道法官所知道的一切,在某案结果是否正确的问题上,法官与陪审团成员出现分歧的现象就会更为罕见。

但不管怎么说,法官都被陪审制缠住了,并且他们也不想承认这是个非常不完善的制度——费时、费钱(打乱了陪审团成员的正常生活),并且在许多案件中,也不如由称职的法官(显然,这个限定很重要)主持的无陪审团庭审可靠。社会科学文献也确认了庭审律师都懂的那些问题,陪审团成员总是带着各种个人偏见来评判案件。[27] 但法官也是如此。

---

[24] 这是下面这篇论文的主题,Blanck, "What Empirical Research Tells Us".
[25] 请看,波斯纳引证的一些研究,Posner, *Frontiers of Legal Theory*, at 384-385.
[26] *Opper v. United States*, 348 U. S. 84, 95 (1954).
[27] Devine et al., "Jury Decision Making," at 699-712, 为陪审制度的诸多缺陷提供了一个典范的概括,并提供了许多重要改进的可能性,超出我讨论的那些。

专利案的陪审团审判

陪审团成员理解复杂案件特别难,并且,就如同贯穿本书我始终认为的那样,引发联邦诉讼的那些活动,其复杂性一直增加,在专利领域就很明显,尽管这还不是唯一的领域。在这个领域内,寻求损害赔偿的原告,依据词义宽泛的宪法第七修正案,如果他要求,就有权获得陪审团审判。而通常他也就这么要求。[28] 要求的理由似乎是,如同各种研究发现的,陪审团比法官更多同情专利所有人[29],通常也就是专利侵权赔偿案中的原告,他指控他人侵权了。陪审团成员们趋于认为如果该专利还有效,被告就不应试图造什么与之类似的东西。"外围专利"(Inventing around)是对有效专利的一个合法回应(这个寓意就隐含在专利必须公布这一要求之中——该要求的目的就在于,至少部分是,为其他发明者的使用该专利提供一些信息[30]),但对于许多

---

[28] 从1983年到1999年间,陪审团参与审理的专利案件比例大大增加了。Kimberly A. Moore, "Judges, Juries and Patent Cases—An Empirical Peek inside the Black Box," 99 *Michigan Law Review* 365, 384 (2000) (tab. 1).

[29] 例如,Greg Upchurch, "LegalMetric Nationwide Patent Litigation Statistics," *LegalMetric*, slides 7, 24 (2009),该文总结认为,从1991年到2009年,在简易判决中胜出的专利持有人在有陪审团初审中获胜率为66%,而在法官独审初审中获胜率仅为46%。Yan Leychkis, "Of Fire Ants and Claim Construction: An Empirical Study of the Meteoric Rise of the Eastern District of Texas as a Preeminent Forum for Patent Litigation," 9 *Yale Journal of Law and Technology* 193, 210 (2007),该文发现自1998年到2006年间,在得克萨斯州东区,在所有有陪审团的初审中,专利持有人获胜率为90%,还发现,不令人奇怪的,在这一期间,这里也成为提起专利诉讼最多的地区。

[30] 请看,Lisa Larrimore Ouellette, "Do Patents Disclose Useful Information?" 25 *Harvard Journal of Law and Technology* 545 (2012). 她的回答是肯定的。

陪审团成员来说,外围专利就好似拷贝,因此就是侵权。当然,如果某专利无效,这是专利侵权诉讼中的标准辩解之一,原告就败诉。但被告有举证责任,以明确且令人信服的证据证明该专利无效,这个举证责任比专利持有人证明自己被侵权了的举证责任更重,后者只要求有优势证据即可(即,显示被告侵权的可能性要大于其没侵权的可能性)。

在专利案件中,法院任命的专家可能是陪审团可死死抓住的救生圈,这个任命因此也就应当是专利案件的常见特点之一,但并非如此。另一个迫切需要与法官对陪审团的指示有关,就是应避免使用专利法术语以及该专利所属技术领域的术语,这通常就要求法官自己或他的助理来撰写指示,而不是如同时下的典型做法,从各方当事人提出的众多指示中挑选。即便第七巡回区的陪审团指示写得很清楚很细致,但用来处理最典型的技术性法律领域——专利法,那也太长了,太复杂了,也太雄心勃勃了。这些法官想用专利法术语来教育陪审团,而这时法官应当做的是要求律师和证人用日常语言,法官的陪审团指示中也要使用日常语言,取代专利术语诸如"手段加功能""执行史"(这与行外人理解的"执行"一词的含义完全无关*)、专利"限制"(同前),以及"先前工艺"(这通常是指"先前的发明"——并且,如果确实如此,对陪审团使用这些语词才恰当)。

我重印了我为某专利案陪审团庭审准备的一套指示,就附在本章之后。此案在预定周一开庭前的那个周五和解了,庭审就没进行。此案,张伯伦集团公司诉李尔公司案(*Chamberlain Group, Inc. v. Lear Corp.*)(No. 05 CV 3449,列入了伊利诺伊州北部地区法院的日程),指控被告侵犯了某车库开门加密装置的专利,要求防止未经授权的人

---

* 英文词"prosecution"同时有指控和执行等含义,通常的含义是指控。——译者注

打开车库门进入某人的车库。一个遥控器,通常系在驾车人头盔上,向车门接收器发送一个加密电子信号,由只认识这信号的接收器解码,然后开门。对陪审团的指示,读者会看到,简短,相当简单,相对来说既没法律术语也没技术术语。但回头来看(这是在2011年3月起草的),它们本来还可以更明确一些。这包括介绍性指示,要在陪审团选定后但实际庭审开始前发出,还有最后指示,要在庭审结束时陪审团审议开始前发出。

除了中立专家和清楚指示外,法官可以多做一点(比他们通常所做)来强化陪审团的理解,例如,指示技术证人和律师用频度(例如,暴露于这种污染物,100个人中有一人会患哮喘)而别用统计概率(暴露于某种污染物,一个人患哮喘的概率为1%)来谈论概率,就因为对大多数人来说,频度更为直观。[31]

可能拯救专利审判、避免其彻底无用的措施之一是,联邦法院系统的行政管理部门正在进行的一项前景看好的实验——在地区法官中寻找志愿者来接受专利法培训,并在完成培训后,由他们来处理其所在地区的大部分联邦专利案。[32] 许多最能干的地区法官都接受了这类最难联邦诉讼的专门培训邀请。他们正在迎接复杂性的挑战。但是他们的作用会仍然主要限于裁定处分性动议和管理,而不是决定庭审——只要寻求的救济措施为损害赔偿而一方当事人又要求有陪审团,就还会由陪审团决定任何案件中常常非常技术性的侵权争点问

---

[31] 请看,例如,Gerd Gigerenzer and Ulrich Hoffrage, "How to Improve Bayesian Reasoning without Instruction: Frequency Formats," 102 *Psychological Review* 684 (1995).

[32] "District Courts Selected for Patent Pilot Program," *United States Courts: News Item*, June 7, 2011. www.uscourts.gov/news/newsview/11-06-07/District_Courts_Selected_for_Patent_Pilot_Program.aspx (visited Jan. 21, 2013).

题以及正当性。[33] 尽管如此,作为专门法院(在美国法律文化中,大多失败了,如同本书第3章中提到的)的替代,这种形式的司法专长化实验还是前景看好的。[34]

陪审团成员的互联网搜索

从近来联邦地区法院审理的许多复杂案件中冒出来的另一麻烦,尽管更多是因社会媒体和其他在线资源的扩散而发生的,是这样一种担心,即某些陪审团成员自己展开在线研究,他们就案件请脸谱网的"朋友"给出建议,或是谷歌当事人的名字,如刑案初审被告的名字。[35] 他们甚至

---

[33] 尽管坚持认为,法院不能绕过宪法第七修正案要求的陪审团初审,Lisa S. Meyer, Note, "Taking the 'Complexity' out of Complex Litigation: Preserving the Constitutional Right to a Civil Jury Trial," 28 *Valparaiso University Law Review* 337, 341 (1993),此文建议,也许应允许对高难度专利案件的陪审团成员提出技术资格要求。这是一个很诱人的建议,尽管贯彻实施起来会很难,因为具有必要资格的人很可能与此案有利益冲突,或是工作太忙了没时间履行陪审义务。

[34] 关于专利审判经验更多的地区法官犯错更少的经验证据,请看,Jay P. Kesan and Gwendolyn G. Ball, "Judicial Experience and the Efficiency and Accuracy of Patent Adjudication: An Empirical Analysis of the Case for a Specialized Patent Trial Court," 24 *Harvard Journal of Law and Technology* 393 (2011).

[35] 请看,例如,Amy J. St. Eve and Michael A. Zuckerman, "Ensuring an Impartial Jury in the Age of Social Media," 11 *Duke Law and Technology Review* 1 (2012); Marcy Zora, Note, "The Real Social Network: How Jurors' Use of Social Media and Smart Phones Affects a Defendant's Sixth Amendment Rights," 2012 *University of Illinois Law Review* 577. Jerry Crimmins, "New Jury Instructions Look at Social Media," *Chicago Daily Law Bulletin*, Aug. 28, 2012, p. 1,此文报告称,29%的联邦法官在陪审团审议期间没收了陪审团成员的手机。最近有个案件被命令重新审判,就因为有位陪审团成员就此案的一个争点问题进行了网上搜索,而初审法官未能调查这对陪审团认定有什么可能的影响,请看,*McGee v. City of Chicago*, 2012 WL 4801527 (Ill. App. Oct. 9, 2012).

可能同案件某方当事人"交朋友"。做这些事情完全违背了法官断然的指示：在庭审结束和他们到陪审团室审议之前，即便在陪审团成员之间也别讨论此案，在提交他们的事实认定和完成任务之前，他们一定不要同其他人讨论此案，或是不要对此案展开自己的研究。许多陪审团成员都没法理解，为什么给他们加上这么多约束——特别是为什么他们不能在庭审结束前相互讨论此案[36]；而法官有点失职，未能清楚解说为什么对陪审团要有这些限制。陪审团成员很抵制把告知他们的话都一一记录在案。[37] 法官夸大了陪审团成员的驯服程度。

"随着事实的复杂性增加，[陪审员对事实的]理解下降了。"[38] 由于法官、律师和证人等对陪审团所做的解说都很糟，陪审团成员在复杂案件中展开在线研究的冲动就很自然。简单告诉陪审团成员不要这么做，这不够；这是把他们当成儿童了。必须给他们理由（就像我没能做成的张伯伦案的指示一样）。明显的理由是，他们也许会误解自己的在线发现，或偶尔还可能碰上有偏见的资源而不自知，或是他们会遇到各种观点而陷入混乱，或是碰到了某些在庭审中被排除的证据，因为某些坚实政策理由，但陪审团成员不大可能自觉的理由，例如

---

[36] 亚利桑那州允许其法院的初审陪审团成员在休庭期间以及上午开庭前在陪审团室内相互讨论。他们讨论的记录稿表明这是一种有道理的改革；这令他们的审议更为完全和更为自然。请看，Vidmar and Hans, *American Juries*, at 400. 就借鉴不同法院体制的做法而言，我注意到，除了美国外，许多法律制度中都有陪审团，并且不同国家之间在有关陪审团初审的挑选、审议以及其他方面的规则和程序差别也令人眼晕，请看，Jon Elster, *Securities against Misrule*: *Juries*, *Assemblies*, *Elections*, ch. 2 (2013). 但借鉴外国法律制度是件很麻烦的事，因为文化和制度的差别，而我不在本书讨论这种借鉴的可能性问题。联邦法院系统借鉴州法院系统麻烦会少得多。

[37] Tonja Jacobi, "The Law and Economics of the Exclusionary Rule," 87 *Notre Dame Law Review* 585, 621-627 (2011).

[38] Reiber and Weinberg, "The Complexity of Complexity," at 963.

在过失案件中,原告遇上事故后,被告采取措施消除了引发该事故的危险条件。这类证据,依据《联邦证据规则》的规则408是被排除的,理由是,在有关被告过失的庭审中采信了这种证据,会让被告等到诉讼结束后才愿意修缮这一危险条件。

其他问题

告诉陪审团成员,不要自己展开研究,这还不够。要做些事,让他们感到自己完全参与了这个审判过程。因此,法官应告诉陪审团成员,在庭审期间,他们可以提问,首先向法官提,法官可以决定某陪审团成员的问题是否恰当,如果恰当,法官决定让谁来尝试回答(而如果不当,则为什么不当)。法官还必须向他们解说,在法庭上提问题是比在线搜寻更好地获取相关信息的方式。我曾允许陪审团成员在我的庭审中提问,没有什么意外的后果;他们很少提问,但他们提出的问题一般都有所助益。我也一直允许陪审团成员记笔记——在我开始当法官时,这种做法很少,但即便在《爱丽丝梦游仙境》(*Alice's Adventures in Wonderland*)的模拟审判中,也给陪审团的动物成员发了写字板和笔,让它们在庭审中记笔记。记笔记让陪审团成员更生动地参与了证据出示,更多关注,也更为挑剔。

陪审团审判还可以有其他一些前景不错的改进:在庭审开始时和结束时(也许还有庭审的某些特别节点)指示陪审团(即对他们解说他们将用来决定此案赢家的法律),让对立双方当事人的专家证人背靠背成对作证,并允许律师在最后辩论前向陪审团做些临时(interim)陈述。我不知道联邦法官是否有权许可临时审议,而亚利桑那州法院是允许的。[39]

这里提议的这些改革有个共同目的,就是要使陪审团成员成为决策过程中更生动、知情更佳的参与者。法官对陪审团成员盛气凌人,发给他们一些违反直觉的命令,还不给个说法:"别问为什么,就按我告诉你的做",这是错误的。在陪审案件中管理陪审团庭审和审前程序,其目标不仅要让人们理解证据,理解将适用于事实的法律,而且要让人们看清这一庭审结构以及支持其特殊性(因为在大多数行外人士看来会是如此)的理由。

大量的事实发现是由法官而不是由陪审团成员完成的;而且还不仅是在法官作为事实审理者的无陪审团庭审中。有人担心,即便在不复杂的案件中,法官也并不总能承担起发现事实和对事实适用规则的工作。认知心理学家已经发现,即便受过教育、智识上很精细的人也很容易出现认知差错,诸如基准点偏差(Anchoring)、事后诸葛亮(hindsight bias)以及过度依赖直觉等。这些问题在法院系统各层级都存在,但担心聚焦于初审法官身上,因为大多数事实认定都是他们做的,上诉审法官趋于尊崇这些认定。

但看来没人知道能做些什么来应对这些麻烦。我就用一篇论文来例证这一点。这篇论文一开始就提出了两种反差颇大的裁判模式,形式主义的和现实主义的,但对后者的不正确界定是"追随直觉过程到达一些事后以审议性推理予以理性化的结论"。这几位作者说,这两个模式的"效果都不令人满意"。[40] 形式主义是审慎,现实主义是直觉,而这几位作者希望法官变得更审慎一些,因为法官太多依赖直觉,犯了一些直觉裁判很容易犯的错误。

---

〔39〕 请看,前注36;又请看,Posner, *Frontiers of Legal Theory*, at 358-359.

〔40〕 Chris Guthrie, Jeffrey J. Rachlinksi, and Andrew J. Wistrich, "Blinking on the Bench: How Judges Decide cases," 93 *Cornell Law Review* 1, 2 (2007).

但如何令法官更为审慎呢?这些作者拿不出好主意(我也拿不出)。他们建议任命更多法官,这样一来,法官就会有更多时间思考每个案件。但他们会用额外的时间来审议案件吗?如果他们这样做了,那不增加了拖延吗?我同意这几位作者建议的,最好让法官在庭审前而不是在庭审期间对证据采信问题作裁决——这会给法官更多时间来思考并在必要时研究这个争点,但我不同意的是,他们应当"推迟裁决……一直等到庭审期间提出了这些争点问题,甚至要在等到某个休庭之后,让法院在休庭期间有点时间来研究这些文件并审议"。[41] 这些休庭会令人可怕地拖延庭审!在无陪审团的庭审中,更重要的是,证据性争点趋于不影响后果。法官毕竟已看了这个证据,即便他决定将之排除,而如果这个证据有证据力,那么即便从规范上说它不应影响,它也还是可能影响该法官的决定。

这几位作者还建议,法官应当更多撰写司法意见,因为成文司法意见比口头判决更可能是反思的产品。但大多数初审法官都太忙了,写不了司法意见;他们甚至比上诉审法官更多委托自己的助理来撰写司法意见。而法官助理的司法意见撰写,我在本书第 8 章已经指出过,有可能只是用来支持该法官之决定的诉讼摘要,他得出这个决定无需撰写任何东西,他只是把自己的决定简单告诉由他分派撰写这一司法意见的法官助理。

这些学者提出,以专门设计的训练和同行评价来促使法官更自我挑剔,更自觉我们无法逃脱的那些认知怪癖。也许,这是有某些价值。但让我吃惊的是,他们连续推荐了一些有关法律责任认定的多因检验标准——4 个和 5 个其至 7 个和 8 个因子的检验标准,以这种方式来鼓励法官"依方法推进,并因此保证他们触及了审议的所有根基……

---

[41] 同上注,页 36。

迫使法官明确掂量其中每个因子,这样的一个系统也许还有助于减少法官依赖直觉"。[42] 相反,由于通常没给每个因子分派权重,法官在适用多因子检验标准时,除了用直觉外,还能用什么?

我提到初审法院这一层级的拖延;这里更宽泛的麻烦在于案件管理不效率。把人给困住的不仅是只有痛苦不堪之后才能让一个案件走进法庭或得到判决,而是许多初审实在太漫长了。我把这个问题归结为法官没有能力或是不愿意删减证人和实物证据的清单、压缩陪审团指示、确定严格时限并在开庭前尽最大可能解决证言和文件的采信问题,乃至当律师与法官就证据采信的纷争无休止地当庭碰头争论时,陪审团成员们不是被迫原地踏步。

庭前和庭审过程不合理的拖延不仅反映了案件管理很糟,也反映了美国法律文化的缺陷。这种浪费太多时间的拖沓过程常常是法官在成为法官前当出庭律师的职场经历,以及更早一代地区法官为他们树立的榜样让他们已习惯了。这也是律师们期待,并常常——如我前面解说过——渴望的,而尊重律师的预期和渴望,这也适合了已为太多法官接受的对法官角色的理解——理解为体育裁判。

另一个严重麻烦是法官在量刑上不能趋同。有重判法官(集中在前南方邦联各州[43],但其他地方也有)也有轻判法官;有对毒品罪犯重判但对白领犯罪轻判的法官;有与前述倾向完全倒过来的法官;有些法官量刑强调震慑力,而其他一些法官则强调报应或削能。还有证

---

〔42〕 同上注,页 40—41。

〔43〕 请看,Lee Epstein, William M. Landes, and Richard A. Posner, *The Behavior of Federal Judges*:*A Theoretical and Empirical Study of Rational Choice* 251 (2013)(tab. 5.19)。

据表明,联邦量刑中有种族和性别的偏见。[44] 没法趋同,这就预定了法院系统、量刑委员会以及司法部缓刑局(probation service)不能以足够的努力提出一个融贯的、以证据为根据的刑事惩罚理论,并以此来教育法官。[45] 但我认为,我在本书第3章中讨论过的那些量刑软变量,会继续存在,会阻碍法官之间形成合乎情理的量刑统一的各种努力。

附录:张伯伦诉李尔案的陪审团指示

介绍性指示

1.1

此案涉及两项专利,名为专利544和专利123。两者都是防止他人打开你的车库门的技术专利——换言之,这是一种数学性质的用于解密的技术。它就像一个密码,但更复杂一些。庭审时对此会有解说。

我打算给你们做些初步介绍,有助于你们从整体上了解此案。等到庭审结束,在你们开始考虑事实认定时,我还会给你们更细致的指示。

专利是由一个联邦机构,即美国专利商标局发出的;其目的是赋予发明人专利权,即在一定年限内,未经其许可,不允许他人制作、使用、销售或主动提出销售发明人的专利发明,以此来鼓励创新。如果

---

[44] 请看,Todd Sorensen, Supriya Sarnikar, and Ronald L. Oaxaca, "Race and Gender Differences under Federal Sentencing Guidelines," 102 *American Economic Review*, *Papers and Proceedings Issue* 256 (May 2012)。

[45] 请看,一般性的,Mary Kreiner Ramirez, "Into the Twilight Zone: Informing Judicial Discretion in Federal Sentencing," 57 *Drake Law Review* 591 (2009)。

某人违反了这一排他权利——换言之,侵犯了这项专利,专利所有人可以在联邦地区法院起诉这位所谓的违法者(侵权者)。即便被告确实侵犯了这项专利,但如果被告证明这项专利无效,即专利商标局发布的专利有错,专利所有人也会败诉。是否侵权,是否有效,是此案诉讼的具体争点,我下面还会解说。

此案当事人为张伯伦,约翰逊控股公司(双方当事人称其为"JCI"),以及李尔公司。张伯伦和JCI是原告,李尔是被告。张伯伦拥有这两项专利,JCI拥有排他的许可(权利)基于这两项专利来生产产品。(就大多数问题而言,你们无需区分张伯伦和JCI;你们可以把他们都视为"原告"。)李尔创造了一种产品,可以操作原告的车库开门器(opener)。这并非不当,只要李尔的产品没侵犯原告的专利即可。张伯伦和JCI争辩说,未经原告同意,李尔制作、使用、出售或邀请(offering)出售为这两项专利涵盖的发明,侵犯了这两项专利。李尔否认其产品侵犯了这两项专利,又辩称这一专利是无效的,而如果无效,即便侵犯也没违反原告的法定权利。

李尔的产品名为"车辆2优",但为了简便,我只称其为"李尔产品"。你们也许听说过这种产品的早期版本,但那从来都不是李尔引进的。这些前期制作品都没受指控,侵犯了原告专利的,但原告称这些前期制作证明了故意。

1.2

标为"专利主张"的专利部分描述了受专利保护的这项发明,并在专利最后以标明了数字的各段落做了解释。当某产品(即此案中被告的产品)被控侵犯专利,就必须将专利的主张同产品予以比较。

要能获得专利保护,一项发明必须新颖、有用和非显而易见。如果发明早已为人所知,或用专利行话,是"先前工艺"的组成部分,就不算新颖。我会在此案最后进一步指示什么算是先前工艺。

1.3

陪审团的工作就是决定与这些法律具体争议有关的事实。我会告诉你们,相关的法律是什么,以及你们将适用该法律于此案事实来确定哪方胜出。庭审期间我所说的任何话都不意图表示我对事实的看法或你们应如何认定事实。你们是决策者;我只是交通警。尽管此案是民事案件而不是刑事案件,但这对于双方当事人还是非常重要。他们和我都期待你们作出一个细致的、深思熟虑的、认真负责的决定,请牢记此案对于各方当事人的重要性。当事人都是商业企业,不是个人,但他们就和个人一样享有法定权利,有权享有你们会给予个人之间争议案件完全相同的考量。

1.4

要证明此案争议的两项专利侵权确实存在,原告就必须说服你,他们的立场更可能真而非假。认定侵权,你们无需很确定,但你们必须被说服了,他们比被告的道理更强有力。具体说来,原告必须证明该专利主张中的每个因素都见于被告的产品,无论是对某个因素的精确复制还是某种相似品,而相似的含义是在相关技术中一个有普通技能的人都会认为这两者之间没有实质性差别。(在该专利发明所属技术领域中的一个"普通技能"者指的是这样一个人,他有能够理解专利描述之技术所必需的教育和经验;他无需是天才)。无实质性的差别是,如果,就专利主张中的每个因素而言,被告产品的某特点履行了有重大相似的相同功能,以重大相似的相同方式运作,取得有重大相似的相同后果。在作出这一决定时,你们可以考虑的一个因素是,一个拥有普通技能(与上面的定义相同)的人是否会认为李尔产品的某部分与专利主张中的因素可以互换。

1.5

原告争辩的不仅是被告侵犯了他们的两项专利,而且是故意侵权。要证明故意,原告必须以"明确且令人信服的证据"证明被告产品非常可能侵权了,并证明被告非常可能知道或应当知道自己可能侵权。

"明确且令人信服的"证据意味着,这证据令你们信服,这一命题非常可能为真。你们必须决定这里有无简单侵权,依据我前面提及的较低证据标准,以及当你认定有简单侵权之际,你应继续决定此侵权是否故意。

1.6

被告辩称,原告提出的所有关于权利受侵害的主张都无效。专利是由美国专利商标局颁发的,因此该法假定这些专利都是有效的。但是法院可以废除某项专利或专利中的某具体主张。被告要获胜,就必须以明确且令人信服的证据证明无效。

1.7

如果主张的发明显而易见,该专利主张就无效。如果一个人拥有与该发明相关技术中的普通(但不必非同寻常)技能,且在这一发明时知道已有的先前工艺,当时也会搞出这一发明,或是换言之,会认为该发明显而易见,那么该发明就是显而易见的。

1.8

你们将听到或阅读的证据包括了证人证词、被采信为实物证据的文件,以及双方律师达成一致的任何事实或我可能指示你们接受为真的事实。实物证据都装订完毕,一会就会发给你们,一边一册。

双方当事人可以用阅读一份宣誓证词(deposition)的文稿或播放一份有关证人证词的录像带来提交证人证言。宣誓证词记录了庭前证人的证言,有权获得如同到庭证人同等的考量。

某些东西不是证据,你们一定不要考虑:

第9章 尝试地区法院

律师的陈述、论点和提问。

对提问或对实物证据的反驳。当提交的证据不可采信时,律师有权反驳。如果反驳获得法庭支持,就别理这个提问或实物证据。如果该反驳被驳回了,就将这一回答或实物证据视同其他证据。

我已排除的或告诉你不要理睬的证词。

法庭外看到或听到的任何事。你将仅仅以当庭出示的证据为根据来决定此案。

也许会向你展示某些称之为"说明性的"实物证据(demonstrative exhibits),诸如模型、图表、曲线图和草图,但它们本身并非证据;它们只是帮助你更好理解此案。

在决定是否证明了任何事实,你应当考虑与此问题有关的所有证据,而不管是何方引入的。你还应当决定对某证人的证词你接受多少或拒绝多少。

1.9

告诫几句话,与你作为陪审团成员的行为有关。

在案件结束、你们进入陪审团室审议并决定你们的事实认定之前,相互间不要讨论此案。

在初审结束之前且已完成陪审团成员职责履行之前,不要同任何人(包括你的家庭成员,任何朋友)谈论此案,别对此案做任何公开或在线评论。

不要以任何方式阅读或聆听与此案有关的任何东西,包括新闻故事、电台或电视报道,或互联网。不要做任何在线研究或对此案的律师、证人或当事人的公司进行任何其他类型的调查。如果有谁试图同你交谈,请及时告知我。

等全部证据都出示完毕后,再形成看法。

如果你想要,会发你一个小本供记笔记,但每天结束时请将小本留在陪审团室,直到你和其他陪审团成员开始审议,不要受其他陪审团成员的笔记不当影响,因为他们的笔记也可能不准确。

如果你想提问某证人,举手,我会请你先对我提问,因为我能确定你的提问形式是否适于证人回答。

1.10

初审现在就要开始。各方会开庭陈述。这不是证据,而只是一个纲要,有关各方都打算证明些什么。随后,各方将提问证人,对方律师对证人交叉质证,试图凸显他们证词中的差错。在所有证人作证之后,律师会进行结案陈词。我会给你最后的指示,以比这些初步指示更细致的方式展示此案适用的法律,然后你们带着这份指示,你的笔记以及你的证据文件夹,到陪审团室去审议你的事实认定。

最后指示

2.1

陪审团成员们,你们已经看了和听了所有的证据以及律师的所有论辩。现在轮到你们了。以你们听到和阅读的证据为根据,你们将决定此案事实为何,而这与此案应如何决定有关,并且你将对这些事实适用我在这些指示中向你解说的法律。你必须遵循我的法律指示,即便你不同意我的指示,因为这些指示陈述的是此案的法律,而你必须适用此法,就像一位法官一样。

请公正且不偏不倚地履行这些义务。

我现在说的,以及我在庭审期间说的,任何话都不意味着暗示我认为事实如何或你们的事实认定该如何。

2.2

此案证据构成是证人证词、已采信的实物证据以及相关事实协定,即双方就某些事实为真达成的一致意见。你们对以视频方式和以阅读宣誓证词记录方式提交的证词应予以同样的考量,就如同证人到庭作证一样。

2.3
下面这些都不是证据:
我命令予以拒绝的证词或实物。
你在法庭以外看到或听到的任何事情。
对证人的提问,以及律师对提问的反驳。
律师的开庭陈述和结案陈词。
庭审期间你做的任何笔记;它只是帮助你记住一些事。

2.4
在确定任何事实是否已经证明之际,你应当考虑与问题有关的所有证据,不论是哪方引入的。

2.5
你们必须决定每位证人的证词是否部分地、整体地或完全不真实和准确,以及就解决某事实争点问题时,是否赋予该证词权重,以及多大权重。你们不应只数数:在某个争点问题上,这方比另一方提出了更多证人、证词或其他证据,并不意味着前者正确。

2.6
你们已经听取了一些被称为"专家证人"的某些看法,因为这些人有专长的知识。你们对这些证词的看重程度应如对任何证人证词的看重程度相等。不要求你们接受某位专家的看法,但你一定要赋予一位专家证词你认为它应当具有的权重,要考虑此案中该证人就此看法给出的理由、该证人的资质以及其他证据,包括此案其他专家的证据。

2.7

你们必须决定的争点是(1)原告是否已经以优势证据证明了李尔侵犯了544专利的主张1、2和4,以及专利123的主张1,以及(2)李尔是否以明确且令人信服的证据证明了专利544的主张1、2和4,以及专利123的主张1显而易见并因此无效。

这两项专利中有些术语含义有别于其日常含义,而有如下某种专门的含义:"二进制代码"指的是一个二进制数字,"二进制信号"指的是一个二进制数字的电子传输;"三进制代码"指的是一个三进制数字,而"三进制信号"指的是一个三进制数字的电子传输。记住,二进制数字是以基数2系统代表的量,而三进制数字是以基数3系统代表的量。在庭审期间,你们观看视频指南和听取证言时,都听说过这些系统,它们与此案有关,但我想给你们简单温习一下,还有些例子,你们审议时也可以温习一下。

一个二进制数字就是一个基数2的数字;一个三进制数字就是一个基数3的数字。一个基数就只是用来表达数量的一个构件。我们的大部分计算都以基数10展开。基数10指的是这个基数为10。一个数字可以用多个基数的合计来表达。下面就是一个例子,如何将1 254表达为一个基数10的数字合计:

$1\,000 = 1 \times 10^3$(立方)

$200 = 2 \times 10^2$(平方)

$50 = 5 \times 10^1$(就是10)

$4 = 4 \times 10^0$(任何数字的零次方都等于1)

——

因此为1 254。

也可以用其他基数来表达1 254这个量。这就导致了为不同基数系列表达的同一数量。

因此用基数 2：

$1,024 = 1 \times 2^{10}$

$0 = 0 \times 2^9$

$0 = 0 \times 2^8$

$128 = 1 \times 2^7$

$64 = 1 \times 2^6$

$32 = 1 \times 2^5$

$0 = 0 \times 2^4$

$0 = 0 \times 2^3$

$4 = 1 \times 2^2$

$2 = 1 \times 2^1$

$0 = 0 \times 2^0$

$1\,254 = 10\,011\,100\,110$

以及还可以用基数 3，

$729 = 1 \times 3^6$

$486 = 2 \times 3^5$

$0 = 0 \times 3^4$

$27 = 1 \times 3^3$

$9 = 1 \times 3^2$

$3 = 1 \times 3^1$

$0 = 0 \times 3^0$

$1\,254 = 1\,201\,110$

因此请注意,这里有三种不同的方式——三套不同的数字——来表达这个完全相同的量,而你们为了了解所表达的数量是什么,你们就一定要知道基数是什么。

基数 10	基数 2	基数 3
1 254	10 011 100 110	1 201 110

车库门开关的加密装置之所以用基数 2 或基数 3 系统,而没用更为熟悉的日常基数 10,理由是基数 2 只用两个数字——0 和 1,基数 3 只用 3 个数字——0,1 和 2,而基数 10 系统要用 10 个数字(0,1,2,3,4,5,6,7,8,9)。对于车库门开关中的传输器来说,向车库门上的接收器,发出仅两个或 3 个单独数字的信号,要比发出一个有 10 个单独数字的信号,更容易;例如,仅两个数字时,这个传输器就可以传输一长(1)一短(2)电子信号构成的一个系列。

2.8

如果一项专利主张中的每个因素都见之于李尔产品,该产品就侵权了这一专利。(记住,李尔产品的前期制作并没被指控侵权原告的专利;前期制作品的相关性仅在于其可能是证明故意的证据)。

争议的专利主张是 544 号专利的主张 1、2 和 4,以及 123 专利的主张 1。

要发现侵权了 544 专利的主张 1,你们必须发现李尔的产品包含了:一个"二进制代码发生器,回应的是产生一个可变二进制代码的能动装置,对于这一能动装置的每次能动,该可变代码都是不同的",以及还有一个"产生一个三值或三进制代码的三进制代码发生器,回应的是这个可变二进制代码"。

专利主张 1 中的其他因素没有争议,因此你们就不必操心了。

544 专利中的主张 2 和主张 4:

如果李尔公司的产品没有侵权544专利中的主张1,它也就不可能侵权544专利中的主张2和4。因此,如果你们认定李尔产品未侵权主张1,你们就不应当考虑主张2和4了。

要认定侵权了544专利的主张2,你们必须发现,李尔的产品侵权了主张1,还发现,李尔的产品中含有:一个"接受该可变二进制信号并产生一个反射二进制信号的装置,该反射二进制信号被提供给该三进制代码发生器,并根据这一可变二进制信号来产生这个三进制信号"。

要发现侵权544专利的主张4,你们必须发现李尔产品侵权了主张1和3,并发现,该产品中含有"一个三进制的交叉存取的固波代码信号"。

123专利的主张1:

要认定侵权了123专利的主张1,你们必须发现李尔产品含有"一个二进制代码系列的来源,在这个序列中连续的二进制代码与这一序列中的预定在先代码不同",并且还有一个"三进制代码生成器,用来将该二进制代码序列转换为一个三进制代码序列"。

2.9

你们不必绝对肯定才认定侵权,但你们必须信服原告关于侵权的说法要比李尔的未侵权的说法更强有力。原告必须证明你们考察过的这一专利主张中的每一因素都见之于李尔的产品。这一点可以以下面两种方式之一来证明。一项专利主张中的某因素见之于李尔的产品,如果此产品中的该因素与原告专利主张中的因素完全一致,或者是,如果李尔产品中的这个因素相当于专利主张的某因素。

但"相当"究竟什么意思呢?被指控侵权原告专利的那件产品中的某因素与专利中的某因素之间的差别,若是在与这一发明有关的知识领域中某个有"普通技能"的人看来不大(insubstantial),前一产品中的这个某因素就相当于该专利中的某因素。（而在该专利发明所属的技术领域中的某个具有"普通技能"的人，只是指这样一个人，他拥有为称职理解专利中描述的这一技术所必需的教育和经验；他不必是位天才）。要确定两者的差别大小，你们应当考虑，是否如同该专利主张的某因素那样，这个争议因素扮演了实质上相同的功能，以实质性相同的方式，实现了实质性相同的结果。如果是，这两个因素就是相当的。

李尔公司有自己的专利，这一事实也并不令其有权侵权其他人的专利。但政府决定向李尔公司颁发专利，尽管这不是结论性证据，却是相关的证据，表明李尔公司的专利并不相当于某项先前的专利发明，诸如原告专利涵盖的一些发明。但李尔公司的专利与这个"相当"争点无关，除非你们已认定，李尔公司实际采用的是它的专利发明。

2.10

原告辩称的不仅有，李尔公司侵权了他们的两项专利，而且，李尔的侵权是故意的。只有在你们已认定李尔侵权的前提下，你们才要考虑故意侵权。要证明故意，原告必须以"清楚且令人信服的证据"证明两点，第一，李尔的产品侵权是非常可能的，以及第二，李尔知道或是应当知道侵权是非常可能的。

"清楚且令人信服的"证据是这样的证据，它使得某个具体命题有很高的概率。你们必须根据我之前提及的一个较低的举证标准（"优势证据"——即更有可能而不是不可能，即便这种可能性仅仅比不可能性多那么一点），来决定这里是否有简单的侵权；而如果你们发现这里有侵权，然后你们就应继续决定该侵权是否故意。

2.11

即便你们认定这里有侵权，此案也没结束。李尔辩称专利544的主张1、2和4以及专利123的主张1都无效，因为在这两项专利发布

第9章 尝试地区法院

之前,它们是显而易见的。如果李尔证明了这一辩称,那么即便侵权了原告专利,李尔还是胜诉。但要证明显而易见以及由此而来的无效,李尔必须以清楚且令人信服的证据证明一个具有普通技能的人(定义如前),并且在做出此发明之际他了解所有的已有"先前工艺",都会在当时发明这一专利产品,或换言之,都会认为这项发明是显而易见的。"先前工艺"指的是已为公众知晓、为他人使用或在发明时有普通技能的人都可能获得的所有信息。例如,其他专利、发明、产品、物品、书籍和科学文献全都是先前工艺。要评价显而易见,你们应当假定这个具有普通技能的人知道这一发明出现之际现存的所有"先前工艺"。然后,你们应当确定他会认为什么是显而易见的。在这里,你们一定不能事后诸葛亮;也就是说,你们一定不要考虑现在人们知道些什么,这包括从原告的专利中可能了解些什么。

在你就显而易见作决定时,你应当考虑先前工艺的范围和内容,还要考虑这个先前工艺与这项专利主张中的发明之间的任何差别。这些因子(先前工艺的范围和内容,以及先前工艺与专利主张中的发明之间的任何差别)是在决定显而易见问题时你应当考虑的一些首要因子,但你还应考虑下面这些次要因子,这些因子也许会表明原告的发明并非显而易见:是否有其他发明人尝试了专利主张的这种发明但失败了;或复制了这一发明;或赞扬了这一发明;或寻求或是获得了来自这位专利持有人的这一专利许可。但这些因素并非必须存在你才能结论认定原告之发明并非显而易见。并且也由你来决定你发现存在的每个因子有多少权重。但请记住,这些都是次要因子,你们一定不能赋予它们的权重大于前面列数的主要因子的权重。

还有两点:(1)因为大多数发明都以先前知识为基础建立,专利主张的每个因素都见于先前工艺,仅这一事实本身不足以证明显而易见。(2)在确定李尔公司是否证明了显而易见时,你们也许可以将多项先前工艺结合起来考虑,某个具有普通技术的人是否会认为将这些先前工艺结合起来是显而易见的。

2.12

当你们进入陪审团室进行审议时,首先选举一位主持陪审员作为你们的头儿。他或她将主持你们的审议,在法庭这里也将是你们的代表。

已经为你们准备好了陪审认定表。带上表格去陪审团室,当你们就陪审认定达成一致时,你们的主持陪审员将填写适当的表格和日期,并且你们每人都要签名。

2.13

陪审认定必须代表了每个陪审员思考后的判断,并且必须是一致接受的,无论认定是有利于原告还是被告,或是在某些争点上有利于原告而在另一些争点上有利于被告。你们应当尽每一个通情达理的努力来获得一致的认定,在这一努力过程中,你们应当相互商议,表达你自己的看法,并聆听你的同伴陪审团成员的看法。以开放的心态来讨论你们的分歧。不要懒得(hesitate)重新考察你自己的观点,而如果你最后认为这观点错了,也别懒得改变你的意见。但你不要就因为其他陪审团成员的意见或是为了交出一份一致同意的认定,而放弃了你对证据之权重或效果的真诚确信。

2.14

在你们审议期间,如果是必须同我交流,你们可以经某个法院保安给我送一个短信,签上你们头儿或任何某位或更多陪审团成员的名字。陪审团任何成员都不要试图以任何其他方式同我交流。如果你们就是没法达成完全一致的认定,你们不要告诉我或任何其他人,多数陪审团成员赞同哪一方。

第10章

能做些什么,稳健地?

> 一般情况是,法律人不跟科学打交道。
>
> ——彼得·李(Peter Lee)

美国近期没打算放弃抗辩制或放齐联邦法官由政客任命。对于联邦法院系统遭遇的、并令其困惑的复杂性增大这个麻烦,提出乌托邦式的解决办法也就没啥意思。但还是有些可行的渐进措施有助于解决这个麻烦,至于帮助有多大,则是另外的问题。我在前几章也讨论过这些措施,例如在上诉程序中法律现实主义更多点,更多用法院任命的专家证人。其他措施则是本章讨论的题材。

工 作 人 员

我首先的建议与联邦法院工作人员有关。建议之一是,涉及任命联邦法官或筛选有志于法官者的公私机构,在决定法官任命或认可有志于法官者之际,应将其拥有适度技术能力或至少是技术兴趣视为一个加分因素。在今天和这个时代,一位可能的联邦法官不得不承认自己"对数学一窍不通"(math block),这太荒谬了。任何足够聪明乃至能称职出任联邦法官的人都有能力理解较多量的数学和科学(包括技术性的社会科学,如经济学和社会学),即便在这些领域内他们肯定不足以有助于推进知识。

麻烦出在由政客任命联邦法官。政客本人就不大可能技术在行,也总会受诸多利益集团、院外集团和捐助者的重大影响——而又有几多政客、利益集团、院外集团或捐助者会关心法官能否称职应对具体的技术或其他复杂问题呢？因此，应更为重视联邦法官候选人的技术能力，我的这个建议几乎就是乌托邦。

更现实的一项可能的改革措施有关法官助理的挑选，因为他们是法官任命的。审判（Judging）是个典型的老人职业，对于无法定退休年龄的联邦法官来说尤为如此。大多数在任法官和大法官都是在（同今天相比）技术很不复杂的年代，在中学和本科遇上数学和科学的（再想想，明天又会出现什么）。如果法官还想克服他们这代人的欠缺，那么在雇用毕业于技术日新月异之时代的法官助理时，就应当追求每年雇用1到2位在某些与法律有关的技术领域内背景不错的申请人。我近年就是这么做的。这位助理究竟精通哪个技术领域，这并不特别重要；一个人如果长于某个领域，通常他也很容易把握，并且，只要与法官审理的案件相关，也很容易向法官清楚解说另一领域的根本特点。我们法院的法务律师处在人员雇佣上也正这样尝试（记住，法务律师是由法院雇用的，而不是某单个法官雇用的法官助理），雇用了一些有坚实技术背景的年轻律师，如果法官的助理缺乏必要背景知识的话，这些法务律师就是法官可以利用的资源。此外，美国推进科学协会也正寻求资助一项"司法研究员"项目，为联邦法院提供科学训练顾问，法院系统无需承担费用。[1] 这个想法很好。

初任法官的培训

复杂性日益增加，这个挑战的主要寓意之一，也即本章重点，是各

---

[1] 这一项目会以美国科学推进协会（AAAS）的现有项目为模本，为国会和行政部门提供科学顾问。请看，"AAAS Science & Technology Policy Fellowships," http://fellowships.aaas.org/（2012年8月30日访问）。

第 10 章 能做些什么，稳健地？

层级的联邦法官需要更多培训[2]，初任法官的培训以及继续教育培训。

联邦法官的这两种培训都很少，特别是几乎没有初任法官的培训。正如联邦法官中心（联邦法院的研究和培训部门[3]）的教育主管解说的：

> 新任地区法官在上任后头几个月要参加一个 5 天的任职培训（阶段一），在任职第一年后期要参加另一个 5 天的培训（阶段二）。阶段一任职培训会在临近某联邦监狱的某市举行；阶段二任职培训则在华盛顿的联邦法官中心举行。还邀请新任地区法官参加

---

[2] 关于世界各国的法官培训，一个有用的调查材料，请看，Paul M. Li, "How Our Judicial Schools Compare to the Rest of the World," 34 *Judges' Journal* 17 (1995). 关于 1992 年至 2000 年间为美国法官——包括州和联邦——提供的科学训练项目，一个全面调查见于，Mara L. Merlino et al., "Science Education Programs for the State and Federal Judiciary at Year 2001" (Grant Sawyer Center for Justice Studies, University of Nevada, May 2001), www.unr.edu/justicestudies/JudicialSciencePrograms.pdf (visited May 29, 2012). 一个值得注意的、雄心勃勃的时下法官科学教育项目，主要由司法部财政支持的，是 ASTAR（前沿科技审判资源中心），www.astarcourts.net/index.html (2012 年 5 月 29 日访问)，有关的讨论，请看，Thomas J. Moyer and Stephen P. Anway, "Biotechnology and the Bar: A Response to the Growing Divide between Science and the Legal Environment," 22 *Berkeley Technology Law Journal* 671, 726-730 (2007). ASTAR 为全国的法官提供标准化的训练，处理法院数量日增的复杂案件。

最大数量的法官都是州法官而不是联邦法官，对州法官有很多培训项目（当然不限于科学）。请看，Catharine M. White and Maureen E. Conner, "Issues and Trends in Judicial Branch Education: 2005" (Judicial Education Reference Information and Technical Transfer Project, 2005), http://jeritt.msu.edu/documents/IssuesandTrends_PDF.pdf (2012 年 5 月 19 日访问). 我这里不讨论这些项目。

[3] 请看，"The Federal Judicial Center: Education and Research for the U.S. Federal Courts," www.fjc.gov/public/pdf.nsf/lookup/FJCEdRes.pdf/$file/FJCEdRes.pdf (2012 年 5 月 29 日访问).

另一个两天的培训(由地区法官教授),要亲自动手,学习如何用技术管理案件数量和更有效的工作。新任的上诉法官,若此前不曾任职联邦法院,会受邀出席为新任地区法官准备的阶段一任职培训,所有新任联邦上诉法官任职第一年的晚些时候都会受邀参加这个两天的任职培训。所有这些任职培训都很强调案件管理和法官工作室管理,此外还有法官的司法伦理、行为和角色——旨在填补大多数新任法官在这方面知识和技能上的最大空白,也就是律师与法官之间的差距。[4]

由于地区法官常年短缺,部分因为提名和确认过程进展缓慢,法官不可能有多少时间接受培训,而联邦法官中心从来都培训资源不足,近年来眼睁睁地看着经费被削减,也可预见进一步的削减。因此,今天是律师,明天就是法官,很自然就不会认为这有啥变化——昨天是运动员,今天是裁判,但比赛还是那场比赛。其实不一样。当然,好法官是不偏不倚的;但他如今是产品管理者,而不只是裁判,他现在正用来自律师和工作人员的各种输入努力生产优质产品(出色的决定)。除了要有裁判的不偏不倚外,在初审和上诉层级,这都要求一种强烈进取心。

初任培训不足既带来了许多法官身上表现的那种被动消极,也导致他们常常缺乏良好的管理技能。在上诉审层级,从口头辩论到上诉意见书发布,之所以常常拖延很久,在地区法院层级,从诉讼到审结,长时间拖延,管理糟糕都是主要因素。

加剧联邦法院管理欠缺的还有下面这一点,即任命首席地区法官

---

[4] 2012年5月9日来自布鲁斯·M.克拉克的电子邮件。关于为联邦法官提供的其他继续教育项目,有些是由联邦法官中心赞助的,一个简单的概述,请看,Mary Krein Ramirez, "Into the Twilight Zone: Informing Judicial Discretion in Federal Sentencing," 57 *Drake Law Review* 591, 617-621 (2009).

和首席上诉法官都只看资历。不要求管理经验或才能,首席法官职位空缺时,就由该院最资深法官出任。总体来看,这种轮流任职制很可能完全是件好事,因为它消除了政治动作,也减少了法官间的争斗。但管理者随机任命也显然有其消极面。幸运的是,每个上诉法院都有一位"巡回区执行官"(circuit executive)———一位专职的司法文官,由他来协助首席法官,并为相继任职的各位首席法官提供了连续性。但这对首席法官缺乏管理才能只是部分解决方案。更重要的是,其他法官也需要些技能来称职地管理自己数量不多的工作人员。

应当为联邦法官中心提供其需要的资源,让它在其能力范围内目前可能为联邦法官提供有关管理的培训,并使法官对与其工作有关的技术性以及其他类型的复杂性的理解有所改善。(本章的主题之一就是需拓展该中心的角色)。该中心已出版了一些出色的材料,有关科学证据[5]以及法院任命专家证人(上一章已引证,同时提到了该中心关于专家的宏大研究已经过时了)。相关的技术性材料总量巨大,而该中心的资源,我说过,非常有限。例如,尽管关于陪审团的社科文献很丰富,该中心过去42年间发布的17种关于陪审团的论文、著作和视频资料中,我发现只有米切尔·萨克斯(Michael Saks)的作品运用社会科学的小群体决策理论研究了陪审团。如果持续搜索与联邦法官工作直接相关的有关技术材料的学术文献(例如,有关认知怪癖对事实认定之影响的研究),并以易懂的方式概述其中最好且最便于法官接受的(即全面、紧凑且务实)材料,中心就能为法官提供更为重大的服务。

如果该中心有资源培训,上一章提到的,那些自愿更多审理,而不

---

[5] 请看,特别是,Federal Judicial Center and National Research Council of the National Academies, *Reference Manual on Scientific Evidence* (3d ed. 2011).

是随机审理,专利案件的地区法官,那也很好。

在法官教育中,法学院也可以发挥作用。在1981年年底成为联邦上诉法院法官前的13年间,我一直是全职的法律教授,因此对我来说,自然要想一下,法学院何以可能有助于缓解我在先前各章中关注的这个麻烦。

法官继续教育

我不赞同,无论是由法学院还是由联邦法官中心组织,就某些专门领域,例如经济学或统计分析,给法官短期集中上几门课这种方式的法官继续教育。[6] 中年人和更年长的人都没法在两周课程内就学会某技术领域的知识,更别说两天或三天的继续教育了。法官现实需要并真的可能学会的少量知识,并不是如何使用比方说现代统计分析来获得有证明力的证据,而是何以可能精确筛选这些证据,并能给陪审团解说明白。法官需要的不是统计学或医学技术等学科内的知识,而是在某个诉讼中如何可能恰当使用统计学、医学技术等。这才是他们为了合理塑造和决定案件所需要的知识,也是他们应当能从培训课程中汲取的知识。

如果能克服联邦法官的短缺(应当可能——对于这个还不到

---

[6] 请看,例如, Mason Judicial Education Program 2012 Fall Programs, www. masonlec. org/wp-content/uploads/2012/05/2012-programs _ webfull-1. pdf (visited July 8, 2012年7月6日访问)。这些项目从关于民事司法和关于商业法律的3天讨论会,一个反托拉斯法与经济学的4天讨论会,到两个一周时间的经济学短训班(economics institute),后者旨在提供"一个坚实的经济学、金融和统计学的基础",再加上(第二周)"对诸如会计、金融、环境经济学、科学方法论、企业家精神以及金融危机及其余波等前沿问题的深度研讨"。就其介绍而言,该项目想在这么短的时间内讨论的问题也许太多了。

1 000位法官的法院系统来说,在这个有上百万人的法律职业中有相当多的合格候选人),法院系统可以效仿军方,以实质性轮训来轮换司法工作,但这种轮训不是两天或两周,而是6个月。但在目前,这显然是白日梦。

法律中如何使用科学的洞见和方法,这类不错的参考书并不少。[7] 麻烦在于法官是否愿意以及有无能力作出常常是相当程度的努力,来读懂这些书。如果读者是法官,而不是有专长的律师,这类参考书大多就不算很通俗易懂。[8] 因为联邦法院系统就不很专长化(也有例外,与本书最贴近的就是联邦巡回区的美国上诉法院),法官遇到的技术性争点散落在广大的各技术领域内。一位法官只能集中很有限的部分时间来学习某具体技术领域,因为联邦案件覆盖的领域很广;而由于很少使用新学到的某具体领域的知识,他很快也就会忘了。法官需要的技术教育是如何处理这样的案件,即可以现实地期望他熟悉其中涉及的技术争点。

技术培训对专门法院的法官而言,这个麻烦不尖锐。联邦系统中

---

[7] 除了联邦法官中心和美国国家科学院国家研究理事会有很长和很全面的《科学证据参考手册》(*Reference Manual on Scientific Evidence*)外,还有供律师和法官使用的大规模多卷本关于科学证据的著作:David L. Faigman et al., *Modern Scientific Evidence: The Law and Science of Expert Testimony* (2011)。

[8] 然而,一个显著的例外是,*Statistical Science in the Courtroom* (Joseph L. Gastwirth ed. 2000)。无疑还有其他一些例外,但我不打算就供律师使用的科学参考书做一次普查。我同他人合作的新作,请看,Lee Epstein, William M. Landes, and Richard A. Posner, *The Behavior of Federal Judges: A Theoretical and Empirical Study of Rational Choice* (2013),从技术性引论开始,同上注,页17,就努力以一种令即便没有相关知识背景的法官和律师也能理解的方式来介绍统计分析。

这类法院很少,但从事案件审理的行政机构[9],诸如社保局,则很像专门法院。并且,毫无疑问,社保局为它自己的行政法官(在宪法第3条的法院中,没有与之相似的法官)提供了一定的技术培训。新雇的行政法官必须参加三阶段培训。[10] 阶段一有在岗培训和视频点播培训两部分,许多视频资料都特地为增加他们对医疗的了解。这一阶段,和其他阶段的培训一样,是强制性的,尽管如此,还是有某些行政法官说他们不曾参加这一阶段的培训,有些参加了也未能完成,因为他们不了解这些视频资料。

阶段二涉及4周室内教学,在残疾审理和复审全国训练中心进行。教学覆盖了社保制定法、规章以及听审程序,但还有医疗术语,这里还有一系列90分钟的讲座,涉及各种医疗条件。所有新任行政法官都接受同样的课堂训练,不论其先前经验有无和多少,这使得一些先前没有相关经验的法官很困惑,而其他一些法官,先前有过这类经验(大致有一半人),又感到没学到什么新东西。

阶段三是"导师辅导",计划持续大约6个月。导师都是一些有经验的行政法官,为这些新手提供指导,如何达到他们每年预期判决500到700件案件的工作量。

对多面手法官的技术培训问题很多,联邦法官中心的一个实验项目就例证了这些问题,这个项目的目的是创造(我引用介绍该项目某阶段成果的论文摘要)"某软件产品所用的原型材料,而软件是用法律

---

[9] 有30个联邦行政机构雇用了行政法官。请看,David E. Lewis and Jennifer L. Selin, *Sourcebook of United States Executive Agencies* 130-131 (2012)(tab. 19)。

[10] 请看,Office of the Inspector General, "Audit Report: Training of New Administrative Law Judges at the Office of Disability Adjudication and Review" 2 (2011), http://oig.ssa.gov/sites/default/files/audit/full/pdf/A-12-11-11126.pdf (2012年12月23日访问)。我对这一培训项目的讨论就基于这一报告。

上的例子教法官学会统计学"。[11] 这个项目志大才疏。它提供的（还是引用这个论文摘要）"费雪确切概率、卡方检验以及二元和多元逻辑回归分析"，还有"优势比、期望值、p 值"。这要花费几个月的时间，才能教会法官掌握支撑这篇文章的统计学概念，才足以理解这篇文章的统计分析。鉴于前面提到的法官短缺，法官不可能离开自己的工作几个月，即便他们可以离开，除非是他们手边案件中的当事人都提出了统计分析问题，否则，不到他们处理下一个涉及统计分析的案件，他们就把自己所学都还给老师了。此文介绍的现代统计分析入门可以更简单一些[12]，现实一点说，大多数法官有可能学会的全部技术知识也就是这类入门而已。还算明智，联邦法官中心已放弃这个"软件原型"项目。

学界和法院系统间的分别正加大

就法律职业分支间的相互渗透而言，美国有点特别。美国法院系统，无论联邦还是各州，都采用了侧门进入制，而不是欧洲大陆的文官制；而且美国的侧进制与英国的侧进制也不同（英国的如今也正在放松，更像我们的制度了），英国是从法律职业中很窄且很同质化的一阶层——即资深出庭律师——中选拔法官，美国则是从这一职业的所有分支中，包括学界，选拔法官。从学界进入法官席的上诉法官有，奥利佛·温德尔·霍姆斯（尽管在受任进入马萨诸塞州最高司法法院之前，他加入哈佛法学院教师队伍也就几个月，但他多年来一直从事学

---

[11] Robert Timothy Reagan, "Federal Judicial Center Statistical Examples Software Prototype: Age Discrimination Example," 42 *Jurimetrics* 281 (2002), 还有 11 位专家对统计分析及其在法律中的使用的评论。同上注，页 297—372。

[12] 如同在艾伯斯坦等新作中的技术性引论那样，请看，Epstein et al., *The Behavior of Federal Judges*.

术写作)、哈兰·菲斯克·斯通(Harlan Fiske Stone)、威廉·O.道格拉斯、菲利克斯·法兰克福特、威利·汝特里奇(Wiley Rutledge)、安东宁·斯卡利亚、露丝·巴德尔·金斯伯格、斯蒂芬·布雷耶以及艾琳娜·卡根(Elena Kagan)(以上为美国最高法院大法官);凯沃特·马格拉德尔(Calvert Magruder)、查尔斯·克拉克(Charles Clark)、约瑟夫·斯尼德(Joseph Sneed)、哈利·爱德华(Harry Edwards)、罗伯特·鲍克(Robert Bork)、拉夫·温特(Ralph Winter)、弗兰克·伊斯特布鲁克、斯蒂芬·威廉姆斯(Stephen Williams)、J.哈维·维尔根森三世、约翰·努南(John Noonan)、道格拉斯·金斯伯格(Douglas Ginsburg)、S.杰伊·普莱杰(S. Jay Plager)、肯尼斯·利珀尔(Kenneth Ripple)、吉多·卡拉布雷西(Guido Calabresi)、迈克·麦克尼尔(Michael McConnell)、威廉·弗莱切(William Fletcher)以及戴妍·伍德(Diane Wood)(以上为联邦上诉法院法官);以及罗杰·泰耶尔、汉斯·林德(Hans Linde)、本杰明·卡普兰(Benjamin Kaplan)、罗伯特·布拉切(Robert Braucher)、艾伦·皮特斯(Ellen Peters)、查尔斯·弗里德(Charles Fried)以及刘弘威(Goodwin Liu)(任职各州最高法院)。这些人都是上诉审法官,但还有一定数量杰出的联邦地区法官也来自学界,如杰克·瓦因斯坦(Jack Weinstein)、罗伯特·基顿(Robert Keeton)以及路易·珀拉克(Louis Pollak)。而上面这些名单,也不是专门搜寻,因此并不全面。

有人会认为,有这样一个学者成为法官的传统,学界与法院之间的隔阂会很小——并且会不断缩小,因为在联邦上诉法院和最高法院,趋势是更多从学者中征召法官;时下有4位大法官先前是全职教授(斯卡利亚、金斯伯格、布雷耶和卡根),这前所未有。但实际情况是,两者间的隔阂正在扩大。这其中的道理(reason)是专长化的增大。假定有两个相邻领域,两者都不高度专长化。两者间的对话会相当容易——甚至同时擅长两者,相互学习也很容易,无论某人碰巧在其中的哪个领域。先前的法律学术与审判(judging)就是这种情况。我提到过,在加入法学教员队伍之前,霍姆斯就多年从事学术写作。(他最重要的学术著作,《普通法》[1881],完成在他的学术任职之前)。成为法官后,他也继续从事重要的学术写作(突出的是其著名论文《法律的道路》)[13])。布兰代斯,从未担任教授,但在从业期间,他撰写了有史以来最重要的法律评论论文之一(《论私隐权》[14],说是与萨缪尔·沃伦[Samuel Warren]合作撰写的——其实是布兰代斯独自撰写了全文)。卡多佐也从来不是学界人士(事实是,他只上了两年就离开了法学院,从未毕业),撰写了《司法过程的性质》(1921),一本很受赞扬的著作,还写过其他一些著作和论文。勒尼德·汉德和——在所有其他联邦上诉法院法官中首先是——亨利·弗兰德利,他们两人都不曾任过教,却撰写了有影响的著作和论文。[15] 没当过法学教授的法官撰写了影响深远的学术著作,这个传统如今衰微了。

还不仅是非学界人士的法官撰写过影响深远的法学著作,而且还有当年的领军法学教授出产的学术著作也都很接地气——那是影响了美国普通法的著作和论文、法律专著、法律重述以及模范法典,以及那些曾塑造了人们对整个司法过程理解的著作和论文。我放在最后这个范畴中的是法律现实主义者(尽管大多是呼应了霍姆斯和卡多佐)——即哈特和萨克斯的法律过程学派——以及法律经济学分析发

---

[13] O. W. Holmes, "The Path of the Law," 10 *Harvard Law Review* 457 (1897).

[14] Samuel D. Warren and Louis D. Brandeis, "The Right to Privacy," 4 *Harvard Law Review* 193 (1890).

[15] 请看,例如,Learned Hand, *The Bill of Rights* (1958); Henry J. Friendly, *Benchmarks* (1967); Friendly, *Federal Jurisdiction: A General View* (1973).

起的对法律形式主义的挑战,而后来还有一个学术努力,批判法学,也想影响司法决策,结果失败了。

当然,法学教授还在继续就司法过程问题写作,并且法律学术写作的数量增长,或多或少地,也与美国法律的数量和复杂性以及法律职业人员的数量增长成正比。但除了法律经济学分析例外,时下的学术文献,至少精英法学院产出的文献,对于当今法官的影响要弱于昔日的文献对于当时法官的影响。

我将法律文献分成五种类型,也许有助于读者理解这一点。首先是以学术专著和法律重述为典范的传统的教义性学术文献。这类文献,在量上,还有些法学教授生产。但这类文献趋于转到一些不那么有声望的法学院了。不比当年,这类文献不再吸引许多精英法学院的学者了,尽管这些精英法学院产生了很大比例的联邦法官,甚至更高比例的法官助理。[16] 拒绝生产这类文献也就是拒绝教授法律教义。尽管法律教义在法律教学中仍占主导,但在精英法学院,趋势是更强调法律的经济学、哲学以及其他非教义的视角,包括法理和宪法理论提供的视角,是在这些视角之下强调教义。这种趋势还不仅见于精英法学院,而是见于(尽管程度弱一些)所有的法学院。

第二类法学文献是汲取了众多社会科学的非教义型学术文献。其中只有法律经济学分析已在法律实务和审判中获得了牢固立足点,然而,时下有许多学术文献尽管也可适用于许多法律领域且也用上了,却与法官和法律实务人的实践关注兴趣相距甚远。

第三类法律文献我称其为"法律理论"。这类文献处理的是抽象

---

[16] 在2000年到2010年间,大约80%的最高法院法官助理是排名顶尖的8所法学院的毕业生。资料来源,Brian Leiter, Law School Supreme Court Clerkship Placement, www.leiterrankings.com/new/2010_SCClerkshipPlacement.shtml (2013年1月12日访问)。

的涉及法律和正义之本质,特别是法官在美国宪法解释中的角色等争议问题。也许有人会认为这是与政治学交叉的法学,也获得了许多非常能干的学者的关注。然而,尽管这类文献讨论的一些争议问题对于法官,特别是对上诉法官并首先是对最高法院大法官很重要,但对司法过程几乎没什么影响。部分原因是这些文献太抽象了,太多借用了哲学和社会理论,另一部分则因为这类文献以及最高层级的案件审理都具有强烈政治性,而法官不大可能从教授那里获得这种政治性提示。

回想一下阿玛尔的以及斯卡利亚和戛纳的关于解释的著作。阿玛尔是位教授,斯卡利亚和戛纳则不是教授,尽管斯卡利亚曾经是。我敢打赌,几乎没啥法官会读阿玛尔的著作,我还敢打赌,也几乎没啥学者会把斯卡利亚/戛纳的著作当回事。阿玛尔的著作在法官看来很不职业,而斯卡利亚/戛纳的书让学者看来也很不职业。

第四类是经验性的法律文献:有关这一法律体系以及引发法律纠纷的那些活动的数据汇集和分析。在法律文献领域中,这类法律文献是与现代联邦法院系统有关的最不发达、最不易获取且最没声望和最少回报的法律文献领域,却很可能是最重要的。

最后是发表于法律与技术杂志上的文献。这类杂志已有一定数量——事实上英文的就有 37 种,但引证多的只有 4 种:《密歇根电讯和技术法律评论》《哈佛法律与技术杂志》《桑塔·克拉拉计算机和高技术法律杂志》以及《伯克利技术法杂志》。我曾对它们略有研究,发现它们高度聚焦于专利法,其次关注版权法,在很小程度上关注或许可以称之为法律与技术的其他领域。它们是针对专门家的,是珍贵的研究资源,但对于任何法官,极少数法官除外,它们都很不适合阅读,因为法官们更常是假定知道相关技术而不是试图解说这些技术。我真不知道有多少法官或法官助理熟悉其中的任何杂志。

然而最急需的,重复前面的建议之一,是要有一个不偏不倚的机构,联邦法官中心再次成为显而易见的候选者,从与法律有关的大量科学技术著作和杂志文献中筛选难题,并在目前以法官认为简明、相关且易懂的作品为基础向法官提出建议。

不易为法官理解,这是一个很严肃的问题,与之有关的还不仅是纯技术性材料,而且有交叉学科的法律文献,比方说刊登在法律与技术以及法律与经济学杂志上的;这都是应当影响司法实践的文献。这类文献之所以讨人嫌就因为专长化的增加。如果这世界上就一位法律教授,他就必须知道一切法律领域;而美国法官,特别是联邦法官(由于多重公民权管辖以及人身保护令管辖,也把大量州法律带到了联邦法官面前)几乎就处于这样的位置。如果这世界上有 4000 位法学教授,每个领域平均起来就可能(纯粹猜测)有大约 100 到 200 位教授。也仅此一点,每个领域有一堆学者,每个领域就会进一步分化为次领域,这就令多面手腹背受敌,处处不利:他们没时间,跟不上如此多的学术写作,而且专长者还开发了专门的语汇(就如同家庭成员间以神秘的私人语言交流一样),这也为非专长者的理解制造了障碍。而随着次领域的扩展,每个次领域内的学者们也会感到,在专长者同伴中,自己已有足够的受众,因此不感到还有必要去争取更广泛的受众,也因此不必重新打造自己的专业语汇了。

"行话/术语"的名声不好,但如果不带贬义,它指的是改造普通语言用于某专门兴趣群体内的交流,以一套专门剪裁的语汇在小群体内展开最有效的讨论。但由于美国法官大多是多面手,不是专长者,因此他们都是法律次领域行话的门外汉。

法律文献变得越来越专长化,这一趋势促使学界和法院系统间的隔阂增大,并影响人们选择进入哪个学术性法律行当。以往的惯例是,大多数法学教授,即便最杰出的,也都没有更高的法律学位(其实都只是法律学士[LL.B.],如今则号称法律博士(J.D.),也就是让别

第 10 章 能做些什么,稳健地?

人听起来更了不得一些),并都是在从事数年——有时则是相当多年——法律实务后才成为学界人士。在这些方面,昔日法律学界人士很像法官。他们都来自一个池塘,也认同法官和其他法律实务者(这与其他领域的学者不同);所有这些都便利了这个职业的内部交流。这些法律人在成为学者时的年龄要比成为法官时的年龄小多了,但成为学者后,他们也常常继续介入法律实务,作为法律顾问或是作为半职从业律师,他们的学术作品也追求有助于法院和律师界。如今法学界变了,越来越多是来自其他领域的难民,如经济学和哲学,这些领域都比法律教学竞争更激烈,报酬却不如法律教学。这些难民的口味和背景都预告了他们在专长化的、交叉学科的法律研究职业生涯中会有高产出,常常还有一个哲学博士(Ph. D)学位。他们构成了另一个池塘,与选任法官的那个池塘很不同。他们认同的是学界而不是法律职业,与早先几代法律教授也不同(你甚至可以从其着装上看出这一点),他们的更大兴趣是在非法律学位项目中获取专长化知识,也更强调学术性杂志上的发表。学术性发表数量已成为学术性法律成功的主要标准之一,也是一个晋升条件——而以往的法律不是这种情况。法律学者服务法律职业的实务需求的兴趣衰落了,正如哥伦比亚特区美国上诉法院法官哈利·爱德华兹(Harry Edwards)——一位前学人——曾抱怨的那样。[17] 这种分离在阿玛尔这儿达到了极致,而亚军也许是本书结论中讨论的"公民追索权"(civil recourse)理论家。受任联邦法官极少出自这些领域。

与法律文献变得更专长化的同时,法院系统则变得更职业化了,

---

[17] 请看,例如,Harry T. Edwards, "A New Vision for the Legal Profession," 72 *New York University Law Review* 567 (1997); Edwards, "Reflections (On Law Review, Legal Education, Law Practice, and My Alma Mater)," 100 *Michigan Law Review* 1999 (2002).

这就推动着法律职业的这两个分支渐行渐远渐无书。所谓司法职业化(professionalization),我指的主要是司法工作人员的数量和质量增长以及电子搜寻的兴起,这些发展已经令法官更少依赖学界的研究和指示了。法律文献的传统形式——法学专著(legal treatise)——之所以珍贵,部分是因为它汇集了与某具体法律领域相关的众多判例。而如今,法官助理(或就此而言,甚至法官本人),使用多种电子搜寻工具,无需参考某本专著,就可以发现与某个争点问题有关的所有判例了。

要说服法官接受法律教授对法官角色的理解,这是天方夜谭。这不仅因为法官认为现代法学教授并不理解法官的角色,而且因为这些理解都很有争议,并且很政治化。学者们喜欢告诉法官,他们应当更为谦抑,或是更为率性(freewheeling),更多或更少尊崇政府的其他部门,坚持美国宪法的"原初含义"或是采纳某种"生动的"、演化的美国宪法理解,成为左翼能动者或是右翼能动者、布伦南能动主义者或斯卡利亚能动主义者。法官对这类问题都会有自己的坚定观点。他们不想接受法律教授为自己的工作撰写的工作描述。他们也许会发现,在决定某反托拉斯案件时,了解其经济动因和某种经济做法的后果,很有助益,但他们发现,告知他们应当让自己的司法决定符合这种或那种司法合法性概念,则毫无助益。

法官继续教育中法学院的角色

所有这些都只是背景,但是至为重要的背景,因为这显示了,在帮助法官应对现代法律规制日益增长的复杂性问题上,法律学界有局限性。法律教育把法学院学生送进法律职场,但只有很少学生会成为法官,并且也没谁走出法学院就成为法官,因此法学院的课程就没打算把学生教育成为法官。法学院也传递了法官所需的技能,但那不多于律师之所需。因此我要考虑一下,就为法官、特别是为本书主题的联邦法官提供持续教育而言,法学院能有什么角色。

纽约大学法学院有一个法官继续教育项目。[18] 它强调的既有法官工作的实体方面,也有管理方面(包括修改法官助理的原稿,很现实地认为,这就是如今法官的主要写作形式)。杜克也有个类似项目。[19] 有些法学院在某些具体领域,诸如法律经济学分析,为法官提供教学课程。[20] 然而,大多数的法官继续教育都由非学术机构展开,诸如联邦法官中心以及美国推进科学协会。[21] 并且其聚焦点是地区

---

〔18〕 这一项目的组织者是奥珀曼司法管理研究院(Dwight D. Opperman Institute of Judicial Administration),www. law. nyu. edu/centers/judicial/index. htm(2012 年 5 月 15 日访问)。

〔19〕 请看,杜克司法研究中心的法官继续教育(2012 春季),www. law. duke. edu/judicialstudies/continuing(2012 年 6 月 13 日)。

〔20〕 请看,例如,法官经济学短训班,乔治·梅森法学院的梅森法官教育项目的一个组成部分,www. masonlec . org/program/judicial-education-program/(2012 年 5 月 15 日访问),我在前注 6 中提及了这个项目的一个方面。又请看,法官经济学短训班,西北法学院法官教育项目组成部分,www. law. north western. edu/jep/economics/(2012 年 5 月 15 日访问)。

〔21〕 请看,例如,American Association for the Advancement of Science, "Judicial Seminars on Emerging Issues in Neuroscience," http://srhrl. aaas. org/projects/ law_science/judicialseminars/index. shtml(2012 年 8 月 26 日访问)。关于联邦和州法官参加的全部司法教育项目的清单,包括由法院、司法理事会、律师协会、法学院或其他组织赞助的全国、地区以及地方项目,请看,Federal Judicial Center, "List of All Programs By Topic," www. fjc. gov/fsje/home. nsf(2012 年 5 月 15 日访问)。又请看,The Judicial Education Reference, Information and Technical Transfer Project, http://jeritt. msu. edu/default. asp(2012 年 5 月 15 日访问);Catharine M. White and Maureen E. Conner, "Issues and Trends in Judicial Branch Education:2005"(Judicial Education Reference Information and Technical Transfer Project, 2005), http://jeritt. msu. edu/documents/IssuesandTrends_PDF. pdf(2012 年 5 月 19 日访问)。

法官,因为地区法官面对的细枝末节要比上诉审审判多太多了。

  法官继续教育的一个麻烦许多法官都没听说过法官继续教育。在向联邦法官传达有关培训信息上,联邦法官中心一直很马虎,无论是其自身的还是其他地方的[22],从这些培训中法官本可能获益。但对该中心公道说来,预算的削减妨碍了其能力的发挥,不论在项目设立还是在项目推广上;有障碍的还有参考著作的筛选,而这个服务,我前面说过,是大多数法官为能称职应对案件中的技术问题所需要的。

  与初任法官培训一样,法官继续教育需要聚焦于帮助法官应对复杂性,这与试图把这些复杂性问题转交打半工的科学家、医生、统计学者和工程师是不同的。需要有人教法官在诉讼中,包括在上诉中,如何处理横插其中的统计分析。他们需要有人指导,有关如何筛选预期的专家证人,如何任命和指导中立专家;有关法官、陪审团成员以及证人的认知能力和心理特征;有关技术和其他(这个"其他"就包括很多了,比方说,目击证人的证词)证据的证明价值(以及对法官和陪审团成员的心理冲击)。他们需要有人指导,如何避免推理谬误;如何选择和管理法官助理以及其他工作人员,以保证法官在处理技术性争点时能得到足够帮助;有关科学探讨和证明的修养(culture)而不是其细节,以及普通人的直觉与以经验数据方式验证假说之间的区别。他们需要有人指教贝叶斯定理以及其他理性决策的方法。而在所有这些领域,这些指导都要能适应这些正老去的法官(或不管怎么说,他们中的许多人)的局限——因为许多联邦法官会一直服务到七八十岁,有时还超过,而老龄法官会感到特别难以跟上今天飞快的技

---

  [22] 诸如由美国推进科学协会赞助的为联邦、地区和行政法法官提供的神经系统科学研讨班。请看,"Programs: Judicial Seminars on Emerging Issues in Neuroscience," http://srhrl.aaas.org/projects/law_science/judicialseminars/index.shtml(2012年8月30日访问)。

术进步。

简而言之,法官继续教育需要改换重点,从强调法律教义、正式法律程序以及离散的社会科学领域(诸如经济学和政治科学),要转向应对复杂性对各层级联邦法官可靠决策提出的挑战。联邦法官中心无法独自满足这种需求;必须有一些大学的积极介入。这些大学有极多的资源,并制造了与法院的这类需求相关的大量法律交叉学科文献。但不清楚的是,在提供法官所需的这类培训以便他们能够处理复杂性之际,法学院(且不说大学的其他院系)又有什么利益。

我谈论的是法官的继续教育,但法官的教育需要从法学院开始。我说过,法学院别试图训练法官,因为只有极少的法学院学生会成为法官,并且那也会在毕业很久之后。但在我们的抗辩式法律体制中,法官要知道律师需要知道些什么,因为律师在初审和上诉审中扮演了非常重要的角色。许多大学本科生选择进法学院是因为他们(或是认为自己)"对数学一窍不通"[23](然而,其他选择进法学院的人,则因为他们对人际互动更感兴趣,比对分子间或软件代码行间的互动更感兴趣)。在法律实务中,他们不可能逃避技术了——并且我指的还不只是计算机辅助法律搜寻这种技术。法学院应当要求缺乏技术背景的学生(有些学生当然有这种背景,因为他们本科学习的专业)学一门会计和一门统计学;将某个或某些法律领域置于其(或它们的)技术语境的一门课程[24];并且,至少要在大学其他院系上一门纯科学或技术

---

[23] "法学院学生,作为一个群体,特别不接受数学和科学。"David L. Faigman et al., *Modern Scientific Evidence: Standards, Statistics, and Research Methods* v (2008 student ed.).

[24] 这类课程的一个案例教材范本是,*Genetics: Ethics, Law and Policy* (3d ed., Lori B. Andrews, Maxwell J. Mehlman, and Mark A. Rothstein eds. 2010).

性的课程,比方说,应用数学、统计学、经济学(程度要达到运用微分和统计分析)、物理学、生理学、生物化学、有机化学、工程学的某些分支或环境科学或计算机科学,目标是该学生先前的教育令他可能到达的高度,而无论其有多么复杂。[25] 如果需要削减或压缩其他课程,课程表上才能有空,容易下手的地方也有,这就是宪法性法律(constitutional law)。由这块土地上最政治性的法院控制的宪法性法律在法学教育中所占分量太大了。

一个前景看好的新近发展是,宾夕法尼亚大学法学院创立一个中心(戴特金知识产权和技术法律诊所[26]),沟通法学院和该大学的一些与技术有关的院系,诸如工程学、医学和商学,包括"金融工程"。

我认为,对于法学院学生或法官来说,究竟选择学习哪一个科学或技术领域并不重要。就如同我前面说过的,一个人对其中某个领域得心应手,在处理其他技术领域问题引发的法律争点时,通常也会比较得心应手(即便不是同样的得心应手)。在我的那些有技术背景的助理身上,我就看到了这种情况。

---

[25] Merlino et al., "Science Education Programs," 报告说,2000 年,172 所获得认可的美国法学院中只有 27 所提供有关科学的课程。我没能找到目前的相关数字。关于提供的这些科学课程的讨论,以及提供这些课程的法学院的特点,请看,Mara Merlino et al., "Science in the Law School Curriculum: A Snapshot of the Legal Education Landscape," 58 *Journal of Legal Education* 190 (2008)。

[26] www.law.upenn.edu/clinic/intellectualproperty/ (2012 年 11 月 14 日访问)。与这个戴特金诊所配套的是宾夕法尼亚大学法学院的一个研究中心——技术、创新和竞争中心。请看,www.law.upenn.edu/institutes/ctic/ (2012 年 12 月 16 日访问)。

第 10 章 能做些什么,稳健地?

慕课(MOOCs)来救驾?

对于我一直讨论的这些个麻烦,最看好的解决办法也许是慕课。[27] 这是一个首字母缩略词,表示的是"大规模在线公开课",这个词意味着教育的一个重要——非常可能是一个革命性——发展,潜在地对法官教育也适用。MOOCs 是在线讲授的课程,不收费,对世界上任何有笔记本电脑和互联网连线的人都公开。提供这些课程的是一些名字奇怪的独立实体机构,诸如,Coursera, Codeacademy, edX, Khan Academy, 以及 Udacity。提供者主要是一些大学公会(consortia)或大学附属机构,而涉及的大学包括斯坦福、伯克利、哈佛、哥伦比亚以及密歇根这样一些精英大学。

在线教育并非新玩意儿。一段时间来,就曾有过在线成人教育课程,诸如 TTC 公司(The Teaching Company)提供的;甚至也有在线的

---

[27] 请看,例如,Salman Khan, *The One World School House: Education Reimagined* (2012); Tamar Lewin, "College of Future Could Be Come One, Come All," *New York Times*, Nov. 20, 2012, p. A1; Laura Pappano, "The Year of the MOOC," *New York Times*, Nov. 4, 2012, p. ED26; Nick Anderson, "Elite Education for the Masses," *Washington Post*, Nov. 3, 2012, www.washingtonpost.com/local/education/elite-education-for-the-masses/2012/11/03/c2ac8144-121b-11e2-ba83-a7a396e6b2a7 _story.html (2013 年 3 月 27 日访问); Will Oremus, "Online Higher-Education Startup Coursera Is Taking Over the World," *Slate*, Sept. 19, 2012, www.slate.com/ blogs/future_tense/2012/09/19/online_education_coursera_adds_17_universities _aims_to_take_over_world.html (2013 年 3 月 13 日访问); "Class Central: A Complete List of Free Online Courses Offered by Stanford, Coursera, MIT and Harvard led edX (MITx + Harvardx + BerkeleyX), and Udacity," www.class-central.com/; "Massive Open Online Course," *Wikipedia*, http://en.wikipedia.org/wiki/Massive _open_online_course (2013 年 3 月 27 日访问)。

本科学位教育,主要由一些营利性学院提供。慕课的新颖在于免费在线教育的规模和潜能,由美国领军大学提供或是协力提供。

与常规的大学本科课程相似,慕课也按难度排序,这使学生可以从初学者一步步前进。课程内容覆盖的不仅有非常广泛的技术性题材,如数学、统计学、计算机科学、各种自然科学以及工程学,而且日益增多地包括了社会科学和人文学科课程。慕课没有学分;不能用来获得本科或研究生学位;这些课程(在目前)提供给那些希望获得技能或知识而不是文凭的人们,无论为了愉悦还是为了某些实践用途。任何人在世界任何地方都可以参加;慕课某些课程吸引了上万名甚至数十万名学生(尽管其中大多数没上完全部课程)。每门慕课都有频繁的课堂测验,有时也有课程中期和课程结束考试。考试由同学小组打分(注册同一课程的其他学生——在一课程中,某学生的考试由其他5位学生打分,而成绩就是这5位打分者给的平均分)。有些学生还组织了在线学习小组,或与住在临近的学生组成了网下交往的小组。

这种形式要比常规讲授更好。授课者的平均质量非常高,因为对"出席"授课的学生人数没有限制,因此没有理由,有任何学生会守着平庸授课者;有第一流的授课者,交流起来就比课本交流更有效(当然,学生也可以用课本来补充讲授)。讲授事先录音,学生可以随意回放或快进——简而言之,可以按照自己的速度进行,而现场授课做不到这一点。授课可以在学生便利的任何时候观看,并且学生还不必到什么地方去观看;这些特点都应当令法官喜欢慕课,而事实上大多数慕课处理的还都是对现代联邦法官特别有意思的有关技术性学科,包括数学、统计学以及计算机科学。

慕课还是个新生事物(也就刚两年多),提供的课程和课程提供者也多样,质量有别,难度不同,因此法官在选择课程时需要有人帮助。

第 10 章 能做些什么,稳健地?

有多少法官听说过慕课?我是直到 2012 年 11 月 2 日才听说的。在这一领域,联邦法官中心没有为想克服复杂性挑战的联邦法官提供其需要的指南。联邦法官中心支持慕课,不仅会令法院系统获益,而且也会令慕课提供者获益,慕课提供商不可能无限期地持续提供免费的慕课。[28]

---

[28] 关于慕课的融资问题,请看,Tamar Lewin, "Students Rush to Web Classes, But Profits May Be Much Later," *New York Times*, Jan. 7, 2013, p. A1.

结　语

现实主义，前进之路

联邦法官落伍了。麻烦不出自案件总量,而出自案件内容。法官没能很好应对现代社会日益增长的复杂性,主要是但不只是科学和技术的复杂性。在本书第 3 章,我引述了丹尼尔·阿比斯的评论,我们生活"在一个日益复杂、碎裂和信息无处不在的世界中"。这个"我们"也包括法官。但我们法官住在这个新世界不很舒服。不是试图理解书本和传统之外的这个世界,我们(至少是我们中的大多数)深深扎进自己制造的这个复杂世界,似乎就打算证实柯克法官当年的断言,法律是一种"人为的理性"。[1] 当法院系统从不曾像今天这样急需法律现实主义的时候,法律形式主义却加紧了对法院系统的控制。在本应简化司法过程的时刻却将之复杂化了,在本应接受并克服复杂性的时候,却疏忽了这无法回避的、源自法律文化之外但迫在眉睫的种种复杂性。

造成这种司法行为变态的原因很多。之一是司法工作人员的扩张,部分是为回应案件总量增加以及仍在增加的复杂性,部分则是一直自我生发的官僚现象("管理主义")。这种扩张,以及律所和其他法律机构(例如,检察官工作室)日益增长的等级结构——将有资格出任法官的资深律师从法律写者和分析者变成了监管者——带来的后果之一就是,司法意见书撰写越来越多委托给法官助理。这带来了先前各章讨论的一些我们不希望看见的后果。这些显而易见的后

---

[1] Prohibitions del Roy, 12 Co. Rep. 63, 65, 77 Eng. Rep. 1342, 1343 (1608).

果——司法意见不清楚、不坦诚、充斥了术语、不真切——都还不太重要,更重要的是对这个司法体制回应各种联邦诉讼题材的能力有潜在的不利影响。

这种复杂性有许多源自技术,我称其为外在复杂性,有别于从一些建制中看似自然生发的复杂性,后者的顶点就是指导法律引证的长达511页的《蓝皮书》。前一种复杂性的明显范例是计算机技术非同寻常的快速发展,但这不是唯一的例子:医学技术复杂性的增长速度也很快,与之同等复杂的则是表达很贴切的"金融工程",这里暂且不说环境技术以及日益精制的管理心理学、营销以及其他商业活动了。这是实体的一面,而在程序的一面,有统计分析,与之相随的还有科学的法医分析方法,如 DNA 检验(就确定刑事案件中提交的某些具体的 DNA 比对是否有效而言,统计学于其中也扮演了角色),就越来越多地用于生产证据,在诉讼中使用。

法官拒绝同科学世界直接过招。有了深受法学院形式主义法律分析熏陶的法官助理,当需要解释时,法官们想用语义学来应对科学,当需要事实认定时,他们则委托他人来应对科学。因此,让陪审团成员来解决那些法官无法应对的技术争点,法官就解脱了,将自己不理解的争点拱手交给这些倒霉的行外人。并因此,有人推销文本原旨主义,作为一种无需考虑决定之后果的决定案件的方式,但法律文本中到处都是解释上的模棱两可,根本无法化解,无论是查字典或查语法书,或是让法官拙劣扮演的史学家。我们因此看到大法官斯卡利亚,一位主要的文本主义者,背书赞同各种各样的"释法教义",令法官有权力基于非文本的立场来化解解释性争议。法院系统需要更好的工具来决定案件。这需要回到法律现实主义,但这得是有深度的现实主义,以现代分析和经验方法为根基的现实主义,一种超越预感的现实主义。

结语　现实主义,前进之路

1920年代和1930年代的现实主义法学之所以为人鄙薄,原因之一在于,它似乎是用个人信念和情感——最多也只是用常识(这常常靠不住)——来置换由形式主义代表的那种法律"科学"及其声称的客观性和非个人性。这些声称,无论过去还是如今,都是夸大其词,直觉、个人信仰以及类似的各种主观性的来源,在司法决定中扮演了重要角色,即便有某个决定披着客观性的修辞大氅。但这并不是赞扬现实主义的理由。现实主义,要在今天和这个时代真的很现实,就必须在比目前更为重大的程度上扎根于科学的埋论和经验的理解。

在如今这个日益受技术支配的文化中,奇怪的是,形式主义居然卷土重来了。这好像是法官认定了,不想成为技术官僚的唯一出路就是成为18世纪的文人墨客。然而,我不认为法官的主要动机是想逃避。作为对沃伦法院(以及程度弱一些,对伯格法院)的反动,保守派大法官发现形式主义是保守派能动主义的最有效伪装。(自由派人士,就如同我们讨论阿吉尔·阿玛尔的著作时看到的,如今则倒行逆施,同样穿着伪装。)[2]并且在司法意见撰写中,法院工作人员的角色增大了,这也鼓励了撰写形式主义的司法意见初稿。

在本书第8章,我引用了霍姆斯的一段重要说法:"我一直都说,这世界上就没有'难办案件'这号东西。我每周走向这狮子时都战战兢兢,但每当抓住它,那兽皮就脱落了,兽皮下面同样还是那头法律问题的老驴。"这说法好玩,但寓意也深厚(毕竟,是霍姆斯啊)。狮子是很有气势但危险的动物。它该待在某个动物园,或者更好的选择是,待在其自然栖息地(唉,人也太多了)。毛驴是为人类服务的动物。它有耐力且招人喜欢,但没有气势——这就如同,或应当如同法律一样,这不是一种艺术或一门科学,而就是一种服务。法律现实主义应具有

---

〔2〕　又请看,Jack M. Balkin, *Living Originalism* (2011).

的全部含义,对于我来说那就是其全部含义,就是促使法律更贴近其应当服务的人们——即作为整体的全部民众,无论是在其可理解程度上,还是在其实际效用上,从而把法律打造得更合用也更耐用。它应能决定大多数案件,以一种可以用普通语言解说并因其与普通人的预期一致而可以正当化的方式。这就要求法官理解他们听审的案件中究竟发生了什么,而如今这同技术已日益无法开交;在追求理解案情的努力中,制定法的释法教义、隐形的和不成文宪法、《蓝皮书》、法官助理的捉刀代笔、法律术语、多因检验标准、上诉审的多重复审标准、啰嗦的司法意见,以及断章取义的引述,都帮不了他们,而只是阻碍了他们。

法律吸引了一些非常聪明能干的人。但法律并不博大精深。这其实是最简单的职业领域之一。撰写司法意见都可以委托给法官助理、委托给全工和半工的实习生,从中你就可以明白这一点。在上诉审这一层级,我不赞成这种委托(在初审层级,这不可避免,因为那里的案件太多),但这些新手生产出来的司法意见书,就整体来看,还都是打磨的颇为精细的职业产品。许多法学院的二年级学生,给某个法官打工实习,或全工或半工,就为某个联邦或州的上诉法官撰写了非常漂亮且公开发表的司法意见。这几乎等于医学院二年级学生给他人做了脑外科手术或心脏移植。正因为法律分析并不真能入木三分,因此年轻法官罕见。年轻人分析问题要比老人犀利,但缺乏经验。而在一个弱于分析的领域,对于成功化解麻烦而言,经验也许就至关重要。

伟大法官的司法意见很少有微妙的分析。霍姆斯或汉德或杰克逊的司法意见读起来就不像一篇法律评论的论文。伟大法官并非未能成大器(*manqué*)的伟大教授,即便他之前就是教授。霍姆斯的《普通法》是一本非常杰出的学术著作,但他的司法意见并不学术——却都很精彩绝妙。鉴于我似乎一直敦促法官们采纳"科学主义的"(scientistic)进路,有些读者也许会感到困惑,我又为什么如此强调,特别是在但又不只在本书第8章,法官的文字要好。就因为我不打算让法官都成为用符号和术语交流的科学家。我敦促法官更大程度地承认现代联邦诉讼中的各种事实基础都变得更复杂了。这使得出色的司法写作更重要了,而不是不那么重要了,因为法官必须学会以自己及其读者——主要是其他法官和实务律师——能够理解的方式来写作这些复杂问题。法律必须与现代性达成一致,但还要继续是一种人文学科,也应当如此。

勒韦尔(Leval)法官最近做了一个很有意思的演讲,其中他问道,为什么法官亨利·弗兰德利,这位非常可能是美国历史上最长于全面分析的上诉审法官,在其去世仅1/4个世纪,就"变得默默无闻了"——这是勒韦尔的说法。〔3〕勒尼德·汉德是在半个世纪之前去世的,而他的司法意见仍然为人们阅读(当然不会是全部——汉德撰写了几乎1500件司法意见)。

关于弗兰德利的被人遗忘,勒韦尔给出的一个理由是,"弗兰德利是一位不招摇的法官;不喜欢抛头露面;不是那种追求可引证的名言警句的人。他回避花团锦簇的修辞"并且具有一种"追求节制的强大天性"。〔4〕在弗兰德利传记的一篇书评中,维缪(Vermeule)教授,针对同样的问题,以在某些方面相似的脉络评论说,"从其最好的一面来看,弗兰德利的贡献并不是丰富法律的理论,而是为法律人的精巧技

---

〔3〕 Pierre N. Leval, "Remarks on Henry Friendly on the Award of the Henry Friendly Medal to Justice Sandra Day O'Connor," 15 *Green Bag* (second series) 257, 260 (2012). 忽略弗兰德利,这种情况也许会因为一本极为出色的弗兰德利传记而改变,David M. Dorsen, *Henry Friendly, Greatest Judge of His Era* (2012).

〔4〕 Leval, "Remarks on Henry Friendly," at 261.

艺和出色判断提供了一个活生生的模范……诸如弗兰德利这种法官的声誉,要比那些提出了丰富理论观点并能提炼出公式、定理和精辟格言的法官的声誉,一般说来,半衰期更短"。[5]

维缪的评价低估了弗兰德利(并且也许高估了作为"丰富理论观点"之来源的一般法官,除非是将"理论"界定得非常宽泛)。弗兰德利的许多观点,无论是表达于他的司法意见或是表达于他的非常有影响的非司法写作中,都为最高法院采纳了,而这种采纳也为最高法院自身赢得了信誉。但弗兰德利的司法意见确实写得不是异乎寻常的出色,不像他的非司法写作和他的书信。[6] 这些司法意见一般都略长于其必需,并且细节太多。句子长,总体印象是沉重——它们都不生气勃勃。它们并非写得很糟,但从修辞上看,从风格上看,它们无法同其他伟大法官的司法意见相比。

在一本关于卡多佐的小书中,我列出了一系列因素,解说卡多佐为什么作为一位法官获得了伟大成功和持久的崇高声誉,第一项就是"修辞技巧",但我否认,这"是准备宣称卡多佐不配有此声誉或是夸大了……如果卡多佐是一位法学教授,而不是一位法官,那会是如此。但这里的错误在于认为,最优秀的法官就是与最优秀的法学教授最相似的法官"。[7] 我先解说了为什么法官的职场条件不利于学术创造力,之后我说,我们从一位非常出色的法官那里可能期待的,并且"在卡多佐的司法意见中发现很为丰饶的,是(1) 生动甚至戏剧性的具体

---

[5] Adrian Vermeule, "Local Wisdom" [Review of Dorsen, *Henry Friendly*], in *The Book: An Online Review at the New Republic*, March 22, 2012, www.tnr.com/book/review/henry-friendly-supreme-court-david-dorsen (visited Nov. 7, 2012).

[6] 请看,William Domnarski, ed., "The Correspondence of Henry Friendly and Richard A. Posner 1982-86," 51 *American Journal of Legal History* 395 (2011). 请略过我的那部分书信。

[7] Richard A. Posner, *Cardozo: A Study in Reputation* 133 (1990).

表现了该法官的关切,(2)清澈呈现了吸引人的细节——这是学术分析的材料,(3)这些细节与更大主题的关联感,(4)一种超越双方当事人狭隘关切的观点……(5)一种清楚且有力陈述的力量,以及(6)对其受众之期待高度敏感"。并且,我还说了:"任何熟悉文学的人都会承认这通常是与想象性文学作品相伴的一些优点(virtues)。"[8]卡多佐不像弗兰德利那么才华横溢,但他具有了我刚才描述的那些优点,且非常丰厚。

现代美国法律的复杂性,包括内在的也包括外在的,使卡多佐的这些优点(霍姆斯的优点则更多更丰厚,罗伯特·杰克逊和勒尼德·汉德拥有的也很丰厚,而在菲利克斯·法兰克福特那里则不规则)在今天更为重要,而不是略微次要了。并且,最好的司法作者大多是现实主义者,而不是形式主义者;形式主义来回折腾却一直黯淡无光;我不认为这只是个偶然事件。

但如何教育联邦法官呢?这些日子许多人谈论美国教育的危机。但对于法官教育,无论是初始教育还是继续教育,如果不是有危机,那么也一定有深深的失望。我一直都在说,今天是律师,明天就是联邦法官——真实情况就是如此。也许就职数月后,接受了数天培训,然后你又独自一人了。随着复杂性的增长,无论是技术性的还是建制性的(institutional),无论外在的还是内在的(两种复杂性互动,放大了这个总体的麻烦),联邦法官的教育需求增长了。基本没谁做了些什么来满足这些需求,就让联邦法官在很大程度上他或她一个人战斗,因此放大了后撤到形式主义的那种司法倾向,形式主义被理解为一种无需经验理解就可以决定案件的方法。

律师也帮不上忙。我不理解他们为什么就不能从法官的视角来

---

[8] 同上注,页133-134。

看看自己的案件。如果他们能这么做,也许就会意识到,他们给法官的并非法官需要的——此案的全部文件,无论有关事实还是有关法律,他们假定的法官对新颖案件的准备程度和理解深度也不现实。那些能设身处地假定自己是法官的律师会理解视觉辅助材料的重要性、现场场景的重要性、大大简化的必要性,并且会理解法官对现代神奇技术急需耐心的解说,在现代诉讼中这种技术神奇成为日益突出的因素。

我希望联邦法官中心能做更多工作来改善法官的管理技能。我还希望法学院行动起来,以全方位的现代法律现实主义来教育法学院学生,同时创造那种有助于法官应对复杂性的学术作品。一些法学院朝着这个方向采取了一些措施,但还不够。我在本书第7章讨论的阿吉尔·阿玛尔的宪法性法律著作就是一个相反范例——这一趋势的学术与法律实务和法官决策文化越来越不着调了。与这一相反趋势再相反的则是斯卡利亚和戛纳的文本原旨主义,但这是另一条死胡同。两条路都让法院系统远离了司法与现实的集结地。

学术性法律从前只是位于大学校园内的法律职业。这一点已经变了。从一位法学教员的视角来看,法学院如今是该大学的法律院系。学术性法律人只为他们相互间而不是为了法官和律师写作。他们不是努力让自己的写作对务实的职业界有用甚或能懂;当然了,并非学术性法律人都如此,但许多最出色的学术法律人,他们的真正兴趣可能都在其他领域,诸如哲学或经济学。从法官职业的视角来看,学术性法律的性质改变(这个变化在一些最著名的法学院最为突出)是一个不祥的趋势。下面是一个例证,我以它来结束本书。

侵权法是一个重要的普通法领域,它处理的是因不经意的行为和缺陷产品造成的伤害,其中到处都有关于因果关系以及救济措施的争议问题,侵权法需要与对科学、经济学和统计学的最佳当代理解同步。

然而，就在本文撰写之际，侵权法学术最热的领域（或许我应当说的是，唯一热的领域）却是反现代、反现实主义的。它的旗号是"民事索取权理论"（civil recourse theory）。

现实主义的侵权法研究进路集中体现为法官勒尼德·汉德的著名过失公式，$B < PL$；该公式宣布所谓疏忽，并因此应受惩处，就是未采取预防措施防止出现这样一种意外伤害，即如果采取预防措施的成本低于在无预防措施条件下该事故发生概率贴现后受害人因该事故所支付的成本。[9] 通过使不经济的活动对于行为人来说成本更高，可以预期，这种基于汉德公式的责任分配会震慑这种不经济的活动。

民事索取权理论，在侵权理论内占据的位置与汉德的理论是完全对立的，是法学教授约翰·哥德堡（John Goldberg）和本杰明·兹普斯卡（Benjamin Zipursky）的心血结晶，在一系列法律评论论文中，他们对此作出了论述。[10] 兹普斯卡教授解说道："民事索取权理论的核心观点关于，赋予那些因不公而受伤的人权能，能从加害者那里获得某

---

[9] B 是将避免这一事故的预防代价（费用），P 是如果不采取预防措施事故发生的概率，而 L 是如果事故发生受害者的损失。*United States v. Carroll Towing Co.*, 159 F.2d 169, 173 (2d Cir. 1947). 对"汉德公式"的经济学术语重述，请看，Richard A. Posner, *Economic Analysis of Law* 214 n. 2 (8th ed. 2011). 关于侵权法的经济学进路，一般性阅读，请看，William M. Landes and Richard A. Posner, *The Economic Structure of Tort Law* (1987).

[10] 相关的列举，请看，Christopher J. Robinette, "Why Civil Recourse Theory Is Incomplete," 78 *Tennes Law Review* 431, 432 n. 3 (2011). 首先开始的是哥德堡和兹普斯卡的论文，Goldberg and Zipursky, "Torts as Wrongs," 88 *Texas Law Review* 917 (2010) 他们（分别或合作）的其他论文在下面表3中引证了。并且，很快他们就会有一本书来更详细地解说他们的进路：*Recognizing Responsibilities* (Harvard University Press, forthcoming 2013). 他们对批评的回应（包括我先前的批评）见他们的论文，"Civil Recourse Defended: A Reply to Posner, Calabresi, Rustad, Chamallas, and Robinette," 88 *Indiana Law Journal* (forthcoming spring 2013).

种救济……侵权法的最佳功能就是强化社会规范的一种手段。"[11] 原初的法律现实主义者论辩说,现代侵权法就是关于将事故费用转由事故生产者(就如同产品责任法一样)和保险商(并因此转移到保险库——令事故风险广泛分散)承担。法律经济学分析辩论说,侵权法就是关于如何最小化事故和避免事故的总和费用(但也有关如何震慑故意的和鲁莽的造损行为)。现代校正正义分析学者论辩说,侵权法就是关于如何贯彻实施一种对伤害造成的不平衡予以纠正的道德义务。公民追索权理论家则论辩,侵权法是有关如何贯彻实施一套更为复杂的道德理念集——这个"集"中包括对伤害赔偿设定的一些限度(例如对惩罚性赔偿金的诸多限制)。

有人很自然会认为道德论者会是规范的而不是实证的分析者,但哥德堡和兹普斯卡论辩说,公民追索权理论对现存侵权法制度的描述要优于任何其他实证理论。这是错误的,就如同在两篇新近的论文中显示的那样。[12] 这里我也加一点没多少价值的看法,我想指出,作为

---

[11] 这第一句话是兹普斯卡说的,被引述了,Larry Reibstein, "Rethinking Tort Law: Professor Benjamin Zipursky's Civil Recourse Theory Moves to a Leading Position in American Tort Theory," *Fordham Lawyer*, Spring 2012, pp. 12, 14. 第二句话则是他对兹普斯卡研究进路的概括。

[12] Robinette, "Why Civil Recourse Theory Is Incomplete," and Michael L. Rustad, "Torts as Public Wrongs," 38 *Pepperdine Law Review* 433 (2011). 另一篇对于公民追索权理论很多批评的论文是,Jane Stapleton, "Evaluating Goldberg and Zipursky's Civil Recourse Theory," 75 *Fordham Law Review* 1529 (2006). 但奇怪的是,这篇论文虽结论认为哥德堡和兹普斯卡的"研究没有必要,导致了一个过分夸大其主张、尴尬且不便使用、也不能自圆其说的公民追索权理论"(同上注,页1562),但在论文的一开始,斯泰普立顿(Stapleton)又称:"这个侵权法的公民索取权理论肯定是对效率和校正正义理论的一个改善"因为"它寻求按照现存的侵权法来讨论和接受侵权法"并且"没有陷入一些陷阱,这些陷阱则取决于声称诸如'补偿'或'震慑'或'损失分担'是侵权法的目的。这些说法也许都施加了侵权责任和效果,但没有哪个可以成为侵权法的目标;否则的话,受伤原告诉上了保险的不公行为人,就永远都不会败诉!"同上注,页1538. 我不知道她的这些陈述究竟是在说什么(她并没解说)或是这些陈述何以能同她自己的分析接上茬。

一个错误分析的例子,哥德堡和兹普斯卡用了我的一个司法意见[13]来辩说,有关判罚惩罚性损害赔偿的一些原则,是无法用众多功利主义关切如震慑来解说的。[14] 他们称,我的司法意见"表明的是,判罚惩罚性赔偿金是要诱使那些赔偿请求数量很有限的原告提起诉讼,鼓励当事人揭开那些隐藏的不公,并因此推动对那些否则会逃避制裁的行为提出私人指控",以及"根据这个理论,人们在侵权行为造成了重大伤害的案件中应从来看不到判罚惩罚性赔偿,法院也不应在公开和显而易见的不当行为的案件中允许惩罚性赔偿金。而在这两种案件中,法律都允许惩罚性赔偿"。[15]

这里提到的司法决定是马西亚斯诉雅高经济型酒店案(*Mathias v. Accor Economy Lodging*),该决定支持了惩罚性赔偿,判定付给因住汽车旅店被臭虫咬了的两位客人每人18.6万美元。根据可适用的法律,即伊利诺伊州的法律,是可以判罚惩罚性赔偿金的,因为陪审团已认定,该旅店未警示两位原告有臭虫,并非简单的过失,而是"任性和肆意的"(willful and wanton)。但陪审团只判给每位原告5 000美元补偿性损害赔偿。这就提出了这样一个问题:即,鉴于判罚的惩罚性赔偿与判给的补偿性赔偿的比例太大,判罚的这个惩罚性赔偿是否过度了。

下面是哥德堡与兹普斯卡引证的那一页司法意见说的话[16]:

判罚惩罚性赔偿的功能之一是减轻刑事司法体制承载的过重压

---

[13] *Mathias v. Accor Economy Lodging, Inc.*, 347 F. 3d 672 (7th Cir. 2003).

[14] Goldberg and Zipursky, "Torts as Wrongs," at 961.

[15] 同上注,页961 n. 220。

[16] *Mathias v. Accor Economy Lodging, Inc.*, 347 F. 3d at 677,省略了一些引注。然而,要令这一页的讨论能让人理解,我从前一页就开始这段引述了。

力,即对较轻的犯罪,用民事指控替代刑事指控。例子之一是故意朝某人脸上吐口水,这是一个刑事犯罪,但因其很轻微,很容易震慑,只要以打人侵权为名起诉,要求获得损害赔偿,就可以索取相当于民事罚金的一笔钱。在这种案件中,补偿性损害赔偿做不到这点,这有三点理由:在这种损害的主要是尊严的案件中,要确定补偿性损害赔偿数额很难;在这种吐口水案件中,补偿性损害赔偿数额太小,乃至于受害人没有动力提起诉讼,他也许决定会以暴力回应——而侵权法的古老目的之一就是要提供一个替代品,替代因不公伤害引发的暴力报复;以及如果限定原告只能获得补偿性损害赔偿,这就使被告——当他本人愿意为自己的行为埋单时——可以不受惩罚地冒犯他人,再重复一遍,这里就有一种危险,即其行为会引发受害人以某种方式扰乱治安。

当因数十亿美元的石油泄漏以及其他巨大经济伤害而请求惩罚性赔偿之际,我们刚才细致叙述的那些考量就都黯淡了。正如[联邦最高]法院在州农场汽车保险公司诉凯姆贝案(*State Farm Mutual Automobile Ins. Co. v. Campbell*, 538 U. S. 408 [2003])中强调的,在此案中,就有关保险范围的争议,判给原告数额非常大的一笔补偿性损害赔偿金——100万美元,这就大大降低了为有效救济原告再判给他一笔巨额惩罚性赔偿金(1.45亿美元)的必要。我们这个案件更接近于吐口水的案件。被告的行为很不像话,但造成的可予以补偿的伤害很小,也很难量化,因为受伤害的主要是情感。被告完全可能因自己的不当行为获利,只要掩盖客房有臭虫,他就可以继续出租客房。也许会频繁有人要求退款,但这个费用还是低于旅店关门彻底消灭臭虫的费用。该旅店还试图把臭虫冒充蜱虱,有些客人也许无知,认为蜱虱对健康危害不是很大,也会推迟提出诉讼来纠正该旅店的不当行为。在此案中，判罚惩罚性赔偿金因此服务于一个额外目的，即不让被告因自己未被发现和逃避（私人）指控的欺诈行为而获益。如果侵权行为人侵权时只有一半时间被人"抓到"，那么就应当双倍重罚他，让他补上那段时间内逃脱的惩罚。

最后，如果该旅店在此案的赔偿额最多也就 50 000 美元（2×[$5 000 + $20 000]），那么两位原告就完全可能难以从金钱上支持这一诉讼。恰恰在此，被告总共有 16 亿资本净值就变得相关了。被告财富多少并非判罚惩罚性赔偿金的充分根据。那样做是歧视性的，会违反我们先前解说过的法治，即根据身份而不是行为来决定惩罚。但此案中，财富以资源的意义加入进来了，使被告能够以极端咄咄逼人的辩解反击此案诉讼，这样一来，不仅原告起诉他的费用非常高，转而也令原告很难找到律师愿意处理他们的案件，因为此案的争议利益很有限，胜诉酬金通常也就 33% ~ 40%。

换言之，被告现在这么做就是在用自己的名声来震慑原告。如果不是如此，就很难解说被告在此案中为何如此顽固为自己辩护，做了大量琐细的证据性辩解，而涉及的利益，即便加上陪审团判定的惩罚性赔偿金，却非常有限。

与哥德堡和兹普斯卡的概括相反，这一司法意见并没有说，也没暗示，判罚惩罚性赔偿金仅仅是要促成强制执行诉求有限的诉讼，或是为鼓励原告"揭露隐藏的不公"，并因此没说，也没暗示，在侵权行为造成了重大伤害的案件中或是"不当行为公开且显而易见的"案件中，永远不应判罚惩罚性赔偿金。这个概括不仅不准确，并且其内在逻辑也前后不一致。如果确实，判罚惩罚性赔偿金只有两个可能的目的，即促成强制执行诉求有限的诉讼和鼓励原告揭示隐藏不公，那么在那些隐藏之不公造成了重大伤害的案件中，以及在那些即便是基于公开且显而易见的不当行为而提起的诉求有限的案件中,判罚惩罚性赔偿金都很合适。惩罚性赔偿金有可能过分,就如同最高法院在凯姆贝案以及其他判例中认定的。但马西亚斯案司法意见中的要点在于,判定的补偿性损害赔偿数额越小,为了获得震慑效果,惩罚性赔偿金与补偿性损害赔偿的比值就应越高。例如,如果是让臭虫咬了,补偿性损害赔偿就仅为 100 美元,那么即便惩罚性赔偿金与补偿性损害赔偿的比值是 145 比 1(即凯姆贝案中的比值)也还是不足以推动原告提起诉讼,或还是不足以促使被告以不那么随意的态度对待旅店的臭虫成灾,因为即便这时,判罚的惩罚性赔偿金数额也只是 14 500 美元。

但假定民事索取权理论家的观点是对的,即侵权法就是致力于为那些因"不公"行为致伤的人们提供"某些种类的矫正",但我们又上哪儿认定什么才是一种"不公"呢?如果对这个问题得不出一个回答,这个理论就趴下了,就成了一个套套逻辑(tautology):侵权法为不公伤害规定了矫正;凡是侵权法规定予以矫正的伤害就是不公伤害。

更重要的是,公民追索权理论家坚持的一切,也就是"某些种类"的矫正。他们知道,侵权法并没为不公造成的一定数量的损失规定完整的救济,他们也接受这一点,以工具性理由解说了这些救济限制,像经济学家那样。但如果——像他们假定的——每个人都知道对错(我待会儿就质疑这一假定),那么除了对不公之侵权救济的这些工具性限制外(人们早就很好研究过这些限制了),公民追索权理论究竟还有些什么呢?

侵权法有很大部分就是关于这些限制:想想,共同过失和比较过失、风险自担、因果关系和可预见性、仅限经济损失规则、捐助与免责、事实自证、惩罚性赔偿、避免伤害侵入者和许可证持有者的义务限制、普通损害赔偿、过失责任与严格责任之选择、独立承包人责任与雇主责任原则之别、主权豁免、公务豁免、合同责任自弃、机会损失(潜在的或概率性伤害)、大规模侵权、对名誉侵权和私隐侵权的宪法限制。各种侵权救济只是法律经济学已有很多讨论的具体争点问题之一,并且从公民追索权理论中,我找不到任何东西挑战已有的讨论。既然这个理论要求的全部只是对不公伤害要有"某些种类的矫正",其寓意也就是所有传统的限制,原则上都可以接受;至于某些具体限制实践中是否可以接受则是该理论之外的一个实用性争点问题。

看到不公了,我们就知道这是不公,因此无需细细分析;这个说法是不够的。这种说法不管事,且不说承认这种说法成立公民追索权理论家也没说出什么有意思的东西。何为不公行为,何为法律应予以矫正的行为,人们常常意见不一致。意外地坏了他人的名声是否不公?(也许你确实无辜地也并非过失地把他同别人搞混了)。或坏了某死者的名声呢?一位医药经理没在药品标签上告示该药对百万分之一的用药者可能有严重伤害,这是否不公?一位医生拒绝承诺对自己过失造成的伤害承担责任,这是否不公?或者,铁路在所有路口都没设置信号灯,只是在不太繁忙的路口用前方停车的标志牌来警示,这是否不公?这都是可分析的具体争点问题,而不是你耸耸肩,说一句"在我们社会中,在我们的文化中,每个人都知道……"就可以打发的问题。我认为,公民追索权理论不分析讨论这些问题,就不可能有多大影响力。因此,我来讨论这些问题。

首先,有许多东西可以同科学家称为"先祖环境"(ancestral environment)的生存条件联系起来,那是初始人类的生活环境,人们是从那里进化到大致今天的生物状态。很容易看到,早期人类如果没有某种生动的"权利"感,他们就兴旺不起来,当然,这种所谓权利,不是现代意义的,而是指,人会迅速抵抗那些威胁其生存的侵犯。人们应记住霍姆斯的格言,哪怕是条狗,也知道被人踢一脚与被人绊了一脚的区别;对于我们认为是故意侵犯我们的财产、身体完整和名誉,我们的回应会比对意外侵入的回应更迅速,也更断然。这是本能。但在初民文化中,常常难以区分何为本能,何为工具性的,因此我们发现,严格责任在这样的文化中,比在现代法律中,是更为普遍的责任标准[17],尽管其结果是某种程度的过度震慑。只有在人类社会大为发达的阶段,人们才认识到,某些伤害无可避免,或是,如果并非严格意义上的不可避免,那么在费用比风险调整后成本更低的意义上仍然是不可避免。本能因此让位于成本收益分析了,让位于更宽泛的一些工具性或实用主义的考量,而这些考量是用来促使侵权法,会同社会对伤害的其他回应,成为一个有道理的规制和补偿机制,也作为一种手段来引导那些嗜血的复仇行为(这些行为在前法律社会文化中,就震慑他人侵犯而言,起到了关键的规制作用)进入从社会角度看成本较低的矫正体制。

因此,侵权法某些原则的基础是对侵犯权利的原始反应,但原始并非不理性,人身侵害(assault and battery)就是例证。侵权法的另一些原则的基础则是关于何为最佳社会的精细概念,这引出了一些新的权利,引出了精细复杂的救济和程序体系。权利和不公的清单也不断演化,律师、经济学家、心理学家以及社会学家可以辨认并评价在此进化过程中逐渐浮现的这些新的权利和不公。但公民追索权理论在这个过程中不起作用。

哥德堡和兹普斯卡在1998年发表的论文开始阐述公民追索权理论。自那以后,14年来,这些及他们随后的论文只被21份司法意见引用。[18] 这21次引用中,有7次是杰克·瓦因斯坦(Jack Weinstein)法

---

[17] 请看,Richard A. Posner, *The Economics of Justice* 199-203 (1981).

[18] 我的论文中引证并概括了21份司法意见,"Instrumental and Noninstrumental Theories of Tort Law," 88 *Indiana Law Journal* (forthcoming spring 2013). 这是到2013年1月8日时的全部引证数。

官引用的,他是位有名的联邦地区法官,哥德堡曾当过其助理。而在与公民追索权理论相关的观点上,哥德堡和/或兹普斯卡的论文引证次数也是7次。

在一些有关宪法理论的著作中(不仅是阿玛尔的),在一些有关公民追索权的论文中,以及在现代法律学术的各其他领域中,我们都遇到一些深奥的法律学术作品,它们不能帮助律师和法官把握正冲击法律的复杂现代性。与此同时,无论初任法官培训还是法官继续教育,都大为滞后。法官们都在打拼,要管理日益增多的工作人员,还得应对众多日益复杂的活动,就是这些活动引发了他们必须决定的众多案件,而法官的第三方面则是要整合这两条战线。许多法官仍然认为,只要他们全盘接受某种版本的形式主义分析,就可以巧妙避开所需要的对于这个日益复杂的世界的经验性理解。但那不解决问题。现实主义方为前行的正道。

致　谢

　　本书各章都使用了我之前发表的一些作品,尽管有重大修改。第 3 章用了"The Bluebook Blues"[review of *The Bluebook: A Uniform System of Citation* (19th ed. 2010)], 120 *Yale Law Journal* 852 (2011),第 4、5 和 8 章用了"Judicial Opinions and Appellate Advocacy in Federal Courts: One Judge's Views," 51 *Duquesne Law Review* 3 (2013)。第 6 章用的是"The Rise and Fall of Judicial Self-Restraint," 100 *California Law Review* 519 (2012),而第 7 章用了"In Defense of Looseness: The Supreme Court and Gun Control," *New Republic*, Aug. 27, 2008, p. 32; "The Spirit Killeth, But the Letter Giveth Life" [review of Antonin Scalia and Bryan A. Garner, *Reading the Law: The Interpretation of Legal Texts* (2012)], *New Republic*, Sept. 13, 2012, p. 18; 以及"A Lawyer's Dozen"[review of Akhil Reed Amar, *America's Unwritten Constitution: The Precedents and Principles We Live By* (2012)], *New Republic*, Nov. 8, 2012, p. 36。第 8 章利用了"Convincing a Federal Court of Appeals," *Litigation*, Winter 1999, p. 3, 而结语利用了"Instrumental and Noninstrumental Theories of Tort Law," 88

Indiana Law Journal 469 (2013)。

以第 3 章为基础,我在哥伦比亚法学院的 2012 年 10 月 17 日举行的"法院和法律过程讨论会"作了报告;我感谢讨论人,俄林·墨菲(Erin Murphy)和杰德·拉科夫(Jed Rakoff),以及其他参会人的评论。同一天,我还在联邦党人协会哥伦比分会做了马歇尔讲演。该演讲基于本书的第 7 章,我感谢听众的评论。

我感谢劳伦·巴内特(Lauren Barnett)、拉切尔·布洛克(Rachel Block)、山姆·博伊德(Sam Boyd)、肖恩·库克西(Sean Cooksey)、艾迪那·戈德斯坦(Adina Goldstein)、迈克尔·肯斯托维奇(Michael Kenstowicz)、艾米利·拉西(Emily Rush)、亚当·所罗门(Adam Solomon)以及迈克尔·朱的研究助理;感谢《德保尔法律评论》和阿兰·德夫林(Alan Devlin)许可重印——我在第 3 章脚注 55 中引用了——阿兰·德夫林论文中的一段文字,Alan Devlin, "Systemic Bias in Patent Law," 61 *DePaul Law Review* 57, 77-80 (2011)。我感谢联邦法官中心的约瑟夫·塞西尔(Joseph Cecil)和布鲁斯·克拉克(Bruce Clarke),以及美国推进科学协会的马克·弗兰克尔(Mark Frankel),感谢他们的建议和材料,那与我在第十章讨论的法官教育有关。我还要感谢萨拉·赫尔曼(Sarah Herman)所做的与这一讨论有关的研究;感谢丹尼斯·哈钦森(Dennis Hutchinson)对本书第 2 章的评论;感谢阿比·格拉克(Abbe Gluck)、戴维·斯特劳斯(David Strauss)以及杰罗米·托尔(Jeremy Tor)对本书第 7 章的评论;感谢拉吉·萨哈(Raaj Sah)关于一些法官管理问题的讨论;感谢迈克尔·阿隆森(Michael Aronson)、查利琳·波斯纳(Charlene Posner)、马克·萨维格纳(Mark Savignac),以及哈佛大学出版社的两位匿名评阅人对全部书稿的评论;感谢威廉·多姆纳斯基(William Domnarski)对早期书稿的评论,是他鼓励我把关于现代联邦法院系统的思考撰写成书。

索 引

注:页码为原书页码,即本书边码。

Abbreviations and acronyms 缩写和首字母缩略词 98-99,250,256

Abortion, partial-birth
人工流产,成型胎儿的 88-89

Abrams, David
戴维·阿布拉姆斯 68 脚注 31

Academic law
学术性法律 337-344
critical legal studies movement 批判法学 339 / five types of legal scholarship 五类法律学术 340-341 / increased specialization of 日益专长化 341-343 / judges from academia 学界出身的法官 338 / law and technology journals 法律与技术杂志 341 / law schools attended by law clerks 法官助理毕业的法学院 340 / legal-process school 法律过程学派 339 / need for science courses in law schools 法学院对科学课程的需求 347-348 / in the 1960s 1960 年代的[学术性法律] 23-24 / role of law schools in continuing judicial training 法学院在法官继续教育中的角色 344-348 / widening gap between academia and the judiciary 学界与法院系统的隔阂增大 337-344。又请看,法律现实主义:法律现实主义运动

Administrative agencies
行政部门 94
judicial deference to decisions of 司法尊崇[行政部门的]决定 123 / variance among in decision-making quality 决策

质量差异 123。又请看,行政法官

Administrative law judges
行政法官 67 脚注,94-95

Adversarial versus inquisitorial procedure
抗辩制与讯问制 298-299

Aesop's Fable No. 188
伊索寓言 第 188 274 脚注 31

Affordable Care Act
《奥巴马医改法》53

Aldisert, Ruggero
拉杰罗・奥蒂瑟 32

Alien and Sedition Acts
《外国人和煽动法》184

Alito, Samuel
塞缪尔・阿利托 42,78,216

Allen, Woody
艾伦・伍迪 200 脚注

Amar, Akhil
阿吉尔・阿玛尔 341,358
America's Unwritten Constitution: The Precedents and Principles We Live By
《美国的不成文宪法:我们遵循的先例和原则》219-233,235

Ambiguity, intrinsic versus extrinsic
含混性,内在的和外在的 214-215

American Association for the Advancement of Science
美国推进科学协会 298,345
proposal of for "judicial fellow" program 关于"司法研究员"项目的提议 331

Americans with Disabilities Act
《美国残疾人法案》80-81

Antitrust law
反托拉斯法 72

Appeals: appellate advocacy (briefs)
上诉:上诉辩护(诉讼摘要) 269-274
appellate advocacy (oral argument) 上诉辩护(口头辩论) 274-276 / appellate record in intellectual property cases 知识产权案件的上诉记录 143-144 / aversion of judges and lawyers to the use of photos, maps, and diagrams in appellate record 上诉记录中法官和律师都不愿使用照片、地图和示意图 143-148 / delay in deciding 上诉审决定的拖延 244-245 / how to minimize delay in deciding 如何尽可能减少上诉审决定之拖延 242-243 / Internet research by appellate judges 上诉审法官的在线搜索 131-143 / motives for appealing

索 引

上诉的动机 106-107

Appellate advocacy
上诉辩护。请看, Appeals 上诉

Arbess, Daniel
丹尼尔·阿比斯 78 脚注 56,351

Arizona v. United States
亚利桑那州诉美国案 218-219

Armed Career Criminal Act
《持枪职业罪犯法》63

Article I of the Constitution
美国宪法第 1 条 223-225
titles of nobility clause 贵族称号条款 226

Article III of the Constitution
美国宪法第 3 条 226

Article IV of the Constitution
美国宪法第 4 条 226
fugitive slave clause 逃奴条款 226-227

ASTAR (Advanced Science & Technology Adjudication Resource Center)
331 脚注 2

ATA Airlines, Inc. v. Federal Express Corp.
ATA 航空公司诉联邦快递公司案 295-296

Baker v. Carr
贝克诉卡尔案 158,172

Baum, Lawrence
劳伦斯·鲍姆 181 脚注 10

Baxter, William
威廉·柏克斯特 25

Behavioral economics
行为经济学 73

Bickel, Alexander
亚历山大·比克尔 152,159-162
theory of constitutional decision making 宪法决策理论 171

Blackmun, Harry
哈里·布莱克曼 43,49

Black's Law Dictionary
《布莱克法律词典》65-66

Blackstone, William
威廉·布莱克斯通 184
as loose constructionist 宽松释法者 197-198

Block, Frederic
弗里德里克·布劳克 11

Bluebook: A Uniform System of Citation
《蓝皮书:统一引证体系》13,58,96-104,250,352

business model of 的商业模式 102-104

Bok, Derek
德里克·博克 22

Bolling v. Sharpe
博林诉夏普案 225

Bork, Robert
罗伯特·鲍克 166

Boudin, Michael
迈克尔·鲍丁 10,249 脚注

Brandeis, Louis
路易·布兰代斯 152,157-159,170, 175

"The Right of Privacy,"《论私隐权》339

Brennan, William
威廉·布伦南 21

Breyer, Stephen
斯蒂芬·布雷耶 57,78,176

Brown v. Board of Education
布朗诉教育委员会案 172,225

as example of loose construction 宽松解释的范例 198-199

Brudney, James
181 脚注 10

Buck v. Bell
巴克诉贝尔案 156

Burger Court
伯格法院 41,166,353

use of dictionaries in opinions by 司法意见中的词典使用 181

Bush v. Gore
布什诉戈尔案 49,53

Butler, Brian
布莱恩·巴特勒 235

Calabresi, Guido
吉多·卡拉布雷西 160

Campaign financing
竞选融资。请看, *Citizens United v. Federal Election Commission* 公民联合会诉联邦选举委员会

Canons of Construction
释法教义 182,186-187,205-213,217-218

nontextual 非文本的 209-216,353

Cardozo, Benjamin
本杰明·卡多佐 10,258

The Nature of the Judicial Process《司法过程的性质》339 / as opinion writer 作为司法意见写手 356-357

Causation in law

法律中的因果律。请看, Proximate cause 最近因

Cert[iorari] pool
调卷复审请求"池"42-43,49-50

Chamberlain Group, Inc. v. Lear Corp.
张伯伦集团公司诉李尔案 307-308,315-328

Chandelor v. Lopus
钱德勒诉罗普斯案 6

Chicago Manual of Style
《芝加哥引证手册》101

Chicago Truck Drivers, Etc. v. CPC Logistics, Inc.
芝加哥卡车司机等诉 CPC 后勤公司案 273-274

Citation forms and manuals
引证形式和引证手册。请看, Bluebook 《蓝皮书》

Citizens United v. Federal Election Commission
公民联合会诉联邦选举委员会案 53,84,195

Civil recourse theory
公民追索权理论 359-366

Clarke, Bruce
布鲁斯·克拉克 332 脚注 4

Clinton, Bill
比尔·克林顿 53

Code of Justinian
《查士丁尼法典》82

Coffin, Frank
弗兰克·科菲 11 脚注 22

Cognitive misers
认知吝啬者 90

Coke, Edward
爱德华·柯克 351

Common law
普通法 212

Complexity
复杂性 351-352
defined 复杂性的界定 3-4,54-56 / external, 外在复杂性 57-95 / external versus internal, 外在复杂性与内在复杂性 4,13-17 / illustrated, 以例证说明 54-57 / internal, 内在复杂性 58-60,96-104,217 / judicial response to, 对复杂性的司法回应 86-90 / technology as source of, 技术是复杂性来源之一 8 / theory, 复杂性理论 55 / as understood by lawyers, 律师理解的复杂性 59。

索 引

423

又请看,《蓝皮书》;计算机科学;专利法

Computer science
计算机科学 75-77 relation to child pornography 与儿童淫秽品的关系 91-92,126

Constitution, U. S., structural resemblance to British constitution
美国宪法与英国宪法的相似性 230-231。又请看,具体的条款

Consumer contracts
消费者合同 73

Consumer Product Safety Commission v. GTE Sylvania, Inc.
消费者产品安全委员会诉 GTE 西尔韦尼亚公司案 264

Continuing judicial training
法官继续教育 346-347

Courts, foreign
外国法院 95 脚注 88
specialized 专长化的 94-95

Craig v. Boren
克拉格诉鲍仁案 81

Crawford v. Marion County Election Board
克劳福诉马里昂县选举委员会案 85

Credibility, determinations of
可信度之确认 123-125

Crime
犯罪 62

assault resulting in serious bodily injury 打人导致严重身体受伤 64-65 / child pornography 儿童淫秽品 91-92 / crimes of violence 暴力犯罪 62/ sexual abuse of minors 对未成年人的性虐待 63-64 / social scientific research on 犯罪的社会科学研究 68-71。又请看,量刑

Criminal law, and psychology
刑法以及心理学 74-75
又请看,定罪后程序;量刑

Cross, Frank
弗兰克·克罗斯 232-233

Daubert hearings
道波特听证 142,294-296

Deference
尊崇。请看,Administrative agencies 行政机构 / Jury 陪审团

Devlin, Alan
埃兰·德福林 75-77,77 脚注

Dewey, John

约翰·杜威 168

Dictionaries, as guides to statutory meaning
词典,作为制定法解释的指南 179-182,199-205 passim

Director, Aaron
阿隆·迪莱克特 24

District of Columbia v. Heller
哥伦比亚特区诉海勒案 121 脚注 30,164-165,186-196,218-219,234

as example of motivated thinking
作为激励性思考的范例 194-195

DNA testing
DNA 检测 352

Dominion Nutrition, Inc. v. Cesca
多密林营养公司诉塞斯卡案 302-304

Dorsen, David
戴维·道森案 12,355 脚注 3

Duxbury, Neil
尼尔·达克斯伯里 192 脚注 38

Easterbrook, Frank
弗兰克·伊斯特布鲁克 10,232
on dictionaries as guide to statutory interpretation 论用词典指导制定法解释 179-180,205 / implicit criticism of District of Columbia v. Heller 对哥伦比亚特区诉海勒案的未明言批评 192 / on judicial activism 对司法能动主义的评论 192 脚注 37,209 脚注 86 / on judicial self-restraint 对司法谦抑的评论 151 脚注 3

Economic analysis of law
法律的经济学分析 26

Edwards, Harry
哈利·爱德华兹 343

Election law
选举法 84-85

Electoral College
选举团 227-229

Electronic surveillance
电子监控 216

Elman, Philip
菲利普·埃尔曼 22,25

Ely, John Hart
约翰·哈特·艾利 163

Equal Rights Amendment
男女同权宪法修正案 224

Equitable tolling
合理收费 213

Erie R. R. v. Tompkins

艾利诉汤普金斯案 165-166

Eskridge, William N., Jr.
威廉·埃斯克里奇 185,193 脚注 40,217 脚注 114

Expert witnesses
专家证人 289-301
court-appointed 法院任命的 297-301 / court-appointed in patent cases 专利案中法院任命的 307 / full-time 全职的 295 脚注 6,296 / jurors' suspicions of 陪审员对专家证人的怀疑 294 / medical 医疗专家证人 294 / party-versus court-appointed 当事人任命的与法院任命的专家证人 293-301。又请看,道波特听证

Facial-recognition software
面容识别软件 73

Facts, adjudicative, legislative, and other
事实,司法的,立法的,以及其他 136-138,141

Federal courts: caseload of
联邦法院:案件总量 37-39
chief judges (how selected) 首席法官(如何选任) 333 / evolution of since 1962 1962 年以来的演化 37-53 / impediments to reform of 联邦法院改革的障碍 354 / staffing 工作人员选任 37-53。又请看,专家证人;联邦地区法官;联邦法官;法官助理;联邦最高法院

Federal district judges
联邦地区法官 51-52
case management by 案件管理 287-289,313-314 / patent pilot program 专利试点项目 308-309。又请看,专家证人

Federalism
联邦主义 196

Federalist No. 78 (Hamilton)
联邦党人文集第 78 篇(汉密尔顿撰) 210

Federal judges: appellate judges as volunteers in district courts
联邦法官:上诉法官作为地区法院的志愿法官 35,126-127
appointment process, 任命过程 1981,24-32,36-37,110 脚注 / attitudes of 联邦法官的态度 92-93 / behavior of oral argument 口头辩论中的行为 129 / deference of appellate judges to trial judges and juries 上诉法官对初审法官和陪审团的尊崇 123-125,151-152,155

/ ideological decision making by 意识形态的决策 115 / ideology-free decision making by 不带意识形态的决策 106-107 / limitations of meritocratic appointment of 唯贤式法官任命的局限 129 / my advice to new federal appellate judges 我对联邦上诉法官的建议 126-130 / need for training of in management 需要管理上的培训 333 / as occasional legislators 作为偶尔的立法者 108,120-123 / role of priors in decisions by 司法决定中的个人先验因子的作用 129-139 / specialization of 联邦法官的专长化 52-53,94-95 / sympathies and antipathies of 同情和反感 130 / technical competence as desirable consideration in selection of 法官选任中技术能力考量 330/ training for newly appointed federal judges 新任联邦法官的培训 32-35 / umpireal conception of 将法官理解为体育裁判 110-111,245。又请看,司法意见;法官培训

Federal Judicial Center
联邦法官中心 32,332-334,341,345-346,350,358
software prototypes project 软件原型项目 337

Federal Trade Commission
联邦贸易委员会 22

Fifteenth Amendment to the Constitution
美国宪法的第十五修正案 222

Financial engineering
金融工程 72

Fitzpatrick, Collins
科林斯·菲茨派特里克 32

Flag burning, constitutionality of
焚烧国旗合宪 183-184

Foreign countries and culture, judicial ignorance of
外国和外国文化,法官对其无知 141。又请看,移民法

Foreign law
外国法 84

Formalism
形式主义。请看,法律形式主义

Forum selection clauses
诉讼地选择条款 87-88

Fourteenth Amendment to the Constitution
美国宪法第十四修正案 221-223,225

Frankfurter, Felix
菲利克斯·法兰克福特 119,152,158,172

on canons of construction 论释法教义 217 / judicial philosophy of 其司法哲学 170-171

Freund, Paul
保罗·富朗德 21

Fried, Charles
41 脚注

Friendly, Henry
亨利·弗兰德利 12,42 脚注,100,267 extrajudicial writing by 司法之外的写作 339 / and judicial self-restraint 与司法谦抑 165-166 / as opinion writer 作为司法意见写手 355-356

Fuller, Lon
59 脚注 8

Gallacher, Ian
101 脚注 97,101 脚注 97-100

Gilles v. Blanchard
吉勒斯诉布兰恰案 138-140

Gilmore, Grant
格兰特·吉尔默 6-7

Ginsburg, Ruth Bader
露丝·巴德·金斯伯格 57,162 脚注 39 judicial opinions by 写作的司法意见 246-247

Goldberg, John
约翰·哥德堡 359-366

Gonzales v. Carhart
冈萨雷斯诉卡哈特案 89

Google Ngram Viewer
谷歌词频统计程序 8,162-163,205-206

Grabowski, Mark
79 脚注 58

Griswold, Erwin
100 脚注 95

Griswold v. Connecticut
格里斯沃德诉康涅狄格州案 161,170, 222-223

Guthrie, Chris
克里斯·古斯里 312-314

Habeas corpus
人身保护令。请看,定罪后程序

Hamilton, David
戴维·汉密尔顿 54

Hand, Learned
勒尼德·汉德 165,179,258,267,355 extrajudicial writing by 其司法之外的写作 339。又请看,汉德过失公式

Hand negligence formula

索 引

汉德过失公式 358-359

Harlan, John Marshall
约翰·马歇尔·哈伦 46,162,173

Harrington v. Richter
哈林顿诉里希特案 112-115

History, law office
历史,律所史学 190。又请看,解释:用法官史学研究来辅助解释

Holmes, Oliver Wendell
奥利弗·温德尔·霍姆斯 6,10,120,167 脚注 53,206,249,251,354
academic work by 他的学术作品 338-339 / as Darwinist 作为达尔文主义者 156-157,169 / judicial philosophy of 他的司法哲学 168-170 / and judicial self-restraint 与司法谦抑 152,155-158,168-169 / as judicial writer 作为司法写手 258-259,267,355 / as loose constructionist 宽松释法者 197 / theory of legislation 关于立法的理论 155-157,171-172

Hughes, Charles Evans
查尔斯·伊万斯·休斯 47,52

Illinois Bell Telephone Co. v. Box
伊利诺伊贝尔电话公司诉鲍克斯案 272-273

Immigration law
移民法 66-67,83-84
asylum cases 申请避难的案件 82,94,140-141

Imprisonment
监禁。请看,监狱

Indianapolis Colts, Inc. v. Metropolitan Baltimore Football Club Limited Partnership
印第安纳波利斯马驹队诉巴尔的摩都市橄榄球俱乐部有限合伙案 143-144

Information technology
信息技术。请看,计算机科学

In re Robbins
罗宾斯案 113

Internet
互联网 73。又请看,法律搜索

Interpretation: judicial historiography in aid of
解释:用法官史学辅助解释 185-194
realist 现实主义者 231-235。又请看,释法教义;词典;哥伦比亚特区诉海勒案;立法史;宽松释法者;严格释法

Jackson, Robert, as exemplary judicial writer

429

罗伯特・杰克逊,作为典范的司法写者 257-258,267

Jargon
术语 255,272
ill-making examples of legal 糟糕的法律术语范例 112,116-119,250

Jervis, Robert
55 脚注 2

Johnson, Leland
乐兰德・约翰逊 23

Jones v. Clinton
琼斯诉克林顿案 53

Judges: deference to credibility determinations by trial judges
法官:尊崇初审法官对可行度的决定 123-125
drawn from academia 学界出身的法官 338 / elected 选举产生的 113 脚注 6 / English 英国的法官 40 / extrajudicial writing by 法官超出司法之外的写作 10-12 / how lawyers imagine (or pretend to imagine) them to be 律师想象(或假装想象)法官该怎样 109-110 / proposal for making them more deliberative 关于促使法官更注重审议的建议 312-314 / psychology of 法官心理 92-93,99,128 / state 州法官 112-114 / transition from practice to judging 法官从实务到裁判的转换 110-111。又请看,美国联邦最高法院条目下的 上诉;联邦法官

Judicial activism
司法能动主义 162-163

Judicial Conference of the United States
美国司法委员会 2

Judicial opinions: Becker model versus Posner model
司法意见:贝克尔模式与波斯纳模式 239-242,245
candor in 司法意见中的坦诚 266-267 / footnotes in 脚注 256 / judge as writer versus judge as editor 作为写者与作为编辑的法官 238-248 / management versus managerialism in production of 司法意见产出中的管理与管理主义 245-246,249 / pure versus impure style 地道与非地道的风格 257-258 / quality problems of 质量问题 237-238 / rules of good opinion writing 出色司法意见撰写的规则 255-260,266-269,355 / section headings in 分段标题 32 / sheer strangeness of judicial prose 司法文字绝对陌生感 252-253 / Supreme Court 美国最高法院 45-46,246-247 / Supreme Court versus courts of appeals 最

高法院与上诉法院 40 / well written 司法意见的出色撰写 248,355-356。又请看,法律形式主义条目

Judicial self-restraint: death of
司法谦抑之死 171-174
decline of 司法谦抑之衰落 162-166 / different forms of 不同形式的 150-151 / impact of constitutional theory on 宪法理论对司法谦抑的冲击力 166-167 / recent and current advocates of 晚近和时下的司法谦抑主张者 163-166 / relation of to loose versus strict construction 与宽松释法和严格释法的关系 167 / remaining traces of 司法谦抑留下的痕迹 175-177 / Thayerian tradition of 泰耶尔传统 151-162。又请看,司法能动主义;泰耶尔

Judicial training: continuing
司法培训:继续教育 334-337 / initial 初任法官的培训 331-334 / by law schools 法学院的法官培训 344-348 / overview of 总体回顾 331 脚注 2 / for state judges 有关州法官 331 脚注 2。又请看,联邦法官的条目

Judiciary, increased professionalization of (hence diminished dependence of on academic scholarship)
司法的日益职业化(因此对学术文献的依赖度降低)343

Jury: deference to credibility determinations by
陪审团:尊崇陪审团对可信度的确认 123-125
further ways to improve trial by jury 进一步完善陪审团初审的方式 311-312 / innovative Arizona rule on jury deliberations 亚利桑那州在陪审团审议问题上的创新规则 310 脚注 36 / instructions 法官指示 65 / instructions in patent cases 专利案中的法官指示 307-308,315-328 / Internet research by jurors 陪审团成员的在线搜索 309-311 / juror misconduct 陪审团成员的不当行为 302-304 / limiting instructions 限制性法官指示 305 / social-scientific literature on 有关陪审团的社会科学文献 301 脚注,334 / strengths and limitations 优点与不足 301-306 / suspicion of expert witnesses 对专家证人的疑心 294 / trial by in patent cases 专利案的陪审团初审 306-309 / variety of forms of trial by 陪审团初审的各种形式 310 脚注 36

Kagan, Elena
艾琳娜·卡根 57,78

Kaplow, Louis
59 脚注 10

Kawaauhau v. Geiger
卡瓦奥哈诉盖格尔案 117-118

Keck, Thomas M.
166 脚注

Kelo v. City of New London
科勒诉新伦敦市案 196

Kelsen, Hans
130 脚注

Kennedy, Anthony
安东尼·肯尼迪 176,198,212

Kennedy v. Louisiana
肯尼迪诉路易斯安那州案 195

Klarman, Michael
199 脚注 54

Knight, Charles
139 脚注

Kozinski, Alex
阿历克斯·克辛斯基 249,254-255

Kramer, Larry
167 脚注 52

Lanham Act
87 脚注

Law, whether humanity or social science
法律，人文学科还是社会科学 81-82

Law clerks: Becker model of management of
法官助理：贝克尔管理模式 28-129,239-242,245

career 职业生涯 34 / to court of appeals judges 上诉法院法官的法官助理 51-52 / to district judges 地区法官的法官助理 51-52 / law schools attended by 法官助理毕业的学校 340 / management of by their judges 法官对助理的管理 127-129 / number of 法官助理之数量 39 / selection and hiring of 法官助理的挑选和雇用 33-34,41-42 / Supreme Court 最高法院的法官助理 41-52 / technical competence as qualification for 技术性能力作为法官助理的资格条件 330 / use of by judges 法官对助理的使用 126-129。又请看，司法意见；法官作为写者还是作为编辑；专职律师

Law schools
法学院。请看，学术性法律

Lawyers, appellate
律师，上诉审律师 142-143

Lee, Peter
皮特·李 89-90,329

Leflar, Robert 11 脚注 22

Legal formalism
法律形式主义 1,4-5,58,130,312
formalist style of judicial opinions 司法意见的形式主义风格 111-112,248-252 / limited efficacy of 法律形式主义的效果有限 107 / profile of the formalist judge 形式主义法官的轮廓 108-116 / as recipe for judicial passivity 形式主义是法官消极被动的秘诀 111 / relation of to managerialism 法律形式主义与管理主义的关系 249 / renewed appeal of 诉诸法律形式主义的再次兴起 8,353 / of U. S. Court of Appeals for the Federal Circuit 联邦巡回区上诉法院的法律形式主义 89 脚注 80,90 / versus Legal realism 与法律现实主义的争执 14。又请看,法律现实主义;语义学

Legal realism
法律现实主义 312
emphasis of on consequences 强调后果 122 / legal realist movement 现实主义法学运动 1-2,4,6-8,353 / profile of the realist judge 现实主义法官的侧影 120-126 / realistic interpretation of statutes and the Constitution 对制定法和美国宪法的现实主义解释 231-233。又请看,法律形式主义:与法律现实主义的争执;实用主义

Legal research, online
在线法律搜寻 37,131-143,272
by jurors 陪审团成员的在线法律搜寻 309-311。又请看,互联网

Legal rules
法律规则 121

Legislation
立法 232
weight drafters give to legislative history 法案起草者对于立法史的权重 183。又请看,霍姆斯;解释;立法史

Legislative history
立法史 183,185,189-190,192 脚注 38,199 脚注 54,205
defined 立法史之定义 189-190 / post-enactment 立法颁布后的历史 199

Leval, Pierre
皮埃尔·勒韦尔 355

Levi, Edward
爱德华·列维 29,233-234

Levinson, Sanford
山福特·列文森 190-191

Lexecon Inc.

23 脚注

Livingston, William
威廉·利文斯顿 25

Lochner v. New York
洛克纳诉纽约案 120 脚注,158,168,173

Loose construction
宽松释法 120,153,166

as reigning interpretive theory in early U.S. history 在早期美国是主导的解释理论 193-194。又请看,严格释法

Luban, David
152 脚注 8,152 脚注 10,156 脚注 21

Lund, Nelson
197 脚注 46

Lyons, Dennis
丹尼斯·里昂斯 21

Managerialism
管理主义 13,352

Manning, Bayless
贝勒斯·曼宁 23-24

Manning, John
约翰·曼宁 180

Marshall, John
约翰·马歇尔 258

as loose constructionist 作为宽松释法者 193-194,197

Mathias v. Accor Economy Lodging
马西亚斯诉雅高经济型酒店案 361-363

Mayo Collaborative Services v. Prometheus Laboratories, Inc.
78 脚注 57

McBoyle v. United States
麦克博尔乐诉美国案 206

McConnell, Michael
迈克尔·麦克尼尔 199 脚注 54

McDonald v. City of Chicago
麦当劳诉芝加哥市案 195-196,218-219

McGowan, Carl
卡尔·麦戈文 32

MOOCs (massive open online courses), as potential solution to problem of judicial training
大规模在线公开课,作为法官培训问题的潜在解决办法 348-350

Mueller, Willard
维拉德·缪勒 22

Multifactor tests
多因检验标准 86-87,262-265,313

Murdering-heir cases
谋杀继承案 212-213

NASA v. Federal Labor Relations Authority 185 脚注 21

National Federation of Independent Business v. Sebelius
全国独立企业联合会诉色别留斯案 33, 247

Neuroscience
神经科学 74-75
seminars in for judges 为法官举办的神经科学研讨班 345 脚注 21-22

New York University School of Law, program of continuing judicial education
纽约大学法学院法官继续教育项目 344-345

Nineteenth Amendment to the Constitution
美国宪法第十九修正案 221-224

Ninth Amendment to the Constitution
美国宪法第九修正案 224

Nutritional biochemistry
营养生物化学 72

Olmstead v. United States
奥姆斯蒂德诉美国案 169

Originalism
原旨主义。请看,文本原旨主义

Page, Scott 55 脚注 1-2

Parents Involved in Community Schools v. Seattle School District No. 1
社区学校诉西雅图学区一号案 176-177

Parliament, English, conceived of as England's supreme court
英国国会,被视为英格兰最高法院 153

Patent law
专利法 75-77, 79, 89-90
journals 专利法杂志 341 / patent pilot program 专利法试点项目 308-309。又请看,第七修正案 陪审团条目之下。

Peirce, Charles Sanders
查尔斯·桑德斯·皮尔斯 168-169

Percy, Charles
查尔斯·佩西 28-30

PGA Tour, Inc. v. Martin
职业高尔夫球手协会锦标赛公司诉马丁案 80-81

PGD (pre-implantation genetic diagnosis)

移植前基因诊断 72

Phase transition
阶段转换 57

Piercing the corporate veil
刺破公司面纱 86-87

Plain meaning
字面含义 87,201,250

Pleonexia
贪婪者 130

Polinsky, A. Mitchell
68 脚注 32

Pope, Alexander
亚历山大·蒲伯 276

Popkin, William
威廉·鲍泊金 209,258-360

Possession, actual versus constructive
持有，实际持有与推定持有 261-262

Post-conviction proceedings
定罪后程序 64,67,112-114

Powell, Lewis
刘易斯·鲍威尔 49

Pragmatism, legal
法律实用主义 5-6,167

Preamble to Constitution
美国宪法序言 226

Prison：elderly prisoners
监狱：年长囚徒 69-70
escape from 越狱 62 / grievance procedures in 监狱中处理不满问题的程序 125

Privacy
私隐 73

Probable cause
合理根据 92

Proximate cause
最近因 65-66

Prune, Stephen
248 脚注

Psychology
心理学 90
of crime 犯罪心理学 74。又请看，法官：法官心理学；神经科学。

Rachlinski, Jeffrey
杰弗里·拉西林斯基 312-314

Raffles v. Wichelhaus
拉弗勒斯诉韦切豪斯案 214-215

Rakoff, Jed
95 脚注 86-87

Reagan, Ronald
罗纳德·里根 25-26

Realism
现实主义。请看,法律现实主义

Reasonable doubt
合乎情理的怀疑 65

Rehnquist, William
威廉·伦奎斯特 49

Rehnquist Court
伦奎斯特法院 41

Religion cases
宗教条款 82-83,196

Research
搜寻、研究。请看,法律搜寻

Roberts, John, use of baseball-umpire analogy
约翰·罗伯茨,用了棒球裁判类比法官 110-111

Roberts Court
罗伯茨法院 41,175,219
use of dictionaries in opinions by 司法意见中使用词典 181

Rochin v. California
罗欣诉加州案 119,170-171

Roe v. Wade
罗伊诉韦德案 164-166,250

Roper v. Simmons
罗珀诉西蒙斯案 70-71,141

Rosenthal, Lawrence
劳伦斯·罗森泰尔 223

Rules
规则。请看,法律规则

Saks, Michael
迈克尔·萨克斯 334

Sandifer v. United States Steel Corp.
单迪福诉美国钢铁公司案 145-146

Scalia, Antonin
安东宁·斯卡利亚 57,121,166,179-219
passim 229-230,234-235,269,341,353 / and Bryan A. Garner, *Making Your Case: The Art of Persuading Judges* 与布莱恩·戛纳《法庭辩论·说服法官的艺术》269 / political conservatism of 斯卡利亚的政治保守主义 182,184-185,209,217-219 / statutory construction in Scalia-Garner treatise 斯卡利亚/戛纳专著中的制定法解释 199-219

Scalia, Antonin, and Bryan A. Garner, *Reading Law*

安东宁·斯卡利亚与布莱恩·戛纳《解读法律》。请看,斯卡利亚

Schuck, Peter
59 脚注 9-10

Second Amendment
美国宪法第二修正案。请看,哥伦比亚特区诉海勒案;麦当劳诉芝加哥市案

Segal, Eric
234 脚注

Semantics
语义学 87,121

Sentencing (criminal)
刑事量刑 57-58,60-63,68-71,74-75,79-80,314-315

capital punishment 极刑 70-71 / failure of judges to converge on 法官在量刑上未能逐渐聚合 314-315 / racial and sexual bias in 量刑中的种族和性别偏见 314 / sentencing guidelines 量刑指南 60-63 / soft variables in 量刑中的软变量 67。又请看,监狱;美国量刑委员会

Sentencing Reform Act of 1984
1984 年量刑改革法 60-61

Seventh Amendment to Constitution, in patent cases
美国宪法第七修正案专利条款 309 脚注 33

Sex discrimination
性别歧视 81-82

Snow, C. P.
89 脚注 80

Social security disability cases
残疾人社会案 67 脚注,94-95,140-141,299

training program for social security administrative law judges 社保行政法官的培训项目 336-337

Software
软件。请看,计算机科学

Sotomayor
Sonia, 78

Sroga v. Weiglen
斯若加诉维格兰案 146-148

Staff attorneys
专职律师 37,39

Stanford Law School
斯坦福法学院 23-24

Stapleton, Jane
360 脚注 12

State courts, specialized

州的专门法院 94

States, as laboratories for social policy
各州作为社会政策的实验室 158,170。又请看,联邦主义

Stevens, John Paul
约翰·保罗·斯蒂文斯 29,247 脚注 7

Stewart, Potter
包特·斯图加特 46

Stigler, George
乔治·斯蒂格勒 240

Story, Joseph
约瑟夫·斯托利 186

Strict construction
严格释法 153。又请看,宽松释法

Supreme Court: discomfort with, or lack of grasp of, technical issues
联邦最高法院:对技术性争点问题不在行或缺乏把握 70-71,78-81,88-89 evolution of since 1962 自 1962 年以来的演化 40-53 / extrajudicial activities of Justices 大法官的非司法活动 46 / Justices' background 大法官的背景 78-79 / output of 产出 43-44 / as political court 是政治性法院 82-83 / questioning by Justices at oral argument 口头辩论时大法官的提问 56-57 / relation of staff quality to Justice quality 工作人员质量与大法官质量的关系 53 / specialization of Justices 大法官的专长化 52-53。又请看,司法意见

Sword, Helen
248 脚注

Taft, William Howard
威廉·霍华德·塔夫脱 52

Technology, as source of complexity for judges
技术,对于法官而言是复杂性的来源之一 71-77

Textualism
文本主义。请看,文本原旨主义

Textual originalism
文本原旨主义 178-219
conservative bias of 文本原旨主义的保守偏见 182-183

Thayer, James Bradley: as loose constructionist
詹姆斯·布莱德利·泰耶尔 167
naïveté of about legislative process 对立法过程的天真无知 171-172 / theory of judicial self-restraint 司法谦抑理论 151-155

439

Thomas, Clarence
克莱伦斯·汤姆斯 57,166

Thurmond, Strom
斯特罗姆·瑟芒德 28,30-31

Tort law
侵权法 358-366
legal realists' approach to 法律现实主义的侵权法进路 359

Traynor, Roger
罗杰·特拉诺 258

Tribe, Laurence, *The Invisible Constitution*
劳伦斯·却伯,《隐形的美国宪法》221,230

Twenty-Sixth Amendment to the Constitution
美国宪法第二十六修正案 222

Ty, Inc. v. GMA Accessories, Inc.
梯公司诉 GMA 配件公司案 144

United States v. Booker
美国诉布克案 61

United States v. Boyd
美国诉博伊德案 131-134,136

United States v. Carroll Towing Co.
359 脚注 9

United States v. Eichman
183 脚注 17

United States v. Fisher
美国诉费歇尔案 193-194

United States v. Jones
美国诉琼斯案 216

United States v. Morris
美国诉莫里斯案 260-266,276-286

United States v. Patriarca
美国诉派却阿卡案 252-254

United States v. Philadelphia National Bank
美国诉费城国家银行案 22

United States v. Wurzinger
美国诉沃辛格案 252-254

University of Chicago Law School
芝加哥大学法学院 24

University of Pennsylvania Law School interdisciplinary center
宾夕法尼亚大学法学院交叉学科中心 348

U. S. Court of Appeals for the Federal Circuit 联邦巡回区美国上诉法院。请看,法律形式主义条目

U. S. Sentencing Commission

美国量刑委员会 60,314

Vermeule, Adrian
安爵恩·维缪 153 脚注 11-12,162 脚注 38,234,355-356

Vinson, Fred
弗莱德·文森 48

Violence Against Women Act
《暴力侵犯女性法》223

Wald, Patricia 266 脚注

Wallace, J. Clifford
克利福德·瓦莱斯 163-164

Warren, Earl
厄尔·沃伦 40

Warren Court
沃伦法院 163,172-175,353

Weinrib, Ernest
5 脚注 8

West Virginia State Board of Education v. Barnette
159 脚注 29

Wieseltier, Leon
利昂·维塞提尔 178

Wilkinson, J. Harvie, III
哈威·维尔根森 10
as apostle of judicial self-restraint 司法谦抑的倡导者 164 脚注 167,174 / as critic of *District of Columbia v. Heller* 哥伦比亚特区诉海勒案的批评者 192

Willful and malicious, meaning of in Bankruptcy Code
故意与恶意,在《破产法典》中的含义 116-118

Wistrich, Andrew
安德鲁·韦斯特里奇 312-314

Yung, Corey Rayburn
164 脚注 44

Zelman v. Simmons-Harris
泽尔曼诉西蒙斯/哈里斯案 195-196

Zipursky, Benjamin
本杰明·兹普斯卡 359-366

著作权合同登记号　图字:01-2014-0227
图书在版编目(CIP)数据

波斯纳法官司法反思录/(美)波斯纳(Posner,R.A.)著;苏力译.—北京:北京大学出版社,2014.7
ISBN 978-7-301-24376-3

Ⅰ.①波…　Ⅱ.①波…②苏…　Ⅲ.①法官-工作-研究-美国　Ⅳ.①D971.262

中国版本图书馆 CIP 数据核字(2014)第 129882 号

根据哈佛大学出版社 2013 年英文版翻译
Reflections on Judging by Richard A. Posner
Copyright © 2013 by the President and Fellows of Harvard College
All rights reserved
Published by arrangement with Harvard University Press
Simplified Chinese translation copyright © 2014 by Peking University Press
ALL RIGHTS RESERVED

书　　名：	波斯纳法官司法反思录
著作责任者：	〔美〕理查德·波斯纳　著　苏　力　译
责任编辑：	曾　健　陈晓洁
标准书号：	ISBN 978-7-301-24376-3/D·3598
出版发行：	北京大学出版社
地　　址：	北京市海淀区成府路 205 号　100871
网　　址：	http://www.yandayuanzhao.com
新浪微博：	@北京大学出版社　@北大出版社燕大元照法律图书
电子信箱：	yandayuanzhao@163.com
电　　话：	邮购部 62752015　发行部 62750672　编辑部 62117788 出版部 62754962
印　刷　者：	三河市北燕印装有限公司
经　销　者：	新华书店
	965 毫米×1300 毫米　16 开本　29 印张　353 千字 2014 年 7 月第 1 版　2021 年 12 月第 4 次印刷
定　　价：	69.00 元

未经许可,不得以任何方式复制或抄袭本书之部分或全部内容。
版权所有,侵权必究
举报电话:010-62752024　电子信箱:fd@pup.pku.edu.cn